Verbraucherschutz und Kunstkauf im deutschen und europäischen Recht

Studien zum vergleichenden und internationalen Recht -
Comparative and International Law Studies

Herausgeber: Bernd von Hoffmann, Erik Jayme
und Heinz-Peter Mansel

Band 156

PETER LANG

Frankfurt am Main · Berlin · Bern · Bruxelles · New York · Oxford · Wien

Stephan Mangold

Verbraucherschutz und Kunstkauf im deutschen und europäischen Recht

PETER LANG
Internationaler Verlag der Wissenschaften

Bibliografische Information der Deutschen Nationalbibliothek
Die Deutsche Nationalbibliothek verzeichnet diese Publikation in der Deutschen Nationalbibliografie; detaillierte bibliografische Daten sind im Internet über <http://www.d-nb.de> abrufbar.

Zugl.: Heidelberg, Univ., Diss., 2008

D 16
ISSN 0930-4746
ISBN 978-3-631-59071-3

www.peterlang.de

Meinen Eltern

Vorwort

Die vorliegende Arbeit wurde der Juristischen Fakultät der Ruprecht-Karls-Universität zu Heidelberg im Frühjahr 2008 als Dissertation zur Begutachtung vorgelegt. Für die Drucklegung wurde die Arbeit soweit möglich im September 2008 aktualisiert.

Sehr herzlich danken möchte ich zunächst meinem Doktorvater Prof. Dr. Dr. h.c. mult. Erik Jayme. Obwohl ich weder in Heidelberg studiert noch an seinem Lehrstuhl gearbeitet habe, war er von Anfang an ein begeisternder Betreuer, dessen Passion immer wieder Antrieb und Vorbild war. Seine wertvollen Hinweise zur Kunst, dem Kunsthandel und natürlich dem Recht haben an der Entstehung dieser Arbeit einen maßgeblichen Anteil.

Meinem Bruder, Dr. Christoph Mangold, bin ich ebenfalls zu großem Dank verpflichtet, da er als aufmerksamer Lektor viel Schlimmes verhindert hat und mir bei der Überwindung vieler weiterer Klippen stets zur Seite stand.

Schließlich möchte ich meinen lieben Eltern danken, die mich stets gefördert und immer in meinen Entscheidungen bestärkt haben. Ohne sie und ihre Unterstützung wäre diese Arbeit in keinerlei Hinsicht denkbar gewesen. Nicht zuletzt waren sie es auch, die mir die Augen für die Kunst geöffnet haben und neben so vielem anderen schulde ich Ihnen dafür besonderen Dank.

Daher ist diese Arbeit ihnen von Herzen zugewidmet.

Hamburg, im September 2008

Stephan Mangold

Inhaltsübersicht

Inhaltsverzeichnis

Abkürzungsverzeichnis

a.A.	anderer Ansicht
a.a.O.	am angegeben Ort
Abl.	ablehnend
ABl. EG	Amtsblätter der Europäischen Gemeinschaft
AcP	Archiv für die civilistische Praxis
AG	Amtsgericht
AGB	Allgemeine Geschäftsbedingungen
AGBG	Gesetz zur Regelung des Rechts der Allgemeinen Geschäftsbedingungen
Anm.	Anmerkung
AnwBl	Anwaltsblatt
AO	Abgabenordnung
Ausf.	ausführlich
BB	Betriebsberater
BDK	Bundesverband deutscher Kunstversteigerer e.V.
BDKA	Bundesverband des deutschen Kunst- und Antiquitätenhandels e.V.
Begr.	Begründer
begr.	begründet
Beschl.	Beschluss
BewG	Bewertungsgesetz
BGB	Bürgerliches Gesetzbuch
BGBl.	Bundesgesetzblatt
BGH	Bundesgerichtshof
BGHZ	Entscheidungen des Bundesgerichtshofes in Zivilsachen
BR	Bundesrat
BR Drs.	Drucksachen des Bundesrats
BT	Bundestag / Besonderer Teil
BT Drs.	Drucksachen des Bundestags
BuW	Betrieb und Wirtschaft
BVDG	Bundesverband Deutscher Galerien
BVerfG	Bundesverfassungsgericht
BVerfGE	Entscheidungen des Bundesverfassungsgerichtes
BVerwG	Bundesverwaltungsgericht
BVerwGE	Entscheidungen des Bundesverwaltungsgerichtes

c.i.c.	Culpa in Contrahendo
CISG	United Nations Convention on Contracts for the International Sale of Goods vom 11. April 1980
CR	Computer und Recht
DB	Der Betrieb
DSchG	Denkmalschutzgesetz
DStR	Deutsches Steuerrecht
DStZ	Deutsche Steuerzeitung
EGBGB	Einführungsgesetz zum Bürgerlichen Gesetzbuch
EGV	Vertrag zur Gründung der Europäischen Gemeinschaft
EuGH	Europäischer Gerichtshof
EuGVO	Verordnung über die gerichtliche Zuständigkeit und die Anerkennung und Vollstreckung von Entscheidungen in Zivil und Handelssachen vom 22.12.2000
EuZW	Europäische Zeitschrift für Wirtschaftsrecht
EVÜ	Römisches EWG-Übereinkommen über das auf vertragliche Schuldverhältnisse anzuwendende Recht vom 19.06.1980
EWiR	Entscheidungen zum Wirtschaftsrecht
EWR	Europäischer Wirtschaftsraum
F.A.S.	Frankfurter Allgemeine Sonntagszeitung
F.E.A.G.A.	Federation of European Art Galleries Association
FS	Festschrift
GewO	Gewerbeordnung
GRUR	Gewerblicher Rechtsschutz und Urheberrecht
HansGZ	Hanseatische Gerichtszeitung
HGB	Handelsgesetzbuch
h.L.	herrschende Lehre
h.M.	herrschende Meinung
IAA/AIAP	International Association of Art/ Association Internationale des Arts Plastiques
ICOM	International Council of Museums
i.d.F.	in der Fassung
IPR	Internationales Privatrecht
IPRax	Praxis des Internationalen Privat- und Verfahrensrechts
i.V.m.	in Verbindung mit

JA	Juristische Arbeitsblätter
JURA	Juristische Ausbildung
JuS	Juristische Schulung
JW	Juristische Wochenschrift
JZ	Juristenzeitung
KG	Kammergericht
KUR	Kunst und Recht – Journal für Kunstrecht, Urheberrecht und Kulturpolitik
LG	Landgericht
LugÜ	Luganer Übereinkommen über die gerichtliche Zuständigkeit und die Vollstreckung gerichtlicher Entscheidungen in Zivil- und Handelssachen
MDR	Monatsschrift für deutsches Recht
MüKo	Münchener Kommentar zum Bürgerlichen Gesetzbuch
m.w.N.	Mit weiteren Nachweisen
Nachw.	Nachweis
NJ	Neue Justiz
NJW	Neue Juristische Wochenschrift
NJW-RR	NJW-Rechtsprechungsreport
N.Z.Z.	Neue Zürcher Zeitung
OLGZ	Rechtsprechung der Oberlandesgerichte in Zivilsachen
RabelsZ	Rabels Zeitschrift für ausländisches und internationales Privatrecht
RG	Reichsgericht
RGZ	Entscheidungen des Reichsgerichts in Zivilsachen
RHDI	Revue hellénique. de droit international
RIW	Recht der Internationalen Wirtschaft
RL	Richtlinie
Rn.	Randnummer
Slg.	Sammlung
UFITA	Archiv für Urheber- und Medienrecht
UNESCO	United Nations Educational, Scientific and Cultural Organization
UNIDROIT	Institut International pour l'Unification du Droit Privé
UrhG	Urheberrechtsgesetz

Urt.	Urteil
UStG	Umsatzsteuergesetz
v.	von, vom, versus
VerstV	Versteigererverordnung
VersR	Versicherungsrecht
VO	Verordnung
Vor.	Vorbemerkung
VuR	Verbraucher und Recht
WM	Wertpapier-Mitteilungen
WRP	Wettbewerb in Recht und Praxis
ZEuP	Zeitschrift für Europäisches Privatrecht
ZfRV	Zeitschrift für Rechtsvergleichung
ZGS	Zeitschrift für das gesamte Schuldrecht
ZIP	Zeitschrift für Wirtschaftsrecht und Insolvenzpraxis
ZPO	Zivilprozessordnung
ZUM	Zeitschrift für Urheber- und Medienrecht
Zust.	zustimmend
ZVglRWiss	Zeitschrift für Vergleichende Rechtswissenschaften
ZZP	Zeitschrift für Zivilprozess

(Im Übrigen wird ergänzend auf Kirchner, Hildebert; Butz, Cornelie: Abkürzungsverzeichnis der Rechtssprache, 5. Auflage, Berlin 2002, hingewiesen)

A. Kapitel 1 - Einführung

I. Vorbemerkung

Das Verhältnis von Kunst und Recht ist aufgrund der gravierenden Unterschiede zwischen den beiden Gebieten durchaus spannungsreich und schwierig. Bereits bei einer oberflächlichen Betrachtung der beiden Begriffe wird deren Gegensätzlichkeit augenscheinlich.

Die Kunst ist zuvorderst durch den Verzicht auf starre Regeln und eine großzügige Gestaltungsfreiheit gekennzeichnet. Ihr Wesen ist geprägt durch den freien Umgang mit Formen und Inhalten, so dass sie sich einer rein rationalen und schematischen Betrachtung zunächst entzieht. Dementsprechend schwierig gestalten sich in den Rechtswissenschaften die Versuche, den Begriff der Kunst zu definieren. Das BVerfG[1] hat selbst darauf hingewiesen, dass die Kunst sich nicht durch „einen für alle Äußerungsformen künstlerischer Betätigung und für alle Kunstgattungen gleichermaßen gültigen allgemeinen Begriff umschreiben" lasse.[2] Um dieser Problematik gerecht zu werden, arbeitet das BVerfG mittlerweile mit verschiedenen Kunstbegriffen, wobei eine Beurteilung aufgrund der „Gesamtheit der der Kunst eigenen Strukturmerkmale" zu berücksichtigen sei.[3] Diese Schwierigkeiten spiegeln sich auch in der juristischen Literatur wider, die in weiten Teilen ebenso von einer grundsätzlichen Undefinierbarkeit ausgeht.[4] Vielmehr wird die Kunst zunehmend als relativer Rechtsbegriff gesehen, den es in seinem jeweiligen Regelungszusammenhang auszulegen gilt.[5] Wenn also sowohl das BVerfG, als auch weite Teile der Rechtswissenschaft vor einer Festlegung zurückschrecken, deutet dies bereits in anschaulicher Weise auf die Besonderheiten von Rechtsfragen im Zusammenhang mit Kunst hin. Die Kunst macht es den Juristen nicht leicht, sie in die gewohnten Kategorien zu verorten. Der Widerspruch zu den Grundgedanken und Postulaten des Rechts zeigt sich schließlich ganz deutlich, wenn der Dadaist Hugo Kersten 1914 schreibt: „Das oberste und das letzte Kunstgesetz ist: jedes zu brechen!".[6]

Demgegenüber stellt das Recht einen rationalen und formalen Katalog dar, dessen Zweck es ist, Ordnung und Rechtssicherheit zu schaffen. Entgegen dem

---

1 Die im Folgenden genutzten Abkürzungen entsprechen sämtlich den in Kirchner/Butz, Abkürzungsverzeichnis der Rechtssprache (2003), vorgegebenen.

2 BVerfGE 67, 224 („Anachronistischer Zug"); ähnlich auch BVerfGE 75, 377 („Strauß-Karikatur"); BVerfGE 30, 191 („Mephisto").

3 BVerfGE 30, 188 („Mephisto"); siehe dazu auch Dreier/*Pernice*, GG, Art. 5 III, Rn. 18 f.

4 Schack, Kunst und Recht (2004), S. 1; Wandtke, ZUM 2005, 769; Zöbeley, NJW 1998, 1372 f.; Erbel, ZUM 1985, 284; anders etwa Kirchhof, NJW 1985, 227.

5 BVerfGE 67, 225; Schack, Kunst und Recht, S. 2; Erbel, ZUM 1985, 292.

6 Kersten, Über Kunst, Künstler und Idioten, S. 51

gerade genannten Zitat kann es dabei außerhalb der Kunst denknotwendig nicht Sinn und Zweck des Gesetzes sein, dieses zu brechen. Zur Erreichung von Rechtssicherheit muss das Recht klare, objektive Definitionen und Rahmen schaffen, die das Leben einer Gesellschaft zu regeln vermögen.

In der Realität treffen Recht und Kunst häufig aufeinander, so dass es unvermeidbar erscheint, zwischen beiden Feldern einen Ausgleich zu finden und die Rechtsanwendung auch in solchen Fällen möglich zu machen. Gerade der florierende Handel mit Kunstgegenständen kann aufgrund seiner zunehmenden Bedeutung in dieser Diskussion nicht ignoriert werden.

Schließlich ist der Kauf von Kunstgegenständen, abgesehen von Fragestellungen des öffentlichen Rechts im Bereich des Kulturgüter- und Denkmalschutzes, eine der häufigsten Schnittstellen der beiden Gebiete, und hier zeigen sich auch sehr deutlich die Schwierigkeiten, die durch die immanenten Konflikte entstehen können.

Der sich auf deutscher wie europäischer Ebene stetig weiterentwickelnde Verbraucherschutz, bereitet durch die Einteilung in die Kategorien von *Unternehmern* und *Verbrauchern* i.S.d. §§ 13, 14 BGB und den daran geknüpften Rechtsfolgen darüber hinaus ein enormes Spannungspotential. Nationale wie internationale Gesetzgeber schaffen in diesem Bereich immer weiter reichende Regelungen, die auch für den Kunstmarkt nicht ohne Auswirkungen bleiben.

Exemplarisch für die Schwierigkeiten an der merkantilen Schnittstelle von Kunst und Recht sei hier vorerst nur die schwierige und häufig auftauchende Frage genannt, wann bei einem Kunstwerk ein Sachmangel im Sinne des BGB vorliegt.[7] Rechts- und Kunstwissenschaften kommen bei der Frage nach dem Fehler oder dem Mangel eines Kunstwerkes häufig zu unterschiedlichen Ergebnissen; für die Rechtsanwendung in der Praxis sind beide aufeinander angewiesen, um sinnvolle Ergebnisse zu erzielen; auch in diesem Bereich bewirken verbraucherschützende Regelungen mitunter gravierende Veränderungen.

Das eben angedeutete Spannungsverhältnis ist Gegenstand des zunehmend an Bedeutung gewinnenden *Kunstrechts*. Die Wurzeln des Kunstrechts liegen im öffentlichen Recht, wo der Denkmalschutz oder die Bemühungen, die Abwanderung national bedeutender Werke ins Ausland zu verhindern, angesiedelt sind.[8] Aus dem öffentlichen Recht ergeben sich aber auch entscheidende Impulse für das Privatrecht, vor allem für den Kunsthandel.[9] Teilweise wurde sogar gefordert, national bedeutendes Kulturgut dem zivilen Rechtsverkehr vollständig zu entziehen und dieses damit zur „res extra commercium“ zu erklären; allerdings

---

7 BGH, NJW 1995, 1673; BGH, JZ 1998, 41; BGH, NJW 1972, 1658.

8 Jayme, Wiener Vorträge (2001), S. 223.

9 Jayme, FS Rehbinder (2002), S. 543.

konnte sich dieser sehr weitgehende Ansatz nicht durchsetzen.[10] Dennoch ergeben sich aus dem öffentlichen Recht zahlreiche Beschränkungen des Handels, sowie verschiedene Sorgfaltspflichten, auf die im weiteren Verlauf der Arbeit näher einzugehen sein wird.

In den USA genießt das Kunstrecht als Disziplin bereits seit gut 25 Jahren eine besondere Aufmerksamkeit[11], die sich mittlerweile aber auch hierzulande durch eine zunehmende Zahl entsprechender Publikationen manifestiert.[12] Die Frage, ob das Kunstrecht sich als eigenes Rechtsgebiet etabliert hat, ist noch ungeklärt[13], wobei eine wachsende Anzahl ergangener Gerichtsentscheidungen[14] und legislativer Aktivitäten[15] für eine zunehmende Bedeutung sprechen. Das Kunstrecht wurzelt vornehmlich im Öffentlichen Recht. Zahlreiche gesetzliche Regelungen behandeln dort seit langem Kunstgegenstände in ihren verschiedensten Erscheinungsformen. Vor allem im Bereich des Kulturgüterschutzes existieren zahlreiche Gesetze solcher Art, wie etwa das Kulturgutschutzgesetz[16], Kulturgutsicherungsgesetz[17], die Regelungen zum Denkmalschutz oder das Ausführungsgesetz zur UNESCO-Konvention[18].

Gegenstand dieser Arbeit soll es sein, die aufgezeigten Konflikte zwischen Kunst und Recht für den Bereich des Kunstkaufes zu beleuchten und zu klären; der Betrachtung verbraucherschützender Aspekte soll dabei besondere Bedeutung zukommen.

---

10 Siehe dazu BGH, NJW 1990, 900 („Hamburger Stadtsiegel"). Aufschlussreich hierzu Mußgnug in Dolzer/Jayme/Mußgnug, Rechtsfragen des internationalen Kulturgüterschutzes (1994), 199 ff.

11 Schack, Kunst und Recht, V.

12 Verwiesen sei hier auf die periodisch seit 1999 erscheinende Fachzeitschrift „Kunst und Recht" (KUR), den wöchentlich erscheinenden Kunstrechtsbeitrag in der Frankfurter Allgemeinen Zeitung sowie die steigende Anzahl von Monographien wie bspw. jüngst, Schack, Kunst und Recht, (2006); Wrede, Kunst und Kaufrecht, (2006); jew. m.w.N..

13 Bejahend etwa Wrede, Kunstkauf, 12; ablehnend hingegen Schack, Kunst und Recht, V.

14 BGH, NJW 2007, 708; BGH, NJW 1995, 1673 ff.; BGH, NJW 1993, 2103 ff.; BGH, NJW 1980, 1619 ff..

15 Hier sind etwa das Kulturgutschutzgesetz von 1955, das Kulturgutsicherungsgesetz von 1998, sowie die aktuelle Diskussion um den Beitritt zur UNESCO-Konvention zu nennen.

16 Gesetz zum Schutz deutschen Kulturguts gegen Abwanderung vom 6.8.1955, BGBl. I 1955, S. 501; Neufassung vom 8.7.1999, BGBl I 1999, 1754.

17 Gesetz zur Umsetzung von Richtlinien der Europäischen Union über die Rückgabe von unrechtmäßig aus dem Hoheitsgebiet eines Mitgliedstaates verbrachten Kulturgütern und zur Änderung des Gesetzes zum Schutz deutschen Kulturgutes gegen Abwanderung vom 15.10.1998, BGBl. I 1998, S. 3162.

18 Gesetzes zur Ausführung des UNESCO-Übereinkommens vom 14.11.1970 über Maßnahmen zum Verbot und zur Verhütung der rechtswidrigen Einfuhr, Ausfuhr und Übereignung von Kulturgut vom 18.05.2007, BGBl. I 2007, 757.

II. Problemstellung und offene Fragen

Wie bereits angedeutet ist das Bewusstsein für eine gewisse Sonderstellung des Kunstkaufs noch jung und nicht sehr verbreitet. Im allgemein und abstrakt gehaltenen Kaufrecht des BGB, wie auch in Rechtssätzen des europäischen Gesetzgebers finden sich keine Berücksichtigungen der Besonderheiten des Kunstkaufs. Darüber hinaus ist etwa die Versteigerung als solche zwar sowohl in den §§ 156, 383 III, 474 I S.2 BGB als auch in § 34b GewO und in der Versteigerungsverordnung (VerstV)[19] geregelt, wobei jedoch an keiner Stelle auf die Besonderheiten der Kunstversteigerung eingegangen wird. Daraus ergeben sich für Theorie und Praxis grundlegende Fragestellungen, die im Folgenden kurz skizziert werden.

1. Die beteiligten Parteien und ihre rechtliche Stellung

Der Kunstmarkt kennt eine Vielzahl verschiedenartiger Parteien; tätig werden etwa Kunsthändler, Galeristen, Auktionshäuser, Messen, Künstler, sowie Sammler und private Käufer. Um die Reichweite des Verbraucherschutzes beim Kunstkauf klären zu können, stellt sich zunächst die Frage, wie die eingangs genannten Parteien in die Kategorien *Unternehmer* und *Verbraucher* einzuordnen sind. Dies ist zunächst im Rahmen der grundsätzlichen persönlichen Anwendbarkeit der Verbrauchsgüterkaufrichtlinie 1999/44/EG fraglich. Da Richtlinien aber selbst zumindest keine direkte Wirkung für den Rechtsverkehr haben[20], stellt sich weiterhin die Frage, wie diese Kategorien in den §§ 13, 14 BGB ausgestaltet wurden. Der deutsche Verbraucherbegriff grenzt maßgeblich danach ab, ob das Geschäft einen Zweck verfolgt, der einer gewerblichen oder selbständig beruflichen Tätigkeit zuzuordnen ist, § 13 BGB. Das hohe Maß an Abstrahierung und Typisierung, das dem weiten deutschen Verbraucherbegriff eigen ist, wird dabei in der aktuellen Diskussion durch verschiedene Ansätze einzugrenzen versucht. Bekannt sind etwa die Probleme mit der Verbrauchereigenschaft des Arbeitnehmers[21] oder die Beschränkung auf selbständige berufliche Tätigkeiten[22]. In der vorliegenden Arbeit soll der Schwerpunkt dagegen konkret auf der Einordnung der am Kunstmarkt beteiligten Parteien, insbesondere des Kunstsammlers, liegen. Während sich bei allen Käufern von Kunst die Frage stellt, ob diese überhaupt der verbraucherschutzrechtlichen „Zielgruppe“ intellektuell und finanziell unterlegener Alltagskäufer entsprechen, trifft dies für den

19 Verordnung über gewerbsmäßige Versteigerungen (Versteigererverordnung) i.d.F. v. 24.4.2003, BGBl., I 2003, 547; im Folgenden *VerstV* genannt.

20 EuGH Urt. v. 14.7.1994, Slg. 1994 I 3325; Palandt/*Heinrichs*, BGB, Überbl. vor § 1 Rn. 29; Coester-Waltjen, JURA 2004, 610.

21 Palandt/*Heinrichs*, BGB, § 13, Rn. 3.

22 Hoffmann, WM 2006, 561.

Sammler in besonderer Weise zu: Bedarf ein solcher Sammler, der über eine enorme Kenntnis und häufig auch hohe finanzielle Mittel verfügt, wirklich des Schutzes gegenüber einer Partei, der er an sich überlegen ist? Kann ein Sammler, der seine Sammlung immer wieder durch Ver- und Ankäufe verändert[23] und so am Marktgeschehen teilnimmt, tatsächlich als schutzwürdiger Verbraucher einzustufen sein?

Erschwerend kommt hinzu, dass es im Kunsthandel häufig zu Fällen der gemischten Zwecksetzung eines Kaufs oder Verkaufs kommt; die Behandlung dieser sog. Dual-Use Fälle ist nach wie vor umstritten. Statt der früher vertretenen Extrempositionen, die kategorisch entweder privates[24] oder unternehmerisches[25] Handeln annahmen, haben sich mittlerweile differenziertere Modelle etabliert. Während die wohl. h.M.[26] auf die beabsichtigte überwiegende Nutzung abstellt, genügt einer anderen Ansicht[27] bereits eine teilweise gewerbliche Nutzung zum Ausschluss der Verbrauchereigenschaft.[28]

Im Rahmen der kaufrechtlichen Gewährleistung hat die Einordnung in die eingangs genannten Kategorien gravierende Auswirkungen für die Anwendbarkeit bestimmter Normen, wie etwa der §§ 474 ff. BGB; eine Klärung der aufgeworfenen Fragen erscheint mithin notwendig.

2. Die gehandelten Güter

Problematisch ist aber nicht nur die Einordnung der Subjekte des Kunsthandels, sondern auch der *Umgang mit dem Objekt des Kaufs*, also dem Kunstgegenstand. Die Kunst selbst, wie auch die geschaffenen Werke, entziehen sich ihrem Wesen nach der eindeutigen juristischen Definition.[29] Die Einordnung von Kunstwerken unter die gängigen kaufrechtlichen Kategorien ist damit zwar schwierig, aus Gründen der Rechtssicherheit aber notwendig. Dabei ist bereits

---

23 Beispielhaft sei an dieser Stelle schon auf die Sammler Frieder Burda, Josef Froehlich und Reiner Speck verwiesen, die in einem moderierten Gespräch von dieser Praxis des Sammelns berichten, abgedr. in Adriani, Polke – Eine Retrospektive (2007), S. 93 ff.; dazu auch Ganteführer/Wacker, Kunstsammler, S. 7.

24 v. Westphalen, BB 1996, 2101.

25 Ulmer/Brandner/*Hensen*, AGBG, § 24 a, Rn. 26.

26 Palandt/*Heinrichs*, BGB, § 13, Rn. 3; Soergel/*Pfeiffer*, BGB, § 13, Rn. 38; Erman/*Saenger*, BGB, § 13, Rn. 17; Staudinger/*Weick*, BGB, § 13, Rn.47; Kellermann, JA 2005, 547; Schindler, JA 2004, 835; jew. m.w.N..

27 Jauernig/*Jauernig*, BGB; § 13, Rn. 3; Frotscher, Verbraucherschutz, S. 50; Faber, ZEuP 1998, 891.

28 Der EuGH hat in diesem Zusammenhang für das EuGVÜ entschieden, dass die den Verbraucher begünstigenden Vorschriften allein dann Anwendung finden, wenn die beruflich-gewerbliche Tätigkeit lediglich eine ganz untergeordnete Rolle spielt, EuGH, NJW 2005, 655.

29 Schack, Kunst und Recht, 2; Erbel, ZUM 1985, 283, 292.

fraglich, ob für den Kunstkauf der sachliche Anwendungsbereich der Verbrauchsgüterkaufrichtlinie eröffnet ist. In der Diskussion um den sachlichen Anwendungsbereich wird zwar mehrheitlich vertreten, dass der Sachkauf mit Ausnahme des Grundstückskaufs vollständig abgedeckt werde[30], doch gibt es auch Bestrebungen, Kunstgüter wegen ihrer besonderen Eigenschaften nicht als Verbrauchsgüter im Sinne der Richtlinie zu betrachten[31]. Entscheidend ist dabei, ob eine Bestimmung des Gutes zum Verbrauch als notwendige Voraussetzung für die Anwendbarkeit gesehen wird.

Daneben taucht im BGB, etwa in § 474 I S.2 BGB, eine ähnliche Fragestellung auf; soweit nämlich in zivilrechtlichen Normen von *gebrauchten* Sachen die Rede ist, gilt es zu ermitteln, ob ein Gebrauch von Kunstwerken überhaupt möglich ist. Die wohl überwiegende Ansicht in Literatur[32] und Rspr.[33] geht davon aus, dass dies durchaus der Fall ist; dies wird teilweise jedoch mit dem Verweis auf die Zwecksetzung von Kunstgegenständen kritisiert[34]. Die verbreitete Praxis der Auktionshäuser schließlich, die angebotenen Kunstgüter in den Versteigerungsbedingungen ausdrücklich als „gebraucht" zu auszuweisen, deutet auf ein Folgeproblem hin. So wird diskutiert, ob die Frage nach *neu* oder *gebraucht* durch rein objektive Kriterien zu bestimmen ist[35], oder ob dies auch durch eine entsprechende Parteivereinbarung geschehen kann.[36] Dies wird in Anbetracht der Zielsetzung der vorliegenden Arbeit, insbesondere unter dem Aspekt des Verbraucherschutzes, zu beleuchten sein.

3. Der Mangel des Kunstgegenstandes

Gegenstand einer Vielzahl von Gerichtsentscheidungen[37] und in der Wissenschaft[38] eines der meistdiskutierten Probleme ist die *kaufrechtliche Gewährleistung i.S.d. §§ 434 ff. BGB* bzw. § 459 BGB a.F. bei Kunstwerken.

---

30 Grundmann/Bianca, EU-Kaufrechtsrichtlinie, Art. 1, Rn. 29.

31 So etwa Wrede, Kunstkauf, S. 196.

32 Palandt/*Putzo*, BGB, § 474, Rn. 2.

33 BGH, NJW 2006, 613; RG, RGZ 135, 343 („Ruisdael"); OLG Frankfurt, NJW 1982, 651 („Biedermeierzimmer")

34 Wrede, Kunstkauf, S. 57.

35 So etwa Doehner, Die Schuldrechtsreform vor dem Hintergrund der Verbrauchsgüterkaufrichtlinie (2004), S. 112.

36 Bamberger/Roth/*Faust*, BGB, § 474, Rn. 15; Tiedtke, Kaufrecht, Rn. 727.

37 BGH, NJW 1995, 1673; BGH, JZ 1998, 41; BGH, NJW 1972, 1658; RG, RGZ 115, 286; RG, RGZ 114, 239.

38 Müller-Katzenburg, NJW 2006, 553; Wertenbruch, NJW 2004, 1977; Berger, KUR 2004, 137; Hattenhauer, JuS 1998, 684; Flume, JZ 1991, 633; Braun, AcP 190 (1990), 182; Heinbuch, NJW 1984, 15; Schneider, DB 1981, 199; v. Westerholt/Graupner, NJW 1978, 794; Löhr, GRUR 1976, 411; teilw. m.w.N..

Nach § 433 I S.2 BGB hat der Verkäufer das Kunstwerk frei von Sach- und Rechtsmängeln zu verschaffen. Die Rechte des Käufers richten sich zunächst nach den §§ 437 ff. BGB. Maßstab für die mangelfreie Erfüllung ist gemäß § 434 I S.1 BGB zuvorderst die Vereinbarung der Parteien über die Beschaffenheit. Während schon bei § 459 II BGB a.F. Einvernehmen herrschte, dass die Echtheit eines Werkes Teil der Beschaffenheit einer Sache sein kann[39], gestaltet sich die Frage nach der Vereinbarung derselben weitaus problematischer. Diese Vereinbarung kann ausdrücklich oder konkludent erfolgen,[40] was insoweit die Frage aufwirft, wie die typischen Umstände des Kunsthandels, also etwa die Bezugnahme auf Preislisten oder Kataloge, hier zu werten sind.[41] Die Bezugnahme auf ein Sachverständigengutachten oder eine Expertise wird bspw. grundsätzlich als Teil der Beschaffenheitsvereinbarung gesehen[42]; demgegenüber scheint es aber auch denkbar, diese vielmehr als Hinweis auf die eigene Unsicherheit des Verkäufers zu werten, der damit gerade nicht für die Echtheit einstehen wolle.[43]

In diesem Kontext rückt v.a. die Frage nach der Haftung des Sachverständigen selbst zunehmend in den Vordergrund,[44] doch gilt es im Rahmen der vorliegenden Arbeit, schwerpunktmäßig das Verhältnis zwischen Käufer und Verkäufer zu beleuchten.

Im Rahmen der Diskussion des Sachmangels taucht auch ein Problem auf, das wohl nur mit Hilfe der Kunstwissenschaften gelöst werden kann. Die Begriffe der Echtheit bzw. des Originals sind nämlich teilweise durchaus schwierig zu besetzen; dies gilt insbesondere für Werke serieller Kunst, wie etwa der Druckgrafik oder der Photographie.[45] Dabei werden von Seiten der Kunst- und Rechtswissenschaft wie auch von Seiten der Verbände die verschiedensten Ansichten vertreten;[46] die Normierung eines einheitlichen, praktikablen Begriffes ist diesen Versuchen jedoch noch nicht gelungen und soll dementsprechend Teil dieser Arbeit sein.

Schließlich ist auch fraglich, wie die subsidiären Fehlerbegriffe in § 434 I BGB im Kunsthandel zu bewerten sind. § 434 I S.2 BGB stellt auf die *vertrags-*

---

39 BGH, NJW 1995, 1673 („Burra II“); BGH, NJW 1993, 2103 („Burra I“); BGH, NJW 1975, 970 („Jawlensky“); RG, RGZ 115, 286 („Ostade/Teniers“); RG, RGZ 114, 239 („Hans Thoma“); OLG Hamm, NJW 1995, 2640 („Guercino“); OLG Hamm, NJW 1995, 2640 („Guercino“); OLG Düsseldorf, NJW 1992, 1326 („Andy Warhol“).

40 Staudinger/*Matusche-Beckmann*, BGB, § 434, Rn. 55; Jauernig/*Berger*, BGB, § 434, Rn. 9.

41 Siehe dazu eingehend, Spinellis, Internationaler Kunsthandel, S. 276 ff..

42 Wertenbruch, NJW 2004, 1978; v. Westerholt/Graupner, NJW 1978, 795.

43 Löhr, GRUR 1976, 412.

44 Dazu etwa Simons, Fachliche Autorität im Kunsthandel und ihre haftungsrechtliche Bedeutung (1999); Gerlach, Die Haftung für fehlerhafte Kunstexpertisen (1998); Goepfert, Haftungsprobleme im Kunst- und Auktionshandel (1991), S. 76 ff..

45 Schack, Kunst und Recht, 14; Goepfert, Haftungsprobleme, 58.

46 An dieser Stelle sei bereits auf B, I, 4, b, cc) verwiesen.

gemäße oder *gewöhnliche* Verwendung ab; damit stellt sich die schwierige und seit langem diskutierte Frage nach der Funktion von Kunstgegenständen. Teilweise wurde vertreten, es ginge zumindest auch um die Befriedigung eines Geltungsbedürfnisses[47], während andere ausschließlich auf den dekorativen Charakter von Kunst abstellten, womit dann auch die Frage der Urheberschaft letztlich unerheblich bleibe.[48]

Darüber hinaus bleibt auch die zum alten Recht vieldiskutierte Eigenschaftszusicherung von Bedeutung, da bestimmte Aussagen oder Angaben des Verkäufers eine Beschaffenheitsgarantie nach §§ 443 I, 276 I BGB begründen können, die zu einer verschuldensunabhängigen Haftung führt. Die von Rspr.[49] und Literatur[50] vertretenen Ansichten zu dieser Frage, insbesondere vor der Schuldrechtsreform, sind bisher nicht grundlegend im Lichte der neuen Regelungen diskutiert worden.

Nach Maßgabe des § 433 I S.2 BGB hat der Verkäufer die Sache nicht nur frei von Sach-, sondern auch von Rechtsmängeln i.S.d. § 435 S.1 BGB zu verschaffen. Kunstwerke können mit verschiedenen Rechtsmängeln behaftet sein, etwa indem der Handel mit ihnen durch besondere Vorschriften beschränkt wird.[51] Fraglich ist jedoch, wann genau die speziellen Vorschriften, etwa über den Kulturgüterschutz, einen Rechtsmangel darstellen, falls entsprechende Werke veräußert werden.

4. Die gewährleistungsrechtlichen Folgen eines Sachmangels

Ungelösten Problemen begegnet man auch, wenn man die Rechtsfolgen eines Sachmangels, insbesondere der Unechtheit, bei Kunstwerken betrachtet, die sich aus den §§ 433, 434, 437 BGB ergeben. Im Kaufrecht gilt grundsätzlich der Vorrang der Nacherfüllung, wonach der Käufer gemäß § 439 I BGB zwischen der Beseitigung des Mangels und der Lieferung einer mangelfreien Sache wählen kann. Beim Kunstkauf ist die Nacherfüllung grundsätzlich nur selten denkbar, da es sich meist um einen Stückkauf handelt.[52] Allerdings wird die Mög-

---

47 RGZ 115, 287.

48 Raape, AcP 150 (1949), 491.

49 BGH, NJW 1995, 1673 („Burra II"); BGH, NJW 1980, 1619 („Bodensee-Kunstauktion"); BGH, NJW 1975, 970 („Jawlensky"); BGH, NJW 1972, 1658 („Rubens"); RG, RGZ 114, 239 („Hans Thoma").

50 Flume, JZ 1991, 635; Schneider, DB 1981, 200; v. Westerholt/Graupner, NJW 1978, 794.

51 Spinellis, Das Vertrags- und Sachenrecht des internationalen Kunsthandels (2000), S. 230.

52 Wrede, Kunstkauf, 233; Müller-Katzenburg, NJW 2006, 555; Wertenbruch, NJW 2004, 1978.

lichkeit der Nacherfüllung durch Lieferung einer mangelfreien Sache in Rspr.[53] und Literatur[54] zunehmend auch für den Fall des Stückkaufs bejaht, sofern eine Auslegung des Vertrages dies zulässt. Ungeklärt ist dabei jedoch, ob nur die einfache oder auch die ergänzende Auslegung geeignete Mittel darstellen[55] oder, ob eventuell eine Beschränkung auf vertretbare Sachen sinnvoll erscheint.[56] Die Frage kann gerade beim Kauf gefälschter Werke oder solcher, die durch Rechte Dritter belastet sind, von Bedeutung sein. Für den Kunsthandel besteht das Risiko, einer Beschaffenheitspflicht ausgesetzt zu sein, die hohe Kosten mit sich bringt.[57] Insofern ist diese, teils höchst kontrovers diskutierte Frage, im Hinblick auf den Kunstkauf zu erörtern.

In der Vielzahl der Kunstkäufe dürfte eine Nacherfüllung durch Ersatzlieferung jedoch nicht möglich sein. In diesen Fällen scheitert die Nacherfüllung entweder an der anfänglichen objektiven Unmöglichkeit der Nachlieferung i.S.d. § 275 I BGB oder an der Unzumutbarkeit wegen unverhältnismäßiger Kosten gemäß § 439 III BGB. Das Vorliegen von Unmöglichkeit eröffnet dem Käufer unabhängig von einem Vertretenmüssen des Verkäufers eine vereinfachte Rücktrittsmöglichkeit, §§ 326 V, 311 a I, 275 I BGB. Daneben besteht die Möglichkeit der Minderung gemäß §§ 434, 437 Nr. 2, 441 BGB, im Gegensatz zum Rücktritt jedoch auch bei unerheblichen Mängeln, § 441 S.2 BGB.

^ Von größerer Bedeutung ist jedoch der *Schadensersatz statt der Leistung* und dessen Voraussetzungen. Der Verkäufer ist im Falle der Unechtheit meist von Anfang an nicht zur Leistung verpflichtet, § 275 I BGB; dann liegt aber auch keine Pflichtverletzung i.S.d. § 280 I BGB vor. Für eben diese Konstellation verweist § 437 Nr. 3 BGB auf § 311 a II BGB, wonach der Verkäufer Schadensersatz schuldet, sofern er nicht nachweisen kann, dass er den Mangel bei Vertragsschluss nicht kannte und seine Unkenntnis nicht zu vertreten hat. Für das Vertretenmüssen gilt der Fahrlässigkeitsmaßstab des § 276 II BGB, so dass auf die *im Verkehr erforderliche Sorgfalt* abzustellen ist.

Insoweit stellt sich die Frage, in welchem Umfang die Verkäufer von Kunst die Angaben von Dritten zu prüfen und den Kunstgegenstand zu untersuchen, verpflichtet sind. Erforderlich könnte darüber hinaus sein, eine Expertise einzuholen, den Einlieferer bzw. die Provenienz zu überprüfen oder einschlägige Register[58] abzufragen. Was im Einzelnen zu den Pflichten des Verkäufers gehört,

---

53 BGH, NJW 2006, 2839; OLG Braunschweig, JZ 2003, 863.

54 Palandt/*Putzo*, BGB, § 439, Rn. 15; Jauernig/*Berger*, BGB, § 439, Rn. 13; Roth, NJW 2006, 2953; Canaris, JZ 2003, 831. Canaris, Karlsruher Forum 2002 (2003), S. 79 ff.; a.A. Tiedtke/Schmitt, JuS 2005, 583.

55 Dazu Roth, NJW 2006, 2935; Canaris, JZ 2003, 831.

56 So etwa Kamanabrou, ZGS 2004, 57; Schubel, JuS 2002, 313, jew. m.w.N..

57 Canaris, JZ 2003, 836, der ausdrücklich auf den Kunsthandel verweist.

58 Das bekannteste und bedeutendste dürfte wohl das sog. Artloss-Register sein; www.artloss.com.

ist hier gänzlich ungeklärt und es erscheint mithin notwendig einen kunstmarktspezifischen Sorgfaltsmaßstab zu entwickeln. Dabei müsste auch selbst geschaffenes Recht, wie etwa die Codices oder Statuten verschiedener Verbände, eine Rolle spielen.

Anzusprechen sind aber auch eventuelle Obliegenheiten des Käufers, das Werk vor dem Erwerb auf Mängel bzw. Echtheit zu untersuchen; in der Praxis herrscht diesbezüglich bei allen Beteiligten eine gewisse Unsicherheit.[59] Obwohl eine solche Obliegenheit den Privatkäufer grundsätzlich nicht trifft, könnte für den Kunsthandel etwas anderes gelten. Denkbare Ansatzpunkte für eine solche Obliegenheit i.S.d. § 442 I BGB sehen Rspr. und Literatur etwa in der besonderen Sachkunde des Käufers[60], dem Vorliegen augenscheinlicher Verdachtsmomente[61] sowie gegebenenfalls im Wert des Objekts[62]; teilweise wird für den Kunsthandel sogar eine entsprechende Verkehrssitte vertreten.[63] Die Besonderheit des Kunstmarktes, dass die Käufer häufig sehr hohe Sachkenntnis haben, kann auf diesem Wege entscheidend berücksichtigt werden. Diese Frage ist bisher kunstmarktspezifisch kaum erörtert worden, ist aber, gerade unter Berücksichtigung verbraucherschutzrechtlicher Fragen, von besonderem Interesse.

5. Der weitere Anwendungsbereich des Verbrauchsgüterkaufs i.S.d. § 474 I BGB

Voraussetzung eines Verbrauchsgüterkaufs und damit der Anwendung der verbraucherschützenden Normen ist neben dem oben bereits angesprochenen Zusammentreffen von *Verbraucher* und *Unternehmer*, dass nicht der Ausschlusstatbestand des § 474 I S.2 BGB greift.

Nach Maßgabe des § 474 I S.2 BGB sind die verbraucherschützenden Normen der §§ 474 ff. BGB nicht anwendbar, wenn gebrauchte Sachen in einer öffentlichen Versteigerung verkauft werden, an der der Verbraucher persönlich teilnehmen kann. Umstritten ist dabei zuvorderst, wann es sich um eine *öffentliche Versteigerung* im Sinne der Norm handelt. Die herrschende Meinung in der Literatur[64] vertritt die Ansicht, dass hier die Legaldefinition des § 383 III S.1 BGB anzuwenden sei, wonach es v.a. darauf ankommt, ob die Versteigerung von einem entsprechend bestellten Gerichtsvollzieher, einem anderen befugten

---

59 Müller-Katzenburg, NJW 2006, 556.

60 RG, RGZ 131, 354; Reinicke/Tiedtke, Kaufrecht, Rn. 604.

61 Palandt/*Putzo*, BGB, § 442, Rn. 16; Staudinger/*Honsell*, BGB, § 460, Rn. 8.

62 Allerdings ist der BGH bei der Anwendung dieses Merkmals sehr zurückhaltend; siehe BGH, NJW-RR 1988, 1920; danach besteht auch bei einem 3 Mio. DM teuren Grundstück keine Pflicht zur Überprüfung des Grundbuchs.

63 Palandt/*Putzo*, BGB, § 442, Rn. 15; Reinicke/Tiedtke, Kaufrecht, Rn. 603.

64 Bamberger/Roth/*Faust*, BGB, § 474, Rn. 16; MüKo/*Lorenz*, BGB, § 474, Rn. 13; Palandt/*Heinrichs*, BGB, § 383, Rn. 4; Lorenz, EWiR 2006; 67.

Beamten oder auch durch einen gemäß § 34 b IV GewO öffentlich bestellten Versteigerer durchgeführt wird. Während der BGH sich der h.M. angeschlossen hat[65], vertritt eine Gegenansicht, dass nicht die Person des Versteigerers entscheidend sei, sondern vielmehr die Tatsache, dass der Gesetzgeber mit § 474 I S.2 BGB eine bestimmte Vertriebsform habe privilegieren wollen.[66] Entsprechend der Zielsetzung dieser Arbeit ist es unumgänglich, diesen Disput zu erörtern und unterer besonderer Berücksichtigung der Kunstauktion eine Lösung zu entwickeln. § 474 I S.2 BGB macht weiterhin eine Entscheidung notwendig, ob Kunstgüter per se *gebraucht* sein können oder nicht. Diese Fragestellung wurde ebenfalls bereits oben angesprochen.

6. Haftungsvereinbarungen im Kunsthandel

Aufgrund der zunehmenden Professionalisierung des Kunsthandels sowie der teilweise beträchtlichen Haftungssummen, denen Verkäufer ausgesetzt sein können[67], kommt es immer häufiger zu Haftungsvereinbarungen bzw. –ausschlüssen. Die zunehmende Verwendung Allgemeiner Geschäftsbedingungen i.S.d. § 305 I BGB im Kunsthandel bereitet vor allem zwei Probleme:

Nach mittlerweile gefestigter höchstrichterlicher Rechtsprechung[68] kann die Haftung für die Verletzung wesentlicher Vertragspflichten selbst bei einfacher Fahrlässigkeit des AGB-Verwenders nicht formularmäßig ausgeschlossen werden. Hierin wird ein Verstoß gegen § 307 II Nr. 2 BGB gesehen, da es zu einer Gefährdung des Vertragszwecks komme. Zu fragen ist mithin danach, was gerade beim Kunstkauf die wesentlichen Vertragspflichten sind und, ob die sog. Kardinalpflichtenrechtsprechung damit den aktuell verwendeten Standardklauseln des Auktionshandels entgegensteht.

Der Auktionshandel ist in aller Regel als Kommissionsgeschäft ausgestaltet[69], da nur so die Anonymität des Einlieferers gewahrt bleiben kann. Das regelmäßige Vorliegen sog. Versteigerungsbedingungen gegenüber dem Käufer einerseits und sog. Einlieferungsbedingungen gegenüber dem Einlieferer andererseits schaffen eine komplexe Situation. Mit den Einlieferern wird auf diesem

---

65 BGH, NJW 2006, 613.

66 Palandt/*Putzo*, BGB, § 474, Rn.2; Wertenbruch, NJW 2004, 1981.

67 Beispielhaft ist etwa der Burra-Fall zu nennen, in dem der Käufer eines Bildes 300.000 DM forderte, nachdem sich herausgestellt hatte, dass es sich nicht um ein Original handelte; BGH, NJW 1995, 1673 („Burra II"); BGH, NJW 1993, 2103 („Burra I").

68 BGH, NJW-RR, 2003, 1060; BGH, NJW 2001, 301; BGH, NJW 1997, 1702; BGH, NJW 1994, 1063; BGH, NJW 1988, 1785; BGH, NJW 1973, 1878.

69 Braun, JZ 1998, 198; ders., WM 1992, 896; siehe exemplarisch auch die AGBs der Auktionshäuser Lempertz und Villa Grisebach unter www.lempertz.de bzw. www.villagriesebach.de.

Wege die Anwendung der kaufrechtlichen Gewährleistung vereinbart[70], gegenüber dem Ersteigerer hingegen ein möglichst weit reichender Haftungsausschluss. Sodann stellt sich die Frage, ob sich der Auktionator durch einen wirksamen Haftungsausschluss gegenüber dem Ersteigerer der Haftung entziehen kann; dies erscheint dann fragwürdig, wenn dem Ersteigerer keine Möglichkeit gegeben wird, gegen den anonymen Einlieferer Ansprüche anzumelden. Vereinzelt wird daher die Herstellung einer sog. *Haftungsbrücke* gefordert, etwa, indem sich die Auktionshäuser verpflichten, Ansprüche gegen den Einlieferer an den Ersteigerer abzutreten.[71] Die Rechtsprechung versucht das Problem dadurch zu lösen, dass eine Haftungsfreizeichnung des Auktionators dann als unwirksam zu betrachten ist, wenn dieser gegenüber dem Käufer in fahrlässiger Weise seine Sorgfaltspflichten verletzt hat.[72] Diese Diskussion ist noch nicht abschließend geklärt und wurde insbesondere noch nicht im Lichte des verstärkten Verbraucherschutzes bewertet.

Schließlich gilt es zu klären, ob sich ein genereller Haftungsausschluss auch auf die Aliud-Lieferung erstreckt, bzw. wann eine solche überhaupt vorliegt. Wurde als Kaufgegenstand etwa ein Gemälde vereinbart und erhielt der Käufer später einen Druck, so sind diese Aspekte von entscheidender Bedeutung.[73]

7. Fragen der Beweislast bei der Geltendmachung von Ansprüchen

Grundsätzlich muss im Streitfall derjenige, der ein Recht oder ein Gegenrecht für sich beansprucht, dessen Voraussetzungen beweisen. Folglich hat der Käufer in aller Regel die anspruchsbegründenden Tatsachen zu beweisen.[74] Für das Kaufrecht bedeutet dies zunächst folgendes: Nach Entgegennahme des Gutes trägt der Käufer die Beweislast für das Vorliegen eines Sachmangels; dies ergibt sich bereits aus § 363 BGB in Verbindung mit der Tatsache, dass das Kaufrecht in § 433 I S.2 BGB die Pflicht zur mangelfreien Leistung statuiert.[75] Schwierigkeiten können sich hier insofern ergeben, als der Sachmangel bei Kunstgegenständen u.U. nur schwer zu beweisen ist. So erscheint es in kunstwissenschaftli-

---

70 Siehe etwa die Einlieferungsbedingungen des Kunsthauses Lempertz unter www.lempertz.de.

71 Wertenbruch, NJW 2004, 1981; Braun, JZ 1998, 199; ders., WM 1992, 898; wohl auch Thomsen, Käuferschutz bei Kunstauktionen (1989), 95.

72 BGH, NJW 1980, 1619; im Jawlensky-Fall hatte der BGH noch grobe Fahrlässigkeit gefordert BGH, NJW 1975, 972; zust. von Seiten der Wissenschaft etwa Löhr, GRUR 1976, 411.

73 So geschehen im Sachverhalt zur Entscheidung des AG Ulm, Urt.v. 9.6.2004, 4 C 1004/04 (unveröffentlicht); ähnlich auch AG Aachen, NJW-RR 2005, 1143.

74 Kellermann/Mendler, JA 2004, 910.

75 Lorenz, NJW 2004, 3020; Westermann, NJW 2002, 250.

cher Hinsicht teilweise nahezu unmöglich, eine bestimmte Urheberschaft zweifelsfrei nachzuweisen. Hier stellt sich dann die Frage, ob dem Käufer nicht mit prozeßrechtlichen Mitteln zu helfen ist, etwa indem nur die Zweifelhaftigkeit der Urheberschaft oder die mangelnde Ausstellungsfähigkeit des Werkes zu beweisen wäre. Dies ist insbesondere unter Berücksichtigung des materiellrechtlichen Mangelbegriffes und den Zielsetzungen des Verbraucherschutzes zu erörtern.

8. Internationale Zuständigkeit und anwendbares Recht

Galerien, Kunsthändler und Auktionshäuser bedienen ein zunehmend internationales Publikum, das schon aufgrund der heutigen Kommunikationsmöglichkeiten in der Lage ist, weltweit auf jedem beliebigen Markt aufzutreten.

Kommt es dann zu einem Streitfall über einen Kaufvertrag, so stellt sich zuvorderst die Frage nach der internationalen Zuständigkeit deutscher Gerichte; diese ist grundsätzlich dann gegeben, wenn der streitige Sachverhalt einen derartigen Inlandsbezug aufweist, dass es gerechtfertigt erscheint, den Fall vor inländischen Gerichten zu klären.

Herausragende praktische Bedeutung für den europäischen Rechtsverkehr kommen dabei der EuGVO[76] („Brüssel I") und dem Luganer Übereinkommen[77] (LugÜ) zu. Bildet ein Verbrauchervertrag den Gegenstand des Verfahrens, so bestimmt sich die Zuständigkeit grds. nach den Art. 15 ff. EuGVO. Diese Normen sind darauf zu prüfen, wie sinnvoll kunstrechtliche Streitigkeiten, an denen ein Verbraucher beteiligt ist, berücksichtigt werden können.

Ist die internationale Zuständigkeit geklärt, stellt sich die Frage nach dem auf den Sachverhalt anzuwendenden Recht. Nach Art. 3 I EGBGB dient das Internationale Privatrecht dazu, bei Sachverhalten mit Auslandsrechtsbezug die anwendbare Rechtsordnung zu bestimmen. Maßgebliche Rechtsquellen sind dabei insbesondere das EGBGB, sowie auf Gemeinschaftsebene das EVÜ[78]. Wie auch die EuGVO kennen weder EGBGB noch EVÜ besondere Regelungen für Kunststreitigkeiten. Entsprechend der Zielsetzung dieser Arbeit werden die für Verbraucherverträge einschlägigen Normen daraufhin zu überprüfen sein, wie

---

76 EG-Verordnung über die gerichtliche Zuständigkeit und die Anerkennung und Vollstreckung von Entscheidungen in Zivil- und Handelssachen vom 22.12.2000, Jayme/Haussmann, Internationales Privat- und Verfahrensrecht (2004), Nr. 160.

77 Luganer Übereinkommen über die gerichtliche Zuständigkeit und die Vollstreckung gerichtlicher Entscheidungen in Zivil- und Handelssachen vom 16.9.1988, Jayme/Haussmann, IPR, Nr. 152; zur Neufassung des Übereinkommens siehe Jayme/Kohler, IPRax 2006, 549.

78 Römisches Übereinkommen über das auf vertragliche Schuldverhältnisse anzuwendende Recht vom 19.6.1980; Jayme/Haussmann, IPR, Nr. 70.

die Besonderheiten des Kunstrechts ausreichend Geltung finden können. Besondere Bedeutung soll dabei auch der neuen Rom-I Verordnung[79] zukommen, die als Verordnung im Gegensatz zum EVÜ unmittelbare Geltung beanspruchen wird und mithin keiner weiteren Umsetzung in das deutsche Recht bedarf. Die Verordnung enthält in Art. 6 Rom-I VO für Verbraucherverträge spezielle Regelungen. Danach soll vorrangig das Recht am gewöhnlichen Aufenthalt des Verbrauchers Anwendung finden, sofern ergänzende Voraussetzungen vorliegen.. Die Anknüpfung bei Verbrauchersachen war im Vorfeld heftig umstritten[80] und wurde kurz vor Verabschiedung der Verordnung erst in der jetzigen Form eingefügt. Wie sich dieses Modell im Kontext des Kunstkaufs behauptet und wie die Lösungen der alternativen Vorschläge[82] sich diesbezüglich ausgewirkt hätten, soll mithin Gegenstand der vorliegenden Arbeit sein.

III. Die Fragestellung der Arbeit

Entsprechend des Titels der Arbeit soll diese die eben angesprochenen Probleme und Fragen erörtern und nach Möglichkeit einer Lösung zuführen. Schwerpunkt ist die Betrachtung des Kunstkaufs unter Berücksichtigung der entscheidenden verbraucherschützenden Normen des BGB. Dementsprechend liegt das Hauptaugenmerk auf der Betrachtung des privaten Kunstkäufers.

Dabei gilt es zunächst die beteiligten Parteien daraufhin zu untersuchen, ob sie als Verbraucher oder Unternehmer tätig werden; sodann stellt sich die schwierige Frage, inwieweit der Kunstkauf ein Verbrauchsgüterkauf i.S.d. § 474 I BGB sein kann, und welche Ausnahmetatbestände hier einschlägig sind.

Nach der Klärung dieser bedeutenden Vorfragen, werden Voraussetzungen und Folgen eines Sachmangels bei Kunstwerken beleuchtet; so erscheint es teilweise zweifelhaft, ob die Grundsätze, die zum alten Recht bei Kunststreitigkeiten entwickelt wurden, auch nach der Schuldrechtsreform Bestand haben, oder

---

79 Verordnung des Europäischen Parlaments und des Rates über das auf vertragliche Schuldverhältnisse anzuwendende Recht vom 17.06.2008 (Rom I), Abl. L 177 vom 04.07.2008, S. 6-16.

80 Mankowski, IPRax 2006, 106.

82 So etwa das zunächst im Grünbuch enthaltene Modell, welches eine Wahl des Rechts des Unternehmens vorsah, Grünbuch über die Umwandlung des Übereinkommens von Rom aus dem Jahr 1980 über das auf vertragliche Schuldverhältnisse anzuwendende Recht in ein Gemeinschaftsinstrument sowie über seine Aktualisierung, vorgelegt am 14.1.2003 KOM (2002), 654; siehe dazu auch Basedow, FS Jayme, I, S. 20.

ob hier evtl. Anpassungen und Modifizierungen erforderlich sind. Schwerpunkte bilden hier insbesondere die Suche nach einer Typologie der für den Kunstmarkt relevanten Sachmängel sowie die Erarbeitung kunstmarktspezifischer Sorgfaltspflichten.

Der Verbraucherschutz hat gerade auf dem Gebiet der Haftungsvereinbarungen entscheidende Neuerungen mit sich gebracht. Hier sollen die im Kunsthandel gängigen Allgemeinen Geschäftsbedingungen auf Ihre Vereinbarkeit mit dem Verbraucherschutz hin überprüft werden.

Wegen der hohen Praxisrelevanz wird schließlich auch die Verteilung der Beweislast bei Kunststreitigkeiten einer intensiven Prüfung unterzogen; fraglich ist dabei insbesondere, ob es nicht aus verbraucherschutzrechtlicher Sicht angebracht erscheint, dem klagenden Käufer aufgrund der besonders schwierigen Beweislage bei Kunstkäufen entgegen zu kommen.

Die Harmonisierungsbestrebungen der Europäischen Gemeinschaft, sowohl auf der Ebene des Verbraucherschutzrechts als auch im Prozessrecht machen schließlich einen Blick auf die internationale Zuständigkeit deutscher Gerichte und das anwendbare Recht notwendig.

IV. Praktische Relevanz

Wie bereits angedeutet, bestehen keine Sonderregeln für den Kunstkauf und auch ein Bewusstsein für dessen besondere Merkmale entsteht erst langsam. Dies mag daran liegen, dass der Kunstmarkt immer ein verhältnismäßig kleiner[83], abgeschiedener und damit wenig transparenter Markt war, auf dem sich eine gut informierte Käuferschaft dem doch größtenteils seriösen Handel gegenübersah. Allerdings haben die Zunahme der Kaufkraft in bestimmten Kreisen sowie das zunehmende Interesse an Kunst, sowohl als Statussymbol, als auch als Geldanlage, dazu geführt, dass der Kunstmarkt seit den neunziger Jahren stetig weiter gewachsen ist.[84]

Dieser rapide Aufstieg des Kunstmarkts ist zunächst ein amerikanisches Phänomen, das auf die dortige gute wirtschaftliche Entwicklung der vergangenen Jahre zurückgeht; aber auch in Deutschland wächst die Zahl der Händler kontinuierlich während auch die Preise weiter steigen. Im Jahre 2004 wurde in einer New Yorker Auktion Picassos „Junge mit Pfeife“ für 104 Millionen Dollar verkauft[85], um dann zwei Jahre später durch „Adele Bloch-Bauer I“ von Gustav

---

83 Zahlen über den Kunstmarkt sind schwer zu bekommen; nach einer Studie wurde der europäische Kunstmarkt im Jahr 2002 aber auf 12 Mrd. € taxiert, Kemle, Kunstmessen, S. 46; der deutsche Kunstmarkt wurde im Jahr 1996 auf etwa 3 Mrd. DM geschätzt, Schack, Kunst und Recht, S. 47

84 Herchenröder, Kunstmärkte im Wandel, 18.

85 F.A.Z. v. 13.6.2006.

Klimt mit 134 Millionen Dollar als teuerstes Bild aller Zeiten abgelöst zu werden. Kurz darauf wurde auch dieser Rekord schon wieder durch den Kaufpreis von 140 Mio. Dollar gebrochen, der für das Gemälde „No.5, 1948", ein sog. „Drip-Painting", von Jackson Pollock aufgebracht wurde.[86] Ende des Jahres 2005 etwa wurde mit fast vier Millionen Euro der höchste je erzielte Preis auf einer deutschen Auktion erzielt.[87]

Sicher sind dies die absoluten Spitzen des Marktes, doch zeugen diese Erlöse von der Zunahme des am Kunstmarkt befindlichen Kapitals und des steigenden gesellschaftlichen Interesses an Kunst.

Begleiterscheinung dieses Wachstums ist die Verwendung neuer Vertriebsstrukturen, die für den klassischen Kunsthandel lange Zeit unvorstellbar waren; so sind mittlerweile der Abzahlungskauf oder das Leasing von Kunstwerken möglich, während der Vertrieb über das Internet allmählich beachtliche Ausmaße annimmt. Wegen der hohen möglichen Spekulationsgewinne entstehen auch immer mehr Kunstfonds, deren Betreiber teilweise höchst spekulativ Kunst kaufen.[88] Daneben betreiben viele größere Banken mittlerweile das so genannte Art Banking[89], wobei den Privatkunden Beratung für den Kauf von Kunst als Wertanlage gegeben wird.

Diese Vergrößerung des Kunstmarktes führt zur Erschließung neuer Käuferschichten, die mit geringerem Vorwissen in den Markt gehen, als dies früher der Fall war. Dementsprechend hat sich auch die Händlerstruktur dahingehend verändert, dass immer mehr Händler immer mehr Ware auf den Markt bringen, wobei sowohl die Herkunft als auch die Qualität der Ware zunehmend zweifelhaft erscheinen. Insgesamt also haben sich die Anzahl der Beteiligten und auch die Anzahl der möglichen Konfliktfälle, etwa bei Fälschungen oder Provenienzfragen, erhöht. Die rechtliche Bewertung des Kunstkaufs gewinnt demnach immer mehr an praktischer Relevanz.

V. Methoden und Quellen

Die Besonderheit des Kaufgegenstandes *„Kunst"* bringt auch gewisse, teils ungewöhnliche Erfordernisse bezüglich der juristischen Methodik und Quellenauswahl mit sich. Die juristische Bearbeitung des zu behandelnden Feldes ist nach wie vor recht zurückhaltend, wenn auch, wie eingangs erwähnt, kontinuierlich steigend. Diese Quellen gilt es mit der allgemeinen Literatur etwa zum

86 „Weltmacht Kunst", Der Spiegel, 50/2006, S. 173; Weltkunst, 15/2006, S. 64.
87 Für das Gemälde „Anni (Mädchen mit Fächer)" von Max Beckmann, www.grisebach.de.
88 So etwa zu finden unter www.artfonds.de; dazu auch N.Z.Z. v. 29.01.2007, S. 24.
89 So etwa die Deutsche Bank oder die UBS.

Kaufrecht oder Verbraucherschutzrecht in Beziehung zu setzen. Dabei soll ein hohes Maß an Informationen aus der Praxis einfließen, nicht zuletzt, um die Bedeutung der jeweiligen Erörterung für den Markt zu illustrieren. Berücksichtigt werden soll dabei insbesondere die Auseinandersetzung der Praxis mit den einschlägigen rechtlichen Fragen, wie sie sich beispielsweise in Galerieverträgen oder Versteigerungsbedingungen darstellt.

Methodisch erscheint es sinnvoll, den jeweiligen Tatbestand in der dem Gesetz eigenen Abstraktion und Allgemeinheit zunächst übersichtlich darzustellen. Sodann gilt es, die Schwierigkeiten bei der Anwendung auf den Kunstkauf zu beleuchten und anschließend nach praxisgerechten Lösungen zu suchen.

VI. Gang der Untersuchung

Im Folgenden wird der Weg gezeichnet, der bei der Beantwortung der aufgeworfenen Fragen zu gehen sein wird.

Als Grundlage wird zunächst eine Phänomenologie des Kunstmarktes erstellt, wobei die am Kunstmarkt Beteiligten ebenso wie die Ware Kunst Berücksichtigung finden sollen. Dieser folgt eine Einführung in den Verbraucherschutz, die den Hintergrund für die späteren Diskussionen liefern soll. Dieser Darstellung folgen eine Prüfung der Anwendbarkeit der Verbrauchsgüterkaufrichtlinie und die Einordnung der am Markt Beteiligten in die verbraucherschutzrechtlichen Kategorien.

Nach der Klärung dieser grundlegenden Fragen wird das Aufeinandertreffen des Verbraucherschutzes mit dem Kunstmarkt in seinen verschiedenen Facetten zu erläutern sein. Die drei Hauptthemen bilden dabei der Mangel des Kunstgegenstandes, die Gewährleistungsrechte des Kunstkäufers sowie Aspekte der Beweislast bei Kunststreitigkeiten.

Schließlich werden wegen des internationalen Charakters des Kunstmarktes die Fragen nach der internationalen Zuständigkeit bei Kunststreitigkeiten und dem jeweils anwendbaren Recht zu beleuchten sein. Die Betrachtung internationaler Aspekte schließt mit einem Blick in andere Rechtsordnungen und der Frage nach einer weiteren Rechtsvereinheitlichung.

Ein zusammenfassendes Ergebnis beendet die Arbeit.

B. Kapitel 2 – Grundlagen

I. Phänomenologie des Kunstmarktes

Zunächst gilt es, den Kunstmarkt und seine Beteiligten darzustellen. Die rechtliche Bewertung des Kunstkaufs und die Einordnung des Kunstsammlers können nur dann gelingen, wenn das Betätigungsfeld und damit der Aktionsradius der Beteiligten abgesteckt werden. Dabei ist es erforderlich, den Kunstmarkt sowohl in seiner Entwicklung wie auch in seiner aktuellen Ausprägung grundlegend darzustellen.

1. Der Kunstmarkt – Von den Anfängen bis zum heutigen Tage

Der Handel mit Waren, die gar nicht oder nur teilweise dem alltäglichen Gebrauch dienen und welchen vielmehr eine schöpferische Gestaltungsleistung ästhetischer Zielsetzung eigen ist, existiert bereits seit mehreren tausend Jahren. Ein wirklich nennenswerter Kunsthandel kann dabei grundsätzlich immer nur dann entstehen, wenn genügend marktgängige Ware auf zahlungskräftige Interessenten stößt.[90]

a. Der frühe Kunsthandel und seine Entwicklung bis zur ersten Hälfte des 20. Jahrhunderts

Eine solche Konstellation war zunächst an der Schwelle zur Antike gegeben, wo phönizische Wanderhändler auf ihren Reisen durch die Mittelmeerländer verschiedenste lokale Märkte mit Waren versorgten.[91] In Griechenland und Rom erlangten schließlich auch der stationäre Handel sowie das Auktionswesen eine zunehmende Bedeutung für den Kunstverkauf;[92] Motor dieses Aufschwungs waren die zahlreichen Eroberungen insbesondere des Römischen Reiches, welche stets neue Kunst aus Beutezügen ins Land und damit auf den Markt spülten.[93] Kunstgüter wurden jedoch in der Regel nur als Nebentätigkeit und bei Gelegenheit verkauft und ein tatsächlich spezialisierter Handel kam trotz der zunehmenden Ausweitung des Marktes bis zur Spätantike nicht zustande. Mit dem Niedergang des Römischen Reiches verlor sich schließlich die ökonomische und kulturelle Grundlage dieses Geschäftszweiges, welcher erst wieder im 15. und 16. Jahrhundert nennenswerten Aufschwung erlebte. Im Zuge der religiösen

---

90 Hollein, Unternehmen Kunst, S. 205; Schack, Kunst und Recht, S. 46.

91 Thurn, Der Kunsthändler, S. 11.

92 Der römische Kaiser Caligula etwa kündigte um 40 n. Chr. zur Behebung seiner Geldnöte an, seine Kunstsammlung zu versteigern, Schütte, FS Hartung (1994), S. 117.

93 Thurn, Der Kunsthändler , S. 14.

Auseinandersetzungen stieg die Nachfrage nach bildnerischen Erzeugnissen aller Art, welche durch das stetige Wirtschaftswachstum in den großen Handelsstädten weiter beflügelt wurde.[94] Hinzu kam noch die steigende Mobilität der Kunstwerke, die nun immer häufiger auf Leinwand gemalt wurden, da eben nicht mehr nur Altarbilder, sondern zunehmend auch weltliche Darstellungen gefragt waren.[95]

In der Renaissance tauchen zunächst in Italien die ersten reinen Kunsthändler auf, die den Adel und die wachsende Käuferschicht der Kaufleute mit Waren versorgten.[96] Der Aufstieg der holländischen Städte sowie Englands zu starken Wirtschaftsmächten weitet diese Entwicklung aus und bringt eine endgültige Etablierung des professionellen Kunsthandels im Laufe des 16. und 17. Jahrhunderts mit sich. In der Folgezeit setzt sich dieser Trend fort und führt zu einer regelrechten Blüte, die u.a. auch zur Entstehung der heute nahezu marktbeherrschenden Auktionshäuser Christie's (1766) und Sotheby's (1744) führt. Zu dieser Zeit entsteht auch im Rheinland ein bedeutender Auktionsbetrieb[97] und in Preußen kommt es zu ersten gesetzlichen Regelungen des Auktionsgewerbes.[98] An der Schwelle zum 20. Jhdt. etablieren sich vor allem in Frankreich zunehmend Galeristen, die die Avantgarde fördern und damit bis heute dieses Berufsbild mitprägen.[99]

Teilweise unterbrochen durch konjunkturelle Schwankungen und den Ersten Weltkrieg hält diese Entwicklung auch in Deutschland weiter an und der Kunstmarkt zeigt hier eine seiner Stärken: Ähnlich wie der Immobilienmarkt profitiert er von unsicheren Zeiten, in denen Kapital tendenziell in bleibende, beständige Sachwerte fließt.

b. Die Entwicklung des Kunsthandels nach dem Zweiten Weltkrieg

Die Kulturpolitik während des Dritten Reiches sowie die katastrophalen Auswirkungen des verlorenen Krieges bedeuten jedoch eine eindeutige Zäsur im deutschen Kunsthandel. Bedeutende Namen der Kunstszene wie etwa Cassirer, Kahnweiler, Flechtheim, Walden oder Nathan waren durch das NS-Regime ge-

---

94 Thurn, Der Kunsthändler , S. 25.

95 Schack, Kunst und Recht, S. 46.

96 Zu den ersten namhaften Kunsthändlern zählen etwa Giovanni Battista della Palla oder der v.a. in Deutschland bekannte Jacopo Strada; siehe dazu auch Thurn, Der Kunsthändler , S. 28 ff..

97 So etwa die Versteigerung des bedeutenden Kunstnachlasses des Kölner Kurfürsten Clemens August in den Jahren 1761-1764.

98 So etwa „*Reglement und Instruction für die Auctionatores*" vom 12.4.1756, dazu Schütte, FS Hartung, S. 118.

99 Der bekannteste dürfte wohl Ambroise Vollard sein, dazu etwa „Das Krokodil", SZ vom 08.12.2006, S. 13.

zwungen, ihre Geschäfte aufzugeben und das Land zu verlassen.[100] Der verbleibende Handel beschränkte sich auf das vorgegebene nationalistische Programm und kam durch die weitgehende Zerstörung des Landes schließlich zum Erliegen. Erst im Laufe der späten 50er Jahre ist wieder ein Aufwärtstrend spürbar. Zunehmende kulturelle Debatten wecken erneut auch das Interesse an der Kunst und das starke Wirtschaftswachstum sorgt für das notwendige Kapital zur Wiederbelebung.[101] Namen wie Konrad Fischer, Rudolf Zwirner, Michael Werner oder Hein Stünke repräsentieren die neue Galeristenszene und beleben den wachsenden Markt. Dies manifestiert sich in der Gründung der Kölner Kunstmesse im Jahre 1972 sowie in der Gründung des Bundesverbands Deutscher Galerien im Jahre 1975. Große Sammler wie Peter Ludwig, Karl Ströher oder Hans Grothe prägen die Kunstszene ebenso wie die Museumslandschaft.

Die Internationalität dieses Aufschwungs zeigt sich durch die Entstehung der Messen[102] in Basel (1970) und Maastricht (1988). Diese Phase ist geprägt durch eine immer weiter fortschreitende Professionalisierung und Spezialisierung des zunehmend international agierenden Kunsthandels.

c. Der Boom der neunziger Jahre und die Entwicklung bis zum heutigen Tage

In den neunziger Jahren kommt es bedingt durch das starke Wirtschaftswachstum in den USA zu einem Boom des Kunstmarktes, der für bis dahin ungeahnte Preissteigerungen sorgt; die zunehmende Betrachtung von Kunst als „Ware" zeigt sich in höchst spekulativen Käufen, die zu einer Vielzahl von Rekordpreisen führen; Van Goghs „Bildnis des Doktor Gachet" wechselt bei Christie's für 82,5 Mio. $, Renoirs „Le Moulin de la Galette" bei Sotheby's für 78,1 Mio. $ den Eigentümer; Sotheby's meldete mit 20,68 Mio. $ für ein Bild von Willem de Kooning im selben Jahr auch den höchsten erzielten Erlös für einen noch lebenden Künstler.[103]

Gegen Ende des Jahres 1990 jedoch bricht dieser aus den Fugen geratene Markt zusammen. Der Golfkrieg, die US-Rezession sowie eine beginnende Hochzinsphase sorgten für Zurückhaltung der Kunden und auch die bisher so finanzstarken asiatischen Käufer litten unter einer Wirtschaftskrise.[104] Besonders in den USA, aber teilweise auch in Deutschland schrumpfte das Kunstgeschäft innerhalb kürzester Zeit.[105] Hatte der Umsatz von Sotheby's und Christie's zusammen im Jahre 1990 noch 5,5 Milliarden $ betragen, so lag er bereits ein Jahr

---

100 Thurn, Der Kunsthändler , S. 164 ff..

101 „Sammellust und neuer Wohlstand", Handelsblatt v. 07.05.2006.

102 Kemle, Kunstmessen: Zulassungsbeschränkungen und Kartellrecht (2006), S. 9 ff.

103 Hollein, Unternehmen Kunst, S. 205; Schack, Kunst und Recht, S. 47.

104 „Weltmacht Kunst", Der Spiegel, 50/2006, S. 174.

105 Herchenröder, Kunstmärkte, S. 8.

später bei vergleichsweise katastrophalen 2,5 Milliarden $.[106] In den Bereichen Impressionismus, Moderne und zeitgenössische Kunst fielen die Umsätze der beiden Häuser innerhalb dieser zwölf Monate gar um 92 Prozent.[107]

Die sich an diesen Crash anschließende Baisse des internationalen Kunstmarktes endete in der zweiten Hälfte der neunziger Jahre und der Markt hat sich seit diesem Zeitraum deutlich erholt und mittlerweile zu neuer Stärke aufgeschwungen. Der internationale Kunstmarkt floriert und befindet sich auf einem Rekordniveau, das sogar die Hochphase von 1990 übertrifft. Rekordpreise einzelner Künstler werden im Akkord gebrochen und auch Einzelergebnisse von Auktionen erreichen ungeahnte Höhen; im November 2006 etwa setzte das Haus Christie's an einem Abend knapp eine Halbe Milliarde Dollar um und übertraf damit den Rekord aus dem Jahre 1990 um 220 Millionen.[108] Der weltweite Umsatz mit Kunst ist nach einer Studie der European Fine Art Foundation von 25,3 Milliarden Dollar im Jahre 2002 auf nunmehr deutlich über 30 Milliarden gestiegen; allerdings ist aufgrund der Intransparenz großer Teile des Marktes tatsächlich wohl von einem deutlich größeren Volumen auszugehen.[109] Insgesamt tragen die gute Verfassung der Weltwirtschaft, die hohen Erträge an den Finanzmärkten und die wirtschaftliche Aufholjagd der Entwicklungs- und Schwellenländer weiterhin zu einem stabilen Wachstum des weltweiten Kunstmarktes bei.[110]

Das Volumen des deutschen Kunsthandels wird relativ kontinuierlich auf etwa 1,5 Mrd. € geschätzt; diese Zahl unterliegt auch deshalb keinen so starken Schwankungen, weil die spekulativen Werke und Kunstgattungen eher an Schauplätzen wie New York oder London gehandelt werden, die sich gemeinsam etwa 70 % des Weltkunsthandels teilen.[111] Die Dominanz der großen Auktionshäuser auf dem internationalen Markt[112] ist dementsprechend in Deutschland nicht so stark zu erkennen, da der Handel hier weiterhin auf eine Vielzahl von Händlern und nationalen Auktionshäusern wie etwa das Kunsthaus Lempertz oder die Villa Grisebach verteilt ist, die der weiteren internationalen Konzentration des Marktes entgegenstehen.[113]

---

106 Eine entsprechende Statistik der größten Auktionshäuser findet sich bei Herchenröder, Kunstmärkte, S. 336 f..

107 Hollein, Unternehmen Kunst, S. 210.

108 „730 Millionen Dollar", F.A.Z. v. 11.11.2006.

109 „Weltmacht Kunst", Der Spiegel, 50/2006, S. 169.

110 NZZ 23/2007 v. 29.01.2007, S. 24, nach dem sog. Mei-Moses-Index zur Bewertung des Kunstmarktes hat sich dieser in den letzten Jahren sogar deutlich vom Aktienmarkt abgesetzt.

111 Schack, Kunst und Recht, S. 47.

112 Diese erwirtschafteten in 2005 einen Umsatz von drei Milliarden Euro und wuchsen damit erneut weiter, ArtInvestor, 4/2005.

113 „Raus aus dem nationalen Korsett", Handelsblatt v. 14.5.2006.

Zum deutschen Kunstmarkt lässt sich abschließend erklären, dass dieser durchaus stabil und gesund ist und ein Ende des stetigen Wachstums vorerst nicht abzusehen ist.[114] Dabei nimmt die Zahl privater Käufer weiter zu. Die Händlerseite forciert diese Entwicklung, da ihr an passionierten und damit langfristig interessierten Kunden gelegen ist.[115] Mithin beteiligt sich also eine wachsende Zahl von Käufern am deutschen Kunstmarktgeschehen, was die Klärung der rechtlichen Aspekte des Kunstkaufs noch dringlicher erscheinen lässt.

2. Die Vertriebsformen im Kunsthandel

Wie bereits aufgezeigt, erfordert die Systematik des Verbraucherschutzes eine Abgrenzung der verschiedenen Protagonisten des Kunsthandels untereinander, um eine rechtliche Einordnung derselben vornehmen zu können. Marktrelevanz, Struktur und rechtliche Form der Verkäuferseite werden im Folgenden ausführlich dargestellt.

a. Die Kunsthandlungen

Der klassische Vertriebsweg für Kunstgegenstände ist die ortsansässige Kunsthandlung oder Galerie, in denen nach wie vor mehr als in allen anderen Vertriebsstrukturen umgesetzt wird.[116] Galerien unterscheiden sich vom allgemeinen Kunsthandel insofern, als sie ganz überwiegend mit der Kunst noch lebender Künstler handeln.[117] Begrifflich ist dabei auch die Unterscheidung in *Primärmarkt* und *Sekundärmarkt* zu beachten; der Primärmarkt setzt sich aus den Galerien zusammen, die einzelne Künstler fest vertreten und deren Entwicklung unterstützen. Auf dem Sekundärmarkt werden Werke gehandelt, die diese Stufe bereits überschritten haben, also mindestens schon einmal verkauft wurden.[118] Der „dritte" Markt ist der offene Auktionshandel.[119]

---

114 Dies ergibt sich aus der jüngsten Mitgliederumfrage des Deutschen Kunsthandelsverbandes e.V., Weltkunst 9/2006, sowie aus einer Studie des F.A.Z.-Instituts, ArtInvestor, 03/2006, S. 70.

115 Exemplarisch für den Versuch, mehr private Einzelkäufer zu gewinnen, sind etwa die großen Versteigerungen aus dem Besitz des Markgrafen von Baden, der Familie Thurn und Taxis sowie jüngst des Hauses Hannover, die durchweg auch dieses Ziel verfolgten; siehe dazu auch Herchenröder, Kunstmärkte, S. 10 und S. 24.

116 Weltkunst 10/2006, S. 70.

117 Gonzalez, Kunstinvestment (2002), S. 22 f..

118 Zu dieser Unterscheidung siehe auch die Einführung zur Begründung des Vorschlages für eine Richtlinie des Europäischen Parlaments und des Rates zur Harmonisierung des Folgerechts der Mitgliedsstaaten, KOM (96) 97 endg., abgedr. bei Mestmäcker/Schulze, UrhR, Anhang C 6 a, S. 2.

119 Lindemann, Collecting Contemporary (2006), S. 30 ff.

aa. Die grundlegende rechtliche Struktur des niedergelassenen Kunsthandels

Die rechtliche Konstruktion des Verkaufs in Galerien und Kunsthandlungen kann auf verschiedenen Wegen geschehen; die begriffliche Trennung der beiden wird hier aufgegeben, da insofern kaum Unterschiede bestehen.

Der Kunsthändler veräußert die Ware in aller Regel als Kommissionär i.S.d. § 383 ff. BGB, wobei entweder der Künstler selbst, oder ein anderer Eigentümer Kommittent sein kann.[120] Nach dem Kommissionsvertrag ist die Galerie verpflichtet, die Werke im eigenen Namen, aber auf Rechnung des Kommittenten zu verkaufen.

Seltener kommt es vor, dass der Händler den Kaufvertrag zwischen Veräußerer und Erwerber lediglich als Makler vermittelt (§ 652 BGB) oder als Stellvertreter abschließt (§§ 164, 167 BGB). Auf dem Sekundärmarkt erwirbt der Händler die Ware häufig selbst und veräußert diese danach weiter, ohne dass noch eine vertragliche Bindung zum Voreigentümer besteht.

bb. Die Rechtsbeziehungen zwischen Künstler und Galerie

Der Primärmarkt ist demnach durch das Verhältnis von Galerist und Künstler geprägt, das in aller Regel auch vertraglich geregelt ist. Die Ausgestaltung als Kommissionsgeschäft ist dabei häufig nur ein Bestandteil eines größeren Rahmenvertrages, der in juristischer Hinsicht einen gemischten Vertrag darstellt.[121] In diesem können u.a. Regelungen bezüglich der Ausstellung, Aufbewahrung oder Versicherung der Werke getroffen werden. Insofern sind hier die Merkmale von Miet-, Leih- oder Verwahrungsverträgen zu finden.

Die tatsächliche rechtliche Bindung der Parteien erfolgt heute normaler Weise schwerpunktmäßig im Rahmen eines Geschäftsbesorgungs- oder Dienstvertrages i.S.d. § 675 I BGB.[122] Je nach Alter und Erfolg des Künstlers kann die Verkaufsprovision des Galeristen zwischen 30 und 70 % schwanken, was durch das hohe finanzielle Risiko und die Investitionskosten des Galeristen gerechtfertigt wird. Waren früher zeitlich unbegrenzte Exklusivbindungen von Künstlern an ihren Galeristen durchaus an der Tagesordnung, sind diese mittlerweile schon aufgrund des veränderten Selbstverständnisses der Künstler kaum noch denkbar.[123]

---

120 Spinellis, Das Vertrags- und Sachenrecht des internationalen Kunsthandels (2000), S. 85; Dreier/*Schulze*, UrhG, Vor § 31, Rn. 243.

121 Spinellis, Internationaler Kunsthandel, S. 86.

122 Dreier/*Schulze*, UrhG, Vor § 31, Rn. 243; zu den Details dieser Galerieverträge Picker, Kunstgegenstände, S. 86 ff..

123 Schack, Kunst und Recht, S. 261; dazu auch Spinellis, Internationaler Kunsthandel, S. 88.

cc. Die Organisation des Kunsthandels

Schließlich sei noch darauf hingewiesen, dass Kunsthändler in Deutschland keiner besonderen gewerberechtlichen Genehmigung oder Überwachung unterliegen, vgl. § 38 I Nr.1 GewO. Die Fähigkeit zum sachverständigen Mittler zwischen Veräußerer und Erwerber wird demnach vorrangig durch den Markt beurteilt. Daneben bietet die Mitgliedschaft in Verbänden wie dem Bundesverband Deutscher Galerien e.V. oder dem Bundesverband des Deutschen Kunst- und Antiquitätenhandels e.V., aufgrund der formalen Voraussetzungen für eine solche, ein gewisses Gütesiegel.[124] Diese Verbände haben Codices für die Berufspflichten der Galeristen und Händler erstellt, die von den Mitgliedern zu beachten sind.[125] Darin enthalten sind etwa Regelungen bezüglich der Haftungsmaßstäbe, Provisionshöhen sowie der Kennzeichnung der Werke im Handel.

b. Die freien Kunsthändler

Neben dem stationären Handel in Galerien und Kunsthandlungen gibt es auch freie Händler, die sich auf die Vermittlung und den Verkauf von einzelnen Werken oder Werkgruppen beschränken, ohne dabei einen eigenen Warenbestand oder Kontakt zu einzelnen Künstlern zu haben.[126] Solche Händler werden vor allem dann eingeschaltet, wenn es sich um große Sammlungen oder besonders wertvolle Werke handelt. Diese eher seltene Vertriebsform ist sehr diskret und mangels berufsständischer Organisationen oder Verbände ist dieser Teil des Marktes auch am wenigsten transparent. Teilweise spricht man in diesem Kontext daher auch von einem „grauen Markt“, da die Werke häufig ohne öffentlichen Nachweis gehandelt werden.[127]

Bekannt wurde aber etwa der Verkauf des um 1160 in Hildesheim entstandenen „Stammheimer Missale“ an das Getty Museum für 35 Millionen DM im Jahre 1997 durch einen solchen Händler.[128] Ähnlich prominent war der Verkauf einer Nibelungenlied-Handschrift des Hauses Fürstenberg an die Landesbank Baden-Württemberg durch einen privaten Händler.

Daneben kommt es auch vor, dass freie Händler Sammlungen kaufen, um diese dann gewinnbringend in Einzelteilen weiterzuveräußern. Daher sind hier ähnliche rechtliche Konstruktionen wie im klassischen Kunsthandel denkbar;

---

124 Picker, Kunstgegenstände, S. 52; Aufnahmebedingungen unter www.bvdg.de bzw. www.bdka.de.

125 Bspw. der Code der F.E.A.G.A., den der Bundesverband Deutscher Galerien e.V. übernommen hat; www.bvdg.de.

126 Gonzalez, Kunstinvestment, S. 23.

127 Lindemann, Collecting Contemporary, S. 283.

128 Es handelte sich dabei um den vormaligen Sotheby's-Direktor Christoph Graf Douglas, siehe Herchenröder, Kunstmärkte, S. 10.

spielt der freie Kunsthändler lediglich eine Mittlerrolle dürfte wohl eine Maklerprovision den Regelfall darstellen, während beim vorherigen Eigenerwerb keine Beziehung mehr zu dem Voreigentümer besteht. Lediglich ein Kommissionsgeschäft nach § 383 HGB dürfte hier seltener vorkommen, da der Händler in den genannten Fällen bloßer Vermittlung kaum im eigenen Namen auftreten dürfte.

c. Die Messen

Eine vergleichsweise neue Erscheinung am Kunstmarkt sind die großen überregionalen Messen, die von den Kunsthändlern beschickt werden und ein großes, möglichst auch internationales Publikum ansprechen sollen. Im europäischen Ausland sind dies bspw. die Messen in Basel[129], Maastricht[130] oder Paris[131], während in Deutschland vor allem Köln[132], München[133] und Berlin[134] bedeutende Standorte dieser Vertriebsform geworden sind. Dieser Trend scheint ungebrochen und die Etablierung weiterer Standorte und neuer Messen ist weiterhin im Gange.[135]

Die rechtliche Gestaltung der Kunstmessen ist von dem Verhältnis der Beteiligten, nämlich Halleneigentümer, Veranstalter und Aussteller geprägt. Während zwischen Veranstalter und Halleneigentümer regelmäßig ein Mietverhältnis gemäß §§ 535 ff BGB vorliegt, handelt es sich bei der Rechtsbeziehung zwischen Veranstalter und Aussteller um einen gemischten Vertrag mit Elementen des Miet-, Dienst-, Werk- uns teilweise sogar Kaufvertrages.[136] Der Veranstalter einer Messe kann einzelne Aussteller von der Teilnahme ausschließen, darf gleichartige Aussteller jedoch nicht ohne sachlichen Grund ungleich behandeln, §§ 70 GewO, 26 II GWB.[137] Daneben greift in diesem Zusammenhang häufig auch das Diskriminierungsverbot des § 20 GWB, da es sich bei den Veranstal-

---

129 Gegründet 1969, www.artbasel.com; diese gilt mit 300 internationalen Galerien und über 55.000 Besuchern mittlerweile als die bedeutendste Messe für zeitgenössische Kunst.

130 Gegründet 1975, www.tefaf.com; hier stellen drei Viertel des Welthandels für Altmeistergemälde aus und präsentieren ihre Werke über 84.000 Besuchern.

131 Gegründet 1973, www.fiac-paris.com.

132 Gegründet 1966, www.artcologne.de.

133 Gegründet 1956, www.kunstmessemuenchen.de.

134 Gegründet 1995, www.art-forum-berlin.de.

135 Im Ausland sind bspw. die Messen in Miami (www.artbaselmiamibeach.com) und London (www.friezeartfair.com) hinzugekommen; in Deutschland kamen in Frankfurt (www.fineartfairfrankfurt.de) und Düsseldorf (www.dc-fair.de); siehe dazu auch „Aufbruch an Rhein und Isar", Handelsblatt v. 7.5.2006; „Und noch eine", F.A.Z. v. 15.4.2006.

136 Kemle, Kunstmessen, S. 59 f..

137 LG Köln Urt. v. 1.10.1998, EWiR 1999, 73.

tern großer Messen regelmäßig um marktbeherrschende oder marktstarke Unternehmen handelt.[138]

Das mögliche Vertragsverhältnis zwischen Käufer und Aussteller stellt sich vergleichsweise unproblematisch dar; es handelt sich in aller Regel um einen Kaufvertrag nach § 433 BGB, der nicht von einem in einer Kunsthandlung geschlossenen Vertrag abweicht. Insbesondere gelten keine Besonderheiten bezüglich des Widerrufsrechts nach §§ 312 I Nr.2, 355 BGB, da Kunstmessen nicht als Freizeitveranstaltung einzuordnen sind.[139]

d. Die Auktionshäuser

Im Aus- und Inland gewinnt der Auktionshandel auf dem Kunstmark insbesondere im Segment der hochwertigen und hochpreisigen Kunstgüter weiter an Bedeutung.[140] International dominieren dabei die Häuser Christie's und Sotheby's, die gemeinsam 90 Prozent des Auktionssektors beherrschen.[141] Die beiden größten Auktionshäuser Deutschlands, das Kölner Kunsthaus Lempertz und die in Berlin ansässige Villa Grisebach erreichten 2006 Umsätze von 53 bzw. 45 Millionen Euro und konnten ihr Wachstum der letzten Jahre damit weiter fortsetzen.[142] In Deutschland verteilt sich der Auktionsmarkt auf mehrere Häuser, und auch kleinere Wettbewerber wurden bisher nicht vom Markt verdrängt, was wohl an der starken regionalen Ausrichtung der Häuser liegen dürfte. Gegenüber den vielen kleinen Galerien und Kunsthandlungen weisen die Auktionshäuser eine eher unternehmensähnliche Struktur auf. Die Anzahl der Mitarbeiter, wie auch der Umsatz sind in der Regel deutlich höher als bei den Galerien. Dementsprechend stehen den Auktionshäusern auch bessere Möglichkeiten zur Recherche, Vermarktung und sonstigen Verwaltung zur Verfügung.

Alle Auktionshäuser folgen einem identischen Grundmuster. In einem ersten Schritt wird die von den Einlieferern angebotene Ware geschätzt und katalogisiert. Dabei werden dem Einlieferer ein minimaler und ein maximaler Schätzpreis, sowie ein Sicherheitspreis vorgeschlagen, unter dem das Werk nicht verkauft wird.[143] Die somit bewertete und bekannt gemachte Ware wird dann im Rahmen der eigentlichen Versteigerung an den Meistbietenden verkauft.

---

138 Schack, Kunst und Recht, S. 48; ausführlich zur Frage der Zulassung zu Kunstmessen Kemle, Kunstmessen, S. 65 ff.; Picker, Kunstgegenstände, S. 110 ff.

139 Kemle, Kunstmessen, S. 63.

140 Die Gesamtauktionsumsätze in den USA, Frankreich, Großbritannien und Deutschland sind auch in 2006 erneut gestiegen, Weltkunst 11/2006, S. 74.

141 Hollein, Unternehmen Kunst, S. 211.

142 Art, 2/07, S. 116; hier werden darüber hinaus auch die Umsätze kleinerer Häuser, wie Ketterer, Nagel oder Van Ham genannt.

143 Spinellis, Internationaler Kunsthandel, S. 178.

Die besondere Attraktivität von Kunstauktionen liegt zu einem Großteil in dem Wechselspiel von zumindest scheinbarer Transparenz des Verfahrens und dem Hintergrundwissen der Akteure.[144] Der Einlieferer braucht in der Regel überhaupt nicht in Erscheinung zu treten, und auch der Erwerber kann schriftlich oder telefonisch sowie durch Strohmänner bieten lassen, und so unerkannt bleiben.[145] Aus Furcht vor Diebstahl, den Finanzbehörden oder schlicht einer gewissen Öffentlichkeitsscheue, stellt die Anonymität dieses Vertriebsweges für viele Marktbeteiligte einen Anreiz dar.[146]

Daneben spielt auch die Hoffnung auf preistreibende Bietergefechte von Seiten des Einlieferers und auf „Schnäppchen" von Seiten der Käufer eine entscheidende Rolle. Schließlich sorgen auch die Auktionshäuser selbst für neues Material, indem sie bspw. kostenlose Schätzungen anbieten oder gezielt auf bekannte Sammler zugehen.

Neben der reinen Beratung beim Aufbau und der Erweiterung von Sammlungen, haben die Auktionshäuser auch die Restitution von Kunstwerken als einträgliches Feld entdeckt. Sie begleiten die Erben solcher Werke durch das gesamte Restitutionsverfahren, um dann in einer anschließenden Auktion eben diese verkaufen zu können; so geschehen auch in dem Fall des Restitutionsverfahrens für Ernst-Ludwig Kirchners „Berliner Straßenszene", in dem die Erben mit der Unterstützung von Christie's die Herausgabe durch den Berliner Senat erwirkten, um das Bild mit einem Schätzpreis von 18 bis 25 Millionen Dollar zur Auktion zu bringen;[147] verkauft wurde es schließlich für 38 Millionen.[148]

Bei der Gewinnung von Kunden und Material gewinnt vor allem im Ausland auch die Gewährung sog. *Garantien* eine zunehmende Bedeutung; dabei wird ein Mindestpreis garantiert, bei dessen Unterschreitung das Auktionshaus das Objekt selbst erwerben muss.[149] Diese Risikominimierung für den Einlieferer beschert den Auktionshäusern zusätzliches Versteigerungsgut; dies gilt vor allem im Hochpreissegment, da die Garantien in der Regel erst ab einem gewissen Schätzpreis gewährt werden.

---

144 Siehe dazu auch „Wenn das Limit ein Gebot ist", F.A.Z. v. 17.3.2007, S. 45

145 Spinellis, Internationaler Kunsthandel, S. 174; Braun, JZ 1973, 855.

146 Prominentes Beispiel für dieses Phänomen ist etwa die vergebliche Suche der Medien nach dem wahren Käufer des Werkes „Dora Maar au chat" von Picasso, der dafür 85 Millionen Dollar gezahlt hatte, dazu F.A.Z. v. 13.05.2006, S. 49.

147 „Zurückgewinngemeinschaften", Tagesspiegel v. 19.8.2006; ähnlich auch der Verkauf restituierten Meissner Porzellans, siehe F.A.S. v. 10.12.2006, S. 73.

148 „Weltmacht Kunst", Der Spiegel, 50/2006, S. 168.

149 Schack, Kunst und Recht, S. 54; Lindemann, Collecting Contemporary, S. 218; „Samt Vorschüssen", F.A.Z. v. 1.4.2006.

Schließlich ist noch auf die zunehmende Praxis der Finanzierung hinzuweisen, die gerade im hochpreisigen internationalen Handel an Bedeutung gewinnt. Dabei gewähren die Auktionshäuser den Käufern einen Kredit in einer bestimmten Höhe, der durch das Werk selbst gesichert wird. Dadurch erhofft man sich eine weitere Zunahme des Kreises derjenigen, die bereit und in der Lage sind, hohe Summen für Kunst auszugeben.

aa. Gesetzliche Regelungen des Versteigerungsgewerbes[150]

Gegenüber den bisher dargestellten Vertriebsformen ist der Auktionshandel sowohl in tatsächlicher wie auch rechtlicher Hinsicht deutlich komplexer. Dies resultiert zum einen aus der öffentlich-rechtlichen Reglementierung dieser Verkaufsform und zum anderen aus der dem Auktionskauf eigenen Drei-Parteien-Konstellation.

Gewerbsmäßige Versteigerer bedürfen einer behördlichen Erlaubnis, die versagt wird, wenn der Antragsteller unzuverlässig ist oder in ungeordneten Vermögensverhältnissen lebt, § 34b I 1, IV GewO. Besonders sachkundige Versteigerer können zusätzlich nach § 34b V GewO öffentlich bestellt werden und dürfen dann auch öffentliche Versteigerungen i.S.d. § 383 III BGB und § 373 II HGB durchführen. Versteigert werden dürfen dabei grundsätzlich nur gebrauchte Sachen, § 34b VI Nr. 5 b GewO; ein Künstler kann dementsprechend nicht unter Umgehung des Kunsthandels eigene Werke direkt auf dem Auktionsweg absetzen.[151]

Die Versteigerung als solche ist gesetzlich nicht definiert, obwohl das Gesetz den Begriff in § 34b GewO, § 156 BGB und der VerstV als bekannt voraussetzt. Aus der somit erforderlichen Auslegung ergibt sich aber, dass eine solche vorliegt, wenn zwei oder mehr Personen anlässlich einer zeitlich und örtlich begrenzten Veranstaltung von einem Versteigerer aufgefordert werden, bewegliche oder unbewegliche Sachen sowie Rechte in der Weise zu erwerben, dass sie im gegenseitigen Wettbewerb durch jeweiliges Überbieten des anderen Gebote ab-

---

150 Die Begriffe *Versteigerung* und *Auktion* bzw. *Versteigerer* und *Auktionator* werden synonym verwendet; siehe auch Skripsky, Die Online-Kunstauktion (2006), S. 26.

151 Schack, Kunst und Recht, S. 49.

153 Landmann/Rohmer/*Bleutge*, Gewerbeordnung, § 34b, Rn. 6a; Tettinger/Wank/*Tettinger*, Gewerbeordnung, § 34b, Rn. 3; Schneider, Auktionsrecht (1999), S. 71; Fackler/Konermann, Praxis des Versteigerungsrechts, S. 9; Gaul, WM 2000, 1784.

geben und der Höchstbietende vom Versteigerer den Zuschlag erhält und damit Eigentümer wird.[153]

bb. Die Rechtsverhältnisse der Parteien untereinander und der Ablauf der Auktion

Das Dreiecksverhältnis zwischen Einlieferer, Versteigerer und Erwerber ist im Gegensatz zur gewerberechtlichen Einordnung rein privatrechtlicher Natur und bedarf besonderer Betrachtung.[154] Grundsätzlich sind in diesem Verhältnis drei Konstellationen denkbar:

Der erste Fall ist, dass der Versteigerer die Versteigerung im Namen des Einlieferers auf dessen Rechnung im Rahmen eines Maklervertrages durchführt.[155]

Sodann, dass der Versteigerer zur Durchführung der Versteigerung im eigenen Namen für fremde Rechung beauftragt wird; in der dritten Variante schließlich wird der Versteigerer im eigenen Namen und für eigene Rechnung tätig, hat die Ware also vor Beginn der Versteigerung in der Regel selbst erworben. Die Versteigerung als Kommissionär i.S.d. § 383 HGB, also im eigenen Namen und für Rechnung des Einlieferers, ist in der Praxis Standard[156], und wird im Folgenden als Regelfall behandelt.

Entsprechend dem genannten Dreiecksverhältnis sind dabei drei Rechtsverhältnisse zu unterscheiden: Das ursprüngliche *Kommissionsgeschäft*, das auf Grund desselben mit einem Dritten geschlossene *Ausführungsgeschäft*, sowie die Übertragung des dadurch Erlangten an den Kommittenten als sog. *Abwicklungsgeschäft*.[157]

Dem *Kommissionsgeschäft* liegt nach allgemeiner Ansicht ein Geschäftsbesorgungsvertrag i.S.d. § 675 BGB zugrunde, was sich schon aus der Formulierung des § 384 II, 2. Hs. HGB ergibt, in dem die Ausführung des Kommissionsgeschäfts ausdrücklich als *Geschäftsbesorgung* bezeichnet wird.[158] Der Mindestinhalt dieses Vertrages ergibt sich aus § 1 VerstV, der im Übrigen auch die

---

154 v. Hoyningen-Huene, NJW 1973, 1473.

155 Eingehend zu dieser, vor allem im Briefmarkenhandel zur Anwendung kommenden Variante siehe v. Hoyningen-Huene, NJW 1973, 1474.

156 Diese Regelung findet sich etwa in den Versteigerungsbedingungen von Lempertz, Grisebach oder Bassenge; siehe dazu www.lempertz.com, www.villa-grisebach.de und www.bassenge.de; siehe auch Thomsen, Käuferschutz bei Kunstauktionen (1989), S.15; Spinellis, Internationaler Kunsthandel, S. 174; Baumbach/*Hopt*, HGB, § 383, Rn. 4; Braun, WM 1992, 899; v. Hoyningen-Huene, NJW 1973, 1475.

157 Baumbach/Hopt, HGB, § 383, Rn. 1.

158 Schneider, Auktionsrecht, S. 25; Thomsen, Käuferschutz bei Kunstauktionen, S. 15; Baumbach/*Hopt*, HGB, § 383, Rn. 6.

Schriftform normiert.[159] Durch diesen Vertrag ist der Versteigerer dem Einlieferer gegenüber im Innenverhältnis i.R.d. *Abwicklungsgeschäftes* verpflichtet, während der Kaufvertrag als *Ausführungsgeschäft* zwischen dem Meistbietenden und dem Versteigerer zustande kommt.[160]

Rechtlich geschieht dies, wie sonst auch, durch Angebot und Annahme; allerdings bestimmt § 156 BGB, dass erst im Zuschlag die Annahmeerklärung des Versteigerers zu sehen ist. Zu berücksichtigen ist jedoch, das § 156 BGB als dispositive Regelung abdingbar ist.[161] Der Auktionskatalog und das Ausbieten des Gegenstandes durch den Auktionator sind bloße *invitatio ad offerendum*, erst die Bietgebote stellen Angebote i.S.d. § 145 BGB dar.[162] Ein Anspruch auf den Zuschlag entsteht dabei nicht[163], so dass der Versteigerer das Angebot ablehnen kann, wenn es ihm zu gering erscheint, insbesondere dann, wenn es nicht das vom Einlieferer gesetzte Limit erreicht. In diesen Fällen ist auch ein Zuschlag unter Vorbehalt möglich, wobei die Genehmigung des Einlieferers eine aufschiebende Bedingung i.S.d. § 158 I BGB darstellt. In der Praxis kommt es jedoch auch vor, dass die Auktionshäuser bis zum Erreichen des Limits eigene Gebote abgeben um den Bieter im Saal zum Überschreiten des vereinbarten Limits zu bewegen.[164] Diese sog. Scheingebote sind gemäß §§ 116 S.2, 117 I BGB unwirksam, sofern der Auktionator eingeweiht ist. Darüber hinaus besteht für den „echten" Bieter die Möglichkeit, sein Gebot auf Grundlage der §§ 119, 123 BGB anzufechten.[165]

Ergänzend ist darauf hinzuweisen, dass die Auktionshäuser teilweise auch Eigenware verkaufen;[166] allerdings ist die Versteigerung von Eigenware gemäß § 34b VI Nr.4 GewO nur dann ausnahmsweise erlaubt, wenn sie „üblich" ist. Bei Kunstversteigerungen ist das Angebot von Eigenware üblich, wenn ihre Aufnahme aus kaufmännischer Sicht unumgänglich ist, die Eigenware der Ver-

---

159 Siehe dazu auch Landmann/Rohmer/*Bleutge*, GewO, § 34b, Rn. 9a.

160 Schack, Kunst und Recht, S.50; Spinellis, Internationaler Kunsthandel, S. 175; Schneider, Auktionsrecht, S. 25.

161 BGHZ 138, 339.

162 BGH, NJW 1983, 1186; Schack, Kunst und Recht, S. 50; Thomsen, Käuferschutz bei Kunstauktionen, S. 47 f.; Gaul, WM 2000, 1784.

163 Palandt/*Heinrichs*, BGB, § 156, Rn. 1; Hk-BGB/*Dörner*, BGB, § 156, Rn. 3.

164 Schack, Kunst und Recht, S. 53; „Wenn das Limit ein Gebot ist", F.A.Z. v. 17.3.2007, S. 45; „Limit muss sein", F.A.Z. v. 7.4.2007, S. 49; so auch im Ausland, siehe etwa DuBoff/King, Art Law in a Nutshell (2006), S. 49 ff.

165 Aus den Reihen des Kunsthandels selbst ist jedoch zu vernehmen, dass diese Praxis durchaus bekannt sei und mithin letztlich auch niemand getäuscht würde, „Limit muss sein", F.A.Z. v. 7.4.2007, S. 49; dementsprechend seien diese Gebote nicht als Scheingebote, sondern als Gebote des Einlieferers zu behandeln.

166 Picker, Kunstgegenstände, S. 134.

vollständigung oder Ergänzung einer Sammlung dient oder diese als Glanzlicht in einer sonst eher durchschnittlichen Angebotspalette wirken soll.[167]
Die rechtliche Konstruktion ist bei der Versteigerung einfacher, da die Kommission wegfällt. Es gelten insofern nur die Ausführungen zum Ablauf der Versteigerung.

cc. Die Versteigerungsbedingungen der Auktionshäuser

Die sog. *Versteigerungsbedingungen* sind für den Auktionshandel von besonderer Relevanz. Aufgrund der hohen Anzahl der zur Versteigerung gelangenden Lose und der damit einhergehenden Schwierigkeit, diese zu prüfen, haben die Auktionshäuser großes Interesse daran, ihre Haftung möglichst weit einzuschränken.[168] Als Allgemeine Geschäftsbedingungen sind diese nach Maßgabe der §§ 305 ff. BGB zu beurteilen. Dementsprechend werden die Versteigerungsbedingungen nur dann wirksamer Vertragsbestandteil, wenn sie deutlich sichtbar im Auktionssaal ausgehangen haben und von den anwesenden Bietern in zumutbarer Weise zur Kenntnis genommen werden konnten, § 305 II Nr. 1 und 2 BGB. In diesem Zusammenhang sorgen schriftliche wie auch telefonische Gebote für Schwierigkeiten, da die AGB dem Vertragspartner in diesen Konstellationen nicht zwingend vorliegen. In solchen Fällen ist jedoch von einem individualvertraglich zulässigen Verzicht auf die Informationsmöglichkeit auszugehen.[169]

Die Versteigerungsbedingungen fixieren in der Regel zunächst die Ausgestaltung der Auktion als Kommissionsgeschäft i.S.d. § 383 I HGB. Daneben enthalten diese weitgehende Haftungsfreizeichnungen des Versteigerers für Mängel, insbesondere für die fehlende Echtheit des Gegenstandes. Auf die Zulässigkeit entsprechender Regelungen insbesondere im Hinblick auf den Verbraucherschutz wird später näher einzugehen sein. In diesem Kontext wird sich auch die Frage nach der sog. *Haftungsbrücke* zwischen Einlieferer und Erwerber stellen, die durch den Ausfall der Haftung des vermittelnden Versteigerers notwendig wird.

Des Weiteren regeln die Versteigerungsbedingungen das vom Käufer zu zahlende Aufgeld, das je nach Höhe des Hammerpreises zwischen 10 % und 20 % variieren kann; der Verkäufer zahlt ein Abgeld zwischen 10 und 30 % des Zuschlagspreises.

---

167 Mit Verweis auf eine entsprechende Entschließung des BDKA Löhr, KUR 2006, 155.
168 BGH, NJW 1980, 1621 („Bodensee-Kunstauktion"), in diesem Fall wurden bspw. über 6000 Objekte, darunter auch mehr als 400 Gemälde verkauft).
169 Schack, Kunst und Recht, S. 51; Schneider, Auktionsrecht, S. 97.

dd. Anmerkungen zur Praxis des Auktionshandels

Die deutschen Kunstversteigerer sind mehrheitlich im Bundesverband Deutscher Kunstversteigerer e.V. organisiert, der einen Verhaltenskodex für seine Mitglieder aufgestellt hat.[170] In diesem finden sich unter anderem Regelungen zur eben angesprochenen Haftungsbrücke, zu den mengenmäßigen Grenzen der Versteigerung von Eigenware und zur Ermittlung von Schätzpreisen. Daneben finden sich auch Verpflichtungen bezüglich der handelbaren Objekte.

e. Der Internet-Handel

Seit Ende der neunziger Jahre ist der Vertrieb von Kunst im Internet als neue Form des Handels zunehmend relevant geworden, auch wenn sich die teilweise sehr hohen Erwartungen nicht realisiert haben.[171] Gerade die Auktionshäuser haben in den Bereich der Online-Auktionen investiert und auch Kunsthandlungen und Galerien suchen auf diesem Wege nach neuen Kunden.[172] Mittlerweile hat sich sogar der Weltmarktführer Ebay mit einer eigenen Plattform in diesen Markt eingeschaltet.[173] Die Fotogalerie „Lumas" vertreibt jüngst sehr erfolgreich Photographien in hoher Auflage über das Internet sowie in zahlreichen Filialen.[174]

Zu unterscheiden sind dabei der Direkthandel über das Internet und die Online-Auktion. Im Direkthandel dient das Internet lediglich als virtueller Marktplatz, zwischen Käufer und Verkäufer kommt es zu einem Kaufvertrag i.S.d. §§ 433 ff. BGB, der rechtlich keine Besonderheiten aufweist.[175]

Etwas anders verhält es sich mit der Online-Auktion, die gerade unter dem Aspekt des Verbraucherschutzes in der Rechtswissenschaft besondere Aufmerksamkeit erregt hat.[176] Dabei drängt sich die Frage auf, ob es sich bei diesen überhaupt um Versteigerungen im herkömmlichen Sinne handelt. Die Voraussetzungen des § 34 b GewO zur Genehmigung einer Auktion dürften nur schwerlich vorliegen und auch die Regelungen der VerstV deuten darauf hin, dass es an

---

170 Zu finden unter auf der Internetseite des BDK; www.lot-tissimo.com/de/lay/bdk/cmd/ah, abgedr. bei Löhr, KUR 2006, 155.

171 Herchenröder, Kunstmärkte, S. 31 ff..

172 Herchenröder, Kunstmärkte, S. 31 f.; zum Ganzen auch Skripsky, Die Online-Kunstauktion, S.4 ff.; so hat etwa der Dachverband des internationalen Kunsthandels CINOA eine entsprechende Plattform unter www.cinoa.com aufgebaut, die etwa 5.000 Händler vereint.

173 Siehe www.ebaygreatcollections.com.

174 Weltkunst, 11/2006, S. 50.

175 Dazu Froehlich, ZUM 2003, 459.

176 Wrede, Kunstkauf, S. 30; zum Ganzen etwa Spindler/Wiebe, Internetauktionen 2001; Bücker, Internetauktionen: Internat. Privat- und Verfahrensrecht 2003; Ernst, CR 2000, 304.

den entscheidenden Merkmalen fehlt, die eine Versteigerung im herkömmlichen Sinne prägen.[177] Davon ging auch der Gesetzgeber bei der Neufassung der VerstV aus und hat dementsprechend die Online-Auktion im neuen Versteigerungsrecht nicht geregelt.[178] Mittlerweile hatte sich auch der BGH mit dieser Frage zu beschäftigen und in verschiedenen Fallkonstellationen festgestellt, dass es sich bei der Online-Auktion nicht um eine Versteigerung i.S.d. § 156 BGB handelt.[179] Der Abschluss einer Online-Auktion erfolgt in der Regel durch Zeitablauf; der BGH sah damit das Erfordernis eines Zuschlages i.S.d. § 156 BGB nicht für gegeben an und versagte die Qualifizierung als Versteigerung[180]. Im Rahmen des § 474 I S.2 BGB schließlich sind Online-Auktionen nicht erfasst, da der Verbraucher hier nicht persönlich anwesend sein kann.[181] Die in dieser Regelung enthaltene Wertung kann hier noch ergänzend herangezogen werden.

Weitere Schwierigkeiten bereitet die Betrachtung der Rechtsverhältnisse zwischen den Beteiligten. Das Tätigwerden des Internet-Versteigerers wird dabei u.a. als einfache Stellvertretung, Mäklervertrag oder unentgeltlicher Auftrag qualifiziert, je nachdem in welcher Form und zu welchen Konditionen die Internet-Plattform zur Verfügung gestellt wird.[182] Ferner ergeben sich weitere Fragen aus den Regeln über Fernabsatzverträge i.S.d. § 312b I BGB. Der Diskurs sowohl bezüglich des Versteigerungsbegriffes als auch bezüglich der angedeuteten Qualifizierung ist weiterhin im Gange[183] und bedarf der ausführlichen Klärung. Diese ist jedoch nicht Gegenstand dieser Arbeit, so dass eine weitere Analyse der offenen Fragen hier unterbleibt.

f. Das Art-Banking und die Kunstberater

Seit in den achtziger Jahren Kunst zunehmend auch als Möglichkeit der Geldanlage wahrgenommen wird, haben einige Banken das sog. Art-Banking entdeckt.[184] Die Banken bieten Ihre Hilfe beim Kauf oder Verkauf an, und unterstützen bei der Suche nach geeigneter Ware bzw. Absatzmöglichkeiten. Dabei

---

177 Fackler/Konermann, Versteigerungsrecht, S.11; so auch Palandt/*Heinrichs*, § 156, Rn.3; a.A. Ernst, CR 2000, 304; Gaul, WM 2000, 1783.

178 BRat-Drs. 147/03, S. 14 ff..

179 BGH Urt. v. 3.11.2004, JZ 2005, 464; BGH Urt. v. 7.11.2001, NJW 2002, 363 („ricardo.de"); a.A. Mankowski, JZ 2005, 444, der das Festhalten an der sog. Platzauktion für überholt hält.

180 BGH Urt. v. 7.11.2001, NJW 2002, 363.

181 Bülow, Artz, Verbraucherprivatrecht, S. 120; Allerdings besteht auch bei Internet-Kunstauktionen häufig die Möglichkeit der vorherigen Besichtigung im Auktionshaus, Weltkunst 10/2006, S. 78.

182 Wrede, Kunstkauf, S. 31; Gaul, WM 2000, 1784 ff..

183 Blunk/Schwede, MMR 2006, 63; Mankowski, JZ 2005, 444, jew. m.w.N.

184 Bekannt sind etwa die Abteilungen der Schweizer UBS, der Deutschen Bank oder der Citigroup.

kann die Geldanlage im Vordergrund stehen, aber auch die Sammelleidenschaft des jeweiligen Bankkunden. Sicherlich bringen diese Aktivitäten ein gewisses Kapital auf den Markt, das gerade jungen Künstlern und Galeristen zugute kommen kann, doch dürften Studien wie „Contemporary Art – Eine Assetklasse zur Portfoliodiversifikation“[185] passionierten Sammlern, Händlern und Künstlern eher befremdlich erscheinen.[186]

In Ihrer Arbeitsweise ganz ähnlich, doch in Struktur und Motivation verschieden, sind die Kunstberater oder Art Consultants[187]; diese beraten Privatleute und Unternehmen beim Aufbau von Sammlungen. Ziel ist es, die inhaltliche Geschlossenheit der Sammlung sowie deren Qualität zu erreichen bzw. zu sichern; die Rendite solcher Investitionen spielt dabei keine oder eine untergeordnete Rolle. In der Regel wird diesen Beratern im Rahmen eines Geschäftsbesorgungsdienstvertrages i.S.d. § 675 I BGB ein jährlicher Vorschuss oder eine Kommission von 10 % auf alle getätigten Käufe eingeräumt.[188]

Gerade in den USA hat die Zunahme der genannten Institute dazu geführt, dass selbst bedeutende Sammlungen immer kürzer Bestand haben, da von Anfang an nur eine Investmentstrategie verfolgt wurde oder, da sich zwischenzeitlich der Geschmack oder Trend geändert hat.[189]

g. Der Privatverkauf

Hinter dem Privatverkauf verbergen sich letztlich drei verschiedene Geschäftstypen; nämlich der sog. *Studioverkauf* des Künstlers, der Bereich der Auftragsarbeiten sowie der Verkauf unter Privaten.

aa. Der Studioverkauf

Beim Studioverkauf veräußert der Künstler seine Werke direkt aus dem Atelier. Der Kaufvertrag zwischen Künstler und Käufer bereitet dabei keine besonderen Schwierigkeiten. Allerdings muss der Künstler darauf achten, nicht gegen bestehende Verträge mit Galerien zu verstoßen. Dabei ist zu beachten, ob der Galerist evtl. *Exklusivvertreter* ist, oder ob dieser ein *Exklusivverkaufsrecht* hat.[190] Im ersten Falle ist er zwar in seiner Stellung als Händler, nicht aber als Verkäufer

---

185 ArtInvestor, 03/2006, S. 70.

186 Siehe etwa „Investieren in Kunst ist vollkommener Unsinn“, Interview mir Gerd Harry Lybke, F.A.S. v. 27.8.2006.

187 Gonzalez, Kunstinvestment, S. 24; monopol 4/2007, S. 102.

188 Lindemann, Collecting Contemporary, S. 122; Schack, Kunst und Recht, S. 45.

189 Herchenröder, Kunstmärkte, S. 62.

190 Spinellis, Internationaler Kunsthandel, S. 161; zur Problematik der Exklusivverträge siehe Reutter, Exklusivverträge zwischen Künstler und Händler, 2001 (v.a. zum schweizerischen Recht).

alleinberechtigt; der Künstler dürfte also keinen anderen Händler einschalten, selber aber durchaus Werke verkaufen. Bei einem bestehenden Exklusivverkaufsrecht hingegen darf nur der Händler Werke dieses Künstlers verkaufen, so dass der Künstler im Falle eines Studioverkaufs dem Händler eine Entschädigung zu leisten hat. Die Abgrenzung erfolgt dabei im Wege der Vertragsauslegung, wobei von einem Exklusivverkaufsrecht nur selten auszugehen sein dürfte.

bb. Kunst „auf Bestellung“

Künstlerische Arbeiten werden teilweise auch auf private oder öffentliche Bestellung hin angefertigt; Öffentliche Auftragsarbeiten sind für viele Künstler ein gewichtiger Teil ihrer Arbeit und sind in Umfang und Menge weitaus bedeutender als die privaten Auftragsarbeiten.[191] Die öffentliche Hand bestellt dabei vor allem repräsentative Skulpturen oder Wandgemälde, während im privaten Bereich eher Portraits oder Büsten verlangt werden.

Gemeinsam ist beiden Konstellationen die Frage nach dem der Tätigkeit zugrunde liegenden Vertrag.

Für den Besteller eines Werkes ist grundsätzlich entscheidend, dass das versprochene Werk geschaffen und ihm übereignet wird. Der Künstler muss sich demnach nicht lediglich bemühen, sondern schuldet vielmehr einen werkvertraglichen Erfolg. Der zugrunde liegende Vertrag würde demnach einen Werklieferungsvertrag i.S.d. § 651 S. 3 BGB darstellen, auf den gemäß § 651 S. 1 BGB grundsätzlich das Kaufrecht, also die §§ 433 ff. BGB anzuwenden wären. Insgesamt steht bei der Anfertigung von Kunstwerken aber die geistige Werkleistung derart im Vordergrund, dass die Vorschriften über den Werkvertrag der §§ 631 ff. Anwendung finden.[192] Probleme können hier im privaten Bereich etwa dann auftauchen, wenn der Künstler von einer dem Auftrag zugrunde liegenden Skizze zu sehr abweicht[193], oder der Portraitierte nicht, oder nur schwer zu erkennen ist.[194] Die gewährleistungsrechtlichen Aspekte solcher Fälle werden in Tiefe an anderer Stelle zu erörtern sein. Im Rahmen öffentlicher Auftragsarbeiten sind häufig urheberrechtliche Probleme von entscheidender Bedeutung,[195] die hier jedoch nicht diskutiert werden können.

---

191 Spinellis, Internationaler Kunsthandel, 164.

192 Picker, Kunstrecht, S. 98; Palandt/*Sprau*, BGB, § 651, Rn.5.

193 BGH Urt. v. 24.01.1956, BGHZ 19, 382 („Kirchenfenster“); Picker, Kunstrecht, S. 98.

194 Picker, Kunstrecht, S. 99 der diesbezüglich auf die „Baerwind-Entscheidung“ des OLG Karlsruhe v. 19.12.1973, 1 U 81/73 verweist, wonach eine Stammtischrunde das bestellte Bild („Die Nachtwächter von Hemshof“) mangels Identifizierbarkeit der einzelnen Mitglieder nicht zahlen und abnehmen musste.

195 Dies vor allem wegen der öffentlichen Zugänglichkeit solcher Werke, siehe Picker, Kunstgegenstände, S. 375 f..

cc. Der Handel unter Privaten

Abschließend sei noch der Handel von Privaten untereinander, etwa über Kleinanzeigen oder ähnliches, hingewiesen.[196] Rechtliche Besonderheiten sind hier nicht erkennbar; es handelt sich um Kaufverträge i.S.d. §§ 433 ff. BGB.

Die Tatsache, dass hier keine Kommission und keine Umsatzsteuer anfallen, mag viele Käufer locken, doch gehen sie damit auch Risiken ein. Gerade vermeintlich hochwertiges Material stellt sich hier später häufig als Fälschung oder Diebesgut heraus, das auf dem öffentlichen Kunstmarkt keinen Abnehmer gefunden hätte.

3. Die Käufer von Kunst

Die Natur des Verbraucherschutzes gebietet es, auch auf die Käuferseite einen genauen Blick zu werfen. Weltweit wird das Umsatzvolumen des Kunstmarktes auf etwa 20 Mrd. € geschätzt, während in Deutschland im Jahr 2005 etwa 1,6 Mrd. € am Kunstmarkt umgesetzt wurden.[197] Museen, Sammler und Privatkäufer bedienen sich am Markt und es gilt, die besonderen Eigenschaften dieser Protagonisten herauszuarbeiten.

a. Die Museen

Eine der ältesten Institutionen des Kunstgeschehens sind die Museen, deren Ursprünge sich bis in das 3. Jhdt. v. Chr. zurückverfolgen lassen.[198] In Deutschland existieren derzeit mehr als 500 Kunstmuseen mit einer jährlichen Besucherzahl von mehr als 17 Millionen.[199] Diese sind größtenteils öffentlich, teilweise aber auch privat organisiert, wie dies etwa bei den sog. Sammlermuseen häufig der Fall ist. Auf nationaler Ebene haben sich die Museen im 1917 gegründeten Deutschen Museumsbund e.V. organisiert, der heute über 450 Mitglieder hat.[200] International sind etwa 7000 Museen aus 120 Staaten in dem 1946 in Paris gegründeten International Council of Museums (ICOM) zusammengeschlossen; dieser hat 1986 einen Code of Professional Ethics aufgestellt[201], der sich auch mit dem Erwerb und der Veräußerung von Kunstgegenständen befasst.

---

196 Siehe dazu Schack, Kunst und Recht, S.56; Wrede, Kunstkauf, S. 33.

197 www.artinvestor.de/ai_media.pdf.

198 Schack, Kunst und Recht, S. 38.

199 Statistisches Jahrbuch der Bundesrepublik Deutschland 2005, S. 169.

200 Näheres zur Geschichte unter www.museumsbund.de.

201 ICOM Statutes – ICOM Code of Professional Ethics, Paris 1996, S.22; in der aktuellen Version unter www.icom.org/ethics.html.

Museen sind für den Kunstmarkt in zweierlei Hinsicht von besonderer Bedeutung:

Zunächst ist dabei die Teilnahme am Marktgeschehen durch An- und Verkäufe von Werken zu nennen. Trotz knapper öffentlicher Mittel sind Museen immer noch in der Lage, hochwertige Werke zur Ergänzung ihrer Sammlungen zu erwerben.[202] Dabei werden sie nicht nur durch öffentliche Gelder, sondern auch zunehmend durch private Spenden oder große Unternehmen unterstützt. Somit sind die Museen nach wie vor eine bedeutende Käufergruppe am Markt, die gerade bei den sehr bedeutenden Werken großer Künstler auf den Plan treten. Was den Verkauf von Werken betrifft, so sind die staatlichen Museen wesentlich weniger aktiv; grundsätzlich sollen Kunstwerke durch den Ankauf seitens des Museums nämlich bewusst und endgültig aus dem Wirtschaftskreislauf entzogen werden.[203] In Deutschland werden Kunstgegenstände in Museumseigentum öffentlich-rechtlich gewidmet und sind für die Dauer dieser Widmung in jeder Hinsicht unverkäuflich.[204] Daneben steht einem Verkauf auch der archivarisch-konservatorische Auftrag der Museen entgegen, der regelmäßig in Spezial- bzw. Stiftungsgesetzen für die jeweiligen Museen enthalten ist.[205]

Bei den privaten Museen, wie etwa der Sammlung Frieder Burda, der Sammlung Berggruen oder dem Museum Küppersmühle des Sammlers Hans Grothe, verhält sich dies anders. Verkäufe gibt es zwar auch hier nicht häufig, werden aber dennoch hin und wieder getätigt, um andere Teile der Sammlung aufzustocken.[206] In US-amerikanischen Museen, die ohnehin größtenteils privat organisiert sind, sind die aktive Marktteilnahme und die Fluktuation der Bestände wesentlich größer.[207]

Neben der aktiven Markttätigkeit kommt den Museen vor allem aufgrund der ihnen zugesprochenen Kompetenz eine teilweise entscheidende Bedeutung zu. Die Aufnahme eines Künstlers in den Bestand, insbesondere aber die Veranstaltung von großen Einzelausstellungen oder Retrospektiven eines Künstlers haben häufig einen immensen Einfluss auf dessen Bekanntheitsgrad und die Preisentwicklung seiner Werke.[208]

---

202 Näher dazu Herchenröder, Kunstmärkte, S. 318.

203 v. Welck, FS Raue (2006), 909, die sich dabei auf die Position des Deutschen Museumsbundes bezieht.

204 Über Ausnahmeregelungen kommt es dennoch vereinzelt zu Verkäufen, meist wenn Museen in eine finanzielle Schieflage geraten sind; so verkaufte etwa die Bremer Kunsthalle 1987 Renoirs „Blumenstrauß“ um einen Anbau zu finanzieren, das Bonner Kunstmuseum das Baselitz-Werk „Sandteichdamm“, um eine missglückte Ausstellung aufzufangen, dazu auch Weltkunst 13/2006, S. 104 ff.

205 Beispielhaft sei hier § 3 des Gesetzes zur Errichtung einer Stiftung „Preußischer Kulturbesitz“, BGBl I 1957, S. 841 erwähnt.

206 Herchenröder, Kunstmärkte, S. 302.

207 Schack, Kunst und Recht, S. 43; Herchenröder, Kunstmärkte, S. 309.

208 Lindemann, Collecting Contemporary, S. 238.

b. Die Sammler

Die menschliche Sammelleidenschaft ist ein altes Phänomen und so lässt sich die Liste prominenter Kunstsammler bis in das 15. Jhdt. zurückverfolgen.[209] Namen wie Isabella d'Este, Cosimo Medici, Kaiser Rudolf II., Katharina die Große, Solomon Guggenheim, Rudolf Leopold oder Charles Saatchi sind überall auf der Welt bekannt. Als leidenschaftliche und langfristige Abnehmer sind die Sammler seit Beginn des Kunsthandels eine Hauptzielgruppe der Verkäufer von Kunst. Für die Museen spielen die Sammler in Zeiten sinkender Ankaufsetats eine immer wichtigere Rolle, indem sie Leihgaben für Ausstellungen oder Dauerleihgaben gewähren. Für die Sammler wiederum hat die Leihe an ein Museum den Vorteil, dass das betreffende Werk durch die Präsentation im Museum und im Katalog zusätzliche Aufmerksamkeit genießt, die sich zum einen in einem wissenschaftlichen Erkenntnisgewinn und zum anderen in einer Wertsteigerung des Werkes niederschlagen kann.[210]

Der Begriff des Sammlers ist allerdings weit schwieriger zu definieren, als dies bei den vorgenannten Beteiligten der Fall war. In der Terminologie des Kunstmarktes wird dieser teilweise nämlich mit dem des *Käufers* gleichgesetzt; daneben werden zahlreiche Unterbegriffe verwendet, etwa der *institutionelle* oder der *professionelle*[211] Sammler. Daher sollen im Folgenden die erwähnten Untergruppen beleuchtet und die Konturen des Sammlers gezeichnet werden.

aa. Der Begriff des Sammlers

Der Begriff des Kunstsammlers ist nicht eindeutig definiert; daher gilt es im Folgenden die charakteristischen Merkmale herauszuarbeiten, die diesen Begriff prägen.

Der Begriff der *Sammlung* findet sich konkretisiert bspw. in § 110 I Nr.12 Bewertungsgesetz[212] (BewG), das die steuerrechtliche Bewertung von Vermögensgegenständen regelt. Nach der diesbezüglichen Literatur ist eine *Sammlung* dann gegeben, wenn Gegenstände nach bestimmten Gesichtspunkten zusammengestellt sind, nicht des Verkaufs oder wirtschaftlichen Gebrauchs wegen,

---

209 Schack, Kunst und Recht, S. 37; Gohr in Adriani, KunstSammeln, S. 195.

210 Zur zunehmenden Macht der Sammler gegenüber den Museen siehe Der Spiegel 17/2007, S. 184; die Autoren eines Werkes über den englischen Sammler Charles Saatchi gehen sogar soweit, diesem direkten Einfluss auf ganze Bewegungen der jüngsten Kunstgeschichte, insbesondere die sog. BritArt, zuzuschreiben, Hatton/Walker, Supercollector (2000), S. 230.

211 So bspw. bei Spinellis, Internationaler Kunsthandel, S. 194.

212 Bewertungsgesetz i.d.F. v. 1.2.1991 BGBl. I, 230; zuletzt geändert durch Art. 14 des Gesetzes zur Änderung steuerrechtlicher Vorschriften v. 20.12.2001, BGBl. I, 3794.

sondern aus künstlerischem oder wissenschaftlichem Interesse oder Liebhaberei.[213] Von großer Bedeutung ist dabei, dass es sich tatsächlich um das Zusammentragen bestimmter Gegenstände handelt; das bloße willkürliche Zusammentragen und Anhäufen von Gegenständen begründet begrifflich also noch nicht die Existenz einer Sammlung.[214] Unwesentlich für den Begriff der Sammlung ist dagegen, ob die gesammelten Gegenstände in irgendeiner Form verwendet werden; eine Gemäldesammlung stellt in diesem Kontext demnach auch dann eine Sammlung dar, wenn sie öffentlich oder privat ausgestellt wird.[215]

Das Sammeln i.w.S. lässt sich als das „Zusammentragen von Dingen, für die man sich interessiert, um sie in größerer Zahl in einer bestimmten Ordnung aufzuheben" definieren.[216] Schon aus diesen beiden Formulierungen lassen sich einige entscheidende Merkmale ableiten.

Zunächst einmal ist ein *Interesse für das Werk* erforderlich, das bloße zufällige oder wahllose Ansammeln von beliebigen Gegenständen genügt dem also nicht. Schon in der oben zitierten Definition wird durch die Formulierung „um zu" ein voluntatives Element erkenntlich. Der Käufer muss also bereits beim Erwerb planen, dass jeweilige Werk seiner Sammlung hinzuzufügen bzw. darauf eine Sammlung zu gründen.

Daneben müssen die Gegenstände *in größerer Zahl* zusammengetragen werden; eine beliebig festgelegte Menge kann dieses Kriterium jedoch nicht kennzeichnen; vielmehr wird der Kauf durch die Intension des Käufers, den entsprechenden Gegenstand zusammen mit anderen in einer bestimmten Ordnung aufzuheben, als Sammelkauf zu qualifizieren sein. Möchte etwa ein wohlhabender Kunstkenner langfristig eine neue Sammlung aufbauen, wird schon das erste erworbene Kunstwerk einen Sammlungsgegenstand darstellen. Zwar handelt es sich dann noch nicht um eine Sammlung, gleichwohl scheint es möglich, den Käufer bereits begrifflich als Sammler zu charakterisieren.

Aus dem Merkmal der „bestimmten Ordnung" ergeben sich weitere Charakteristika. Eine gewisse *Gleichartigkeit* bzw. *systematische Nähe* der einzelnen Gegenstände ist sicherlich erforderlich, um von einer Sammlung sprechen zu können. Im Bereich der Kunst wird sich eine solche Systematik zwar nicht immer eindeutig feststellen lassen[217], allerdings zeigt sich in der Praxis, dass die

213 Rössler/Troll, BewG, § 110, Rn. 118; so auch Wolff-Diepenbrock, DStR 1987, 2.

214 Wolff-Diepenbrock, DStR 1987, 2.

215 BFH, DB 1990, 1751.

216 Duden, Das große Wörterbuch der deutschen Sprache, Bd. 7.

217 Diese Problematik lässt sich anschaulich am Beispiel Andy Warhols verdeutlichen, der nahezu alle Gegenstände seines alltäglichen Lebens archivierte. Objektiv betrachtet lässt sich dabei zunächst keine Systematik erkennen; durch die Gliederung in sog. *time capsules* schuf er aber eine Systematik, die diese Sammelbehälter zu einer Sammlung und in diesem Zuge auch zu Kunstgegenständen werden ließen. Siehe dazu Zbikowski in Adriani, KunstSammeln, S. 207 ff..

meisten Sammlungen doch gerade dadurch geprägt sind. Ein zusammenhangsloses Anhäufen von Gegenständen wird daher nicht als Sammlung, der Käufer mithin nicht als Sammler zu qualifizieren sein. Zu fordern ist mithin ein irgendwie gearteter Zusammenhang zwischen den einzelnen Werken, der aus der planvollen Absicht des Käufers erwächst.

Ein weiteres, entscheidendes Attribut des Kunstsammlers ist das der *Kennerschaft.*[218] Der Sammler unterscheidet sich vom normalen Privatkäufer durch ein sehr zielgerichtetes Kaufen, das auf einer Kenntnis des Sammelgebietes und der einzelnen Werke beruht. Ein spezialisierter Sammler wird dabei häufig sogar eine größere Sachkenntnis erreichen als ein qualifizierter Händler, der schon aus wirtschaftlichen Gründen ein breiteres Spektrum erfassen muss. Die gesetzliche Anerkennung dieser Sachkenntnis zeigt sich etwa darin, dass private Sammler nach Maßgabe des § 2 II KultgSchG[219] bei den Verfahren bezüglich der Eintragung in das Verzeichnis „national wertvoller Kulturgüter" als Sachverständige zu berücksichtigen sind. Ob der Sammler diese Kennerschaft selbst besitzt, oder ob er unter Hinzuziehung eines Beraters handelt, ist unerheblich, da im Moment des Erwerbs das Wissen jedenfalls vorliegt.[220]

Die in der Praxis häufig schwierige Abgrenzung von Sammler und Händler lässt sich am ehesten durch das Merkmal der *Dauerhaftigkeit* erreichen. Der Sammler kauft, um zu behalten, während der Händler kauft, um weiter zu veräußern. Neben der entsprechenden Intension des Käufers ist hier aber auch auf ein tatsächliches Moment abzustellen. Der sofortige oder schnelle Wiederverkauf entspricht nicht dem Wesen des Sammlers oder der Sammlung; eine eindeutige Zeitspanne lässt sich hier sicherlich nicht festlegen; als Anhaltspunkt könnten jedoch die fünf Jahre dienen, die man als Faustregel für die Umschlagsdauer von Ware in Ladengeschäften heranzieht.[221] Allerdings gehört es auch zum Wesen einer Sammlung, dass sie stetig weiterentwickelt wird, also durch Verkäufe, Neuerwerbungen und Auswechslungen ausgebaut und vervollständigt wird, was jedoch ohne gelegentliche Verkäufe meist nicht möglich ist.[222]

Abschließend ist mithin festzuhalten, dass sich anhand der gewonnen Kriterien eine Differenzierung zwischen normalen Privatkäufern und tatsächlichen Sammlern vornehmen lässt. Wer etwa ein Gemälde oder ein Möbel zur bloßen Dekoration seiner Wohnung kauft, wird demnach nicht als Sammler zu qualifizieren sein. Erst bei einem darüber hinausgehenden Interesse, der Intension zum

---

218 Stürmer in Weltkunst Jubiläumsausgabe 2005 I, S. 147; Zum Begriff des *Connaisseurs* siehe Weibel in Adriani, KunstSammeln, S. 199.

219 Gesetz zum Schutz deutschen Kulturgutes gegen Abwanderung v. 6.8.1955, BGBl I 1955, 501.

220 Zum Begriff des Kunstberaters siehe schon B, III, 2, f, sowie Lindemann, Collecting Contemporary, S. 122 ff..

221 Picker, Kunstgegenstände, S. 50.

222 So auch Oswald, DStZ/A 1976, 160.

Aufbau einer Sammlung, sowie entsprechender Systematik, konkretisierter Sachkenntnis und einer gewissen Beständigkeit kann eine solche begriffliche Einordnung erfolgen.

bb. Spezifische Sammlerbegriffe

Neben dem allgemeinen Begriff des Sammlers existieren auch verschiedene spezifischere Begriffe, wie etwa die des *institutionellen* oder der *professionellen* Sammlers. Der institutionelle Sammler stellt den Gegenbegriff zum privaten Sammler dar;[223] umfasst sind damit Museen und Einrichtungen der öffentlichen Hand. Teilweise werden auch Privatmuseen bzw. deren Eigentümer als institutionelle Sammler verstanden. Große Kunstsammlungen von Unternehmen sind ebenfalls dieser Gruppe zuzuordnen.

Diese werden gleichwohl auch dem Begriff des professionellen Sammlers unterzuordnen sein, der durch den Betrieb des Museums in der Regel zwar nicht wirtschaftlich, aber doch professionell handelt. Daneben sind auch sammelnde Kunsthändler als professionelle Sammler anzusehen, wobei die Abgrenzung je nach dem einzelnen Kaufgegenstand zu erfolgen hat. Sammler, die ihre Tätigkeit überwiegend als Investitionstätigkeit verstehen und bei der Auswahl der Werke vor allem auch auf die Rendite achten, sind wohl auch zu dieser Gruppe zu zählen.[224]

Letztlich sind diese Begriffe nicht eindeutig besetzt und auch für die bevorstehenden rechtliche Fragen nur von untergeordneter Bedeutung, weshalb eine Vertiefung an dieser Stelle unterbleibt.

c. Der Privatkäufer

Anhand der oben genannten Kriterien lässt sich also der normale Privatkäufer vom Kunstsammler abgrenzen. Dabei können sich einzelne Merkmale durchaus überschneiden; entscheidend sind aber sicherlich der beabsichtigte Umfang sowie die spezialisierte Kenntnis bezüglich des Kunstgegenstandes.

Der Privatkäufer kauft demnach eher Einzelstücke aus verschiedenen Kunstgattungen und Epochen und wird eher zu Spontankäufen neigen, als der planvoll agierende Sammler.

4. Die Objekte des Kunsthandels

Gegenstand des Kunsthandels und damit Objekt der beiderseitigen Bemühungen ist das Kunstwerk. Die hier angestrebte Betrachtung des Kunstkaufs kann nicht

223 Spinellis, Internationaler Kunsthandel, S. 194; s.a. Picker, Kunstgegenstände, S. 56.
224 Herchenröder in Weltkunst Jubiläumsausgabe 2005 I, S. 137.

erfolgen, ohne das Objekt des Kaufs näher zu betrachten. Die spezifischen Eigenschaften der Ware Kunst sind dabei insbesondere im Rahmen der Diskussion von Gewährleistungsrechten, Haftungsausschlüssen oder etwa Beweislastfragen ausschlaggebend. Mithin soll an dieser Stelle eine grundlegende Darstellung dieser Gegenstände und der damit zusammenhängenden Begriffe erbracht werden.

a. Vom neutralen Gegenstand zum Kunstobjekt

Vorab stellt sich die Frage, wann ein Gegenstand eigentlich als Kunstobjekt zu qualifizieren ist; allerdings lässt sich hier schnell feststellen, dass der hierüber in den verschiedensten wissenschaftlichen Disziplinen geführte Diskurs nicht nur von nahezu unüberschaubarem Ausmaß ist, sondern auch ständiger Weiterentwicklung unterliegt. Eine eindeutige Definition der Kunst unter ästhetischen[225] wie unter juristischen[226] Gesichtspunkten erscheint daher äußerst schwierig. Allerdings ist das Recht zum Schutz des Einzelnen darauf angewiesen, eine begriffliche Annäherung scheint daher unumgänglich. In der Literatur wird aufgrund der genannten Schwierigkeiten stets darauf verwiesen, dass Kunst nur ein *relativer Rechtsbegriff* sei;[227] dies äußert sich bereits durch die unterschiedliche Verwendung desselben in Art. 5 GG, § 1 UrhG, § 12 II Nr.1 UStG.

Für den Bereich des Rechts, und insbesondere des Staatsrechts und der Kunstfreiheitsgarantie wird Kunst „als ein persönlichkeitsgeprägtes Gestalten, das dem Empfänger ein eigenständiges, über die dem Künstler bewusste Aussage hinauswirkendes Erleben, ermöglicht" definiert.[228] Dementsprechend gibt die Kunst keine eindeutigen Aussagegehalte vor, sondern ist vielmehr der ständigen und fortgesetzten Interpretation zugänglich.[229]

Gerade im Laufe des 20. Jhdts. hat sich der Kunstbegriff stark verändert; der Dadaist Kurt Schwitters etwa konstatierte, dass „alles, was der Künstler spuckt", Kunst sei.[230] Immensen Einfluss auf diese Entwicklung hatte auch der sog. erweiterte Kunstbegriff bei Joseph Beuys, wonach „jeder ein Künstler" und „alles Kunst" sei.[231]

---

225 Für die unzähligen Beiträge exemplarisch Habermas, Theorie des kommunikativen Handelns, 1981, S. 247 ff.; Heidegger, Der Ursprung des Kunstwerks, 1980, S. 60; Adorno, Ästhetische Theorie, 1972, S. 167.

226 BVerfGE 30, 173; BGH, NJW 1975, 1881; BVerwGE, 1, 303, 305; exemplarisch für die Darstellung in der Literatur Erbel, Inhalt und Auswirkungen der verfassungsrechtlichen Kunstfreiheitsgarantie, S. 94 ff.; Kirchhof, NJW 1985, 225 ff.; Zöbeley, NJW 1985, 254 ff.

227 Schack, Kunst und Recht, S. 2; Goepfert, Haftungsprobleme, S. 16.

228 Kirchhof, NJW 1985, 228 m.w.N., auch zu anderen Definitionsversuchen.

229 So auch beim „offenen Kunstbegriff" des BVerfG, siehe BVerfGE, 67, 213, 226.

230 Schack, Kunst und Recht, S. 3; Kirchhof, NJW 1985, 227.

231 Beuys in Der Spiegel, Nr. 45, 1979, S. 268 ff.; eingehend Bojescul, Zum Kunstbegriff des Joseph Beuys, 1985.

Vorstehende Ausführungen zeigen bereits, dass eine weitergehende Diskussion des Kunstbegriffes aufgrund des Rahmens dieser Arbeit nicht möglich ist; insofern muss eine Beschränkung auf diejenigen Zusammenhänge und Begriffe erfolgen, die zur Beantwortung der aufgeworfenen Fragestellung notwendig sind.

b. Die Besonderheiten der Ware Kunst

In nahezu allen Veröffentlichungen, die sich im weitesten Sinne mit Kunst als Ware beschäftigen, findet sich die Formulierung, dass Kunst eine „Ware besonderer Art“ sei.[232] Was aber macht Kunstgegenstände zu einer besonderen Ware?

Die im Folgenden dargstellten Aspekte werden versuchen dieser Frage nachzugehen und die herausragenden Merkmale von Kunstgegenständen zu beleuchten.

aa. Der Nutzen des Kunstgegenstandes

Gerade im Zuge steigender Preise und häufiger Rekordergebnisse stellt sich immer wieder die Frage nach dem Nutzen von Kunstgütern. Kunstwerke erfüllen keinen sichtbaren und schon gar keinen messbaren Zweck; selbst bei Werken der angewandten Kunst, also Gebrauchsgegenständen mit künstlerischem Anspruch wie etwa Möbeln oder Porzellan, verhält sich dies nicht viel anders. Diese waren oder sind zur Zeit ihrer Herstellung zwar auch zum Gebrauch gedacht, ihr Nutzen liegt aber schwerpunktmäßig im ideellen Bereich. Mit zunehmendem Alter der Objekte gerät der Charakter als Kunstwerk deutlich in den Vordergrund und durch das Gelangen in den Kunsthandel wird diese Qualifizierung endgültig manifestiert.[233] Kunst ist vielen Menschen wichtig, man kann sich an ihr erfreuen und begeistern, aber sie ist eben keine Lebensnotwendigkeit; vielmehr ist der Kunstkauf ein Ausdruck des Überflusses und damit unzweifelhaft ein Luxuskauf.[234]

bb. Wertbildende Faktoren bei Kunstgegenständen

Die Tatsache, dass Kunst als solche grundsätzlich eines praktischen Zweckes entbehrt, erschwert die Frage nach den Faktoren, die den Wert eines solchen Luxusgutes ausmachen. In der Regel ist der Anteil der Materialkosten am tatsächlichen Wert verschwindend gering.[235] Ausschlaggebend für die Einordnung

---

232 Goepfert, Haftungsprobleme, S. 15; Bongard, Kunst und Kommerz, S. 221, jew. m.w.N..

233 Goepfert, Haftungsprobleme, S. 19.

234 Wrede, Kunstkauf, S. 25; Goepfert, Haftungsprobleme, S. 19.

235 Dies kann bei großen Skulpturen anders sein, die teilweise aus hochwertigen Materialien bestehen oder nur mit enormem Aufwand hergestellt werden können; das beste Bei-

ist häufig das, was Walter Benjamin die „Aura" des Kunstwerks nennt[236], weniger aber dessen materielle Beschaffenheit oder der Werkstoff. Herausragendes Beispiel für diese Besonderheit sind etwa die sog. *Readymades* von Marcel Duchamp; dieser wählte teilweise wertlose Alltagsgegenstände aus und erhob sie durch das bloße Signieren zum Kunstwerk.[237] Während „normale" Konsumgüter fast ausschließlich nach dem Materialwert zu beurteilen sind, zählen bei Kunstgütern also offensichtlich ganz andere Faktoren.

Ein Kunstwerk ist zunächst einmal einzigartig, unwiederholbar und unvermehrbar.[238] Entsprechend marktwirtschaftlicher Grundprinzipien sorgt dieses knappe Angebot bereits per se für eine gewisse Wertsteigerung. Wenn es nur ein Gut, aber mehrere potentielle Käufer gibt, kommt es regelmäßig zu einer Preissteigerung, die sich natürlich am deutlichsten in einer Versteigerungssituation nachvollziehen lässt. Zu dieser Einzigartigkeit tritt aber mit der Begrenztheit von Werken eines Künstlers noch ein verwandter Faktor.[239] Der Künstler schafft das Werk; stirbt er, ist sein Oeuvre nicht mehr erweiterbar. Es existiert nur die bis dahin entstandene Menge von Werken; diese Faktoren, die beide die Angebotsseite betreffen, sind der Grundstock der Wertbildung.

Hinzu tritt, wie bei jedem Produkt, das äußere Erscheinungsbild des Werkes. Dazu zählen etwa die Technik, das Format, das Material, das Sujet sowie insbesondere der Grad der Erhaltung.[240] Dabei spielen auch bestehende, oder durch Restaurierung beseitigte Schäden eine entscheidende Rolle.

Daneben ist auch der Grad der kunstgeschichtlichen Bedeutung ein bedeutender Faktor.[241] Diese ist anhand verschiedenster Indizien aus dem Bereich der Kunstwissenschaften zu bestimmen; beispielhaft seien etwa die Stellung des einzelnen Werkes in der Entwicklung des jeweiligen Künstlers, sein Einfluss auf andere Künstler sowie die Weiterentwicklung bereits existierender Schulen erwähnt.

---

spiel lieferte jüngst der britische Künstler Damien Hirst, der einen alten Totenschädel mit Diamanten im Wert von insgesamt fünfzehn Millionen Euro besetzen ließ; allerdings lag auch hier der Kaufpreis von fünfundsiebzig Millionen Euro deutlich über dem reinen Materialwert, siehe dazu Der Spiegel, 36/2007, S. 167.

236 Benjamin, Das Kunstwerk im Zeitalter seiner technischen Reproduzierbarkeit (1963), S. 13, 16.

237 Gombrich, Die Geschichte der Kunst, S. 601; Strowel, ZUM 1990, 388.

238 Zu den Fällen der sog. *ars multiplicata*, siehe B, III, 4, b, cc, (2).

239 Schack, Kunst und Recht, S. 228; Goepfert, Haftungsprobleme, S. 22.

240 Ausführlich zu diesen Kriterien auch Schütte, FS Hartung, S. 120 f.

241 Schack, Kunst und Recht, S. 228; Gonzalez, Kunstinvestment, S. 25; Picker, Kunstgegenstände, S. 27.

Immens wichtig für die Wertbildung ist schließlich die Provenienz des jeweiligen Werkes.[242] Früher verstand man darunter die lückenlose Zurückverfolgung der Herkunft bzw. der Eigentümer des Werkes, möglichst bis in das Atelier des Künstlers selbst. War das Werk bereits in großen Ausstellungen bedeutender Sammlungen oder Museen zu sehen, sprach dies zusätzlich für seine Authentizität und seine herausragende Bedeutung. Entsprechend des oben gezeichneten Trends[243] zur Vermarktung werden heute die Namen bedeutender Sammler in den Reihen der Voreigentümer immer wichtiger; dies zeigt sich bei den Auktionen des Inventars von großen Adelssammlungen in besonders anschauliche Weise. In engem Zusammenhang mit der Provenienz, die vor allem die kunstgeschichtliche Bedeutung erhellen kann, ist auch die Dokumentation als wertbildender Faktor zu nennen. Diese kann die Authentizität des Werkes bzw. alle anderen wertbildenden Faktoren belegen und wird somit zu einem externen, aber bedeutenden Indikator für die Wertbestimmung.[244]

Alle vorgenannten Faktoren sind aber nahezu unerheblich, wenn nicht die entscheidende Frage nach der Authentizität oder Echtheit des Werkes geklärt ist. Dieser Faktor wird wegen seiner enormen Bedeutung noch näher darzustellen sein, soll hier aber bereits Erwähnung finden.

Die tatsächliche Ermittlung des Marktwertes von Kunstgegenständen spielt etwa im Rahmen der kaufrechtlichen Gewährleistung eine wichtige Rolle. Die häufig schwankenden Trends, sowie die teilweise undurchsichtige Preisgestaltung auf dem Kunstmarkt erschweren diese aber enorm. Dabei kann die Zusammenschau der genannten Faktoren durchaus zur Ermittlung eines solchen Wertes ergänzend herangezogen werden. Vorrangig aber erfolgt die Ermittlung des aktuellen Marktwertes bei Kunstwerken nach anderen Indikatoren. Die breiteste Basis für eine solche Ermittlung bieten die bisher erzielten Auktionspreise von Werken des Künstlers;[245] dabei können auch vergleichbare Werke eines ähnlichen Künstlers ergänzend betrachtet werden. Auktionsergebnisse sind umfangreich dokumentiert und leicht zugänglich, da sie in Kunstpreis-Jahrbüchern sowie bei verschiedenen Internet-Datenbanken[246] recherchiert werden können. Weitere

---

242 Wrede, Kunstkauf, S. 52; Knuth, Original und Fälschung, S. 135; v. Klitzing, KUR 2006, 96; auch *Pedigrée* genannt, so etwa Goepfert, Haftungsprobleme, S. 22.

243 Siehe C, III, 1, c).

244 Schütte, FS Hartung, S. 120.

245 Wrede, Kunstkauf, S. 53; Schack, Kunst und Recht, S. 228; Picker, Kunstgegenstände, S. 71; Rössler/Troll, BewG, § 110, Rn. 119.

246 So etwa unter www.artprice.com oder www.artnet.com.

Anhaltspunkte bieten bspw. Versicherungssummen[247] oder die Werte auf Zollerklärungen.[248]

cc. Fragen der Echtheit oder Authentizität von Kunstwerken

Die Echtheit ist der herausragende wertbildende Faktor bei Kunstwerken schlechthin. Die Kombination von häufig geringen Materialkosten, teilweise sehr hohen Preisen und einem relativ intransparenten Markt ruft immer wieder Fälscher oder Betrüger auf den Plan. In der Praxis sind Fragen der Echtheit dementsprechend der häufigste Anlass für Rechtsstreitigkeiten im Kunsthandel.[249] Das Volumen des illegalen Kunstmarktes wurde im Jahr 2000 auf 4,5 Mrd. $ geschätzt[250] und man geht davon aus, dass zwischen 40 und 60 Prozent der gehandelten Werke „falsch“ sein sollen.[251] Diese Problematik tritt naturgemäß vor allem bei Werken alter Meister auf, also bei Werken, deren Herkunft grundsätzlich zweifelhaft ist. Berühmt geworden etwa ist der „Kahlschlag“[252] am Œuvre Rembrandts, wobei zahlreiche Zuschreibungen zu dessen Werk, darunter etwa „Der Mann mit dem Goldhelm“, nach neuen Erkenntnissen revidiert werden mussten.[253] Von Camille Corot[254], einem Künstler des 19. Jahrhunderts

---

247 Siehe dazu auch Gärtner, NJW 1991, 2293.

248 Schack, Kunst und Recht, S. 228; nach Rössler/Troll, BewG, § 110, Rn. 116 ist jedoch ein größerer Abschlag vom Versicherungswert zu machen, da Luxusgüter tendenziell überversichert seien.

249 BGH, NJW 1993, 2103 („Burra“); BGH, JZ 1989, 41 (“Leibl/Duveneck”); BGH, NJW 1980, 1619 („Bodensee-Kunstauktion“); BGH, NJW 1975, 970 („Jawlensky“); BGH, NJW 1972, 1658 („Rubens”); RG, RGZ 135, 340 („Van Ruisdael“); RG, RGZ 115, 286 („Ostade/Teniers“); RG, RGZ 114, 239 („Thoma“); OLG Hamm, NJW 1995, 2640 (“Guercino“); OLG Hamm, NJW 1994, 1967 („Schuch“); OLG Düsseldorf, NJW 1992, 1326 („Warhol“); OLG Frankfurt, NJW 1982, 651 („Biedermeierzimmer“); teilw. m.w.N..

250 Bezug nehmend auf eine Schätzung von Interpol, Schack, Kunst und Recht, S. 57.

251 Wrede, Kunstkauf, S. 7; allerdings befindet sich diese Schätzung wohl am oberen Ende der Skala; eine alternative Quelle spricht von einem 10-prozentigen Anteil der Fälschungen auf dem Kunstmarkt, DuBoff/King, Art Law, S. 58.

252 Weltkunst 03/1999, S. 504; Rembrandts Gesamtwerk wurde zwischen 1923 und 1987 aufgrund wissenschaftlicher Untersuchungen von 711 auf 265 Originalwerke korrigiert, siehe auch Wrede, Kunstkauf, S. 78.

253 Dazu Schütte, FS Hartung, S. 127, der daneben noch einen ähnlichen Fall bei Skulpturen schildert: Der berühmte Wilhelm von Bode hatte noch vor dem Ersten Weltkrieg die sog. „Flora-Büste“ als Werk Leonardo da Vincis erworben; diese Zuschreibung wurde erst 1984 eindeutig revidiert und als Urheber ein englischer Künstler des 19. Jahrhunderts festgestellt.

254 Jean-Baptiste Camille Corot, 1796-1875, französischer Maler.

weiß man, dass er etwa 800 Werke geschaffen hat. Gleichzeitig wird die Gesamtzahl der nicht originalen Bilder auf etwa 10.000 geschätzt.[255]

Daneben ist auch der Markt für serielle Kunst solchen Schwierigkeiten ausgesetzt, was nicht zuletzt an der Unklarheit der Begriffe auf diesem Sektor liegt.[256] Bei Werken zeitgenössischer Kunst liegen häufig detaillierte Werkverzeichnisse vor, die die Klärung der Herkunft wesentlich erleichtern. Allerdings können hier etwa die sog. *appropriation art* oder andere bewusst nachahmende Techniken Probleme bereiten.[257]

Im Rahmen der Zielsetzung dieser Arbeit liegt der Hauptbezug der „Originalität“ auf der Haftung des Verkäufers für solche Objekte, die nicht die vorgestellte Herkunft besitzen. Daneben spielt dieser Begriff aber auch in anderen Gebieten des Rechts eine Rolle; er taucht etwa im Urheberrecht in den §§ 6, 17, 26, 44, 107 UrhG sowie im Umsatzsteuerrecht bei Fragen des halben Steuersatzes und der Zollfreiheit auf, § 12 II Nr. 1 UStG[258] i.V.m. Anlage 2[259].

In den Kunstwissenschaften wie im Urheberrecht wird ein Original allgemein als ein vom Künstler selbst geschaffenes Werk definiert.[260] Dieser Definition folgt auch Art. 2 I der Folgerechtsrichtlinie[261], wenn es dort heißt: „Als Originale von Kunstwerken im Sinne dieser Richtlinie gelten Werke der bildenden Kunst (….), soweit sie vom Künstler selbst geschaffen worden sind oder es sich um Exemplare handelt, die als Originale von Kunstwerken angesehen werden“. Allerdings treten dann Abgrenzungsschwierigkeiten auf, wenn mehrere Personen an der Entstehung eines oder mehrerer Bilder beteiligt sind.

Um dieser Definition entsprechend schärfere Konturen zu geben, wird in der juristischen Literatur, die sich mit dem Kunstkauf auseinandersetzt, auf die *Eigenhändigkeit des Schaffungsprozesses* und die *Eigenständigkeit des dargestellten Gegenstandes* abgestellt.[262] Die *Eigenhändigkeit* bezeichnet insoweit eine tatsächliche Urheberschaft des Werkes, während die *Eigenständigkeit* verlangt, dass das Werk nicht eine bloße Reproduktion eines bereits bestehenden

---

255 Knuth, Original und Fälschung, S. 129.

256 Koschatzky, Die Kunst der Graphik, S. 25; Abels, Weltkunst 1985, 397; Heinbuch, NJW 1984, 18; Sieger, ZUM 1984, 119 ff.

257 Sehr aufschlussreich dazu Bracht, Originale echt falsch (1999), S. 10 ff., hervorzuheben sind in diesem Kontext etwa Andy Warhol, Richard Pettibone, Sturtevant, Marcel Duchamp, Sylvie Fleury oder Josef Beuys.

258 Umsatzsteuergesetz v. 26.11.1979, BGBl. I 1979, S. 1953.

259 Liste der dem ermäßigten Steuersatz unterliegenden Gegenstände, BGBl. 2005, S. 429.

260 Brockhaus Kunst, S. 842; Olbrich, Lexikon der Kunst, S. 306; Dreier/*Schulze*, UrhG, § 44, Rn. 17; der Begriff Original leitet sich vom lat. „origo“ – „Ursprung, Herkunft“ ab.

261 Richtlinie 2001/84/EG des Europäischen Parlaments und des Rates vom 27.9.2001 über das Folgerecht des Urhebers des Originals eines Kunstwerks, Abl. L 272, S. 35.

262 Heinbuch, NJW 1984, 19; ähnlich, aber enger etwa Goepfert, der die Trias von *Eigenhändigkeit*, *Ursprünglichkeit* und *Handarbeit* fordert, Haftungsprobleme, S. 55 ff.

Werkes darstellt. In beiden Wissenschaften ist anerkannt, dass sich dieser Begriff nicht einheitlich behandeln lässt, sondern vielmehr an die jeweilige Werkform anzupassen ist.[263]

(1) Das Unikat

Originalität bedeutet grundsätzlich keineswegs, dass das solchermaßen bezeichnete Kunstwerk nur in einem einzigen Exemplar existieren kann. Dies trifft lediglich für das sog. *Unikat* zu, also etwa bei Ölgemälden, Collagen, Zeichnungen und Aquarellen, Monotypien oder Plastiken aus Holz und Stein.[264] In der Regel wird sich die Originalität bzw. Authentizität eines Unikats unproblematisch aufgrund des Signatur oder eines Monogramms feststellen lassen; allerdings gibt es auch hier schwierige Abgrenzungsfragen.

In der niederländischen Malerei des 17. Jahrhunderts etwa war es durchaus üblich, dass Gemälde durch das arbeitsteilige Zusammenwirken mehrerer Künstler entstanden. So nahmen etwa Figurenmaler für den landschaftlichen Hintergrund Spezialisten wie C. Molenaer oder J. Patinir in Anspruch; umgekehrt wurden spezielle Figurenmaler wie Willems zu Mecheln von Landschaftsmalern zum Schaffungsprozess hinzugezogen.[265] Die häufigste Art der Kooperation fand jedoch in den Werkstätten der Künstler selbst statt. Nahezu alle großen Maler beschäftigten Gehilfen und Schüler. Diese leisteten Hilfsarbeiten, indem sie Beiwerk der Gemälde ausmalten, fertigten nach Meisterskizzen eigene Werke an und stellten zu Übungszwecken Kopien des jeweiligen Meisters und anderer Künstler her.[266]

Im Bereich des Kunsthandwerks[267], also bei künstlerisch gestalteten Gebrauchsgegenständen wie etwa Möbeln, ging die Arbeitsteilung häufig so weit,

---

263 Schack, Kunst und Recht, S. 13; Wrede, Kunstkauf, S. 36 f.; Olbrich, Lexikon der Kunst, S. 306.

264 Schack, Kunst und Recht, S. 13; Brochkaus Kunst, S. 842; näher zum Begriff des Unikats Wrede, Kunstkauf, S. 37 ff.; das Original wird heute häufig auch als *Single* bezeichnet, siehe dazu Heinbuch, NJW 1984, 18.

265 Zur Spezialisierung in der niederländischen Malerei des 17. Jhdts. Gombrich, Geschichte der Kunst, S. 414 ff..

266 Peter Paul Rubens teilte Bilder aus seiner Werkstatt in sechs Kategorien ein: Eigenhändige Bilder; Werke, die unter Überwachung und nach Vorzeichnung des Meisters entstanden und von ihm abschließend überarbeitet wurden; Bilder, bei denen seine Schüler bestimmte Bereiche eigenständig anfertigten; eigenständige Atelierbilder im Stile des Meisters, aber ohne dessen Überwachung; Schulkopien von Werken des Meisters und Kopien anderer Maler, Zoff, Die Briefe des P. P. Rubens, S. 81 ff.; im Übrigen bedienen sich Maler auch heute noch verschiedener Hilfspersonen; bekanntestes Beispiel dürfte der krankheitsbedingt eingeschränkte Maler Jörg Immendorff sein; dazu auch „Wie malt man mit schlafenden Händen?“, F.A.Z. v. 23.3.2006, Nr. 71; S. 28.

267 Teilweise auch als *angewandte Kunst* bezeichnet, Brockhaus Kunst, S. 627.

dass unbekannte Gehilfen das Werk vollständig aufgrund von Musterbüchern des Meisters anfertigten.

Fraglich ist in diesen Fällen, welcher Anteil am Endprodukt für die Urheberschaft genügt. Eine starre Grenze, etwa anhand eines festgelegten Prozentsatzes ist mit dem Wesen der Kunst und den Eigenheiten der Herstellung nicht vereinbar.[268] Insofern ist danach zu fragen, wer den ästhetischen und künstlerischen Wert geschaffen hat, der das jeweilige Werk erst zur Kunst macht. Das Werk steht am Ende eines künstlerischen Schaffensprozesses, der durch die Persönlichkeit und Kreativität des Künstlers geprägt wird. Wo diese prägenden Merkmale entfallen, kann es sich nicht um ein *originales* Werk handeln.

Damit sind Kopien und Werke „im Stile" des Meisters keine Originale und auch Kopien eigener Werke fehlt die oben angesprochene *Eigenständigkeit*;[269] handelt es sich dagegen um Variationen eigener Werke wird man diese Eigenständigkeit zu bejahen haben.

Bei den Werken, die unter Mithilfe anderer Künstler entstanden sind, ist auf das persönliche Gepräge des Werkes abzustellen, indem Charakter und Ausdruck des Urhebers erkennbar sein müssen.

Durch ihr teilweise beträchtliches Alter und die mitunter häufigen Transporte sind Kunstwerke aller Art vom Verfall bedroht. So verwundert es nicht, dass nahezu jedes ältere Kunstwerk bereits einmal konservatorischen bzw. restauratorischen Maßnahmen unterzogen wurde. Diese können zurückhaltender Natur sein, wie bspw. die bloße Reinigung oder das Neufirnissen; daneben kommt es aber auch häufig zu beträchtlichen Eingriffen wie etwa der sog. Schönung oder Retusche bei der aktiv Teile ergänzt, übermalt oder gar verändert werden. Bei Gemälden werden in aller Regel lediglich die erstgenannten Maßnahmen verwendet, während im Bereich des Kunsthandwerks, insbesondere bei Möbeln, ganze Teile ersetzt oder erneuert werden. Mitunter werden, gleich einem Ersatzteillager, verschiedene Möbelstücke zu einem neuen zusammengesetzt, das mit den Vorgängern nicht mehr viel zu tun hat.[270]

---

268 Goepfert, Haftungsprobleme, S. 43.

269 Dennoch können sich wegen der Vielfalt der künstlerischen Methoden auch nach dieser Formel immer wieder Schwierigleiten ergeben; zu nennen wäre etwa der Künstler Richard Pettibone, der im Wege der sog. *Appropriationskunst* die Werke bekannter Pop-Art Künstler wie etwa Andy Warhols in kleinen ausschnittartigen Bildern imitiert; dadurch treibt er Warhols Spiel mit der Originalität noch weiter und erzielt im Übrigen mit diesen Werken Preise, die seinem künstlerischen Vorlagengeber sehr nahe kommen; siehe dazu „*Ich bin heute ein besserer Warhol als damals*", F.A.Z. v. 22.2.2007, Nr. 45, S. 31.

270 Diese Vorgehensweise ist in Handel und Kunstwissenschaft unter dem Begriff der „*marriage*" bekannt.

In diesen Fällen ist aus kunsthistorischer Sicht zu klären, ob die noch vorhandenen Originalteile das Kunstobjekt noch entscheidend prägen. Eine prozentuale Begrenzung erscheint auch hier nicht sinnvoll und so bleibt die Frage nach der Originalität letztlich auch in diesen Fällen eine Wertungsfrage, die sich nur anhand kunstwissenschaftlicher Kriterien beantworten lässt.[271] Dies entspricht auch der Formulierung des Art. 2 I der Folgerechtsrichtlinie, wo für den Originalbegriff hilfsweise auf solche Werke abgestellt wird, die „als Originale angesehen werden".

(2) Die serielle Kunst

Abgrenzungsschwierigkeiten treten aber vor allem bei Kunstwerken auf, die mehr als nur einmal existieren; typische Formen der sog. *ars multiplicata* oder seriellen Kunst sind druckgraphische Blätter, wie etwa Lithographien, Kupferstiche und Holzschnitte, sowie Abzüge plastischer Modelle[272], wie etwa Nachgüsse von Bronzen, schließlich auch Photographien. Die Einfachheit der technischen Reproduktion durch die heutige Technik sowie die Neigung des Kunsthandels zu einer sehr großzügigen Verwendung des Begriffs des Originals in diesem Bereich sorgt für eine große Unsicherheit bei Käufern.[273]

Allen Formen der *ars multiplicata*, so unterschiedlich sie in kunstwissenschaftlicher Hinsicht auch sein mögen, weisen zwei wesentliche gemeinsame Merkmale auf: Zum einen existieren im Gegensatz zum Unikat mehrere weitgehend identische Kunstwerke, die alle mit Hilfe eines Zwischenträgers, wie zum Beispiel eines Druckstocks, einer Form oder eines Negativs, hergestellt worden sind. Zum anderen bedient sich der Künstler bei der Herstellung in weiten Teilen der Mithilfe Dritter.

---

271 Interessant ist in diesem Zusammenhang auch der Fall Han van Meegeren; dieser niederländische Künstler hatte mit in den Jahren 1935 bis 1943 selbst geschaffenen und komponierten Werken im Stile Vermeers und van Dycks und unter Zuhilfenahme originaler alter Werkstoffe selbst die anerkanntesten Kunstexperten getäuscht. Durch die Einfügung der jeweiligen Signatur seiner niederländischen Vorbilder wurden die Werke allerdings zu Fälschungen deklariert, obwohl sie in Meisterschaft, Können und Material auf Vermeers und van Dycks Niveau waren, dazu Seipel, Original und Fälschung, S. 13, der dies vor allem mit der Entaureatisierung der als Fälschung erkannten Werke begründet. Zur nachträglichen Aureatisierung und damit einhergehenden Wertsteigerung am Beispiel des „Bethlehemitischen Kindermordes" von Rubens, siehe ders., S. 17.

272 Unter einer Plastik versteht man ein gegossenes, meistens mehrmals vorhandenes Werk, während die Skulptur als Unikat meist nur einmal existiert.

273 Goepfert, Haftungsprobleme, S. 62; Braunfels, Die Haftung für Fehler und zugesicherte Eigenschaften bei Kunstauktionen, S. 21; Abels, Weltkunst 1985, 397; Heinbuch, NJW 1984, 15; Sieger, ZUM 1984, 119; grundlegend zu den kunstpolitischen und ästhetischen Aspekten der ars multiplicata etwa Benjamin, Das Kunstwerk im Zeitalter seiner technischen Reproduzierbarkeit (2005), S. 7 ff.

Die Vervielfältigung und damit die Herstellung der einzelnen Werke liegen häufig allein bei den Gehilfen des Künstlers. Was aber macht solche Werke dann zu Originalen? Das oben genannte Merkmal der Eigenhändigkeit kann hier nicht unbesehen herangezogen werden, da man sonst die gesamte serielle Kunst als Reproduktion abqualifizieren würde, was aber den Interessen der Künstler, Händler und auch der Sammler nicht gerecht würde.

Dementsprechend wurden verschiedene Ansätze entwickelt, um der Problematik der nicht einmaligen Kunstwerke Herr zu werden.

Braunfels definiert das „Original" in der seriellen Kunst über die Eigenverantwortlichkeit des Künstlers bei der Gestaltung. Gemeint ist dabei die Verantwortlichkeit für die Herstellung der Druckform oder Vorlage, nicht aber deren technische Ausführung.[274]

Nach *Boochs/Ganteführer* ist demgegenüber darauf abzustellen, dass die Vorlage des vervielfältigten Stückes tatsächlich vom Künstler zu stammen habe, wobei letztlich die Autorisierung, etwa mittels Signatur, maßgeblich bleibe; eine Beteiligung am Herstellungsvorgang ist aber nicht erforderlich.[275]

Darüber hinausgehend fordert etwa *Goepfert* die Eigenhändigkeit, also die Beteiligung des Künstlers bei der Herstellung selbst, verzichtet aber im Gegenzug auf die abschließende Signierung des Werkes.[276]

Schneider[277] und *Wrede*[278] stellen weniger auf derart formalisierte Kriterien ab; zwar müssten sowohl die Ideenfindung als auch die Autorisierung durch den Künstler selbst geschehen; das Erfordernis der Mitarbeit an deren Ausführung hänge aber letztlich an der Verkehrsauffassung für die jeweilige Werkform (Druck, Plastik, Photographie) ab. Diese Ansicht wird auch von der h.M. in der urheberrechtlichen Diskussion zum „Original" vertreten.[279]

Letztlich hat sich auch der europäische Gesetzgeber diesem Ansatz mit der Formulierung des Art 2 I, II Folgerechtsrichtlinie angeschlossen. In Art. 2 I der Richtlinie wird u.a. darauf abgestellt, ob die Werke als Originale von Kunstwerken *angesehen* werden. Art. 2 II der Richtlinie bezieht serielle Werke mit ein, sofern sie vom Künstler selbst oder unter seiner Leitung geschaffen worden sind; daneben müssen diese in der Regel nummeriert, signiert oder sonst ordnungsgemäß autorisiert sein. Dabei geht aus der Formulierung der Norm nicht

---

274 Braunfels, Haftung bei Kunstauktionen, S. 24.

275 Boochs/Gantefũhrer, Kunstbesitz, Kunsthandel, Kunstförderung im Zivil- und Steuerrecht, S. 22.

276 Goepfert, Haftungsprobleme, S. 55 ff..

277 Schneider, Auktionsrecht, S. 138; so auch Dreier/*Schulze*, UrhG, § 44, Rn. 18; Schricker/*Katzenberger*, UrhG, § 26, Rn. 27.

278 Wrede, Kunstkauf, S. 40.

279 BGH, GRUR 1963, 146 („Original-Ersatzteile"); Schricker/*Katzenberger*, UrhG, § 26, Rn. 27; Dreier/*Schulze*, UrhG, § 44, Rn. 18; Wandtke/Bullinger/*Wandtke*, UrhG, § 44, Rn. 17; Samson, UFITA 50 (1967), 499, teilw. m.w.N.

hervor, wie weit die Beteiligung an der Herstellung reichen muss. Durch den Bezug auf Art. 2 I ist jedoch auch hier mitentscheidend, was als Original „angesehen“ wird.

Zu Recht sind sich die genannten Autoren darin einig, dass die Idee für das Werk vom Künstler selbst stammen muss; denn hier äußert sich die entscheidende schöpferische Leistung des Künstlers, die die Eigenständigkeit des Werkes garantiert[280]; der Vorgang der Herstellung, bzw. die Erstellung einer Vorlage können je nach Werkart so unterschiedlich sein, dass eine differenzierte Betrachtung der einzelnen Arten die sachgerechtesten Ergebnisse verspricht. Insofern ist dem Ansatz von *Schneider*, dem sich *Wrede* angeschlossen hat, zuzustimmen. Allerdings bleiben beide aufgrund der Fragestellung der jeweiligen Erörterung eine Darstellung dieser Verkehrsauffassung schuldig. Wie oben aufgezeigt wählt auch die Folgerechtsrichtlinie diesen Ansatz, ohne aber näher darauf einzugehen, was nun in den einzelnen Bereichen tatsächlich als Original „angesehen“ wird.

Wenn es auch schwierig erscheint, von einer feststellbaren Verkehrsauffassung im Kunsthandel zu sprechen, soll doch im Folgenden eine solche Betrachtung der einzelnen Werkformen erfolgen, um den Originalbegriff jeweils genauer einzugrenzen.

(a) Die Druckgraphik

Der Kunsthandel versteht unter dem Begriff der Druckgraphik oder Graphik[281] jede manuell-drucktechnische Vervielfältigung von künstlerischen Werken. Hinter den Oberbegriffen Hoch-, Tief-, Flach- und Durchdruck verbergen sich dabei Verfahren wie etwa der Holz- oder Linolschnitt, Kupferstiche und Radierungen, sowie Lithographie und Siebdruck.[282]

Prägend für die Verfahren ist, dass eine Druckplatte künstlerisch gestaltet wird, die dann das jeweilige Motiv auf einen Werkträger aufbringt. Häufig geschieht dies in Druckwerkstätten durch professionelle Drucker.[283]

Die Druckgraphik ist mit Abstand die am weitesten verbreitete und auch bekannteste Form der seriellen Kunst. Naturgemäß gibt es daher auch in diesem Bereich eine große Anzahl von Werken auf dem Markt, deren Herkunft zumindest zweifelhaft ist.[284] Dementsprechend wurde in diesem Bereich von mehreren Seiten versucht, einen Originalbegriff festzulegen.

---

280 Braunfels, Haftung bei Kunstauktionen, S. 26.

281 Im Kunsthandel werden die Begriffe *Graphik* und *Druckgraphik* synonym gebraucht.

282 Eingehend zu den verschiedenen Verfahren Krejca, Die Techniken der graphischen Kunst, 1980.

283 Heinbuch, NJW 1984, 18.

284 So sollen etwa von den auf dem Kunstmarkt angebotenen Dali-Grafiken etwa 90 % falsch sein, Schack, Kunst und Recht, S. 19; Dali fertigte schließlich auch Tausende un-

Im Zoll- bzw. Steuerrecht findet sich sogar eine Legaldefinition. So verweist Nr. 53 der Anlage 2 zu § 12 II Nr. 1 und 2 UStG auf die Tarifnummern 97.01 bis 97.03 des Gemeinsamen Zolltarifs der Europäischen Gemeinschaft[285] In einer diesbezüglichen Verordnung[286] findet sich dann eine Definition des Originalbegriffes speziell für serielle Kunst. Danach sind Stiche, Schnitte und Steindrucke dann Originale, wenn sie „von einer oder mehreren vom Künstler *vollständig handgearbeiteten* Platten in beliebigem, jedoch keinem mechanischen oder fotomechanischen Verfahren, auf einen beliebigen Stoff unmittelbar abgezogen sind". Hier wird also die Eigenhändigkeit bei der Herstellung der Druckform entsprechend der Ansicht von *Boochs/Gantefuhrer* verlangt.

In der urheberrechtlichen Diskussion werden verschiedene Definitionen verwendet; dabei beherrschen folgende Ansichten die Diskussion:

Nach einer soll es allein auf die Signatur und die damit verbundene Genehmigung bzw. Autorisierung des Drucks ankommen, unabhängig von der Herstellung desselben. Demgegenüber wird in Anlehnung an die Kunstwissenschaft vertreten, dass ein Original nur bei eigenhändiger Bearbeitung der Druckform durch den Künstler vorliegen könne.[287] Eine negative Abgrenzung schließlich sieht ein Original nur dann als gegeben an, wenn keine fotomechanischen Verfahren verwendet werden, da bei diesen die Druckvorlage mechanisch und nicht durch Handarbeit entsteht.

Für den Kunsthandel von großer Bedeutung sind aber auch die Definitionsversuche kunsthandelsbezogener Verbände. So hat etwa der bedeutende *Print Council of America*[288] Voraussetzungen für das Vorliegen einer Originaldruckgraphik festgelegt.[289] Danach muss der Künstler allein die Druckform hergestellt haben; der Druck selbst muss entweder vom Künstler oder nach seinen Anweisungen erstellt werden und schließlich von diesem gebilligt und damit autorisiert werden.

In Ergänzung zu diesen Voraussetzungen forderte die Internationale Vereinigung der Bildenden Künste (IAA/AIAP) bereits 1960, dass der jeweilige

---

bedruckte Papiere mit seiner Signatur an, die dann als *blanco* genutzt wurden, Bracht, Originale echt falsch (1999), S. 15.

285 Integrierter Tarif der Europäischen Gemeinschaft (TARIC), 2003/C 103/01.

286 Verordnung (EG) Nr. 1832/2002 der Kommission vom 1.8.2002, ABl. L 290, S. 1-932.

287 Wandtke/Bullinger/*Bullinger*, UrhG, § 26, Rn. 7; Koschatzky, Die Kunst der Druckgraphik, S. 37.

288 Eine 1956 gegründete Vereinigung von Sammlern, Händlern, Kuratoren und Kunsthistorikern, die sich verschiedensten Fragen der Druckgraphik widmet; siehe auch www.printcouncil.org.

289 Abgedruckt bei Goepfert, Haftungsprobleme, S. 63; Heinbuch, NJW 1984, 18.

Druck neben der Signatur auch eine Angabe der Gesamtauflage und der Seriennummer des Einzelexemplars aufweisen müsse.[290]

Beide fordern aber jedenfalls eine eigenhändige Bearbeitung der Druckvorlage (also bspw. Holz-, Stein- oder Kupferplatte) als konstituierendes Merkmal der Originalität.

Der Bundesverband des Deutschen Kunst- und Antiquitätenhandels (BDKA) hat die Definition des Originals umgangen, indem er lediglich Voraussetzungen für die „Sammelwürdigkeit" graphischer Werke aufgestellt hat.[291] Dazu gehört die Limitierung auf 300 Stück pro Auflage, die Kennzeichnungspflicht für posthume Auflagen und die Begrenzung auf Arbeiten, die in demselben Medium ausgeführt wurden wie die Originalvorlage des Künstlers.

Fraglich ist nun, ob sich aus den verschiedenen Annäherungen aus Gesetzen, Urheberrecht, Kunstwissenschaft und -handel eine praktikable Definition der Originalgraphik ableiten lässt.

Wie gesehen, ist nahezu allen Definitionsversuchen das Merkmal der eigenhändigen Bearbeitung der Druckform gemein; dieses lässt sich in Anlehnung an die Begrifflichkeiten beim Unikat als „relative Eigenhändigkeit" bezeichnen, da eben nicht jedes einzelne Exemplar, sondern lediglich die Vorlage von der Hand des Künstlers stammen muss.

Dieses Kriterium ist in mehrfacher Hinsicht zu bejahen: Das schöpferische und gestalterische Element, das gerade die Besonderheit der Kunst ausmacht, ginge verloren, wenn sich das Endprodukt derart weit vom Künstler entfernt, dass diesem nur noch bloße Vorbereitungsarbeiten zuzuschreiben sind.

Schließlich ist der Begriff des Originals in den hier zu diskutierenden Fällen, wie oben erläutert, durch Auslegung zu bestimmen, §§ 133, 157 BGB. Damit kommt es letztlich auch auf den Sprachgebrauch und die Verkehrssitte der beteiligten Kreise an.[292] In dieser Hinsicht wird von einem „Original" sicherlich erwartet, dass der Künstler maßgeblich an dessen Herstellung beteiligt war; auch insofern zeigt sich die Tauglichkeit der Eigenhändigkeit als Kriterium. Daneben muss eine irgendwie geartete Autorisierung durch den Künstler treten. Ob sich diese in der Festlegung einer Maximalauflage durch denselben oder eine Signatur auf der Druckform bzw. den Einzelwerken manifestiert, ist dabei unerheblich. Dies sollte im Sinne der künstlerischen Gestaltungsfreiheit letztlich dem Künstler überlassen bleiben. Posthume Abzüge allerdings können weder in ihrer Herstellung überwacht, noch autorisiert werden; hier fehlt dem Künstler die Möglichkeit der gestalterischen Einflussnahme, so dass posthume Drucke nie

---

290 Abgedruckt bei Goepfert, Haftungsprobleme, S. 63; das deutsche Nationalkomitee dieser Vereinigung ist die *Internationale Vereinigung der Bildenden Künste* (IGBK), siehe www.igbk.de; siehe dazu auch Heinbuch, NJW 1984, 18.

291 Konventionsentwurf v. 12.2.1985, abgedruckt in Picker, Kunstgegenstände, S. 42; Abels, Weltkunst 1985, 397.

292 Palandt/*Heinrichs*, BGB, § 133, Rn. 14 ff.; Bullinger, KUR 2006, 108.

Originale sein können.[293] Durch das Erfordernis der Autorisierung wird schließlich die teilweise geforderte Teilnahme am bzw. die Überwachung des Herstellungsvorganges hinfällig,[294] da dieser jedenfalls dem Willen des Künstlers entspricht.[295]

Bei der Diskussion um das Unikat wurde neben der *Eigenhändigkeit* auch die *Eigenständigkeit* des Werkes gefordert. Letztlich findet sich auch dieses Kriterium bei der Druckgraphik in relativierter Weise wieder. Zwar existieren hier mehrere gleiche Werke, allerdings müssen diese einer eigenständigen Vorlage entsprechen. Insofern umfasst dieses Merkmal zum einen den Ausschluss fotomechanischer Verfahren und zum anderen die Beschränkung auf das Medium der Druckvorlage. Die Gesamtauflage des Drucks muss insofern die nötige Eigenständigkeit aufweisen.

Abschließend also lassen sich folgende Kriterien heranziehen, um ein Werk der Druckgraphik als „Original" zu bezeichnen: Die *relative Eigenhändigkeit*, die *relative Eigenständigkeit* der Druckauflage, sowie die irgendwie geartete *Autorisierung* durch den Künstler.

(b) Die Plastik

Die Bildhauerkunst kennt neben der Skulptur, die durch das Herausarbeiten aus einem festen Material gekennzeichnet ist,[296] auch die Plastik. Diese entsteht durch das sog. Aufbauen oder Antragen weichen Materials wie Gips, Ton oder flüssigem Metall zu einer dreidimensionalen Form.[297] Aufgrund dieser Differenzierung wird teilweise argumentiert, dass schon technisch nur bei der Plastik die Vervielfältigung des Kunstwerkes denkbar ist.[298] Allerdings ist auch bei der Plastik durch die Herstellung eines sog. *Bozzetto* eine Form der Vervielfältigung bekannt.[299] Dabei erstellt der Künstler eine – in der Regel miniaturhafte – Vorlage des späteren Werkes, nämlich das *Bozzetto*, das dann von seinen Gehilfen

---

293 Wandtke/Bullinger/*Bullinger*, UrhG, § 26, Rn. 8.

294 So etwa bei Goepfert, Haftungsprobleme, S. 69; Sieger, ZUM 1984, 131, jew. m.w.N..

295 So auch Bachler/Dünnebier, Bruckmanns Handbuch der modernen Druckgraphik, S. 132 ff.; Schricker/*Katzenberger*, UrhG, § 44, Rn. 28.

296 Kwiatkowski, Meyers kleines Lexikon Kunst; S. 467; daher auch „subtraktives Verfahren" genannt.

297 Kwiatkowski, Lexikon der Kunst, S. 380; daher auch „additives Verfahren" genannt.

298 So etwa Goepfert, Haftungsprobleme, S. 69, Fn. 65; Heinbuch, NJW 1984, 18.

299 Siehe dazu Rosendorfer, Original und Fälschung, S. 20, der am Beispiel Canovas verdeutlicht, das die Herstellung der großen Skulpturen aus Marmor schon aus Zeitgründen durch seine Werkstatt übernommen wurde; ansonsten hätte dieser in seiner Lebenszeit kaum derart viele Werke schaffen können, die Originalität ergebe sich demnach dann auch hier aus dem Anlegen der „ultima mano" des Künstlers.

in der gewünschten Größe und Anzahl nachgebildet wird.[300] Wegen der größeren Relevanz der vervielfältigten Plastik für den heutigen Kunstmarkt soll das Augenmerk nachfolgend auf dieser liegen.

Bei der Plastik stellt der Künstler in der Regel ein Gipsmodell[301] her, aus dem dann von einem Gussmeister eine Gussform hergestellt wird, mittels derer schließlich die Abgüsse entstehen. Die sich an den Guss anschließende Bearbeitung, wie etwa das Abtrennen von Guss- oder Luftkanälen, sowie das Patinieren und Ziselieren der Oberfläche wird in aller Regel von der Gießerei besorgt.

Mithin weist diese Werkform starke Ähnlichkeiten zur Druckgraphik auf, da in beiden Fällen vom Künstler eine Vorlage erstellt wird, während die Herstellung der tatsächlichen Werke durch einen Dritten erfolgt. Im Bereich der Plastiken ist die Verunsicherung bezüglich der Original-Eigenschaft der Güsse noch größer als im Bereich der Graphik.[302]

Insoweit ist auch hier wieder fraglich, was die „beteiligten Kreise" unter einer „Original-Plastik" verstehen und wie sich diese begrifflich umschreiben lässt.[303]

In zoll- und steuerrechtlichen Regelungen taucht diese Problematik bei der Position 97.03 des Gemeinsamen Zolltarifs (GZT) auf, von dem Werke der Bildhauerkunst umfasst sind. In Vorschrift 3 zu Kapitel 97 GZT wird dabei eine negative Abgrenzung vorgenommen, wonach solche Werke keine Originale seien, die eher den Charakter einer Handelsware besitzen und somit potentiell in einer Wettbewerbssituation mit industriell hergestellten Werken stehen und diesen ähneln.[304] Zur Bestimmung einer positiven Definition können diese Regelungen jedoch nicht wirklich weiterhelfen, da auch die Rechtsprechung die Festlegung auf etwa eine zulässige Gesamtauflage der Güsse unterlässt.

In der urheberrechtlichen Literatur wird nahezu einheitlich gefordert, dass der Künstler die Urform schaffen muss, während die Abgüsse von Dritten entsprechend seinem Willen gefertigt werden können.[305] Dabei werden grundsätzlich dieselben Kriterien herangezogen wie bei der Druckgraphik.

In der Ermangelung klarer rechtlicher Vorgaben ist auch bei den Plastiken die Verbandsseite tätig geworden. Von Bedeutung ist dabei vor allem der Appa-

---

300 Zur Bedeutung Canovas in diesem Zusammenhang auch Jayme, Original und Fälschung, S. 32

301 Die sog. *Markette*, Wandtke/Bullinger/*Bullinger*, UrhG, § 26, Rn. 7.

302 So gestattet etwa die Barlach-Nachlaßverwaltung Abgüsse von Modellen, die noch nie gegossen wurden; zur öffentlichen Diskussion um die Werke Paul Wunderlichs siehe etwa Sieger, ZUM 1984, 119 ff.; Heinbuch, NJW 1984, 18.

303 Zum Erfordernis der Ermittlung der Verkehrsauffassung siehe B, III, 4, b, (2).

304 EuGH, EuGHE 1990, I-3387, Rn. 19; BFH, BFHE 201, 352; Sölch/Ringleb/*Schöll*, Umsatzsteuer, § 12, Rn. 143 ff..

305 Wandtke/Bullinger/*Bullinger*, UrhG, § 26, Rn. 7; Schricker/*Vogel*, UrhG, § 44, Rn. 26; Dreier/*Schulze*, UrhG, § 44, Rn. 18, jew. m.w.N..

rat von Kriterien, den die amerikanische College Art Association (CAA) aufgestellt hat[306], aber auch der teilweise deckungsgleiche Konventionsentwurf des BDKA.[307]

Beide fordern, dass posthume Güsse nur dann als Original bezeichnet werden dürfen, wenn der Künstler genaue Anweisungen („clear and complete written instructions“) für solche hinterlassen hat. Daneben sollen alle posthumen Güsse eindeutig als solche gekennzeichnet sein, möglichst auf dem Werk selbst. Abweichungen vom Format oder von dem ursprünglichen Material führen zum Verlust der Original-Eigenschaft. Der Konventionsentwurf des BDKA enthält zudem eine Begrenzung der Stückzahl auf 25 Güsse, einschließlich der Gießer-Exemplare.

In der kunstwissenschaftlichen Diskussion wird der Originalcharakter posthumer Güsse teilweise vollständig abgelehnt, da es etwa an einer eigenhändigen Nachbearbeitung der Plastiken fehle.[308] Im Gegensatz dazu wird im Sinne einer vagen „kunstgeschichtlichen Verpflichtung“ vertreten, dass auch solche posthumen Güsse zu billigen seien, für die überhaupt keine Anweisungen des Künstlers vorliegen.[309] Mit dem Konstrukt einer „kunstgeschichtlichen Verpflichtung“ lässt sich jedoch nur schwerlich eine letztlich eben doch zivilrechtliche Diskussion führen.

Abschließend gilt es auch hier eine Verkehrssitte zu ermitteln, die einen sinnvollen Maßstab bildet. Die hier dargestellten Ansätze bilden insoweit das Spektrum, aus dem dieser zu gewinnen ist. Dabei erscheint sowohl in juristischer wie auch ökonomischer Sicht sinnvoll, einen einheitlichen Begriff zu finden. Für die Plastik wurde oben die Trias, aus relativer Eigenhändigkeit, relativer Eigenständigkeit und Autorisierung gewonnen. Meines Erachtens lässt sich diese auch auf die Plastik übertragen.

Die *Eigenhändigkeit* beinhaltet die Schaffung der Gussvorlage durch den Künstler selbst; *relativ* ist diese, da die sich anschließenden Arbeiten durchaus von Dritten ausgeführt werden dürfen.

Die *relative Eigenständigkeit* beinhaltet, dass zwar nicht der einzelne Abguss, wohl aber die Gesamtauflage eines Werkes eine gewisse gestalterische Eigenständigkeit besitzen muss. Dies bedeutet auch, dass das Modell speziell für diese Auflage geschaffen wurde; damit sind Abgüsse anderer Werke, sowie in Größe und Material veränderte Abgüsse keine Originale. Eine Limitierung der

306 Diese ist ein 1911 gebildeter Zusammenschluss von Händlern, Sammlern, Museumsdirektoren und Kunsthistorikern mit mehr als 13.000 Mitgliedern; näheres unter www.collegeart.org.

307 Abels, Weltkunst 1983, 394.

308 Linnenkamp, Weltkunst 1980, 2311.

309 Gertz, Weltkunst 1981, 2376.

Abgüsse hilft nicht weiter, da eben alle Abgüsse von derselben Urform abstammen und insofern keine Unterschiede feststellbar sind.[310]

Allerdings bietet das Merkmal der Autorisierung eine entsprechende Möglichkeit; es muss dem Künstler überlassen bleiben, was er als von ihm geschaffen und damit als Original behandelt haben will; dadurch wird die persönliche Nachbearbeitung unerheblich.

Insofern steht es ihm frei, eine Auflage zu limitieren. Die Autorisierung löst auch das Problem der posthumen Güsse; da dem Künstler bei posthumen Werken eine Begutachtung der Werke unmöglich ist, kann eine Autorisierung nicht erfolgen. Posthume Abgüsse sind damit keine Originale.[311]

Abschließend lässt sich mithin der Originalbegriff der Graphik auch auf die Plastik übertragen. Entscheidend sind *relative Eigenhändigkeit*, *relative Eigenständigkeit*, sowie die *Autorisierung* durch den Künstler. Diese Begriffe lassen sich im Übrigen auf die Fälle übertragen, in denen eine Vorlage für ein Skulptur erstellt wird aufgrund derer mehrere Werke erstellt werden. Eine vom Künstler geschaffene Vorlage, in der Regel das Bozzetto, muss den Merkmalen der relativen Eigenhändigkeit und der relativen Eigenständigkeit genügen, während das später erstellte Werk einer Autorisierung oder der sog. „ultima mano“ bedarf.[312]

(c) Die Photographie

Photographien oder, etwas juristischer, Lichtbildwerke haben in der jüngeren Vergangenheit mehr und mehr den Kunstmarkt erobert und bewegen sich preislich mittlerweile auf die Malerei zu.[313] Die begriffliche Verwirrung auf dem Markt ist dabei sogar noch größer als bei Plastiken oder Graphiken; so weiß man zwar, dass von Man Ray nur 250 sog. *Vintage Prints* aus der Zeit vor 1940 existieren; dennoch verfügt allein das Museum of Modern Art nach eigenen Angaben über 380 derselben und das Getty Museum über 250.[314] Allein dieser Sachverhalt verdeutlicht die Schwierigkeiten bei der Begriffsbestimmung von Originalen der Photographie.

---

310 Teilweise wird vertreten, dass bei Erreichen gewisser Stückzahlen der Originalcharakter verwässert sei: EuGH, EuGHE 1990, I-3387, Rn. 16; Allerdings kann dies nur für die Frage der „*Sammelwürdigkeit*“, nicht aber für den Begriff des „*Originals*“ entscheidend sein. Erst bei industrieller Fertigung und einer Angleichung an die zolltariflich erwähnte Handelsware ist diese Grenze überschritten.

311 Jayme, Original und Fälschung, S. 32; Wandtke/Bullinger/*Bullinger*, UrhG, § 26, Rn. 8, m.w.N.

312 Dahingehend auch Rosendorfer, Original und Fälschung, S. 20.

313 Als teuerste bisher gehandelte Photographie gilt ein Werk Edward Steichens aus dem Jahre 1904, das für knapp drei Millionen Dollar in New York verkauft wurde.

314 BrandEins, 1/2000; Interview mit Werner Bokelberg; zum Fall der Man-Ray Fälschungen siehe auch Mercker, Original und Fälschung, S. 61 ff.

Die lange Zeit heftig geführte Diskussion um die Kunstwerkqualität von Photographien kann hier nicht dargestellt werden; ohnehin kann man davon ausgehen, dass diese mittlerweile allgemein anerkannt ist,[315] was spätestens durch die Gleichsetzung mit Werken der bildenden Künste in Art. 2 der Folgerechtsrichtlinie bestätigt wurde. Die starke Präsenz auf dem Kunstmarkt belegt dies in anschaulicher Weise für die Praxis.

Technisch gesehen ähnelt der Herstellungsprozess den vorgenannten und stellt sich verkürzt folgendermaßen dar: Mithilfe der Kamera erstellt der Photograph ein Negativ; von diesem können dann in der Dunkelkammer unter Zuhilfenahme chemischer Substanzen Abzüge erstellt werden. Dieser Prozess lässt sich beliebig oft wiederholen, ohne dass es zu einem Qualitätsverlust kommt. Dementsprechend wird auch häufig darauf verwiesen, dass die Photographie nicht nur in ihrer Motivwahl, sondern auch in der Art der Herstellung eher reproduktiven Charakter habe. Um auf dem Kunstmarkt eine gewisse Wertigkeit zu schaffen und zu erhalten, werden Photographien heute meist in limitierten Auflagen – wie auch Drucke - auf den Markt gebracht, die in aller Regel auf dem jeweiligen Werk vermerkt sind.[316]

In der Literatur ist nach wie vor umstritten, welche Abzüge als *Original* behandelt werden können. Einigkeit herrscht zunächst darin, dass die – seltenen – Unikate der Photokunst, also etwa *Daguerreotypien*[317], selbstverständlich als Originale anzuerkennen sind.

Allgemein anerkannt ist auch, dass nur solche Abzüge original sein können, die vom ursprünglichen Negativ abgezogen worden sind, das insoweit eine notwendige Vorstufe des Originals darstellt.[318] Nur so bleiben die *relative Eigenständigkeit* einer Auflage und damit ihre Nähe zum künstlerischen Schaffensprozess gewahrt.

Definitiven Originalcharakter haben dabei insbesondere die sog. *Vintage Prints*, also solche Abzüge, die der Künstler vom originalen Negativ in zeitlichem Zusammenhang zur Herstellung als erste abgezogen hat.[319]

---

315 Wandtke/Bullinger/*Bullinger*, UrhG, § 26, Rn. 7; Dreier/*Schulze*, UrhG, § 10, Rn. 7; Koschatzky, Die Kunst der Photographie, S. 1 ff.; Gombrich, Geschichte der Kunst, S. 625; Hamann, UFITA 90 (1981), 45.

316 Ausführlich zum Komplex der Auflagen auf dem Markt, Mercker, Original und Fälschung, S. 68 ff.

317 Benannt nach Louis Jacques Daguerre (1787-1851), der als wegweisender Pionier der Photographie gilt.

318 Schricker/*Vogel*, UrhG, § 44, Rn. 27; Dreier/*Schulze*, UrhG, § 26, Rn. 10; Koschatzky, Die Kunst der Photographie, S. 27 ff.; Hamann, UFITA 90 (1981), S. 49 (dieser spricht insofern auch vom „*Vororiginal*"); a.A. Wandtke/Bullinger/*Bullinger*, UrhG, § 26, Rn. 7, wonach auch Abzüge vom Positiv Originale sein sollen.

319 Mercker, Original und Fälschung, S. 65; Schricker/*Vogel*, UrhG, § 44, Rn. 27; Koschatzky, Die Kunst der Photographie, S. 27; Hamann, UFITA 90 (1981), 53.

Streitig bleibt damit, ob eine eigenhändige Mitwirkung bei der Herstellung der Abzüge erforderlich ist und, wie deutlich spätere Abzüge vom selben Negativ[320] zu beurteilen sind.

Teilweise wird die Eigenhändigkeit als konstitutives Merkmal gefordert, da die Arbeit in der Dunkelkammer sowie Aspekte der Vergrößerung, der Papierwahl und des Formats erheblichen Anteil am künstlerischen Gehalt des Endprodukts habe.[321] Allerdings ist nicht einzusehen, warum diese Prozesse nicht auch von Dritter Hand ausgeführt werden können, wenn genaue Weisungen bzw. eine entsprechende Autorisierung durch den Künstler vorliegen.[322] Insofern hat auch hier das zur Graphik und Plastik entwickelte Kriterium der relativen Eigenhändigkeit Bestand.

Abzüge, die erst deutlich nach der Erstellung der *Vintage Prints*, aber vom Künstler ebenso vom Originalnegativ abgezogen sind, werden erst dann nicht mehr als Originale betrachtet, wenn sie sich in Material, Tönung oder Gradation von diesen unterscheiden.[323]

Für die Problematik der posthumen Abzüge, sog. *Reprints*, empfiehlt es sich ebenfalls auf die oben festgelegten Grundsätze abzustellen. Mithin sind posthume Abzüge niemals Originale, da sie sich der Qualitätskontrolle durch den Künstler als maßgebendem Schöpfer und damit einer Autorisierung entziehen.

Die Autorisierung durch den Künstler muss auch im Rahmen der Photographie als konstitutiv für den Originalcharakter angesehen werden.[324]

Abschließend also lassen sich nur die *Vintage Prints* sowie spätere Abzüge identischer Qualität und Form als Originale der Photokunst bezeichnen. Unterscheiden sich spätere Abzüge deutlich, sind aber vom Künstler autorisiert, handelt es sich um andere, neue Originale.

---

320 Sofern diese vom Künstler selbst abgezogen sind, werden diese auch als *Later-Prints* und später als *modern prints* bezeichnet, Mercker, Original und Fälschung, S. 65.

321 Hamann, UFITA 90 (1981), 54; ders., ZUM 1976, 669.

322 Gerade in der zeitgenössischen Photographie zeigt sich, dass allein die Motivwahl den künstlerischen Gehalt ausmachen kann, ohne dass es dabei auf besondere Aspekte der Nachbearbeitung ankäme; dementsprechend auch die urheberrechtliche Literatur, Wandtke/Bullinger/*Bullinger*, UrhG, § 26, Rn. 7; Dreier/*Schulze*, UrhG, § 26, Rn. 10, jew. m.w.N.; Bullinger, KUR 2006, 109.

323 Allerdings kann es sich dann um sozusagen „neue" andere Originale handeln; ein Original im Sinne der ursprünglich abgezogenen Serie ist aber nicht mehr zu erkennen; mit interessanten Beispielen zu diesen *later-* oder *modern prints* Mercker, Original und Fälschung, S. 65 f.

324 So auch Mercker, Original und Fälschung, S. 68.

(d) Zwischenergebnis

Zur Frage des Originalcharakters von Kunstwerken lässt sich also folgendes festhalten:

Um ein Unikat handelt es sich, wenn sowohl die Eigenhändigkeit des Schaffungsprozesses als auch die Eigenständigkeit des Werkes gegeben sind. Bei Werken der seriellen Kunst stellen sich diese Voraussetzungen zwar als *relativ* dar, müssen aber dennoch im jeweils genannten Umfang vorliegen. Bei diesen Werken muss aufgrund der Zuhilfenahme anderer Personen und der Anzahl der Werke auch noch eine irgendwie geartete Autorisierung durch den Künstler treten. Die Limitierung, Nummerierung und Signierung[325] der einzelnen Drucke, Abgüsse und Abzüge sind für die Praxis zwar eine große Hilfe, aber nicht konstitutiv für den Originalcharakter. Fehlt eine der oben genannten Voraussetzungen handelt es sich nicht um ein Original.

(3) Darstellung weiterer Begriffe

Neben dem Begriff des *Originals*, sowohl bei Unikaten wie auch in der seriellen Kunst, existieren weitere Bezeichnungen für Kunstwerke, die im Zusammenhang mit der Originaleigenschaft stehen. Diese sollen im Folgenden kurz dargestellt werden.

So versteht man unter einer *Kopie* in der Regel die Nachbildung eines Kunstwerks durch eine andere Hand, die der bloßen Reproduktion der Vorlage dient.[326] Denkbar sind hier Werkstattkopien oder Teilkopien, Schülerarbeiten oder Nachempfindungen; *Kopien* sind in Ermangelung der oben geforderten Kriterien grundsätzlich keine Originale.

Daneben erstellen Künstler auch Kopien ihrer eigenen Arbeiten, auch *Repliken* genannt.[327] Wenn sich der Künstler bei der Kopie von der Vorlage in irgendeiner Form gestalterisch entfernt, spricht man von *Varianten*, *Variationen* oder *Fassungen*, denen aufgrund der Unterschiede zum Ursprungswerk in der Regel Originalcharakter zukommt.[328] *Repliken* sind wegen der eigenhändigen Herstellung sowie der Autorisierung durch den Künstler durchaus auch als Originale zu betrachten.

---

325 Interessant zur Signatur auch folgendes Zitat von Picasso „*Wenn es gut gefälschte Bilder sind... Wie herrlich wäre das ! Ich würde mich hinsetzen und die Bilder signieren.*“, siehe Hebborn, Kunstfälscher, S. 9.

326 Wrede, Kunstkauf, S. 43; Kwiatkowski, Lexikon der Kunst, S. 289.

327 Goepfert, Haftungsprobleme, S. 26; Kwiatkowski, Lexikon der Kunst, S. 420; Locher, Recht der Bildenden Kunst, S. 161, Seipel, Original und Fälschung, S. 11.

328 Wrede, Kunstkauf, S. 46.

Der Begriff der *Fälschung* schließlich bezeichnet die in betrügerischer Absicht hergestellte Nachbildung eines fremden Werkes.[329] Eine Kopie kann somit durch das Verschweigen der eigenen bzw. durch die Behauptung fremder Urheberschaft zur Fälschung werden. In diesem Zusammenhang ist auch das *Plagiat* zu nennen; hierbei handelt es sich die unredliche Aneignung einer fremden schöpferischen Idee oder Leistung, die als eigene ausgegeben wird und damit letztlich auch dem Bereich der Kunstfälschung zuzuordnen ist.[330] Schwieriger ist diese Zuordnung beim sog. *Pasticcio*, wo aus mehreren Bildern jeweils nur ein Teil kopiert wird und dadurch ein einzelnes neues Werk entsteht.[331] Dieses ist nicht per se als Fälschung zu betrachten, kann aber durch das Hinzutreten des subjektiven Merkmals der Täuschungsabsicht diesen Charakter bekommen.

Die häufig unklare Verwendung der Begriffe *echt* bzw. *unecht* oder *falsch* lässt eine abschließende Bemerkung erforderlich erscheinen. Diese Begriffe können immer nur im Zusammenhang mit ihrer Verwendung betrachtet werden. Denn zunächst ist jedes Kunstwerk ein *echtes* Kunstwerk; *falsch* wird es erst durch die Behauptung, es stamme von fremder Hand. Zur Vermeidung verwirrender Begrifflichkeiten sollte folglich nach Möglichkeit einer der oben genannten Begriffe benutzt werden, um die konkrete Situation zu beschreiben.

dd. Beschränkungen des Handels mit Kunst

Wegen ihrer besonderen kulturellen Bedeutung unterliegen bestimmte Kunstgegenstände national wie international gewissen Beschränkungen. Diese können den Käufer oder Eigentümer teilweise deutlich in seinen Verfügungsmöglichkeiten beschränken.

Auf dem international so bedeutenden Kunstmarkt England etwa können ausländische Käufer derartigen Beschränkungen gegenüberstehen. Sotheby's besitzt bspw. zwar eine umfangreiche Exportlizenz, die jedoch im Einzelfall widerrufen werden kann. Der Käufer kann das Kunstgut zwar erwerben, muss es mithin auch bezahlen, darf es unter Umständen jedoch nicht exportieren.[332]

In Deutschland sind solche Ausfuhrbeschränkungen im Kulturgutschutzgesetz[333] (KultgSchG) geregelt. Nach § 1 IV KultgSchG bedürfen solche Kunstwerke, die im „Verzeichnis national wertvollen Kulturgutes“ eingetragen sind,

329 Picker, Kunstgegenstände, S. 102; Goepfert, Haftungsprobleme, S. 26; Kwiatkowski, Lexikon der Kunst, S. 171; Brockhaus Kunst, S. 842.

330 Wrede, Kunstkauf, S. 49; Olbrich, Lexikon der Kunst, S. 626.

331 Picker, Kunstgegenstände, S. 102.

332 Picker, Kunstgegenstände, S. 247; zur Rechtslage im europäischen Ausland siehe auch Schack, Kunst und Recht, S. 217

333 Gesetz zum Schutz deutschen Kulturguts gegen Abwanderung i.d.F. v. 8.7.1999, BGBl I 1999, 1754.

einer besonderen Genehmigung für die Ausfuhr. Im Sinne einer Kompensation bietet § 1 III KultgSchutzG die Möglichkeit, das eingetragene Gut bei der Besteuerung sowie beim Lastenausgleich zu berücksichtigen; daneben gewährt § 8 KultgSchutzG unter engen Voraussetzungen einen billigen Ausgleich durch die oberste Landesbehörde.

Im Einzelfall kann eine Beschränkung durch das KultgSchutzG für den Käufer durchaus so schwer wiegen, wie ein Mangel an der Integrität des Werkes.

c. Zusammenfassung

Die hier dargestellten Besonderheiten der Ware Kunst zeigen eindeutig, dass diese nicht mit gewöhnlichen Konsum- und Handelsgütern vergleichbar sind. Die Schwierigkeit, verbindliche Kriterien aufzustellen, deutet darauf hin, wie schwierig auch Haftungsfragen im Einzelfall zu beantworten sein können. Die dargestellten Begriffe und Methoden sind für die Erörterung kaufrechtlicher und besonders auch verbraucherschutzrechtlicher Normen unverzichtbare Bestandteile. Die in obiger Diskussion gewonnenen Kriterien werden dabei später unter Berücksichtigung der kaufrechtlichen Begriffe noch näher zu konkretisieren sein.

5. Zwischenergebnis

Die abgebildete Phänomenologie dient als Grundlage der weiteren Diskussionen. Die dargestellten Begriffe und Phänomene stellen für den weiteren Verlauf der Arbeit den notwendigen Hintergrund zur Verfügung. Die Betrachtung der beteiligten Parteien wird u.a. für den Anwendungsbereich des Verbrauchsgüterkaufs i.S.d. § 474 I S.1 BGB eine herausragende Rolle spielen. Die Ausführungen zu den Besonderheiten der Ware Kunst liefern vor allem für die elementaren kaufrechtlichen Fragen das notwendige Rüstzeug.

II. Einführung in den Verbraucherschutz

Grundlage der weiteren Diskussion ist neben den eben erörterten Fragen des Kunstmarkts auch eine Einführung in den Verbraucherschutz; nur so lässt sich später das Zusammentreffen der beiden sinnvoll diskutieren.

Der Verbraucherschutz steht nicht nur im Fokus der gesetzgebenden Organe auf nationaler und internationaler Ebene, sondern ist darüber hinaus zu einem gesellschaftlich bedeutenden Thema geworden. Gegenstand dieser Arbeit soll es unter anderem sein, den Kunstkäufer rechtlich einzuordnen und damit auch seine Rolle im Gefüge des Verbraucherschutzes darzustellen. Es fragt sich, ob der prinzipielle Schutz des wirtschaftlich Schwächeren auch dem Kunstkäufer zugute kommen soll, mithin ob es einen „Kunstverbraucher“ sinnvollerweise überhaupt geben kann. Zur Beleuchtung dieser Thematik ist es notwendig, den Verbraucherschutz, sowohl im Hinblick auf seine Entstehungsgeschichte als auch in seinen dogmatischen Grundlagen darzustellen; erst dies ermöglicht die präzise Auseinandersetzung mit dem „Kunstverbraucher“.

Was also ist *Verbraucherschutz*? Verbraucherschutz bezeichnet zunächst die Gesamtheit der Bestrebungen und Maßnahmen, die Menschen in ihrer Rolle als Verbraucher von Gütern und Dienstleistungen schützen sollen.[334] Die Annahme eines Schutzbedürfnisses beruht auf der Erfahrung, dass Verbraucher gegenüber den Herstellern und Vertreibern von Waren und gegenüber Dienstleistungsanbietern „strukturell unterlegen“ sind, das heißt infolge mangelnder Fachkenntnis, Information und Erfahrung leicht benachteiligt werden können.[335] Diese sog. *Ungleichgewichtslage*[336] so weit als möglich auszugleichen ist das Anliegen des Verbraucherschutzes.

Die Gründe für dieses Ungleichgewicht sind zunächst unschwer auszumachen. Der Konsum gewinnt in der modernen Gesellschaft immer mehr an Bedeutung, da mit steigendem Wohlstand auch die Kreditfähigkeit und die Nachfrage breiter Schichten nach Waren wachsen. Zeitgleich mit dieser positiven Entwicklung hat sich die Stellung der Verbraucher aber eher verschlechtert; die Verbraucher sind den heutigen Anbietern aus mehreren Gründen unterlegen. Es sind dies zuvorderst die wachsende Marktmacht der Anbieter infolge zunehmender Konzentration, die nur mühsam mögliche Orientierung im stetig internationaler werdenden Markt, die Entstehung neuer Vertriebsformen etwa über das Internet, die intensive suggestive Werbung, die auf Beeinflussung statt auf Aufklärung setzt, sowie der einseitige Einsatz von Allgemeinen Geschäftsbedingungen.[337] Alle genannten Faktoren spielen gerade beim Kunstkauf eine entscheidende Rolle; darauf wird im Einzelnen später einzugehen sein.

1. Die Geschichte des Verbraucherschutzes

Im Folgenden soll der Verbraucherschutz aber zunächst in seiner historischen Entwicklung dargestellt werden. Von den Wurzeln des Verbraucherschutzgedankens ausgehend, wird dann die jüngere Vergangenheit in der deutschen und europäischen Rechtssetzung erläutert, um so den Rahmen für die weitere Diskussion abzustecken.

---

334 v. Hippel, Verbraucherschutz, S. 3.

335 Mohr, AcP 204 (2004), 660; Tonner, JZ 1996, 535.

336 Zum Begriff der „Ungleichgewichtslage“ Zöllner, AcP 196 (1996), 15; Tonner, JZ 1996, 535.

337 v. Hippel, Verbraucherschutz, S. 4.

a. Frühe Ansätze des Verbraucherschutzes

Bereits das Römische Recht kannte den Grundsatz des „*caveat emptor*“, wonach sich der Käufer grundsätzlich in Acht nehmen sollte. Obgleich noch weit entfernt von dem heutigen Verständnis von Verbraucherschutz, zeigt die Warnung, dass schon zu dieser Zeit ein Bewusstsein für die tendenziell unterlegene Stellung des Käufers vorhanden war.[338]

Im Mittelalter finden sich dann bereits konkrete Regelungen, die zumindest mittelbar den Schutz des Käufers bezweckten; so wurden bspw. durch die Zünfte bestimmte Qualitätsstandards und eine Kontrolle des Wettbewerbs eingeführt.[339] Im 18. Jahrhundert kamen Warenkennzeichnungspflichten sowie Regelungen zur Vermeidung von Kartellbildungen hinzu.[340]

Diese Entwicklung wurde durch das Erreichen der Gewerbefreiheit im 19. Jahrhundert deutlich gebremst. Die gerade genannten Regelungen basierten schließlich alle noch auf dem Zunftwesen und den damit einhergehenden Wettbewerbsbeschränkungen. Durch die aufkommende Industrialisierung mit Massenproduktion und Wettbewerbsfreiheit wurden solche aber hinfällig.[341] Den größten Teil des 19. Jahrhunderts vertraute man stattdessen vollständig auf die Kräfte des freien Marktes.[342] Die vereinzelten Forderungen nach mehr Kontrolle dieser vollständigen ökonomischen Freiheit blieben lange Zeit ungehört.[343]

Dies änderte sich erst gegen Ende des 19. Jahrhunderts mit dem Aufkommen einer ersten echten Diskussion des Verbraucherschutzes.

b. Historische Entwicklung des Verbraucherschutzes in Deutschland ab Ende des 19. Jahrhunderts

Bis zum Ende des 19. Jahrhunderts gab es also bereits gewisse Bestrebungen, den Käufer von Waren zu schützen; von echten verbraucherschützenden Regelungen im heutigen Sinne waren diese jedoch noch weit entfernt.

Eine Diskussion des Verbraucherschutzes als sozialer Notwendigkeit und rechtlicher Forderung setzte in etwa mit Beginn der großen wirtschaftlichen De-

---

338 Adomeit, NJW 2004, 581.

339 Staudinger/*Weick*, BGB, Vor § 13, Rn. 2; Schuhmacher, Verbraucher und Recht in historischer Sicht, S. 23 ff

340 Frotscher, Verbraucherschutz beim Kauf beweglicher Sachen, S. 9.

341 Schuhmacher, Verbraucher und Recht in historischer Sicht, S. 30 ff.; Frotscher, Verbraucherschutz, S. 9.

342 Diese Phase gilt als der Höhepunkt des ungebremsten so genannten „Manchesterkapitalismus“.

343 Zu nennen ist an dieser Stelle etwa Johann Gottlieb Fichte, der bereits 1800 gegen die Vertragsfreiheit argumentierte, Fichte, Der geschlossene Handelsstaat, S. 399 ff.; weitere Nennungen finden sich bei Zöllner, AcP 196 (1996), S. 16.

pression im Jahre 1873 ein.[344] Die Bewältigung dieser ökonomischen Krise ging zu großen Teilen auf Kosten der Verbraucher, da durch die Reinigung des Marktes starke Kartelle entstanden. Zeitgleich führte die Reichsgründung 1871 zu den Planungen für eine einheitliche Kodifikation des Zivilrechts, das BGB, wodurch neue rechtliche Regelungen möglich wurden.

c. Die Diskussion um das BGB und die frühe Kritik

Um die Rechtslage in Deutschland zu vereinheitlichen und damit die verschiedenen Privatrechtsordnungen und Partikularrechte zugunsten einer einheitlichen zivilrechtlichen Kodifikation abzuschaffen, wurde im Jahre 1874 eine Kommission mit der Erarbeitung eines entsprechenden Entwurfes betraut.[345] Die endgültige Fassung wurde schließlich 1896 vom Kaiser ausgefertigt und trat am 1. Januar 1900 in Kraft.[346] Geprägt durch den politischen und wirtschaftlichen Liberalismus der Zeit, gewährte das BGB weitestgehende Vertragsfreiheit, um so einer Schädigung des Marktes vorzubeugen und größtmögliche Entscheidungsfreiheit des Einzelnen zu gewährleisten; Beschränkungen der Privatautonomie im Bereiche des Schuldrechts fanden sich lediglich in den Generalklauseln.[347] Das BGB war insofern beherrscht vom Leitbild des vernünftigen, selbstverantwortlichen und urteilsfähigen *Rechtsgenossen*, dem die Partizipation an einem freien Markt zugetraut wurde.[348] Im Sinne der Abkehr vom Zunft- und Feudalrecht wurde der Vertrag, und zwar der frei ausgehandelte, zum Kernstück des Schuldrechts.[349]

Bereits mit der Vorlage des ersten Entwurfes im Jahre 1887 setzte die Kritik an den geplanten Regelungen ein. Der prominenteste Kritiker des neuen Gesetzbuchs war zweifellos Otto von Gierke[350], dessen scharfe Formulierungen die Diskussion nachhaltig beeinflussten. So nannte er die Vertragsfreiheit „eine furchtbare Waffe in der Hand des Starken" und „ein stumpfes Werkzeug in der Hand des Schwachen", welche ein „Mittel der Unterdrückung des einen durch den anderen" darstelle.[351] Die Kritik durch von Gierke blieb abgesehen von ei-

---

344 Frotscher, Verbraucherschutz, S. 9.

345 Köhler, Einführung zum BGB, S. XI, ders., BGB AT, § 3, Rn. 1.

346 Bürgerliches Gesetzbuch i.d.F. v. 18.8.1896, RGBl. 1896, S. 195.

347 Köhler, BGB AT, § 3 Rn. 8; Canaris, AcP 2000, 292; Raiser, JZ 1958, 2.

348 Wieacker, Privatrechtsgeschichte der Neuzeit, S. 482; Larenz/Wolf, BGB AT, § 2, Rn. 35; Limbach, JuS 1985, 10 f..

349 Diese Entwicklung ist auch unter dem Schlagwort *„from status to contract"* bekannt, Hönn, Kompensation gestörter Vertragsparität, S. 10; Mohr, AcP 204 (2004), 661.

350 Mertens, JuS 1971, 508.

351 v. Gierke, Die soziale Aufgabe des Privatrechts, S. 28 f..

ner kleinen Änderung, die von diesem als „Tropfen sozialen Öls“[352] begrüßt wurde, erfolglos.

Die von den Kritikern des BGB geforderte Stärkung der Schwächeren durch partielle Ungleichbehandlung, also Eingrenzung der Privatautonomie, wurde nicht erreicht. Es bestanden zwar Regelungen zum Schutze der Verbraucher, allerdings in Sondergesetzen und eben nicht im BGB. Solche Regelungen enthielten etwa das Haftpflichtrecht[353] (1871), die Gewerbeordnung[354] (1891), das Abzahlungsgesetz[355] (1894), sowie das Wettbewerbsrecht[356] (1896) und das Versicherungsrecht[357] (1901, 1908).[358]

In der Folgezeit war das Thema Verbraucherschutz bedingt durch die politischen und gesellschaftlichen Wandlungen der nachfolgenden Jahrzehnte starken Schwankungen unterworfen. Durch die beiden Weltkriege und die damit einhergehenden schwierigen Versorgungslagen entstand ein wirtschaftlicher Ausnahmezustand, in dem für den Verbraucherschutz und die rechtliche Auseinandersetzung mit demselben kaum Raum war.[359]

d. Die Entwicklung des Verbraucherschutzes seit der Gründung der Bundesrepublik Deutschland

Seit der Gründung der Bundesrepublik Deutschland im Jahre 1949 haben sich verstärkt Rechtswissenschaftler mit der Problematik der Ungleichgewichtslagen und damit dem dogmatischen Hintergrund des Verbraucherschutzes beschäftigt. Neben *Karl Larenz*[360] oder *Konrad Zweigert*[361] ist dabei insbesondere *Franz Wieacker* zu nennen, der das BGB als das „spätgeborene Kind des Liberalis-

352 v. Gierke, Die soziale Aufgabe des Privatrechts, S. 23; teilweise auch zitiert als „Tropfen sozialistischen Öls“, etwa Mertens, JuS 1971, 510.

353 Reichshaftpflichtgesetz v. 7.6.1871, RGBl. 1871, S. 207.

354 Gesetz zur Änderung der Gewerbeordnung für das Deutsche Reich v. 1.6.1891, RGBl 1891, S. 261.

355 Gesetz betreffend die Abzahlungsgeschäfte v. 18.5.1894, RGBl. I 1894, S.450.

356 Gesetz zur Bekämpfung des unlauteren Wettbewerbs v. 27.5.1896, RGBl. 1896, S. 145.

357 Gesetz über die privaten Versicherungsunternehmungen v. 12.5.1901, RGBl. 1901, S. 139.

358 Zu diesen Mohr, AcP 204 (2004), 663; Rückert, JZ 2003, 751; unter den genannten Gesetzen gilt das Abzahlungsgesetz als erstes tatsächliches verbraucherschützendes Gesetz; siehe dazu Coester-Waltjen, JURA 2004, 609.

359 Zur Entwicklung während der Weltkriege siehe Frotscher, Verbraucherschutz, S.11.

360 Larenz, Methodenlehre der Rechtswissenschaft, 1991.

361 Zweigert/Kötz, Einführung in die Rechtsvergleichung auf dem Gebiete des Privatrechts, 1996.

mus“[362] kritisierte.[363] Der wirtschaftliche Aufschwung in Deutschland, aber auch im Ausland, sorgte für steigenden Konsum und damit einhergehend ein größeres Warenangebot; zur Kontrolle der Waren und Unternehmen entstanden in Deutschland ab den fünfziger Jahren schließlich erste Verbraucherverbände.[364]

In den sechziger Jahren verstärkten sich insbesondere in den USA die Ambitionen, den Verbraucher zu schützen. Berühmt geworden ist die Verbraucherbotschaft von John F. Kennedy aus dem Jahre 1962 mit dem Satz „ consumers, by definition, include us all“[365]. Durch die Entwicklungen in den USA wurde eine lange Reihe verbraucherschützender Maßnahmen eingeleitet, die auch starke Ausstrahlungswirkung auf Europa und die Bundesrepublik hatten.

In den siebziger Jahren begann schließlich auch die Bundesregierung, ihre eigenen Anstrengungen zu verstärken.[366] Dies resultierte zum einen aus dem eben angesprochenen internationalen Trend, zum anderen aber auch aus der Kapitalismuskritik der 1968er Bewegung und dem Wahlerfolg der sozialliberalen Koalition.[367] Herbert Marcuse prägte zu dieser Zeit den Begriff des „Konsumterrors“ und deutsche Rechtswissenschaftler nahmen diese Kritik dankbar auf und entwickelten daraus v.a. im Laufe der siebziger Jahre erneute Kritik an der Privatautonomie des BGB.[368] Dies alles führte zunächst dazu, dass die Bundesregierung 1971 einen „Bericht zur Verbraucherpolitik“[369] und 1975 einen „Zweiten Bericht zur Verbraucherpolitik“[370] vorlegte. Dabei wurde als Leitbild der *aktive Verbraucher* proklamiert und der weitgehende Schutz der Konsum- und Vertragsfreiheit gefordert; die rechtliche Verbraucherpolitik sollte vor allem in Sondergesetzen stattfinden.[371] Dementsprechend kam es in der Folgezeit zur Schaffung des AGB-Gesetzes von 1976[372] und des Reisevertragsgesetzes von

---

362 Wieacker, Das Sozialmodell der klassischen Privatrechtsgesetzbücher und die Entwicklung der modernen Gesellschaft, S. 9.

363 Rückert, JZ 2003, 750.

364 Genannt sei hier die Gründung der Arbeitsgemeinschaft der Verbraucherverbände (AgV) am 30.4.1953.

365 Special Message to the Congress on Protecting the Consumer Interest, 15.3.1962; abgedruckt in v.Hippel, Verbraucherschutz, S.281.

366 Staudinger/*Weick*, BGB; Vor § 13, Rn. 3; Rösler, ZfRV 2005, 135; Mohr, AcP 204 (2004), 667; Tonner/Tamm, WiVerw 2004, 89.

367 Rösler, ZfRV 2005, 135.

368 Reinicke/Tiedtke, Kaufrecht, Rn. 1426; Adomeit, NJW 2004, 580; Mohr, AcP (204) 2004, 664; solche Kritik findet sich etwa bei Reich, ZRP 1974, 187 ff..

369 Bericht zur Verbraucherpolitik vom 18.10.1971, BT-Drucks. 6/2724.

370 Zweiter Bericht zur Verbraucherpolitik vom 20.10.1975, BT-Drucks. 7/4181.

371 Frotscher, Verbraucherschutz, S. 13; sowie die in den Berichten erwähnten Zielsetzungen.

372 Gesetz zur Regelung des Rechts der Allgemeinen Geschäftsbedingungen vom 9.12.1976, BGBl. I 1976, S. 3317.

1979[373]. Spätestens seit diesem Zeitpunkt war der Verbraucherschutz fest in der gesellschaftlichen und rechtlichen Realität verankert und entwickelte sich stetig fort.[374] Die verbraucherschützenden Gesetze der Folgezeit und insbesondere in der jüngeren Vergangenheit sind größtenteils europäischer Herkunft und werden daher später darzustellen sein.

Erwähnt sei auf nationaler Ebene schließlich noch die Rechtsprechung, die sich, dem gesamtgesellschaftlichen Trend folgend, auch um den Verbraucherschutz bemüht hat. Das Reichsgericht[375] und der Bundesgerichtshof[376] haben den Schutz des Verbrauchers und, etwas allgemeiner, die Belange der Allgemeinheit bereits sehr früh in einigen Entscheidungen auf dem Gebiet des Wettbewerbsrechts eingeführt.[377] Nachhaltigen Einfluss auf das hier näher zu betrachtende Schuldrecht hat der Verbraucherschutz aber erst in späteren Entscheidungen gewonnen.

Das BVerfG hat einem Kerngedanken des Verbraucherschutzes, nämlich dem der gestörten Vertragsparität aufgrund einer *strukturellen Unterlegenheit* des Verbrauchers, in seiner vieldiskutierten *Bürgschaftsentscheidung*[378] aus dem Jahre 1993 zum Durchbruch verholfen. War in der so genannten *Handelsvertreterentscheidung*[379] des BVerfG die Anwendung der Grundrechte bei vertraglichen Regelungen gefordert worden, so wurde dieser Ansatz durch den neuen Beschluss besiegelt; nach dem Leitsatz der *Bürgschaftsentscheidung* müssen die Zivilgerichte bei der Anwendung der Generalklauseln die grundrechtliche Gewährleistung der Privatautonomie in Art.2 GG beachten. Daraus ergibt sich ihre Pflicht zur Inhaltskontrolle von Verträgen und zur Durchsetzung eines Mindestschutzes, wenn zwei Voraussetzungen vorliegen: Das erste Merkmal ist die faktische Unterlegenheit der einen Partei; als zweites Merkmal muss diese Ungleichgewichtslage struktureller Art sein; es muss sich mithin um eine typisierbare Fallgestaltung handeln und eine typisierende Betrachtungsweise stattfin-

373 Gesetz über den Reisevertrag vom 4.5.1979, BGBl. I 1979, S. 508.

374 Anfang der achtziger Jahre begann schließlich auch die fundierte rechtswissenschaftliche Auseinandersetzung mit dieser Problematik; siehe u.a. Hönn, Kompensation gestörter Vertragsparität, 1982 oder v. Stebut, Der soziale Schutz als Regelungsproblem des Vertragsrechts, 1982 sowie später etwa Bydlinski, System und Prinzipien des Privatrechts, 1996.

375 RG, RGZ 120, 47 („Markenschutzverband"); RG, GRUR 1936, 810 („Diamantine").

376 BGH, NJW 1969, 744 („Anzeigenblatt"); BGH, GRUR 1955, 346 („progressive Kundenwerbung").

377 Siehe dazu die detaillierten Schilderungen bei Burmann, WRP 1967, 71; Schwartz, GRUR 1967, 333.

378 BVerfG, Beschl. v. 19.10.1993 – 1 BvR 567/89, NJW 1994, 36; siehe dazu etwa Canaris, AcP 200 (2000), 296 ff.; Reich, JZ 1997, 609; Zöllner, AcP 196 (1996), 1 ff.; Adomeit, NJW 1994, 2467; jew. m.w.N..

379 BVerfG, Beschl v. 7.2.1990 – BvR 26/84, NJW 1990, 1469.

den.[380] Die *Kompensation gestörter Vertragsparität*[381] und die Beseitigung von Ungleichgewichtslagen wurden damit als Ziele im Privatrecht verankert.[382]

e. Die Entwicklung des Verbraucherschutzes auf europäischer Ebene

Entscheidender Motor des Verbraucherschutzes ist seit den siebziger und achtziger Jahren die Harmonisierung des Rechts durch die Europäische Union.[383] Erste Ansätze zum Verbraucherschutz sind bereits im EWG – Vertrag von 1957 im Bereich der Agrar- und Wettbewerbspolitik zu finden.[384] Im Zuge der internationalen Verbraucherschutzbewegung Anfang der siebziger Jahre erarbeitete die Europäische Kommission zwei verbraucherpolitische Programme in den Jahren 1975[385] und 1981[386], die die zentralen Absichten in diesem Bereich verdeutlichten. Einen entscheidenden Impuls gab dann auch die Einheitliche Europäische Akte im Jahre 1986 mit dem Art. 100a , der das Mehrheitsprinzip bei Abstimmungen über binnenmarktrelevante Richtlinien und das damit verbundene Binnenmarktprogramm einführte; zusammen sorgten diese für eine Beschleunigung der Aktivitäten seitens der europäischen Organe.

In der Folge entstanden dann in den achtziger Jahren eine Vielzahl von Richtlinien zum Verbraucherschutz wie etwa die Produkthaftungsrichtlinie[387], die Haustürgeschäftswiderrufsrichtlinie[388], die Richtlinie über irreführende Werbung[389] sowie die zahlreichen Richtlinien zum Versicherungsrecht[390] oder die Verbraucherkreditrichtlinie[391].

Durch den Maastrichter EU-Vertrag von 1993 und den Amsterdamer Vertrag von 1997 wurden die Kompetenzen der Europäischen Gemeinschaft im Bereich des Verbraucherschutzes stetig erweitert, was bis zum heutigen Tage zu einer steigenden Zahl von verbraucherschützendem Sekundärrecht führt;[392] hier

---

380 BVerfG, NJW 1994, 37; dazu Kocher, VuR 2000, 89.
381 So auch der Titel des Werkes von Hönn, „Kompensation gestörter Vertragsparität“, München, 1982.
382 Mohr, AcP 204 (2004), 666.
383 Frotscher, Verbraucherschutz, 17; Mohr, AcP 204 (2004), 668; Fischer, VuR 2003, 20.
384 Vertrag zur Gründung der Europäischen Wirtschaftsgemeinschaft vom 25.3.1957, der Begriff des Verbrauchers tauchte bspw. in Art. 39 I e (jetzt Art. 33 EGV), Art. 40 II (jetzt Art. 34 EGV) oder Art. 85 III (jetzt Art. 81 EGV) auf.
385 ABl EG C 92 v. 25.4.1975; abgedruckt auch bei v. Hippel, Verbraucherschutz, 454 ff.
386 ABl EG C 133 v. 3.6.1981; abgedruckt auch bei v. Hippel, Verbraucherschutz, 467 ff.
387 RL 85/374/EWG v. 25.7.1985 - ABl EG L 210, 29.
388 RL 85/577/EWG v. 31.12.1985 - ABl EG L 372, 31.
389 RL 84/450/EWG v. 19.9.1984 - ABl EG L 250, 17.
390 Siehe dazu etwa Tonner, JZ 1996, 537; Roth, RabelsZ 54 (1990), 63.
391 RL 87/102/EWG v. 12.2.1987 – ABl EG L 42, 48.
392 Rösler, VuR 2003, 12.

sind etwa die Richtlinie über missbräuchliche Klauseln[393], die Verbrauchsgüterkaufrichtlinie[394], die E-Commerce-Richtlinie[395] oder die Fernabsatzrichtlinie[396] zu erwähnen, die allesamt einen signifikanten Einfluss auf das nationale Recht hatten und haben. Dieser Trend findet auch in zivilprozessualen Regelungen Niederschlag; so gibt es etwa in Art. 15 EuGVO[397] eine Sonderregelung für Verbrauchersachen und auch der vorliegende Entwurf einer Rom I-Verordnung[398] enthält detaillierte Vorschriften für Verbraucherverträge (Art.5).

Parallel zu diesen Schritten befasste sich auch die Rechtsprechung des EuGH schon frühzeitig mit Verbraucherschutzfragen; so wurde seit der *Cassis-de-Dijon*-Entscheidung[399] der Verbraucherschutz als immanenter Rechtfertigungsgrund zur Beschränkung des freien Waren- und Handelsverkehrs entwickelt. In diese Richtung gehen auch die Entscheidungen „*Keck*"[400], „*Alpine Investments*"[401], sowie „*Pall/Dallhausen*"[402], „*Nissan*"[403] oder „*Heininger*"[404], die exemplarisch für eine ganze Reihe von Urteilssprüchen zum Verbraucherschutz genannt sein sollen.

Zusammenfassend lässt sich anmerken, dass die Europäische Gesetzgebung den Verbraucherschutz vor allem mittels der erwähnten Richtlinien nach vorne getrieben hat und dies weiterhin tut. Fast alle deutschen Gesetze zum Verbraucherschutz sowie die Änderungen in bestehenden Gesetzen gehen auf diese oder andere Richtlinien und Initiativen der Europäischen Union zurück.[405] Die Be-

---

393 RL 93/13/EWG v. 21.4.1993 – ABl EG L 95, 29; Jayme/Hausmann, Internationales Privat- und Verfahrensrecht, Nr. 80.

394 RL 99/44/EG v. 25.5.1999 – ABl EG L 171, 12; Jayme/Hausmann, IPR, Nr. 83.

395 RL 2000/31/EG v. 17.7.2000 – ABl EG L 178, 1; Jayme/Hausmann, IPR, Nr. 88.

396 RL 97/7/EG v. 4.6.1997 – ABl EG L 144, 19; Jayme/Hausmann, IPR, Nr. 82.

397 EG-Verordnung über die gerichtliche Zuständigkeit und die Anerkennung und Vollstreckung von Entscheidungen in Zivil- und Handelssachen v. 22.12.2000; Jayme/Hausmann, IPR, Nr. 160.

398 Vorschlag für eine Verordnung des Europäischen Parlaments und des Rates über das auf vertragliche Schuldverhältnisse anzuwendende Recht v. 15.12.2005, KOM (2005) 650; auch abgedruckt in IPRax 2006, 193.

399 EuGH Urt. v. 20.02.1979, Rs. 120/78, Slg. 1979, 649; Reich/Micklitz, Europ. Verbraucherrecht, S. 299.

400 EuGH Urt. v. 24.11.1993, Rs. C-267/91, Slg. 1993, I-6097.

401 EuGH Urt. v. 10.05.1995, Rs. C-384/93, Slg. 1995, I-1141; NJW 1995, 2541.

402 EuGH Urt. v. 13.12.1990, Rs. C-238/89, Slg. 1990, I-4827.

403 EuGH Urt. v. 16.01.1992, Rs. C-373/90, Slg. 1992, I-145.

404 EuGH Urt. v. 13.12.2001, Rs. C-481/99, Slg. 2001, I-9945; NJW 2002, 281.

405 Nach Mohr, AcP 204 (2004), 668 waren das Reisevertrags und das AGB-Gesetz von 1979 die letzten verbraucherschützenden Normen, die der deutsche Gesetzgeber aus eigener Initiative erlassen hat.

strebungen der EU zum Thema Verbraucherschutz dringen dabei immer weiter vor und werden an Zahl und Bedeutung wohl weiter zunehmen.[406]

2. Die unterschiedlichen Rechtsverständnisse im Verbraucherschutz

Obwohl die Zahl verbraucherschützender Normen stetig zunimmt, sind Zielsetzung und Methodik keinesfalls unumstritten; vielmehr stehen sich zwei grundlegende Rechtsverständnisse gegenüber; das Rechtsverständnis der Vertragsfreiheit und das des sozialen Ausgleichs.[407]

Das Rechtsverständnis der Vertragsfreiheit entspringt der Entstehungszeit des BGB und prägte dessen ursprüngliche Form. Kernstück dieses Ansatzes ist der Freiheitsgedanke; dabei soll der leistungswillige, urteilsfähige und selbständige Bürger die Möglichkeit zur weitestgehend autonomen Lebensgestaltung haben; dies wird ihm durch die Trias von Vertrags-, Eigentums- und Testierfreiheit ermöglicht; das einzige Lenkungsinstrument ist, neben den Generalklauseln, der Wettbewerb, der den Markt reguliert und dadurch automatisch für soziale Harmonie sorgt.[408] Privatautonomie und Vertragsfreiheit werden dabei nicht um ihrer selbst willen gewährleistet, sondern dienen vor allem der Selbstbestimmung der Person.[409] Die rechtliche Befugnis zu solch selbstbestimmtem Handeln wird dabei auch als Vertragsfreiheit im *formalen* Sinne verstanden und bezeichnet.[410]

In der neueren Literatur ist dieser Ansatz teilweise beschränkt und modernisiert worden. Wie bereits oben aufgezeigt, hat sich die gesellschaftliche Entwicklung im Laufe des 19. Jahrhunderts so gewandelt, das auch die Vertreter dieses liberalen Grundmodells einige Zugeständnisse gemacht haben. Es herrscht mittlerweile Konsens, dass das Spiel der wirtschaftlichen Kräfte nicht ausschließlich sich selbst überlassen werden darf, da es ständig durch die Übermacht einzelner Beteiligter bedroht ist.[411] Allerdings wird dabei nach wie vor

---

406 Die Zahl solcher Vorschriften ist mittlerweile derart groß, dass die Kommission schon 1996 zum eigenen Überblick eine Studie zur „Zusammenstellung der gemeinschaftlichen Rechtsvorschriften bezüglich der Verbraucher" angeregt hat, ABl. EG C 170, 21; ein aktueller Überblick zu diesen Normen findet sich unter http://europa.eu.int/scadplus/leg/de/s16000.htm.

407 Limbach, JuS 1985, 10; dazu auch Canaris, AcP 2000, 289 ff..

408 Zöllner, AcP 188 (1988), 95; Limbach, JuS 1985, 10; Raiser, JZ 1958, 1.

409 Canaris, AcP 200 (2000), 277.

410 Meller-Hannich, Verbraucherschutz im Schuldvertragsrecht, S. 9; Bydlinski, System und Prinzipien, S. 158 f.; Hönn, Kompensation gestörter Vertragsparität, S. 9 f.; Medicus, Bürgerliches Recht, Rn. 324.

411 Frotscher, Verbraucherschutz, S. 24; Canaris, AcP 2000, 289; Zöllner, AcP 188 (1988), 97 f., Raiser, JZ 1958, 1.

die Vertragsfreiheit als Institution verteidigt und vor weiteren Begrenzungen zu bewahren versucht.[412]

Auf der anderen Seite steht das Modell des sozialen Ausgleichs, das wiederum vielfältige Begriffe und Ausgestaltungen, wie etwa durch die *Theorie der gestörten Vertragsparität*[413], erfahren hat.[414] Danach soll der Sozialstaat zur Verfolgung seiner Ziele auch das Privatrecht in seinen Dienst nehmen und die Privatautonomie in entsprechend starkem Maße einschränken.[415] Grundgedanke ist dabei, dass der häufig sozial und wirtschaftlich schwache Verbraucher oder Käufer in der modernen Industriegesellschaft immer häufiger durchsetzungsstarken und marktmächtigen Unternehmen gegenübersteht; dies führe zu einer Ungleichgewichtslage, die eben auch durch das Privatrecht beseitigt werden müsse.[416] Der Verbraucher sei aufgrund verschiedener Aspekte häufig nicht in dem Maße zur Selbstbestimmung fähig, das für eine unbeschränkte Vertragsfreiheit erforderlich wäre. Als solche werden etwa intellektuelle Unterlegenheit, niedriger Bildungsstand, mangelnde Erfahrung in Geldgeschäften, Schwierigkeiten im Umgang mit komplexen Sachverhalten sowie wirtschaftliche und informationelle Unterlegenheit angeführt.[417] Vertragsfreiheit dürfe nicht nur *formal* in der rechtlichen Möglichkeit zur Selbstbestimmung zu sehen sein; vielmehr solle die Willensbildung und Abschlussfreiheit der Parteien auch in tatsächlicher Hinsicht keinen Beeinträchtigungen unterliegen; dann erst sei Vertragsfreiheit im *materialen* Sinne erreicht.[418]

Im Einzelnen bevorzugen die Vertreter dieser Ansicht zwar verschiedene Methoden zur Durchsetzung des sozialen Ausgleichs struktureller Unterlegenheit, sind sich bzgl. der grundsätzlichen Schutzbedürftigkeit des Verbrauchers aber einig.

Daneben gibt es auch eine vermittelnde Ansicht, die teilweise als *Theorie der richtig verstandenen Vertragsfreiheit* bezeichnet wird.[419] Leitidee dieses Konzepts ist die Vertragsfreiheit, welche aber durch das sozialstaatliche Anliegen des angemessenen Interessenausgleichs zu begrenzen versucht wird. Der

412 Allen voran Adomeit, NJW 2004, 579; ders., NJW 1994, 2468; Dreher, JZ 1997, 167; Zöllner, AcP 188 (1988), 98.

413 Schmidt-Rimpler, AcP 147 (1941), 130 ff..

414 Limbach, JuS 1985, 10.

415 Exemplarisch für diese Sicht bereits die Worte Lassalles „Wo sich das Juristische als das Privatrechtliche aus dem Politischen abzulösen beginnt, ist es noch politischer als das Politische selbst, denn es ist das soziale Element", Lassalle in Reich (Hrsg.), Marxistische und sozialistische Rechtstheorie, S. 25.

416 BVerfG, NJW 1994, 36; Tonner, JZ 1996, 535; Reich, ZRP 1974, 187; Raiser, JZ 1958, 1.

417 v. Hippel, Verbraucherschutz, S. 4; Kocher, VuR 2000, 85; v. Hippel, VuR 1998, 170.

418 Eingehend zu dem Begriff der Materialisierung Meller-Hannich, Verbraucherschutz im Schuldvertragsrecht, S. 17 ff.; Canaris, AcP 200 (2000), 273 ff..

419 Limbach, JuS 1985, 12.

Vertrag wird dabei als Chance zur freien Gestaltung gesehen; wo aber das Verhandlungsgleichgewicht zwischen den Parteien nicht gegeben ist, sollen Gesetzgeber und Gerichte eingreifen, um entweder die Chancengleichheit zu verwirklichen oder den Vertragsinhalt zu kontrollieren.[420] Diese, zwischen formaler und materialer Vertragsfreiheit vermittelnde Ansicht, hat sich mittlerweile fast vollständig durchgesetzt. Sie erscheint aufgrund der differenzierten und ausgewogenen Betrachtung sowie der Bemühung um zurückhaltende Maßnahmen auch deutlich vorzugswürdig gegenüber den stark politisch geprägten Extrempositionen.[421]

3. Die unterschiedlichen Leitbilder des Verbraucherschutzes

Eng verknüpft mit der Diskussion um die verschiedenen Rechtsverständnisse ist die Frage nach dem maßgeblichen Verbraucherleitbild, also dem Bild, das sich der Normgeber und die Gerichte von denjenigen Personen machen, denen der Verbraucherschutz zugute kommen soll.[422] Parallel zu den oben genannten Positionen stehen sich auch hier zwei Grundüberzeugungen gegenüber.

Ein Leitbild ist das des *unmündigen* und *flüchtigen* Verbrauchers, der besonderen rechtlichen Schutzes bedarf. Danach sei der rational handelnde, über ausreichende Warenkenntnis verfügende und damit die bedarfsorientierte Produktion steuernde Verbraucher eine reine Fiktion.[423] Vielmehr verfüge der moderne Unternehmer in aller Regel über sämtliche Kommunikationsmittel, sei es Werbung oder die Gestaltung von Informations- und Vertragsmaterial, so dass der Verbraucher nur noch ein reaktiver Partner ist.[424] Insbesondere bedinge die stetige Zunahme der Informationsmenge eine Abnahme der Entscheidungsqualität, so dass eine fundierte Meinungsbildung fast nicht mehr möglich sei.[425] Abschließend biete der reine Wettbewerb dem Einzelnen eben keine Möglichkeit zur Konsumfreiheit und Selbstverwirklichung, so dass die Verbraucherpolitik im Sinne des Konsumenten tätig werden müsse. Dieses Bild des quasi hilflosen Verbrauchers basiert dabei auf der Einordnung des Verbraucherschutzrechts als Instrument des sozialstaatlich gebotenen Schwächerenschutzes; dabei wird der

---

420 Larenz/Wolf, BGB AT, § 42, Rn. 4; Köhler, BGB AT, § 5, Rn. 2; Limbach, JuS 1985, 12.

421 Dazu sei noch auf den Disput zwischen Adomeit und Reich verwiesen, der die Extrempositionen in teilweise heftiger Weise illustriert: Adomeit, NJW 2004, 581; ders., NJW 2002, Edit. Heft 43; Reich, NJW 2002, Leserbrief Heft 49; ders., ZRP 1974, 187.

422 Bömeke, Wie dumm darf der Verbraucher sein ?, S. 57.

423 So schon Marx, Das Kapital, Bd. I, MEW 23, S. 50, Anm. 5; Reich, ZRP 1974, 190.

424 Reich, ZRP 1974, 190.

425 Niemöller, Das Verbraucherleitbild in der deutschen und europäischen Rechtsprechung, S. 11.

als notwendig angesehene Schutz des einzelnen schwachen Verbrauchers aufgrund gesetzlicher Zwänge typisiert und auf alle Verbraucher ausgedehnt.[426]

Demgegenüber ist mittlerweile das Leitbild eines *mündigen* und *informierten* Verbrauchers weitgehend anerkannt und scheint das erstgenannte auf Dauer zu verdrängen.[427] Grundlage dieses Ansatzes ist das europäische Verbrauchervertragsrecht mit der Vorgabe, dass jeder Verbraucher bei jedem Vertragsschluss rechtlich gestärkt werden müsse; der Verbraucher wird dabei nicht unterstützt, um seinen individuellen Schutz zu verbessern, sondern um eine maximale Marktaktivität zu erreichen.[428] Konsequenterweise wird jeder Verbraucher geschützt, insbesondere auch der wohlinformierte und wirtschaftlich starke, da gerade dieser für eine entsprechende Marktaktivität im europäischen Rahmen prädestiniert scheint. Diese Abwesenheit des sozialen Unterlegenenschutzes spiegelt sich auch in der Rechtsprechung des EuGH wieder, der dieses Leitbild mehrfach bestätigt hat.[429]

Zusammenfassend wird der Verbraucher nach diesem Ansatz also nicht geschützt, weil er unterlegen ist, sondern weil er verstärkt wirtschaftlich tätig werden soll; insofern ist dann auch nur konsequent, das Leitbild eines verständigen und mündigen Verbrauchers in den Vordergrund zu stellen.

In Deutschland ist das Leitbild des unkritischen, unmündigen Verbrauchers nach wie vor präsent; zwar hat der BGH etwa im Wettbewerbsrecht sein Verbraucherleitbild zugunsten des EuGH revidiert[430], aber von einer grundlegenden Adaption desselben im nationalen Recht kann wohl noch nicht gesprochen werden.

Insbesondere durch die Verbrauchsgüterkaufrichtlinie[431] und deren Umsetzung wurde das alte Leitbild entgegen der allgemeinen gemeinschaftsrechtlichen und wohl auch deutschen Tendenz wieder gefestigt.[432] Für den Bereich des Kauf- bzw. Verbrauchervertragsrechts schlägt sich dies in der Richtlinie und in den inkorporierten Schutzvorschriften des Verbrauchsgüterkaufs nieder, vor al-

426 Heiderhoff, ZEuP 2003, 770.

427 Siehe bspw. Vorschlag einer Richtlinie über unlautere Geschäftspraktiken, KOM (2003), 356; EuGH, EuZW 1998, 526; BGH, NJW 2001, 154; Bömeke, Wie dumm darf der Verbraucher sein ?, S.23; Tonner/ Tamm, WiVerw 2004, 91; Dreher, JZ 1997, 173.

428 Taupitz/Wille, JA 2005, 388; Tonner/Tamm, WiVerw 2004, 112; Heiderhoff, ZEuP 2003, 771; Damm, VersR 1999, 136; daher taucht an dieser Stelle auch immer wieder der Begriff *„active consumer"* auf, siehe Roth, JZ 2001, 478.

429 EuGH Urt. v. 23.3.2000, Rs. C-208/98, Slg. 2000, I-1741 ff. („Berliner Kindl"); EuGH Urt. v. 16.7.1998, Slg. 1998, I-4657 („Gut Sprinkerheide"); EuGH Urt. v. 17.3.1998, Rs. C-45/96, Slg. 1998, I-1199 ff.; EuGH Urt. v. 6.7.1995, Rs. C-470/93; Slg. 1995, I-1923 ("Mars").

430 BGH, WRP 2000, 519 ("Orient-Teppichmuster"); Bömeke, Wie dumm darf der Verbraucher sein ?, S. 23 f.; Scherer, WRP 2004, 1356; Faber, ZEuP 1998, 854.

431 RL 99/44/EG v. 25.5.1999, ABl EG L 171, 12; Jayme/Hausmann, IPR, Nr. 84.

432 Adomeit, NJW 2004, 581; Mohr, AcP 204 (2004), 686.

lem dadurch, dass diese mit zwingender Wirkung angeordnet werden.[433] Daneben hat auch die Rspr. immer wieder bestätigt, dass im Bereich des Kaufrechts anders als etwa im Wettbewerbsrecht dieses Leitbild gelten solle.[434] Obwohl also eine gewisse Kurskorrektur erfolgte, wird weiter abzuwarten sein, wie weit der BGH seine Rechtsprechung dem Verbraucherleitbild des EuGH angleichen wird.[435] Eine entsprechende Tendenz ist jedoch deutlich erkennbar.

Diese Leitbilddiskussion beeinflusst, zumindest mittelbar, die rechtliche Einordnung des Kunstkäufers. Insofern wird später auf die hier dargestellten Leitbilder zurückzukommen sein.

4. Methoden des Verbraucherschutzes

Die beabsichtigte Darstellung des Verbraucherschutzes beim Kunstkauf, die auch dessen sinnvollen Umfang und Umsetzung aufzeigen soll, legt es nahe, auf die generell bestehenden Möglichkeiten des Verbraucherschutzes zu blicken, um hieraus eventuell mögliche Alternativen ableiten zu können.

Als grundlegende Methoden sind gesetzliche Maßnahmen, Selbstkontrolle der Wirtschaft[436], Förderung des Wettbewerbs, Organisation der Verbraucher, Information der Verbraucher und gerichtliche Kontrolle anerkannt.[437] Diese Methoden lassen sich begrifflich in die Trias von *kompensatorischen*, *partizipatorischen* und *informatorischen* Methoden einordnen.

Kompensatorische Maßnahmen begrenzen die Vertragsfreiheit zugunsten des Verbrauchers, beispielsweise durch gesetzliche Regelungen wie etwa die verbraucherschützenden Normen des BGB. Problematisch ist dabei nicht nur der Aspekt der staatlichen Bevormundung, sondern häufig auch die konsequente Verteuerung der Produkte oder die Verkomplizierung des Rechtsverkehrs seitens der Unternehmen.[438]

Partizipatorische Einflussnahmen der Verbraucher auf die Entscheidungsprozesse von Unternehmen finden sich kaum und würden auch in Konflikt mit den verfassungsrechtlichen Geboten der unternehmerischen Entscheidungsfreiheit, der allgemeinen Handlungsfreiheit sowie dem Schutze des Eigentums treten. Eine Lobbyarbeit der Verbraucher wird zwar in vielen Bereichen immer wichtiger, dürfte aber im Kunsthandel weder realisierbar noch gewollt sein;

---

433 Mohr, AcP 204 (2004), 686.

434 EuGH Urt. v. 11.7.2002, Rs. C-96/00, NJW 2002, 2698 („Gabriel").

435 Reich, Europ. Verbraucherrecht, S. 297; Taupitz/Wille, JA 2005, 388.

436 Im Kunsthandel sind dabei insbesondere Selbstverpflichtungen von Interesse, auf die später noch näher einzugehen sein wird; so bspw. die Regeln der Confederation Internationale des Negociants en Œuvres d'Art (CINOA), die auch der Deutsche Kunsthandelsverband e.V. übernommen hat.

437 v. Hippel, Verbraucherschutz. S. 25.

438 Frotscher, Verbraucherschutz, S. 25; Zöllner, AcP 188 (1988), 99.

schließlich legen die Verbraucher dort immer wieder auch Wert auf ihre Anonymität und eine gewisse Intransparenz des Marktgeschehens.

Die *informatorischen* Methoden schließlich stellen eine weitere Möglichkeit dar, den Verbraucherschutz zu realisieren. Die entscheidenden Mittel sind dabei die Beseitigung von Informationsdefiziten der Verbraucher sowie eine aktive staatliche Wettbewerbspolitik verbunden mit einer Verbesserung der Markttransparenz.[439] Diese Methode ist wohl auch die unumstrittenste, da sie nahezu keinen negativen Einfluss auf die Privatautonomie hat.

In der Methodik des Verbraucherschutzes stellt sich aber auch eine weitere Frage, die aufgrund der augenscheinlichen Divergenzen zwischen Verbraucherschutz und Kunsthandel[440] von besonderem Interesse sein könnte; dabei geht es darum, ob dem Verbraucher ein situativer oder typisierender Schutz zu gewähren ist.[441] Folglich ist zu überlegen, ob einer bestimmten Gruppe Schutz gegeben werden muss, oder, ob unabhängig von einer Personengruppe der Schutz in bestimmten Situationen gewährleistet werden soll. Beide Aspekte sind für den rechtlichen Verbraucherbegriff von entscheidender Bedeutung und werden dementsprechend im Rahmen der Frage, wie die entscheidenden Begriffe zu definieren sind, zu klären sein.

III. Bestimmung der zentralen rechtlichen Begriffe des Verbraucherschutzes

Im Folgenden werden die Begriffe *Verbraucher*, *Unternehmer* und *Verbrauchsgüterkauf* abstrakt erläutert. Dies ist für die beabsichtigte Einordnung der Parteien und Objekte des Kunstmarktes zwingend erforderlich und wird den Hintergrund und die Grundlage der dort zu führenden Diskussionen schaffen.

1. Der Begriff des *Verbrauchers*

Der Begriff des Verbrauchers entstammt ursprünglich den Wirtschaftswissenschaften und zwar als Gegenbegriff zur *Produktion*.[443] Der Verbraucher stellt danach das Ende der Produktionskette dar; das Gut wird endgültig verbraucht und der Konsument muss ein neues erwerben. Dabei war noch der Verbrauch im

---

439 Frotscher, Verbraucherschutz, S. 25.
440 Siehe dazu etwa die Vorbemerkung unter A, I.
441 Kocher, VuR 2000, 90; Eichenhofer, JuS 1996, 862; Tonner, JZ 1996, 535.
443 Frotscher, Verbraucherschutz, S. 28.

Wortsinne gemeint, also die „Vernichtung eines bestimmten Marktwertes“[444]. Wie bereits angedeutet zeigt auch diese Definition die augenscheinlichen Probleme im Bereich des Handels mit Kunstgütern, bei denen die Vernichtung des Marktwertes gerade vermieden werden soll.

Demgegenüber hat sich der allgemeine Sprachgebrauch bereits den rechtlichen Entwicklungen entsprechend verschoben. Im Duden etwa wird der Verbraucher als „Käufer von Waren oder Dienstleistungen zur eigenen Bedürfnisbefriedigung“ definiert.[445] Damit ist hier das Merkmal des Verbrauchs also bereits zu Gunsten eines allgemeineren Verbraucherbegriffs verschwunden.

Der rechtliche Verbraucherbegriff ist notwendigerweise von größerer Komplexität als die eingangs genannten. Dessen Entwicklung und Kontur sind maßgeblich durch die europäische und deutsche Verbraucherschutzgesetzgebung beeinflusst[446] und daher auch nur durch Betrachtung dieser beiden zu erschließen. Das Verbraucherschutzrecht in seiner heutigen Prägung beruht weithin auf der Umsetzung europäischer Richtlinien und so liegt es nahe den Ursprung des Verbraucherbegriffs zunächst im europäischen Recht zu suchen; dies umso mehr, als nationales Recht, das der Umsetzung von Gemeinschaftsrecht dient, im Lichte des Gemeinschaftsrechts auszulegen ist.[447] Im Sinne einer Konzentration auf die Fragestellung der Arbeit wird hier schwerpunktmäßig der für das Schuldrecht maßgebliche Verbraucherbegriff beleuchtet.

a. Der Begriff des Verbrauchers nach europäischem Recht

Vorab sei an dieser Stelle kurz die Rechtssetzungskompetenz für verbraucherrechtliche Fragen auf europäischer Ebene dargestellt. Primär sind zwar die Mitgliedsstaaten für den Verbraucherschutz verantwortlich, die Gemeinschaft hat aber nach Art. 153 EGV die Befugnis, Maßnahmen auf diesem Gebiet zu erlassen. Dabei unterscheidet Art. 153 EGV zwischen Maßnahmen der Gemeinschaft zur Verwirklichung des Binnenmarktes (Abs. III a) und solchen zur Unterstützung und Überwachung der Politik der Mitgliedsstaaten (Abs. III b). In letzterem Bereich können die Mitgliedsstaaten grundsätzlich über den gemeinschaftsrechtlichen Schutz hinausgehen, während bei der Verwirklichung des Binnenmarktes der einheitliche Standard vorrangig ist.[448] Bei der *Verwirklichung des Binnenmarktes* ist Rechtsgrundlage der Art. 95 EGV, bei der *Unterstützung und*

444 Tietz, Handwörterbuch der Absatzwirtschaft, Sp. 2020.

445 Duden, Das neue Lexikon der deutschen Sprache (1996), Bd. 10.

446 Überblicke zu dieser Entwicklung finden sich etwa bei Mohr, AcP 204 (2004), 660; Coester-Waltjen, JURA 2004, 609; Fischer, VuR 2003, 20; Faber, ZEuP 1998, 854.

447 EuGH Urt. v. 16.12.1993, Rs. C-334/92, NJW 1994, 921; vgl. auch Mohr, AcP 204 (2004), 671.

448 Coester-Waltjen, JURA 2004, 610.

Überwachung dient Art. 153 III b EGV als Rechtsgrundlage für Richtlinien. Nicht zuletzt verdeutlicht die Tatsache, dass viele Rechtsakte auf die Verwirklichung des Binnenmarktes gestützt sind, nochmals das europäische Verbraucherleitbild; die Verwirklichung des Binnenmarktes soll eben durch die Stärkung der Verbraucher und damit einer Steigerung der Marktaktivität erreicht werden.[449]

Wie oben erwähnt, hat der europäische Gesetzgeber von seiner Kompetenz bereits ausgiebig Gebrauch gemacht.

Im europäischen Sekundärrecht kam es, gestützt auf die genannten Kompetenznormen, zu zahlreichen Rechtsakten, die dem Schutz des Verbrauchers dienen sollten.[450] Schon im Primärrecht ist keine einheitliche Verbraucherdefinition zu finden und auch in den sekundärrechtlichen Rechtsakten gibt es keinen einheitlichen Begriff des Verbrauchers; dieser wird vielmehr im Kontext der jeweiligen Richtlinie definiert.[451] Dennoch stimmen die Rechtsakte mehr oder minder darin überein, dass Verbraucher ist, *wer als natürliche Person zu einem Zweck handelt, der nicht ihrer beruflichen oder gewerblichen Tätigkeit zugerechnet werden kann.*[452]

Diese Definition wird auch in der hier besonders relevanten Verbrauchsgüterkauf-RL verwandt, wobei auch dort eine Eingrenzung auf die geregelten Verträge stattfindet, so dass der genannte Verbraucherbegriff keine allgemeine Gültigkeit entfaltet.[453] Insgesamt liegt dieser Verbraucherbegriff nicht nur den meisten verbraucherschützenden EG-Richtlinien zugrunde, sondern auch dem europäischen Zivilprozessrecht (Art. 15 EuGVO)[454] und dem europäischen Kollisionsrecht (Art. 5 Rom I)[455].

---

449 Siehe dazu schon die Leitbilddiskussion oben unter B, II, 3.

450 Siehe dazu die Aufzählung oben unter B, II, 1, e.

451 Reich/Micklitz, Europ. Verbraucherrecht, 1.38; Mohr, AcP 204 (2004), 671; Faber, ZEuP 1998, 854; Dreher, JZ 1997, 167.

452 In diesem Sinne jedenfalls in den deutschen Fassungen wörtlich übereinstimmend Art. 2 Haustürgeschäfts-RL 85/577/EWG; Art. 1 II Verbraucherkredit-RL 87/102/EWG; Art. 2 Nr. 2 Fernabsatz-RL 97/7/EG; Art. 1 II Verbrauchsgüterkauf-RL 1999/44/EG; abweichend dagegen bspw. die Pauschalreise-RL 90/314/EWG; s.a. Faber, ZEuP 1998, 856.

453 Nach Art. 2 a der RL 1999/44/EG ist Verbraucher „jede natürliche Person, die im Rahmen der unter diese Richtlinie fallenden Verträge zu einem Zweck handelt, der nicht ihrer beruflichen oder gewerblichen Tätigkeit zugerechnet werden kann".

454 Verordnung (EG) Nr. 44/2001 über die gerichtliche Zuständigkeit und die Anerkennung und Vollstreckung von Entscheidungen in Zivil- und Handelssachen vom 22.12.2000; Jayme/Hausmann, Nr. 160.

455 Römisches EWG-Übereinkommen über das auf vertragliche Schuldverhältnisse anzuwendende Recht vom 19.6.1980; Jayme/Hausmann, Nr. 70; siehe auch den Vorschlag für eine Verordnung des Europäischen Parlaments und des Rates über das auf vertragliche Schuldverhältnisse anzuwendende Recht, vorgelegt am 15.12.2005, KOM (2005), IPRax 2006, 193.

b. Der Begriff des Verbrauchers nach deutschem Recht

Von besonderem Interesse für den Kunstkauf im deutschen Recht und damit für die rechtliche Einordnung der Beteiligten ist der Verbraucherbegriff des § 13 BGB. Die Begriffe „Verbraucher" und „Unternehmer" wurden im Jahre 2000 in Gestalt der §§ 13 und 14 BGB einheitlich im BGB definiert[456]. Verbraucher ist danach *jede natürliche Person, die ein Rechtsgeschäft zu einem Zweck abschließt, der weder ihrer gewerblichen noch ihrer selbständigen beruflichen Tätigkeit zugerechnet werden kann.* Damit ist der deutsche Gesetzgeber in einem wesentlichen Punkt vom europäischen Richtlinienbegriff abgewichen; § 13 BGB klammert nicht alle beruflichen Tätigkeiten, sondern nur solche selbständiger Natur aus. Damit wird der Verbraucherbegriff zugunsten eines höheren Schutzniveaus erweitert, was aber gemeinschaftsrechtlich durchaus zulässig ist.[457]

Die Definition des § 13 BGB arbeitet daneben grundlegend mit verschiedenen Kriterien: zum einen wird ein *persönliches* Kriterium verwandt, nämlich die Einschränkung auf natürliche Personen. Daneben kommt als *funktionelles* Kriterium die Anknüpfung an den rechtsgeschäftlich verfolgten Zweck zum Tragen. Allerdings verzichtet diese Definition damit auf ein *sachliches* Kriterium, das etwa nach der Höhe des Einkommens oder der Vertragsart differenzieren würde.[458]

Alternativ lässt sich diese Definition auch nach zwei Elementen ordnen: Das erstere ist *personen- oder rollenbezogen* und entspricht teilweise dem oben genannten *persönlichen* Kriterium; dies bedeutet jedoch nicht, dass sich so eine gesellschaftlich abzugrenzende Personengruppe schaffen ließe.[459] Das zweite Element ist demgegenüber *situationsbezogen* und beschreibt was die Person tun muss, damit sie Schutz erhält. Im Rahmen des § 13 BGB ist dies das rechtsgeschäftliche Handeln zu dem dort bestimmten Zweck.[460]

aa. Die Tatbestandsmerkmale des § 13 BGB

Der Wortlaut des § 13 BGB lässt sich auch systematisch nach den einzelnen Tatbestandsmerkmalen aufschlüsseln.

---

456 Gesetz über Fernabsatzverträge und andere Fragen des Verbraucherrechts sowie zur Umstellung von Vorschriften auf Euro v. 27.6.2000, BGBl. 2000, I, S. 897.

457 Staudinger/*Weick*, BGB, § 13, Rn. 30; Palandt,/*Heinrichs*, BGB, § 13, Rn. 3; krit. Mohr, AcP 204 (2004), 672.

458 Grundlegend zu den verschiedenen Kriterien des Verbraucherbegriffs siehe Faber, ZEuP 1998, 858 f..

459 Bülow/Artz, Verbraucherprivatrecht, S. 17.

460 Kocher, VuR 2000, 86 f.; daneben werden auch subjektive und objektive unterschieden, so etwa bei BGH, NJW 2005, 1845; dazu Schmidt, JuS 2006, 2.

Verbraucher i.S.d. § 413 BGB können zunächst einmal nur natürliche Personen sein; juristische Personen sind damit, unabhängig vom Zweck ihres Handelns, vom Anwendungsbereich der Norm ausgeschlossen.[461] Allerdings werden in der Literatur verschiedene Einzelfälle diskutiert und auch die Rechtsprechung hat etwa in Bezug auf die GbR bestimmte Ausnahmefälle anerkannt.[462] Eine abstrakte Darstellung derselben ist an dieser Stelle jedoch nicht notwendig; vielmehr wird eine entsprechende Diskussion im Bedarfsfalle im Rahmen der rechtlichen Einordnung der Beteiligten zu führen sein.

Des Weiteren enthält § 13 BGB das Merkmal des *rechtsgeschäftlichen Handelns*. Dabei handelt es sich um einen auf dem Parteiwillen aufbauenden Gesamttatbestand, der einen mit mindestens einer Willenserklärung angestrebten Rechtserfolg herbeiführt.[463] Dieses Merkmal bereitet keine größeren Schwierigkeiten, wobei anzumerken ist, dass davon auch das Vorfeld des Vertragsschlusses und die weitere Behandlung des geschlossenen Vertrages umfasst sind.[464]

Der *Zweck des Rechtsgeschäfts* schließlich bildet den Kern der Begriffsbestimmung in § 13 BGB. Durch ihn werden Verbraucher von sonst rechtsgeschäftlich Handelnden unterschieden. Unerheblich sind demnach Aspekte wie etwa die Kaufmannseigenschaft, Geschäftserfahrung, wirtschaftliche Situation oder konkrete Schutzbedürftigkeit. Einzig entscheidend ist, dass das Geschäft nicht für eine gewerbliche oder selbständige berufliche Tätigkeit abgeschlossen wird. Ein Gewerbe ist dabei eine planmäßige und auf Dauer angelegte, mit der Absicht auf Gewinnerzielung oder laufende Einnahmen ausgeübte und äußerlich erkennbar mindestens auf einem Markt hervortretende Tätigkeit.[465] Der Begriff der selbständigen beruflichen Tätigkeit erfasst die restlichen Fälle geschäftlichen Handelns, wobei durch die Einschränkung der „selbständigen" Tätigkeit Arbeitnehmer weiter von § 13 BGB erfasst sein können.

Aus diesen Begriffsbestimmungen folgt, dass die Verbrauchereigenschaft jedenfalls immer dann vorliegt, wenn zu einem privaten Zweck gehandelt wurde. Zu diesen privaten Zwecken zählen etwa Sport, Freizeit, Urlaub, Hobbies oder die Anlage und Verwaltung von eigenem Vermögen.[466] Bei der letztgenannten Vermögensverwaltung wird jedoch teilweise vertreten, diese als gewerblich oder selbständig beruflich einzuordnen, wenn sie einen gewissen Maß-

---

461 EuGH, NJW 2002, 205; Frotscher, Verbraucherschutz, S. 42; Staudinger/*Weick*, BGB, § 13, Rn.31.

462 Eine übersichtliche Darstellung der Einzelfälle findet sich bei Frotscher, Verbraucherschutz, S.39 ff.; jew. m.w.N..

463 Staudinger/*Weick*, BGB, § 13, Rn. 40.

464 Staudinger/*Weick*, BGB, § 13, Rn. 40; Soergel/*Pfeiffer*, BGB, § 13, Rn. 26; Schmidt, JuS 2006, 3.

465 Staudinger/Weick, BGB, § 13, Rn. 51.

466 Palandt/*Heinrichs*, BGB, § 13, Rn. 3.

stab erreicht hat.[467] Auf diese Fragestellung wird aber später im Rahmen der rechtlichen Einordnung noch einzugehen sein.

Der Vertragszweck ist rein objektiv zu ermitteln, während subjektive Vorstellungen des Handelnden lediglich Indizien darstellen können; entscheidende Kriterien sind damit der Inhalt des Vertrages und dessen Auslegung, die Begleitumstände des Vertrages und der nach außen erkennbare Wille.[468]

Problematisch sind die sog. *Dual Use*-Fälle[469], in denen der Vertragszweck sich nicht eindeutig einer Tätigkeit zurechnen lässt, insbesondere wenn eine Zurechnung sowohl zu einem privaten wie auch zu einem beruflichen oder gewerblichen Zweck in Frage kommt. Im Kunsthandel sei nur der häufige Fall erwähnt, dass ein Kunsthändler auch Sammler, bzw. ein Sammler auch Kunsthändler ist[470]; bei einem Ankauf wird sich dann die Frage nach der Verbrauchereigenschaft stellen.

Dazu wurden zunächst die beiden Extrempositionen vertreten, die im Zweifelsfall stets privates Handeln[471] bzw. unternehmerisches Tätigwerden[472] annahmen; diese sind aufgrund ihrer fragwürdigen Begründungen und Pauschalität aber abzulehnen.[473]

Nach der herrschenden Auffassung[474] kommt es maßgeblich auf die beabsichtigte überwiegende Nutzung zum Zeitpunkt des Vertragsschlusses an; nur wenn also etwa die gewerbliche Zwecksetzung überwiegt, ist die Verbrauchereigenschaft abzulehnen.

Nach einer anderen, im Vordringen befindlichen Ansicht[475], reicht dagegen schon die teilweise gewerbliche oder selbständig berufliche Zweckbestimmung zum Ausschluss der Verbrauchereigenschaft aus. Nur bei einer ausschließlich

---

467 BGH, NJW 2002, 386; Soergel/*Pfeiffer*, BGB, § 13, Rn. 33; dagegen Schmidt, JuS 2006, 3.

468 Staudinger/*Weick*, BGB, § 13, Rn 42; Soergel/*Pfeiffer*, BGB, § 13, Rn. 27; Palandt/*Heinrichs, BGB*, § 13, Rn. 4.

469 Teilweise auch *Mischfälle* oder Fälle *doppelter Zweckbestimmung* genannt; siehe etwa Bülow, Artz, Verbraucherprivatrecht, S. 21.

470 So etwa der bekannte Picasso-Händler Heinz Berggruen, dessen ehemals private Sammlung mittlerweile in Berlin ein eigenes Museum füllt.

471 v. Westphalen, BB 1996, 2101.

472 Ulmer/Brandner/*Hensen*, AGBG, § 24 a, Rn. 26.

473 Erman/*Saenger*, BGB, § 13, Rn. 17; Kellermann, JA 2005, 547; Schindler, JA 2004, 835.

474 Palandt/Heinrichs, BGB, § 13, Rn. 3; Soergel/Pfeiffer, BGB, § 13, Rn. 38; Erman/*Saenger*, BGB, § 13, Rn. 17; Staudinger/Weick, BGB, § 13, Rn.47; Kellermann, JA 2005, 547; Schindler, JA 2004, 835; jew. m.w.N..

475 Jauernig/*Jauernig*, BGB; § 13, Rn. 3; Frotscher, Verbraucherschutz, S. 50; Faber, ZEuP 1998, 891.

privaten Zweckbestimmung kann demnach die Verbrauchereigenschaft bejaht werden.

Gegen die herrschende Ansicht spricht zuvorderst, dass sie im Einzelfall schwierige Gewichtungen und komplizierte Bewertungen nach sich zieht. Zudem enthält § 13 BGB vom Wortlaut her, im Gegensatz zu § 609 I, Nr.2, 2. HS BGB a.F. oder Art. 9 lit. b) ii) der Produkthaftungs-RL, gerade kein Abstellen auf eine überwiegende oder hauptsächliche Nutzung. Andererseits legt die Tatsache, dass der Wortlaut des § 13 BGB insofern keine näheren Regelungen oder Hinweise enthält, durchaus eine derart vermittelnde Ansicht nahe, zumal eine solche auch im Rahmen des Art. 29 EGBGB[476] und des Art. 5 EVÜ[477] anerkanntermaßen zum Zuge kommt.

Allerdings sprechen auch durchaus gewichtige Gründe für die im Vordringen befindliche Ansicht, wonach allein die ausschließliche private Zweckbestimmung die Verbrauchereigenschaft begründet. So wird etwa im Rahmen von Art. 2 lit. a) CISG aufgrund der Entstehungsgeschichte der Norm die Verbrauchereigenschaft nur dann bejaht, wenn ein Handeln zu einem ausschließlich privaten Zweck vorliegt.[478] Auch die zu § 343 HGB einhellig vertretene Auffassung, dass bereits die teilweise Zugehörigkeit eins Geschäfts zu einem Handelsbetrieb dieses zu einem Handelsgeschäft macht[479], deutet daraufhin, dass schon die teilweise gewerbliche oder selbständig berufliche Zweckbestimmung die Verbrauchereigenschaft ausschließt. Ergänzend lässt sich hier auch mit dem Sinn und Zweck des Verbraucherschutzes argumentieren. Bei der Auslegung des § 13 BGB ist demnach der Schutz des geschäftlich Unerfahrenen zu berücksichtigen; ist der Vertrag aber auch nur teilweise der unternehmerischen Sphäre zuzurechnen, ist eine auszugleichende Unterlegenheit nicht mehr gegeben.

Demnach erscheint die letztgenannte Ansicht hier leicht vorzugswürdig; allerdings sind die Abweichungen von der herrschenden Auffassung in der Praxis wohl sehr gering. Letztlich obliegt der Nachweis der Verbrauchereigenschaft demjenigen, der sich auf sie beruft.[480] Der Nachweis eines überwiegenden privaten Zwecks dürfte nicht wesentlich leichter sein als der Nachweis eines ausschließlich privaten Zwecks. Einfacher aber wäre wohl jedenfalls das Ausreichen einer lediglich teilweisen Zweckbestimmung zu einem gewerblichen oder selbständig beruflichen Zweck. Dies dürfte im Übrigen auch aufgrund der

---

476 MüKo/*Martiny*, EGBGB, Art. 29, Rn. 10; Frotscher, Verbraucherschutz, S. 50.

477 MüKo/*Martiny*, EGBGB, Art. 28 Anh., Rn. 46.

478 MüKo/*Martiny*, EGBGB, Art. 28 Anh., Rn.46; Faber, ZEuP 1998, 886.

479 Baumbach/*Hopt*, HGB, § 343, Rn. 3; Röhricht/Graf v. Westphalen/*Wagner*, HGB, § 43, Rn. 18.

480 Schindler, JA 2004, 835.

EuGH-Rechtsprechung zu Art. 13 ff. EuGVÜ[481] genügend sein, da dieser Ansatz dort vom EuGH gewählt wurde.[482] Im Übrigen entspricht dies auch weitgehend der Rechtsprechung des BGH, der im Rahmen der Einordnung des Existenzgründers ein Unternehmerhandeln schon dann bejahte, wenn das betreffende Geschäft im Zuge der Aufnahme einer gewerblichen oder selbständigen beruflichen Tätigkeit geschlossen wurde.[483]

Abschließend also führt bereits die Existenz eines teilweise unternehmerischen Zwecks zum Ausschluss der Verbrauchereigenschaft.

bb. Begrenzung des Verbraucherbegriffs

Entsprechend der dargestellten Systematik kann also ein und dieselbe Person je nach dem Zweck ihres Handelns einmal Verbraucher und einmal Unternehmer sein. Obwohl damit nicht ausschließlich auf eine bestimmte persönliche Eigenschaft abgestellt wird, findet letztendlich doch eine abstrakt-generelle Typisierung der Schutzbedürftigkeit statt.[484] Auf die intellektuellen Fähigkeiten oder die ökonomischen Verhältnisse des Handelnden kommt es damit nicht an; dieses hohe Maß an Abstrahierung bzw. Typisierung zur Festlegung des geschützten Personenkreises bewirkt zwangsläufig, dass im Einzelfall auch solche Personen in den Genuss des Verbraucherschutzes kommen, die ihrem Vertragspartner sowohl wirtschaftlich als auch in Bezug auf die eigene Sachkunde überlegen sind.[485]

Am Beispiel des vermögenden, geschäftserfahrenen und juristisch gebildeten Kunsthistorikers, der bei einem kleinen Auktionshaus ein Bild ersteigert, wird diese Problematik auch für das hier zu bearbeitende Thema bereits ohne weitere Erörterung deutlich. Der *typisierende* Verbraucherbegriff scheint für die Praxis doch zu weit und es stellt sich die Frage nach einer Einschränkung, die die *individuellen* Besonderheiten berücksichtigen zu vermag; dementsprechend wurden verschiedene Ansätze zur Eingrenzung des § 13 BGB entwickelt.

Franz Bydlinski hat vorgeschlagen, den Verbraucherbegriff des § 13 BGB teleologisch so zu reduzieren, dass er nur noch als widerlegbare Vermutung gesteigerter Schutzbedürftigkeit zur Anwendung kommt.[486] Dieser Ansatz bietet

---

481 Brüsseler Übereinkommen über die gerichtliche Zuständigkeit und die Vollstreckung von Entscheidungen in Zivil- und Handelssachen vom 27.9.1968 idF des 4. Beitrittsübereinkommens vom 29.11.1996, BGBl. 1998 II, 1412.

482 EuGH, EWS 1997, 271, Rn. 18, Lutz/Neumann, RIW 1999, 827.

483 BGH, NJW 2005, 1273; insofern auch übereinstimmend mit EuGH, WM 1997, 1549; zur Bewertung des Existenzgründerhandelns siehe auch Kieselstein/Rückebeil, ZGS 2007, 55.

484 Faber, ZEuP 1998, 859.

485 Frotscher, Verbraucherschutz, S. 37.

486 Bydlinski, System und Prinzipien, S. 728 ff., insb. 732.

die Möglichkeit einer Einzelfallbetrachtung im Rahmen der Beweisführung, die zunächst durchaus sachgerecht erscheint. Dem wird jedoch entgegengehalten, dass eine solche teleologische Reduktion aufgrund des Mangels einer Definition von „Durchschnittsfällen" immer nur einzelfallbezogen erfolgen könnte; dies sei dann aber nicht mit der tatbestandlichen Typisierung des Gesetzestextes zu vereinen.[487] Daneben dürfte eine solche Reduktion auch nicht auf eine Korrektur des Gesetzgebers hinauslaufen, was aber hier der Fall wäre.[488]

Jochen Mohr schlägt daher unter Ablehnung des Ansatzes von Bydlinski eine andere Konstruktion vor, die sich der Erkenntnisse aus dem Arbeitsrecht bedient.[489] Demnach kenne das Arbeitsrecht neben den Arbeitnehmern auch die „arbeitnehmerähnlichen Personen", die zwar tatsächlich keine Arbeitnehmer sind, solchen aber aufgrund ihrer wirtschaftlichen Abhängigkeit gleichzustellen sind.[490] Den Gedanken, dass auch Personen, die juristisch eigentlich nicht schutzbedürftig sind, in den Geltungsbereich der Schutzbestimmungen einzubeziehen seien überträgt er dann auch auf das Kaufrecht. Das Gebot der Sachgerechtigkeit bzw. Gleichbehandlung gebiete es geradezu, auch das Konstrukt der „verbraucherähnlichen Personen" zu schaffen; im Umkehrschluss wären dann auch „unternehmerähnliche Personen" bzw. „verbraucherunähnliche Personen" eventuell vorstellbar. Die begriffliche Unschärfe dieses „Gebots der Sachgerechtigkeit" und die doch etwas großzügige Heranziehung arbeitsrechtlicher Entwicklungen wecken jedoch schon aus Gründen der Rechtssicherheit Zweifel an diesem Ansatz.[491] Außerdem sieht selbst Mohr diesen Ansatz eher als Empfehlung an den Gesetzgeber, denn als Vorschlag zur Begrenzung des existierenden § 13 BGB.[492]

Einen weiteren Vorschlag liefert schließlich *Dieter Medicus*, der zur Begrenzung des weiten Verbraucherbegriffes die Generalklauseln des BGB heranziehen will.[493] Jedenfalls in schwerwiegenden Fallgestaltungen verstoße der tatsächlich überlegene Vertragspartner nämlich gegen Treu und Glauben i.S.d. § 242 BGB, wenn er trotz seiner Überlegenheit Schutz beanspruche. Eine Korrektur sei aus Gründen der gesetzlich gewollten Rechtssicherheit jedoch nur in krassen Fällen möglich und angebracht.[494]

---

487 Canaris, AcP 200 (2000), S. 348, Fn. 265.
488 Mohr, AcP 204 (2004), 681.
489 Mohr, AcP 204 (2004), 684.
490 Siehe dazu etwa Löwisch, Arbeitsrecht, Rn. 6.
491 So auch Soergel/Pfeiffer, BGB, § 13, Rn. 27.
492 Dies ergibt sich schon aus der Überschrift des betreffenden Absatzes „Notwendigkeit zur Überarbeitung des Verbraucherbegriffs", Mohr, AcP 204 (2004), 682.
493 Medicus, JuS 1996, 767.
494 Medicus, JuS 1996, 767.

Diesem Konzept könnte allerdings die Verpflichtung der Gerichte zur europarechtskonformen Auslegung deutschen Rechts entgegenstehen.[495] Denn auch das europäische Verbraucherrecht stellt eben nicht auf die individuelle Schutzbedürftigkeit der Privatrechtssubjekte ab. Insofern müssten die Gerichte einen solchen Individualschutz aufgrund ihrer eben genannten Inpflichtnahme durch das Europarecht versagen. Geht man jedoch einen Schritt weiter, so scheint der Ansatz von Medicus wieder überzeugend: Das Gemeinschaftsrecht ist nämlich nicht nur dem primären und sekundären Europarecht, sondern auch den Verfassungsordnungen der Mitgliedstaaten verpflichtet; auch die dort enthaltenen Wertungen gehören zum Begriff des Rechts iSv Art. 220 EGV. Der Rechtsgrundsatz von Treu und Glauben existiert aber in nahezu allen europäischen Rechtsordnungen und gilt mithin als gemeineuropäischer Rechtsbestand. Dementsprechend ist den Gerichten eine Einschränkung des § 13 BGB bei einem Verstoß gegen Treu und Glauben auch im Lichte der europarechtskonformen Auslegung möglich.

Entsprechend der genannten Aspekte ist der Ansatz von Medicus vorzugswürdig. Dieser erlaubt eine Korrektur der atypischen Fälle, ohne dabei gegen den Zweck oder den Wortlaut der Norm zu verstoßen. Ob allerdings im Bereich des Kunsthandels solche Fälle in Betracht kommen, wird anhand der jeweiligen Fallkonstellation zu zeigen sein.

c. Zwischenergebnis

Der Rahmen und Inhalt des Verbraucherbegriffes in § 13 BGB sowie die damit verbundenen Diskussionen wurden hier rein abstrakt dargestellt. Weitere Einzelprobleme werden im Rahmen der Einordnung der Protagonisten des Kunstmarktes auftauchen und an entsprechender Stelle ausführlich dargestellt.[496]

2. Der Begriff des *Unternehmers*

Zur Einordnung der auf der Verkäuferseite agierenden Parteien auf dem Kunstmarkt ist es auch erforderlich, einen Blick auf den Begriff des *Unternehmers* zu werfen; er ist als weiterer Zentralbegriff des Verbraucherschutzes von hoher Bedeutung für die kommende Diskussion. Dies zeigt sich schon daran, dass es eines Schutzes des Verbrauchers eben nur dann bedarf, wenn dieser einem Unternehmer gegenübersteht, weil nur dann eine Ungleichgewichtslage bestehen kann, die es auszugleichen gilt.[497]

---

495 Siehe dazu EuGH Urt. v. 14.7.1994, Rs. C 91/92, NJW 1994, 2473; Jarass, DVBl. 1995, 957.

496 Siehe B, IV, 1, a.

497 Dies ergibt sich bereits aus den Ausführungen zu den Leitbildern und Rechtsverständnissen, siehe B, II, 2, und 3.

Als kontradiktorisches Gegenteil zum Verbraucher definiert § 14 BGB den Unternehmer als *eine natürliche oder juristische Person oder eine rechtsfähige Personengesellschaft, die bei Abschluss eines Rechtsgeschäfts in Ausübung ihrer gewerblichen oder selbständigen beruflichen Tätigkeit handelt.*

Der persönliche Anwendungsbereich des § 14 BGB ist demnach recht weit gefasst und dient weniger einer Begrenzung, als er vielmehr jeden erfassen soll, der in Ausübung seiner gewerblichen oder beruflichen Tätigkeit handelt.[498]

In sachlicher Hinsicht ist auch für die Unternehmereigenschaft wieder die Zweckrichtung des Handelns entscheidend, die entweder gewerblich oder selbständig beruflich sein muss.

Das *Gewerbe* ist dabei als eine rechtlich selbständige, planmäßige und auf Dauer angelegte, mit der Absicht auf Gewinnerzielung ausgeübte und äußerlich erkennbar auf mindestens einem Markt hervortretende Tätigkeit zu definieren.[499]

In Anlehnung an die handelsrechtliche Diskussion im Zusammenhang mit der Einordnung öffentlich-rechtlicher Unternehmen ist i.R.d. § 14 BGB jedoch keine Gewinnerzielungsabsicht erforderlich; vielmehr genügt nach der ganz h.M. eine gewisse Entgeltlichkeit der ausgeübten Tätigkeit.[500] Eine selbständige berufliche Tätigkeit schließlich üben Angehörige der freien Berufe aus, die traditionell kein Gewerbe betreiben; wie die gewerbliche Tätigkeit muss auch die selbständige berufliche Tätigkeit planvoll, auf gewisse Dauer ausgerichtet und entgeltlich sein.[501] Das Merkmal „selbständig“ dient lediglich der Abgrenzung von der unselbständigen Arbeit.

Die Merkmale „auf Dauer angelegt“ und „planvoll“ verweisen darauf, dass ein gewisser organisatorischer Mindestaufwand betrieben werden muss; dabei wird das Erfordernis eines planmäßigen Geschäftsbetriebes als Indiz für das Vorliegen einer entsprechenden Tätigkeit gewertet.[502]

Ansonsten gilt im Rahmen des § 14 BGB spiegelbildlich das zu § 13 BGB Gesagte; auch die Kriterien zur Auslegung des Zweckes sind identisch.

3. Der Begriff des *Verbrauchsgüterkaufs*

Die Fragestellung der Arbeit bezieht sich auf den Verbraucherschutz beim Kauf von Kunstgegenständen. Insofern stellt der Begriff des Verbrauchsgüterkaufes in § 474 I BGB einen zentralen Baustein der Diskussion dar.

---

498 Bamberger/Roth/*Schmidt-Räntsch*, BGB, § 14, Rn. 5; Frotscher, Verbraucherschutz, S. 69.

499 Staudinger/*Habermann*, BGB, § 14, Rn. 33.

500 Staudinger/*Habermann*, BGB, § 14, Rn. 34; MüKo/*Micklitz*, BGB, § 14, Rn. 16; Erman/*Saenger*, BGB, § 14, Rn. 12.

501 Erman/*Saenger*, BGB, § 14, Rn. 15.

502 Staudinger/*Habermann*, BGB, § 14, Rn. 37; Erman/*Saenger*, BGB, § 14, Rn. 11.

Das Institut des Verbrauchsgüterkaufs resultiert aus der Umsetzung der Verbrauchsgüterkaufrichtlinie. Der sachliche Anwendungsbereich dieser Richtlinie wird in Art. 1 II lit. b) durch die Legaldefinition der „*Verbrauchsgüter*" festgelegt; umfasst sind dabei, abgesehen von einigen Einschränkungen, alle beweglichen körperlichen Gegenstände. Im deutschen Recht stellt § 474 I BGB auf den Begriff des „Verbrauchsgüterkaufs" ab, der als Kauf einer beweglichen Sache eines Verbrauchers von einem Unternehmer umschrieben wird.

Aus dieser Definition folgt für den *persönlichen* Anwendungsbereich, dass der Käufer ein Verbraucher und der Verkäufer ein Unternehmer sein muss. Bei Kaufverträgen zwischen Unternehmern oder Verbrauchern untereinander, sowie in Konstellationen, in denen ein Verbraucher an einen Unternehmer verkauft, ist mithin kein Verbrauchsgüterkauf gegeben.[503]

In *sachlicher* Hinsicht erfolgt durch die Definition eine Einschränkung auf Kaufverträge, die zum Erwerb beweglicher Sachen geschlossen werden. Der Rechtskauf und der Kauf von Immobilien oder gewissen nicht körperlichen Gegenständen sind damit aus dem Bereich des Verbrauchsgüterkaufs ausgenommen. Nach Maßgabe des § 474 I S.2 BGB gelten die Bestimmungen über den Verbrauchsgüterkauf nicht für gebrauchte Sachen, die in einer öffentlichen Versteigerung verkauft werden, an der der Verbraucher persönlich teilnehmen kann. Wegen der besonderen Bedeutung von Versteigerungen für den Kunstmarkt stellt sich hier die bedeutsame Frage, ob Kunstobjekte *Verbrauchsgüter* im Sinne der Richtlinie bzw. *gebrauchte Sachen* im Sinne des § 474 I S.2 BGB sein können.

Im Folgenden ist nun zu betrachten, wie sich die bisher nur allgemein dargestellten Regelungen auf die Realitäten des Kunstkaufes anwenden lassen. Erst die vorab dargestellten Hintergründe zu den Kunstwerken selbst, den Beteiligten des Kunstmarktes und den entscheidenden Begriffen des Verbraucherschutzrechts ermöglichen die Untersuchung des Zusammentreffens beider Felder.

IV. Der Kunstkauf als Verbrauchsgüterkauf i.S.d. § 474 I BGB

Wie bereits mehrfach angedeutet soll nun die Frage geklärt werden, wie die Kunstgüter sowie die Protagonisten des Handels in rechtlicher, insbesondere verbraucherrechtlicher, Hinsicht zu qualifizieren und einzuordnen sind. Dabei wird es schwerpunktmäßig auf die Betrachtung der Verbrauchsgüterkaufrichtlinie RL 1999/44/EG, die Regelungen zum Verbrauchsgüterkauf in § 474 BGB sowie die Begriffe der §§ 13, 14 BGB ankommen. Der Verbrauchsgüterkauf in der Gestalt des § 474 I BGB ist als elementare Begriffsbestimmung im deutschen Recht der Ausgangspunkt dieser Diskussion.

---

503 Hk-BGB/*Saenger*, BGB, § 474, Rn. 2; Schindler, JA 2004, 835.

1. Voraussetzungen des Verbrauchsgüterkaufs gemäß § 474 I S.1 BGB

§ 474 I S.1 BGB enthält eine Legaldefinition des Verbrauchsgüterkaufs. Demnach liegt ein solcher vor, wenn ein Verbraucher von einem Unternehmer eine bewegliche Sache kauft. Nachdem nunmehr sowohl die entscheidenden Hintergründe und Grundlagen des Verbraucherschutzes als auch die praktischen Gegebenheiten auf dem Kunstmarkt ausführlich dargestellt wurden, lässt sich diskutieren, welche Parteien wann als Verbraucher bzw. Unternehmer tätig werden.

a. Die Verbrauchereigenschaft – „Der Kunstverbraucher"

Zur Feststellung, welche der oben genannten Parteien überhaupt als Verbraucher i.S.d. § 13 BGB in Betracht kommen, empfiehlt sich ein Blick auf die in der Norm enthaltene Definition; danach ist Verbraucher jede natürliche Person, die ein Rechtsgeschäft zu einem Zweck abschließt, der weder ihrer gewerblichen noch ihrer selbständigen beruflichen Tätigkeit zugeordnet werden kann. Bereits bei einem oberflächlichen Blick auf diese Definition lassen sich bestimmte Käufergruppen des Kunstmarktes leicht einordnen.

Zum einen ist klar, dass der *Privatkäufer*, der in relativ großen und unregelmäßigen Abständen ein dekoratives Kunstwerk für seinen Privathaushalt kauft, als Verbraucher i.S.d. § 13 BGB einzustufen ist. Demgegenüber bewirkt die Begrenzung des Verbraucherbegriffs auf natürliche Personen, dass etwa Stiftungen des bürgerlichen[504] und öffentlichen[505] Rechts dem § 13 BGB nicht untergeordnet werden können;[506] dies gilt genauso für rechtsfähige Personen- oder Kapitalgesellschaften.[507] Bei Käufen dieser Einrichtungen liegt mithin auch kein Verbrauchsgüterkauf i.S.d. § 474 I S.1 BGB vor. Damit scheiden öffentliche Museen sowie stiftungsrechtlich organisierte Privatsammlungen als „Kunstverbraucher" von vorneherein aus. Dies gilt in gleichem Maße für Kunsthandlungen und Galerien,[508] deren Geschäfte daneben ohnehin eindeutig einem gewerblichen oder selbständig beruflichen Zweck zugeordnet werden können.

Damit bleibt vor allem eine Käufergruppe zu betrachten, die für den Kunstmarkt und oft genug auch für die Künstler von entscheidender Bedeutung ist: Die Kunstsammler.[509]

---

504 Statt vieler sei hier nur bspw. die Sammlung Frieder Burda, Baden-Baden genannt.

505 So bspw. die Stiftung Preußischer Kulturbesitz, Berlin.

506 EuGH, NJW 2002, 205; Erman/Saenger, BGB, § 13, Rn. 5; Krebs, DB 2002, 517.

507 EuGH, NJW 2002, 205; Prütting/Wegen/Weinreich/Prütting, BGB, § 13, Rn. 8; Schmidt, JuS 2006, 2; teilweise sind Museen durchaus in diesen Rechtsformen organisiert; das Deutsche Historische Museum in Berlin etwa ist (noch) als GmbH organisiert.

508 Diese sind häufig als GmbH oder KG organisiert.

509 Zur Weite dieses Begriffes siehe vor allem B, I, 3, b, aa.

Sofern diese nicht in Form einer juristischen Person organisiert sind, stellt sich die Frage, ob sie im Rahmen von Käufen als Verbraucher i.S.d. §§ 13, 474 BGB auftreten können. Zu berücksichtigen ist dabei vor allem, dass Sammler im Gegensatz zu den Privatkäufern nicht nur hin und wieder sondern relativ regelmäßig Kunstwerke erwerben und diese teilweise auch wieder verkaufen, sei es, um den Sammlungsschwerpunkt zu verdichten, neue Ankäufe finanzieren zu können oder schlicht als Einnahmequelle, wenn ein entsprechender Bedarf entsteht.[510] Daneben ist anzumerken, dass Sammler häufig eine höhere, weil spezialisiertere, Sachkenntnis haben, als ihr marktwirtschaftliches Gegenüber und durch ihre Position auch einen gewissen Einfluss auf die Preisentwicklung der Werke haben können.[511] Damit scheint die Figur des Sammlers in einer Grauzone zwischen Händler und Privatkäufer zu liegen, die eine Beurteilung im Rahmen des Verbrauchsgüterkaufes erschwert. Während er als natürliche Person durchaus Verbraucher i.S.d. § 13 BGB sein kann, stellt sich damit die entscheidende Frage, ob ein von einem Kunstsammler abgeschlossener Kunstkauf seiner „gewerblichen oder selbständigen beruflichen Tätigkeit" zugerechnet werden kann.

aa. Der private Kunstsammler als Kunstverbraucher

Maßgeblich für die Zuordnung zu den §§ 13, 14 BGB ist der Vertragszweck des jeweils konkret abgeschlossenen Rechtsgeschäfts. Dieser ist anhand objektiver Maßstäbe zu ermitteln; subjektive Vorstellungen des Handelnden können zwar ein Indiz für die Feststellung des objektiven Vertragszweckes sein, sind aber letzten Endes nicht entscheidend.[512] Wegen der eindeutigen Anknüpfung am objektivierten Vertragszweck spielt es zunächst auch keine Rolle, ob der Käufer über besondere Erfahrung, umfangreiche Sachkenntnis oder einen starken finanziellen Hintergrund verfügt.[513] Diese, den Kunstsammler charakterisierenden Eigenschaften, sind mithin an dieser Stelle nicht zu berücksichtigen. Entscheidend für die Verbrauchereigenschaft ist allein der Vertragszweck.

Obwohl § 13 BGB eine negative Definition des Vertragszwecks enthält, wird vereinzelt versucht, eine positive Formel zu finden, die eine Einordnung erleichtert. Ein Verbrauchergeschäft soll demnach vorliegen, wenn das Geschäft lediglich der Haushaltsführung, der Daseins- oder Gesundheitsvorsorge oder der

---

510 Zur Verkaufstätigkeit des Sammlers siehe Ebling/Schulze, Kunstrecht, Rn. 1231; Ganteführer/Wacker, Kunstsammler, S.7; Adriani, Polke – Eine Retrospektive (2007), S. 93 ff.

511 Siehe dazu schon B, I, 3, b, aa, sowie B, I, 4, a, bb.

512 Staudinger/*Weick*, BGB, § 13, Rn. 42; Soergel/*Pfeiffer*, BGB, § 13, Rn. 27;

513 Palandt/*Heinrichs*, BGB, § 13, Rn. 2; Soergel/*Pfeiffer*, BGB, § 13, Rn. 27;

Freizeitgestaltung dient.[514] Wendet man diese Charakteristika auf den Sammler an, kommt wieder dessen Ambivalenz zum Vorschein. Einerseits kann man eine aktive Sammlungstätigkeit relativ teurer Güter kaum mit der Haushaltsführung gleichsetzen, andererseits aber entsteht das Sammeln aus einem privaten Interesse heraus, das sich im weiteren Sinne auch dem Bereich der Freizeit zuordnen lässt. Insofern zeigt sich, dass der Versuch einer positiven Definition das in Frage stehende Problem nicht zu lösen vermag.

Aus der negativen Definition des § 13 BGB und dem Ausschließlichkeitsverhältnis gegenüber § 14 BGB ergibt sich, dass der Kunstsammler dann als Verbraucher tätig wird, wenn er nicht als Unternehmer handelt. Damit kommt es darauf an, ob der Sammler bei einem Kunstkauf in Ausübung einer gewerblichen oder selbständigen beruflichen Tätigkeit, also letztlich eben unternehmerisch, handelt.

Bezüglich des bei §§ 13, 14 BGB zu verwendenden Gewerbebegriffes herrscht Uneinigkeit; teilweise wird auf den handelsrechtlichen Gewerbebegriff des § 1 HGB verwiesen,[515] während dieser nach anderer Ansicht schon aus methodischen Gründen nicht auf § 13 BGB anwendbar sei.[516] Allerdings herrscht Einigkeit, dass der Begriff des Unternehmers im BGB über den handelsrechtlichen letztlich hinausgehe und eine gewerbliche Tätigkeit dann vorliege, wenn eine planvolle, auf gewisse Dauer angelegte, selbständige und wirtschaftliche Tätigkeit ausgeübt wird, die sich nach außen manifestiert.[517]

(1) Planmäßige und auf Dauer angelegte Tätigkeit

Zunächst also müsste die jeweilige Person planvoll und auf gewisse Dauer am Markt tätig werden.[518] Dazu muss sie einen gewissen organisatorischen Mindestaufwand betreiben. Was die Dauer der Tätigkeit betrifft, so kann diese mit der Art des jeweiligen Verbraucherrechtsgeschäfts variieren.[519] Zweck der §§ 13, 14 BGB i.V.m. der jeweiligen Sondernorm, hier vor allem § 474 I S.1

---

514 Erman/*Saenger*, BGB, § 13, Rn. 13; Palandt/Heinrichs, BGB, § 13, Rn. 3; teilweise wir die Heranziehung solcher positiv formulierter Einordnungsversuche jedoch gänzlich abgelehnt, etwa Staudinger/*Weick*, BGB, § 13 Rn. 50; interessant zur positiven Definition des Schweizer Rechts MüKo/*Micklitz*, BGB, § 13, Rn. 30.

515 Staudinger/*Weick*, BGB, § 14, Rn. 51; MüKo/*Micklitz*, BGB, § 14, Rn. 18.

516 Soergel/*Pfeiffer*, BGB, § 13, Rn. 11.

517 Prütting/Wegen/Weinreich/*Prütting*, BGB, § 14, Rn. 7; Soergel/*Pfeiffer*, BGB, § 14, Rn. 11 ff.; MüKo/*Micklitz*, BGB, § 14, Rn. 18; einzelne Merkmale dieser Definition werden leicht unterschiedlich vertreten; dies wird im Rahmen des jeweiligen Tatbestandsmerkmales zu prüfen sein.

518 BGH, NJW 2002, 368, damals allerdings noch zu § 1 VerbrKrG.

519 MüKo/*Micklitz*, BGB, § 14, Rn. 19.

BGB, ist es, ein entstandenes wirtschaftliches Ungleichgewicht auszugleichen.[520] Insofern ist ein gelegentliches Tätigwerden nicht ausreichend; vielmehr muss die Tätigkeit planmäßig auf eine Vielzahl von Geschäften ausgerichtet sein.[521] Nun stellt sich aber die Frage, wie sich diese Erfordernisse bei den privaten Kunstsammlern verwirklichen. Eine gewisse Dauer der Sammlungstätigkeit kann man diesen in der absoluten Mehrheit der Fälle sicherlich zusprechen. Fraglich sind aber zum einen das Vorliegen eines organisatorischen Mindestaufwands sowie die planmäßige Ausrichtung auf eine Vielzahl von Geschäften. Diese Kriterien wurden bisher weder von der Rspr. noch von der Lehre mit Leben gefüllt, was die Figur des Kunstsammlers betrifft. Was aber ist im Zusammenhang mit einer Kunstsammlung unter einer Vielzahl von Geschäften zu verstehen? Bedeutende Sammlungen können aus hunderten, ja tausenden von Werken bestehen, genauso aber auch aus einer kleinen Anzahl herausragender Hauptwerke eines einzelnen Künstlers. Eine klare Vorgabe und damit eine Einordnungshilfe lässt sich demnach mit diesen Kriterien für die vorliegende Frage nicht erreichen.

(2) Wirtschaftliche Tätigkeit am Markt

Als weiteres Merkmal des unternehmerischen Handelns i.S.d. §§ 13, 14 BGB wird gefordert, dass sich die Person wirtschaftlich betätigt und sich diese Tätigkeit nach außen hin manifestiert.[522] Die Absicht, mit der Tätigkeit Gewinne zu erzielen, ist dabei nach ganz herrschender Meinung entbehrlich.[523] Dies ergibt sich zunächst aus der europarechtlichen Provenienz der §§ 474 ff. BGB und den entsprechenden Gesetzesmaterialien.[524] Der Verzicht auf das Merkmal der Gewinnerzielungsabsicht ist aber auch im Interesse eines wirksamen Verbraucherschutzes geboten, da diese als rein interne Tatsache dem Gegenüber beim Vertragsschluss häufig verborgen bliebe. Stattdessen wird nach allgemeiner Überzeugung auf das Merkmal der Entgeltlichkeit abgestellt;[525] dieses ist bei einem

---

520 MüKo/*Micklitz*, BGB, § 14, Rn. 19.

521 So zum Handelsrecht Baumbach/Hopt/*Hopt*, HGB, § 1, Rn. 13.

522 So etwa Prütting/Wegen/Weinreich/*Schöpflin*, BGB, § 14, Rn. 7.

523 BGH, ZIP 2006, 453; Soergel/*Pfeiffer*, BGB, § 14, Rn. 13; MüKo/*Micklitz*, BGB, § 14, Rn. 23; Palandt/*Heinrichs*, BGB, § 14, Rn. 2; Lorenz, EWiR 2006, 453; Schmidt, NJW 2006, 3; Faber, ZEuP 1998, 869; zur Diskussion über das Erfordernis der Gewinnerzielungsabsicht im Handelsrecht siehe Baumbach/Hopt/*Hopt*, HGB, § 1, Rn. 16; Oetker, HandelsR, S. 19.

524 BGH, NJW 2006, 2251; Soergel/Pfeiffer, BGB, § 14, Rn. 11; siehe dazu auch BT-Drs. 14/6040, 243.

525 Staudinger/*Habermann*, BGB, § 14, Rn. 35; MüKo/*Micklitz*, BGB, § 14, Rn. 22; Erman/*Saenger*, BGB, § 14, Rn. 12; Bamberger/Roth/*Schmidt-Räntsch*, BGB, § 14, Rn. 6.

Kunstsammler, der Werke verkauft unproblematisch erfüllt, was von der Gewinnerzielungsabsicht sicherlich nicht ohne weiteres behauptet werden könnte. Darüber hinaus soll ein unternehmerisches Handeln nur dann vorliegen, wenn eine Angebotstätigkeit am Markt zu erkennen ist.[526] Diese muss sich nicht als Tätigkeit am Markt im Wettbewerb mit anderen darstellen, da es im Verbraucherschutz keine Rolle spielt, ob das Unternehmerhandeln als solches nach außen erkennbar ist. Abzustellen ist im Gegensatz zum Handelsrecht nicht auf Rechtsklarheit, Publizität und Vertrauensschutz sondern vielmehr auf den Ausgleich wirtschaftlicher Ungleichgewichtslagen; dann erschiene es aber widersinnig, wenn ein Unternehmer durch Abstinenz vom Markt seine Unternehmereigenschaft und damit den Verbraucherschutz umgehen könnte.[527] Mithin genügt es, dass der Handelnde eine gewisse Anbieterfunktion am Markt erfüllt, ohne dabei jedoch in ernsthaftem Wettbewerb mit anderen stehen zu müssen.[528]

Eine gewisse Angebotstätigkeit ist den „aktiven" Kunstsammlern insofern zuzusprechen, als sie doch mit einer gewissen Kontinuität Werke auf den Markt geben und insofern der Angebotsseite zuzuordnen sind. Eine Wettbewerbssituation entsteht dabei aufgrund des geringen Maßstabes und der mangelnden unternehmerischen Organisation nicht, was aber ohnehin entbehrlich wäre. Letztlich gilt es aber auch hier, im Einzelfall zu prüfen, ob ein Kunstsammler tatsächlich in ausreichendem Maße am Markt als Anbieter auftritt. Verkauft ein Sammler Werke etwa nie aus eigener Initiative, sondern nur dann, wenn ein anderer Sammler oder ein Museum an ihn wegen eines bestimmten Stückes herantritt, so wird sich eine wirtschaftliche Tätigkeit ebenso wenig bejahen lassen, wie eine Angebotstätigkeit am Markt.[529]

(3) Abgrenzung des unternehmerischen Handelns von der privaten Vermögensverwaltung

Die letztlich entscheidende Frage bei der Einordnung der Tätigkeit des Kunstsammlers ist, ob er noch im Rahmen der privaten Vermögensverwaltung oder doch bereits unternehmerisch handelt.[530] Während bestimmte Teilbereiche privater Vermögensverwaltung, wie etwa Wertpapier- oder Immobiliengeschäfte,

---

526 Soergel/*Pfeiffer*, BGB, § 14, Rn. 13; Schmidt, NJW 2006, 3.

527 MüKo/*Micklitz*, BGB, § 14, Rn. 25

528 Erman/*Saenger*, BGB, § 14, Rn. 13.

529 Oswald, DStZ/A 1976, 160.

530 Das ungeschriebene negative Merkmal „*keine Vermögensverwaltung*" wird im Steuerrecht bei der Prüfung, ob eine „*wirtschaftliche Tätigkeit*" vorliegt, stets mitgeprüft; derart weit gehen die methodischen Erwägungen bei §§ 13, 14 BGB wohl noch nicht, auch wenn die private Vermögensverwaltung stets als eigenständiger Punkt von großer Bedeutung behandelt wird, so etwa MüKo/*Micklitz*, BGB, § 14, Rn. 45; Staudinger/*Habermann*, BGB, § 14, 37.

immer wieder Gegenstand der zivilrechtlichen Rechtsprechung sind, existieren kaum Materialien zur Einordnung der Tätigkeit eines privaten Kunstsammlers iRd §§ 13, 14 BGB. Dennoch könnte die Sammeltätigkeit durchaus auch als private Vermögensverwaltung einzustufen sein.

Das Halten und Verwalten eines Aktiendepots etwa weist durchaus große Parallelen zur Sammlungstätigkeit eines Kunstliebhabers auf;[531] beide „Anlageformen" werden gerade von privat agierenden Personen häufig lange gehalten und nur hin und wieder verkauft, um dem „Portfolio" einen anderen Schwerpunkt zu verleihen, Verluste auszugleichen oder finanzielle Mittel für neue Ankäufe zu schaffen. Unterschiede bestehen insofern, als das Verwalten einer Kunstsammlung wohl nur in wenigen Fällen ähnliche Renditen aufweist wie andere Anlageformen und diese viel eher der Befriedigung ideeller als wirtschaftlicher Interessen dient.

Nach der höchstrichterlichen Rechtsprechung[532] und der ganz herrschenden Ansicht in der Literatur[533] stellt die Verwaltung eigenen Vermögens grundsätzlich keine gewerbliche Tätigkeit und gleichfalls keine selbständige berufliche Tätigkeit dar, auch wenn sie die sonstigen Anforderungen des Unternehmerbegriffes an sich im Einzelfall erfüllen mag. Die Höhe des so verwalteten Vermögens, die auch im Falle von Kunstsammlungen beträchtlich sein kann, spielt dabei keine Rolle.[534] Die Vermögensverwaltung kann in Ausnahmefällen aber dann als gewerbs- bzw. berufsmäßig eingestuft werden, wenn der Umfang der mit ihr verbundenen Geschäfte einen planmäßigen Geschäftsbetrieb erfordert, der sich etwa durch das Unterhalten eines eigenen Büros oder durch die Einstellung spezieller Angestellter äußern kann. Insgesamt entscheidend ist somit, ob die Verwaltung des Vermögens das Bild eines planmäßigen Geschäftsbetriebes vermittelt, was jeweils im Einzelfall zu beurteilen ist.[535] Die Ausrichtung auf eine Vielzahl gleichartiger Geschäfte spricht dabei für ein professionelles Vorgehen.[536] Kunstsammler betreiben in aller Regel keinen Aufwand, der dem eben dargestellten entspricht. Im Vordergrund steht meist die persönliche Beschäftigung mit dem Sammlungsgebiet und so beschränkt sich die geschäftliche Tätigkeit auf die Ergänzung der Sammlung und gelegentliche Verkäufe. Die Einrichtung eines eigenen Büros nur für diese Tätigkeit wie auch die Einstellung eines Angestellten zur Betreuung der Sammlung dürften, schon aufgrund der erheblichen zusätzlichen Kosten, nur in sehr seltenen Ausnahmefällen anzunehmen sein. Eine Ausrichtung auf eine Vielzahl gleichartiger Geschäfte ist ebenso we-

---

531 So auch Oswald, DStZ/A 1976, 161.

532 BGH, NJW 2002, 368; BGH, NJW 2000, 3497; BGH, BGHZ 74, 276.

533 MüKo/*Micklitz*, BGB, § 13, Rn. 45; Soergel/*Pfeiffer*, BGB, § 13, Rn. 32; Palandt/*Heinrichs*, BGB, § 13, Rn. 3; Bülow, Artz, Verbraucherprivatrecht, S. 21, jew. m.w.N.

534 MüKo/*Micklitz*, BGB, § 13, Rn. 45; Bülow, Artz, Verbraucherprivatrecht, S. 21.

535 BGH, NJW 2002, 369; Bülow, Artz, Verbraucherprivatrecht, S. 21.

536 Frotscher, Verbraucherschutz, S. 45; MüKo/*Micklitz*, BGB, § 14, Rn. 19.

nig zu erkennen, da die typischen gelegentlichen Verkäufe zum einen keine *Vielzahl* darstellen und zum anderen auch kaum *gleichartig* sein werden, da etwa die Art und Weise des Verkaufs aufgrund der Eigenheiten des Kunstmarktes und der Seltenheit von Verkäufen häufig variiert. Sammler, deren Tätigkeit nach dem Gesamtbild tatsächlich einmal einem planmäßigen Geschäftsbetrieb entspricht, werden ihre Tätigkeit ohnehin meist in Form einer Stiftung betreiben, so dass sie schon aus diesem Grund nicht als Verbraucher handeln.

Ob der mit der Vermögensverwaltung verbundene organisatorische und zeitliche Aufwand nach der Verkehrsauffassung insgesamt das Bild eines planmäßigen Geschäftsbetriebes vermittelt, bleibt letztlich aber eine im Einzelfall zu beurteilende Frage.[537] Insgesamt ist aber in der absoluten Mehrheit der Fälle davon auszugehen, dass die Tätigkeit eines privaten Kunstsammlers nicht als unternehmerisch oder gewerblich einzustufen ist, so dass dieser als Verbraucher i.S.d. § 13 BGB handelt.

Da keine Rechtsprechung zur Einordnung des Kunstsammlers i.R.d. §§ 13, 14 BGB existiert, gestaltet es sich schwierig, für eine entsprechende Einzelfallbeurteilung sinnvolle Kriterien zu gewinnen. Insofern empfiehlt sich hier ein Blick in das *Steuerrecht*, wo die Figur des Sammlers und die Einordnung dessen Tätigkeit als wirtschaftlich oder privat eine ebenso bedeutende Rolle spielt, und bereits Gegenstand zahlreicher Urteile[538] und wissenschaftlicher Auseinandersetzungen[539] war. Eine direkte Anwendung der so gewonnenen Erkenntnisse ist zwar aus methodischen Gründen nicht möglich,[540] jedoch erscheint es durchaus hilfreich, diese zur Feststellung der maßgeblichen Verkehrsauffassung bzw. dem Gesamtbild der jeweiligen Tätigkeiten heranzuziehen.

Die Figur des Sammlers ist in verschiedenen Bereichen des Steuerrechts von Bedeutung:

Im Umsatzsteuerrecht etwa kommt es darauf an, ob der Sammler als Unternehmer i.S.d. § 2 I UStG zu qualifizieren ist. Nach der dortigen Definition ist Unternehmer, wer eine gewerbliche oder berufliche Tätigkeit selbständig ausübt; damit ist diese Definition mit der in § 14 I BGB nahezu identisch. Im Einkommenssteuerrecht stellt sich darüber hinaus die Frage, ob es sich bei bestimmten Einnahmen um Einkünfte aus einem Gewerbebetrieb i.S.d. § 15 EStG oder etwa aus privaten Veräußerungsgeschäften § 23 I EStG handelt.

Hier kommt es ebenso auf die Frage an, ob die Tätigkeit eines Kunstsammlers noch als rein private Vermögensverwaltung zu sehen ist, oder ob bereits ein

537 BGH, NJW 2002, 369; MüKo/*Micklitz*, BGB, § 13, Rn. 45.

538 BFH, BFH-PR 2002, 379; BFH, DB 1987, 2080 (beide zum Briefmarkensammler); BFH, DB 1987, 2082 (zum Münzsammler); BFH, DB 1982, 1441 (zum Kunstsammler).

539 Schnorr, NJW 2004, 3214; Döring, DB 2003, 576; Viskorf, DStZ 200, 881; Wagner, DStZ 2002, 846; Wolff-Diepenbrock, DStR 1987, 1; Söffing, FR 1982, 334; Oswald, DStZ/A 1976, 160.

540 Dahingehend Soergel/*Pfeiffer*, BGB, § 13, Rn. 39.

Gewerbebetrieb bzw. ein unternehmerisches Maß erreicht ist. Indizien für eine gewerbliche Tätigkeit können hier etwa der Verkauf aufgrund dauerhafter geschäftsmäßiger Annoncen,[541] ein mangelndes anderweitiges Ersetzen der verkauften Stücke, Einnahmen aus einer entgeltlichen Leihe - also faktisch einer Vermietung - der Werke, die Verwendung der aus Verkäufen erzielten Einnahmen für andere, kunstfremde Zwecke sowie insgesamt das langjährige und regelmäßige An- und Verkaufen zu hohen Beträgen sein.[542] Daneben kann die Unterhaltung eines Büros oder die Einstellung spezieller Angestellter auch in diesem Kontext eine Indizwirkung für das Vorliegen eines Gewerbes haben.[543] Insgesamt gilt aber auch hier letztlich das Gesamtverhalten des Steuerpflichtigen, das dem eines Geschäftsmannes, hier also eines Kunsthändlers, entsprechen muss, wenn er Händler sein soll.[544] Dabei herrscht in Rspr. und Lehre Einigkeit, dass die Tätigkeit eines durchschnittlichen Sammlers, auch unter Berücksichtigung regelmäßiger Verkäufe von Sammlungsstücken, grundsätzlich keine unternehmerische Tätigkeit darstellt.[545]

(4) Zwischenergebnis

Es lässt sich also festhalten, dass Kunstsammler in aller Regel nicht unternehmerisch tätig werden. Dies bestätigt die Prüfung der i.R.d. §§ 13, 14 BGB entscheidenden Kriterien, sowie der kurze Blick in die steuerrechtliche Beurteilung des Sammelns von Kunstgegenständen. Bei Abschluss eines Geschäftes in Zusammenhang mit der Sammlungstätigkeit handelt der Kunstsammler demnach nicht zu einem Zweck der seiner gewerblichen oder selbständigen beruflichen Tätigkeit zugerechnet werden kann und wird daher gemäß § 13 BGB als Verbraucher tätig. Etwas anderes gilt nur dann, wenn der Kunstsammler nach der Verkehrauffassung wie ein Kunsthändler auftritt, was etwa bei Vorhandensein eines eigenen Büros oder Angestellter für die Sammeltätigkeit bejaht werden kann.

---

541 BFH, BFH/NV 1991, 685.

542 Zu den Indizien siehe Ebling/Schulze, Kunstrecht, Rn. 1232; Wolff-Diepenbrock, DStR 1987, 11.

543 BFH, DB 1982, 1441; hier hatte der Kläger 19 Gemälde in der Absicht erworben, diese später versteigern zu lassen; mangels zusätzlicher Anzeichen wie eben der Existenz eines Büros oder von Angestellten hatte der BFH diese Tätigkeit jedoch nicht als *gewerblich* eingestuft; es sei jedoch erwähnt, dass diese Entscheidung § 15 EStG betraf.

544 Wolff-Diepenbrock, DStR 1987, 11; zu alternativen Abgrenzungsversuchen siehe Schnorr, NJW 2004, 3217.

545 BFH, DB 1982, 1441; Ebling/Schulze, Kunstrecht, Rn. 1231; Wagner, DStZ 2002, 848; Wolff-Diepenbrock, DStR 1987, 11.

(5) Sonderproblem: Das Hinzuziehen von Beratern

Wie bereits oben erwähnt,[546] bedienen sich Sammler zunehmend der Hilfe von Beratern, die ihnen bei der Auswahl und Suche sowie bei Kauf und Verkauf der Werke zur Seite stehen. Fraglich ist insofern, ob die Einschaltung eines solchen Beraters etwas an der Verbrauchereigenschaft des Kunstsammlers zu ändern vermag. Nach dem oben Gesagten könnte die Hinzuziehung eines Beraters unter Umständen etwas an der Verbrauchereigenschaft des Sammlers ändern, wenn dadurch das Vorliegen eines geschäftsmäßigen Betriebes indiziert wird. Konstellationen, in denen ein Sammler einen Großteil seiner Sammlungstätigkeit an einen Berater abgibt und letztlich nur noch als Geldgeber im Hintergrund fungiert würden das Vorliegen einer privaten Zwecksetzung des Geschäftes im Einzelfall wohl verhindern. Die bloße Beratung jedoch, durch die der Privatsammler seine eigenen Bemühungen ergänzt, genügt als alleiniges Kriterium nicht, um ein unternehmerisches Handeln des Sammlers zu begründen.[547] Dabei bleibt aber im Einzelfall zu überprüfen, welches Ausmaß die Beratungstätigkeit in concreto erreicht.

Daneben stellt sich jedoch noch die Frage, wie sich eine Einschaltung des Beraters oder Vermittlers beim Vertragsabschluss selbst auswirkt. Denkbar, ist etwa, dass der Berater als Vertreter i.S.d. §§ 164 ff. BGB den Kaufvertrag abschließt. Weil der Berater selbst dabei in den allermeisten Fällen gewerblich oder selbständig beruflich tätig wird, könnte dies zu einem Verlust der Verbraucherschutzrechte beim Vertretenen, dem Kunstsammler, führen. Schließlich verfügt der Berater über hinreichende entsprechende Geschäftserfahrung, so dass man auf den Rechtsgedanken des § 166 BGB zurückgreifen und ein Verbrauchergeschäft des Vertretenen verneinen könnte.[548] Aus Verbraucherschutzgesichtspunkten ist jedoch zu berücksichtigen, welche Norm auf § 13 BGB Bezug nimmt; enthält diese einen ausschließlich auf den Vertrag bezogenen Schutzmechanismus, wie etwa die Regeln über den Verbrauchsgüterkauf, so kommt es allein auf die Verbrauchereigenschaft des Vertretenen und nicht die des Vertreters an.[549] Für die Vollmachterteilung kann im Übrigen abweichend vom Vertretergeschäft etwas anderes gelten.[550] Handelt der Kunstsammler nach den Gesamtumständen also trotz der Einschaltung eines Beraters zu einem privaten Zweck, so ist auch eine Stellvertretung durch diesen bei Vertragsschluss uner-

546 Siehe dazu schon B, I, 2, f; sehr aufschlussreich dazu monopol 4/2007, S. 102.

547 Dahingehend im Übrigen auch der Meinungsstand im Steuerrecht, siehe etwa Wagner, DStZ 2002, 848.

548 Erman/*Saenger*, BGB, § 13, Rn. 11.

549 Soergel/*Pfeiffer*, BGB, § 13, Rn. 51; i.Erg. auch Erman/*Saenger*, BGB, § 13, Rn. 11; Prütting/Wegen/Weinreich/*Prütting*, BGB, § 13, Rn. 11; a.A. Palandt/*Heinrichs*, BGB, § 13, Rn. 6.

550 Soergel/*Pfeiffer*, BGB, § 13, Rn. 21.

heblich. Die Hinzuziehung des Beraters bei Vertragsschluss ändert insofern nichts an der Verbraucherstellung des privaten Kunstsammlers.

bb. Sonderproblem: Der Händler als Sammler

Abschließend stellt sich noch die Frage, wie die private Sammeltätigkeit eines gewerblichen Kunsthändlers oder Galeristen einzuordnen ist. Für Kunsthändler ist es naturgemäß verlockend, Werke bestimmter Künstler auch für sich selbst zu erwerben, zumal sie zum einen häufig geringere Mittel aufwenden müssen und zum anderen natürlich in den meisten Fällen der Kunst selbst leidenschaftlich begegnen. Das in Deutschland wohl prominenteste Beispiel für den sammelnden Händler ist zweifellos Heinz Berggruen, der sowohl als Händler, wie auch als Sammler große Bedeutung erlangt hat.[551]

Betrachtet man den Typus des sammelnden Händlers, gibt es zwei Konstellationen zu unterscheiden: Zum einen den Händler, der Stücke aus seinem Geschäftsbetrieb teilweise behält und diese neben seinem Handel selbst sammelt. So etwa der eben genannte Heinz Berggruen, der vor allem mit Werken Picassos handelte, diese neben seiner gewerblichen Tätigkeit aber auch selbst sammelte.[552]

Die zweite Variante zeichnet sich dadurch aus, dass sich die Sammeltätigkeit des Händlers von seiner gewerblichen Tätigkeit inhaltlich unterscheidet. Beispielhaft wäre etwa ein Altmeisterhändler, der privat ausschließlich zeitgenössische Photographie sammelt.

In der erstgenannten Konstellation, in der sich das private Sammel- und das gewerbliche Handelsgebiet überschneiden, stellt sich zunächst einmal die Frage, was geschieht, wenn der Händler ein Werk kauft, das zwar zunächst Bestandteil seiner Sammlung wird, dessen Weiterverkauf aber ebenso möglich erscheint, wenn sich eine passende Gelegenheit bietet. Es wäre etwa denkbar, dass das Werk im Privathaushalt des Händlers hängt, dieser es aber gleichwohl geneigten

551 Heinz Berggruen, Journalist, Galerist und Sammler (1914-2007); Berggruen wurde vor allem als Galerist Picassos bekannt, von dem er selbst zahlreiche Werke besaß; so übereignete Berggruen im Jahre 2000 über 150 Arbeiten von Picasso an die Stiftung Preußischer Kulturbesitz, die diese in einem eigenen Museum präsentiert.

552 Ein in der Literatur zum internationalen Privatrecht bzw. zum Internationalen Zivilprozeßrecht häufig auftauchender Fall liegt relativ ähnlich; hier hatte der Direktor zweier britischer Philateliegesellschaften mit einem schweizerischen Auktionshaus sowohl in dieser Funktion als auch als Privatmann kontrahiert. Wegen ausdrücklicher Hinweise in den Abrechnungen und der differenzierenden Verwendung der Begriffe „Markensammler“ und „Markenhändler“ wurde ein streitiger Vertrag, der Marken aus der privaten Sammlung des Direktors zum Gegenstand hatte „noch“ als Verbrauchervertrag beurteilt, BG, BGE 121 III 336 = SZIER 1996, 84.

Interessenten zum Kauf anbietet. Dabei ist zunächst klarzustellen, dass eine Änderung des Zweckes nach Abschluss des Vertrages für § 13 BGB keine Rolle mehr spielen kann.[553] Kauft der Händler also zu rein privaten Zwecken, ändert aber später seine Meinung und verkauft das Werk als Handelsware, oder umgekehrt, so ist dies unerheblich.[554] Ist hingegen schon beim Abschluss des Vertrages objektiv nicht zu ermitteln, zu welchem Zweck der Käufer handelt oder ob er sowohl zu einem privaten als auch zu einem gewerblichen Zwecke handelt, so liegt ein Fall doppelter Zwecksetzung vor. Zwar lassen sich die klassischen Fälle dieser sog. Dual-Use-Problematik leichter erkennen, wenn etwa ein Fahrzeug zu privaten und gewerblichen Zwecken genutzt wird, doch handelt es sich auch hier um einen solchen Fall. In der vorangegangenen Bestimmung der zentralen rechtlichen Begriffe konnte festgestellt werden, dass in diesen Fällen schon dann ein unternehmerischer Zweck i.S.d. § 14 BGB zu bejahen ist, wenn die Zwecksetzung bei Abschluss des Kaufvertrages auch nur teilweise unternehmerischer Natur ist.[555] Im Umkehrschluss bedeutet dies, dass der sammelnde Händler bereits dann als Unternehmer i.S.d. § 14 BGB zu qualifizieren ist, wenn er das jeweilige Werk auch nur teilweise in Ausübung seiner Eigenschaft als Kunsthändler erworben hat; dies wäre etwa dann der Fall, wenn er das Werk zu Werbezwecken für seinen Handel nutzt oder von vorne herein nur eine kurze Zwischenfrist geplant hat, die das Werk in seinem Privatbesitz verbringen sollte. Letztlich ist dies nur im Einzelfall zu entscheiden, auch wenn die folgende Problematik viele der genannten Fälle in der Praxis einer eindeutigen Klärung zuführt:

Kauft ein Händler ein Werk für seine private Sammlung, so kann es aus verschiedenen Gründen für ihn ratsam sein, auch als Händler aufzutreten. Für sein Gegenüber bestehen die Möglichkeiten eines weitreichenden Gewährleistungsausschlusses sowie anderer vertraglicher Regelungen, die einem Verbraucher gegenüber nicht möglich wären. Deswegen und weil es sich um ein Händlergeschäft handelt, ist der Kaufpreis in den meisten Fällen deutlich günstiger. Insofern ist dem Händler daran gelegen, bei Käufen für seine private Sammlung gleichwohl als Unternehmer i.S.d. § 14 BGB aufzutreten. Hier fallen die tatsächliche und die nach außen, also dem Verkäufer erkennbare, Zwecksetzung auseinander. Aufgrund des zwingenden Charakters des Verbraucherrechts herrscht Einigkeit, dass der Zweck des Geschäfts objektiv zu ermitteln ist, da die Ver-

553 BGH, NJW 2000, 3497; Staudinger/*Weick*, BGB, § 13, Rn. 42; Soergel/*Pfeiffer*, BGB, § 13, Rn. 31.

554 Während eine solche spätere „Umwidmung“ hier keine Rolle spielt, können sich hingegen im Steuerrecht durchaus Konsequenzen daraus ergeben; zu der insoweit bedeutsamen Einordnung zum Privat- oder Betriebsvermögen siehe Wagner, DStZ 2002, 849; Wolff-Diepenbrock, DStR 1987, 1.

555 Zum Streit um die Behandlung der sog. Dual-Use-Problematik und der hier angesprochenen Lösung siehe oben B, III, 1, b, aa.

brauchereigenschaft ansonsten disponibel wäre.[556] Entscheidend ist damit grundsätzlich der durch Auslegung zu ermittelnde Inhalt des Rechtsgeschäfts. Umstritten ist jedoch die Behandlung der Fälle, in denen der Unternehmer bei Vertragsschluss weder wusste noch hätte wissen können, dass sein Vertragspartner nicht zu gewerblichen oder selbständigen beruflichen Zwecken handelt; dies betrifft genau die eben geschilderte Konfrontation des sammelnden Händlers mit seinem unternehmerischen Widerpart, der zunächst ja nicht wissen kann, dass der Händler eigentlich als Privatmann handelt.

Nach einer Ansicht ist allein der objektive Empfängerhorizont des Unternehmers maßgeblich; ein Verbrauchergeschäft soll danach nur dann vorliegen, wenn der Unternehmer die private Zwecksetzung kannte oder hätte erkennen können.[557]

Demgegenüber plädiert die herrschende Ansicht für eine Überprüfung des Geschäftszweckes anhand rein objektiver Kriterien.[558] So müsse derjenige, der zu privaten Zwecken handelt, dies aber in fahrlässiger Weise nicht hinreichend deutlich macht, durchaus durch die zwingenden Normen des Verbraucherrechts geschützt werden. Tatsächlich ist diese Ansicht vorzugswürdig, da nach dem Willen des europäischen wie auch des deutschen Gesetzgebers die zu privaten Zwecken handelnde Partei als typischerweise strukturell benachteiligte Vertragspartei geschützt werden soll. Damit handelt auch der Kunstsammler, der seine Verbrauchereigenschaft fahrlässig oder versehentlich verschweigt dennoch zu privaten Zwecken und mithin als Verbraucher, wenn er Stücke für seine private Sammlung kauft.

Schwieriger wird es jedoch, wenn der Käufer, so wie im obigen Beispiel des Kunstsammlers, den privaten Zweck bewusst verschweigt bzw. seine Unternehmereigenschaft für das konkrete Geschäft nur vortäuscht, um bessere Konditionen zu erhalten. Entsprechend dem eben Gesagten ist auch hier an sich die Verbrauchereigenschaft des Käufers zu bejahen. Allerdings hat der BGH in einer ähnlichen Konstellation dem Käufer eine Berufung auf die Verbraucherschutznormen der §§ 474 ff. BGB verweigert.[559] Dabei rechtfertigte das Gericht die Beschränkung des Verbraucherschutzes auf den redlichen Vertragspartner mit dem auch im Verbraucherschutzrecht geltenden Grundsatz von Treu und Glauben, § 242 BGB. Der Käufer könne sich deshalb nicht auf die §§ 474 ff. BGB berufen, weil seine Unternehmereigenschaft im konkreten Fall vorge-

---

556 AG Zeven, ZGS 2003, 159; MüKo/*Micklitz*, BGB, § 13, Rn. 33; Palandt/*Heinrichs*, BGB, § 13, Rn. 4; Soergel/*Pfeiffer*, BGB, § 13, Rn. 27; Bülow, Artz, Verbraucherprivatrecht, S. 18.

557 Looschelders, JR 2005, 286; Müller, NJW 2003, 1075, 1979.

558 MüKo/*Micklitz*, BGB, § 13, Rn. 35; Soergel/*Pfeiffer*, BGB, § 13, Rn. 28; Bülow, Artz, Verbraucherprivatrecht, S. 18; Ebers, VuR 2005, 365.

559 BGH, NJW 2005, 1045, in diesem Fall war der Käufer allerdings überhaupt kein Händler, so dass die Täuschung in gewisser Weise noch weiter reichte.

täuscht hatte, um gerade nicht als Verbraucher i.S.d. § 13 BGB aufzutreten; mithin handelte es sich um einen Verstoß gegen das in § 242 BGB verankerte Gebot von Treu und Glauben in Gestalt des sog. „venire contra factum proprium". Der vom BGH in diesem Urteil beschrittene Weg und insbesondere die Feststellung der Anwendbarkeit des Gebotes von Treu und Glauben auch im Verbraucherrecht wurden von der Literatur zu Recht zustimmend aufgenommen.[560] Der Begründung des BGH ist insofern nichts hinzuzufügen. Demnach ist in dem oben gebildeten Beispielsfall dem Kunstsammler, der sich bei einem privaten Kunstkauf im Rahmen seiner Sammeltätigkeit als Händler geriert, eine spätere Berufung auf seinen Verbraucherstatus nach § 242 BGB zu verwehren.

Darüber hinaus sei hier bereits angemerkt, dass die Feststellung, dass § 242 BGB auch im Verbraucherrecht des BGB Anwendung findet, eine bedeutende Rolle für die später zu erörternde Frage nach der Begrenzung des Verbraucherbegriffs spielt.

Schließlich bleibt zu klären, wie sich die erzielten Ergebnisse für den zweiten Typus des sammelnden Händlers auswirken, also denjenigen, dessen Sammel- und Handelstätigkeit inhaltlich voneinander abweichen. Zunächst ist dabei anzumerken, dass sich die Frage nach einer späteren „Umwidmung" des mit dem Geschäft verfolgten Zweckes aufgrund der inhaltlichen Divergenz in diesen Fällen nicht stellt. Daneben ergeben sich kaum Unterschiede zur oben beschriebenen Konstellation. Würde man statt auf rein objektive Kriterien auf den Empfängerhorizont des Vertragspartners abstellen, könnte sich etwas anderes ergeben, als eventuell für den Vertragspartner erkennbar wäre, dass ein bekannter Altmeisterhändler beim Kauf einer zeitgenössischen Photographie kaum zu einem gewerblichen Zweck handeln dürfte; allerdings ließe sich auch dies nur im Einzelfall entscheiden. Nach der hier vertretenen Lösung kommt es aber auf den Empfängerhorizont nicht an, so dass insofern auch keine Unterschiede oder Besonderheiten zu erkennen sind. Allerdings sei auch hier wieder auf die weitere Diskussion verwiesen, die eventuelle Unterschiede weiter beleuchten soll.

cc. Begrenzung des Verbraucherbegriffs im Kunsthandel

Wie bereits angedeutet stellt sich abschließend die Frage, ob die Geschäftserfahrung, die besondere Sachkunde oder die finanzielle Leistungsfähigkeit in bestimmten Konstellationen zu einer Begrenzung des Verbraucherbegriffs führen, etwa dann, wenn die „Ungleichgewichtslage" vollständig entfällt. Die verschiedenen Ansätze zu einer solchen Begrenzung wurden oben bereits skizziert, so

---

560 MüKo/*Micklitz*, BGB, § 13, Rn. 34; Staudinger/*Weick*, BGB, § 13, Rn. 36; Schmidt, JuS 2006, 8; Moseschus, EWiR 2005, 463; Ebers, VuR 2005, 365; Looschelders, JR 2005, 287.

dass insofern auf diese Diskussion verwiesen werden kann.[561] Zu erörtern bleibt, entsprechend dem dort gefundenen Ergebnis, lediglich der Ansatz von Medicus, der dem tatsächlich überlegenen Käufer in krassen Fällen den Schutz des Verbraucherrechts unter Berufung auf § 242 BGB verwehren will. Ein solcher Fall wurde in Gestalt des über seine Verbrauchereigenschaft täuschenden Käufers oben bereits dargestellt.[562] Ansonsten ist m.E. in der absoluten Mehrzahl der Fälle keine Begrenzung des Verbraucherbegriffs möglich, seien Expertise und Geschäftserfahrung des Käufers noch so groß.

Würde man den Anwendungsbereich des § 242 BGB in Bezug auf Kunstkäufe ausweiten und den Kunstsammlern den Schutz des Verbraucherrechts auf diesem Wege nehmen, so könnte dies immer nur im Einzelfall unter genauer Betrachtung der speziellen Sachkunde und Geschäftserfahrung geschehen. Dies würde aber zu einem erheblichen Verlust an Rechtssicherheit führen, der für beide Seiten mit Nachteilen verbunden wäre. Auf der Käuferseite wäre mit einer erheblichen Verunsicherung zu rechnen, die letztlich wohl auch zu einer Zurückhaltung am Markt führen würde. Demgegenüber wäre auch für die Angebotsseite kaum zu erkennen, ob man nun mit einem Verbraucher kontrahiert oder nicht; solche Unsicherheiten führen nach den Gesetzen der Marktwirtschaft aber in aller Regel zu steigenden Preisen, da generalisierende Regelungen und standardisierte Verträge kaum noch möglich wären.

Die gesetzgeberische Entscheidung, einen typisierenden Schutz des privaten Nachfragers gegenüber dem Unternehmer zu normieren, basiert daher unter anderem auch auf dem Gebot der Rechtssicherheit. Ziel ist es, den Käufer immer dann zu schützen, wenn er zu einem privaten Zwecke handelt und dabei einem professionellen Anbieter gegenübersteht. Außerhalb dieser Konstellation wurde bewusst auf weitere Erfordernisse oder Ausnahmen verzichtet, auch, um den Schutz möglichst weit zu ziehen. Insofern entspricht diese Methodik durchaus dem europäischen Verbraucherleitbild, das sich in Deutschland zunehmend durchsetzt;[563] zur Verwirklichung des Binnenmarktes ist es förderlich, Nachfrager und Konsumenten durch Schutzvorschriften zu verstärkter Aktivität zu ermuntern. Dabei wird gerade auch auf den kundigen, informierten und zahlungskräftigen Konsumenten gesetzt, der als idealer Motor zur Verwirklichung des Binnenmarktes gesehen wird.

Bei Betrachtung des tradierten Verbraucherleitbildes des BGB, nämlich dem unmündigen und hilfsbedürftigen Verbraucher, könnte man zunächst meinen, dass ein besonders erfahrener und kundiger Konsument von entsprechenden Regelungen tendenziell eher nicht erfasst sein sollte. Allerdings hat die Vergan-

---

561 Zu den dort diskutierten Ansätzen von Bydlinski, Mohr und Medicus siehe B, III, 1, b, bb.

562 Siehe B, IV, 1, a, bb.

563 Ausführlich zu den Leitbildern in deutschen und europäischen Recht, siehe oben B, II, 3.

genheit gezeigt, dass das Konzept des Unterlegenenschutzes auch dazu führte, den Kreis der geschützten Käufer möglichst weit zu ziehen. Letztlich ergibt sich jedenfalls auch aus diesem, ohnehin nur hintergründig einzubeziehenden Leitbild, kein anderes Ergebnis.

Abschließend lässt sich also festhalten, dass eine Korrektur des Verbraucherbegriffs auch bei höchst sachkundigen und geschäftserfahrenen Kunstsammlern nicht angezeigt ist. Einer Begrenzung der „krassen" Fälle durch § 242 BGB ist sicherlich zuzustimmen; dies wurde letztlich nun durch den BGH bestätigt, indem er dem täuschenden Verbraucher den Schutz der verbraucherschützenden Normen verwehrte. Eine deutliche Ausdehnung solcher Korrekturen scheint in den Fällen des Kunstkaufs weder sinnvoll noch notwendig.[564]

b. Die Unternehmereigenschaft

Die Definition des Unternehmers in § 14 BGB ist als kontradiktorisches Gegenteil des Verbraucherbegriffs in § 13 BGB ausgestaltet. Die entscheidenden Abgrenzungsfragen wurden bereits an anderer Stelle ausführlich dargestellt und erörtert.[565] Nach der Legaldefinition des § 14 I BGB sind Unternehmer natürliche oder juristische Personen oder rechtsfähige Personengesellschaften, die bei Abschluss eines Rechtsgeschäfts in Ausübung ihrer gewerblichen oder selbständigen beruflichen Tätigkeit handeln. Damit ist die Anbieterseite des Kunstmarktes vollständig und unproblematisch erfasst. Galerien, Kunsthandlungen und Auktionshäuser sind schon aufgrund ihrer Rechtsform und kaufmännischen Struktur und Ausrichtung zweifelsohne Unternehmer im Sinne der genannten Definition. Dies gilt auch für öffentliche Museen, die, wenn auch selten, als Anbieter tätig werden. Der gemeinschaftsrechtliche Unternehmerbegriff erfasst auch juristische Personen des öffentlichen Rechts, so dass dies im Wege der richtlinienkonformen Auslegung auch für § 14 I BGB gelten muss.[566] Wenn Museen also planvoll am Markt als Anbieter tätig werden und die entsprechende Leistungsbeziehung privatrechtlich ausgestaltet ist, handeln diese als Unternehmer i.S.d. § 14 BGB. Schließlich bleibt noch festzuhalten, dass auch der verkaufende Künstler Unternehmer i.S.d. § 14 BGB ist.[567]

---

564 Dies wird sich im weiteren Verlauf der Untersuchung bestätigen, siehe F, I, 1, 2, 3.

565 Siehe B, III, 2 sowie B, IV, 1, a, aa.

566 Soergel/*Pfeiffer*, BGB, § 14, Rn. 18. Im Gemeinschaftsrecht findet sich diese Einbeziehung ausdrücklich in der Klauselrichtlinie, Rl 93/13/EWG, Art. 2, c.

567 Soergel/*Pfeiffer*, BGB, § 13, Rn. 54; Staudinger/*Habermann*, BGB, § 14, Rn. 43.

c. Die Beweislast bezüglich der Verbraucher- bzw. Unternehmereigenschaft

Die Beweislast für das Vorliegen eines Verbrauchsgüterkaufs i.S.d. § 474 I S.1 BGB trifft grundsätzlich denjenigen, der sich darauf beruft, also in aller Regel den Verbraucher.[568] Insofern gilt hier die allgemeine Regel, dass die Darlegungs- und Beweislast für die Tatbestandsvoraussetzungen denjenigen trifft, der sich auf die Anwendung dieser für ihn günstigen Norm beruft.[569] Daher trifft den Verbraucher die Beweislast dafür, dass er selbst die Tatbestandsmerkmale des § 13 BGB erfüllt[570] und sein Vertragspartner Unternehmer ist.[571] Letzterer Beweis wird in aller Regel unproblematisch zu erbringen sein, da beim Kauf in der Galerie oder auf einer Auktion schon die Kaufmannseigenschaft des Verkäufers das Vorliegen der materiellen Erfordernisse des § 14 BGB indiziert.[572]

d. Das Vorliegen einer beweglichen Sache

Teilweise wird mit Verweis auf die Besonderheiten von Kunstwerken, wenn auch etwas überspitzt, die Frage gestellt, ob das Kaufrecht bzw. die Regeln des BGB überhaupt auf diese anzuwenden sind.[573] In diese Richtung deutet zumindest ansatzweise auch die Diskussion um Kunstgegenstände als „res extra commercium".[574] Konkret stellt sich hier nun aber die Frage, ob diese von § 474 I S.1 BGB erfasst sein können.

Bezüglich des Kaufobjekts verlangt § 474 I S.1 BGB lediglich, dass es sich um eine *bewegliche Sache* handelt. Was genau darunter zu verstehen ist, lässt sich dem Wortlaut nicht entnehmen. So bleibt etwa offen, ob eventuell nur Güter, die zum Verbrauch bestimmt sind, erfasst sein sollen; darauf deuten der Ursprung in der Richtlinie sowie die amtliche Überschrift und die Legaldefinition des „Verbrauchsgüterkaufs" in § 474 I S.1 BGB hin. Nur wenn dies aber der Fall ist, wäre die teilweise geführte Diskussion[575], ob Kunstgüter überhaupt zum *Verbrauch* bestimmt sein können, an dieser Stelle zu führen. Die Weite bzw. der Kontext der Formulierung lassen mithin das Verständnis der Norm problema-

---

568 Bamberger/Roth/*Faust*, BGB, § 474, Rn. 22; MüKo/*Lorenz*, BGB, § 474, Rn. 26; im Rahmen des Unternehmerregresses gemäß § 478 BGB kann dieser Nachweis jedoch auch vom Unternehmer zu führen sein.

569 Mankowski, VuR 2004, 79.

570 Staudinger/Weick, BGB, § 13, Rn. 67; MüKo/Micklitz, BGB, § 13, Rn. 62.

571 Prütting/Wegen/Weinreich/Prütting, BGB, § 14, Rn. 13; Mankowski, VuR 2004, 79;

572 Staudinger/*Habermann*, BGB, § 14, Rn. 68; Mankowski, VuR 2004, 80.

573 Wrede, Kunstkauf, S. 1.

574 Siehe dazu schon oben A, I; zu diesem Kontext auch Siehe dazu BGH, NJW 1990, 900 („Hamburger Stadtsiegel"); Mußgnug in Dolzer/Jayme/Mußgnug, Rechtsfragen des internationalen Kulturgüterschutzes (1994), 199 ff.

575 Wrede, Kunstkauf, S. 186.

tisch erscheinen. Folglich ist das Verständnis für den richtigen Sinn des Textes durch ein „vermittelndes Tun“[576], also durch Auslegung, zu bestimmen. Dementsprechend gilt es zunächst, den Begriff der *beweglichen Sache* in § 474 I S.1 BGB auszulegen.

aa. Der Wortsinn bzw. grammatikalische Auslegung

Grundsätzlich hat jede Auslegung eines Normtextes mit dem Wortsinn zu beginnen.[577] Dabei ist von der Bedeutung des Ausdrucks im allgemeinen Sprachgebrauch auszugehen, da der Gesetzgeber sich mit der Norm an den Bürger wendet und von diesem verstanden werden will; soweit eine besondere Rechtssprache existiert, ist diese zu berücksichtigen.[578] Enthält das Gesetz also für den Begriff eine gesetzliche Festlegung ist diese maßgebend.[579] Dabei darf man sich vorliegend nicht von der Tatsache irritieren lassen, dass § 474 I S.1 BGB eine Legaldefinition des Verbrauchsgüterkaufs enthält und somit auch auf den Begriff des Verbrauchsgutes abstellen. Vielmehr ist der weitere Wortlaut der Norm zu beachten, der die erfassten Güter schlicht als *bewegliche Sachen* beschreibt.[580] Das BGB enthält für den Begriff der Sache eine Legaldefinition in § 90 BGB, wonach nur *körperliche Gegenstände* erfasst sind. Damit sind solche Gegenstände gemeint, die im Raum abgrenzbar sind.[581] Darüber hinausgehende Beschränkungen des Sachbegriffs sind dem Wortlaut des § 90 BGB nicht zu entnehmen und seitens der Rechtsprechung und Literatur zumindest für Kunstgüter auch nicht diskutiert worden. Mithin sind Kunstgüter im Sinne der grammatikalischen Auslegung vom Begriff der beweglichen Sache in § 474 I S.1 BGB umfasst.

bb. Der Bedeutungszusammenhang des Gesetzes bzw. systematische Auslegung

Der bloße Wortsinn eines Ausdrucks wird durch den Zusammenhang, in dem er gebraucht wird, näher definiert; der Bedeutungszusammenhang eines Gesetzes bestimmt damit das Verständnis einzelner Worte und Sätze, wie auch grundsätzlich das Verständnis einer Textstelle durch deren Kontext zumindest mitbestimmt wird.[582] Hier lässt sich vorrangig das Zusammenspiel von § 474 I S.1 BGB und § 474 I S.2 BGB heranziehen. Während in § 474 I S.1 BGB keine nä-

576 Larenz/Canaris, Methodenlehre der Rechtswissenschaft (1995), S. 26.

577 Palandt/*Heinrichs*, BGB, Einl. vor § 1, Rn. 41; Larenz/Canaris, Methodenlehre, S. 141; Zippelius, Juristische Methodenlehre (1994), S. 41.

578 Larenz/Canaris, Methodenlehre, S. 141.

579 Palandt/*Heinrichs*, BGB, Einl vor § 1, Rn. 41.

580 Schroeter, JuS 2006, S. 682.

581 Palandt/*Heinrichs*, BGB, § 90, Rn. 1.

582 Larenz/Canaris, Methodenlehre, S. 145; Zippelius, Methodenlehre, S. 48.

here Bestimmung des fraglichen Begriffes vorhanden ist, nimmt § 474 I S.2 BGB gebrauchte Sachen aus dem Bereich des Verbrauchsgüterkaufs aus, sofern diese in einer öffentlichen Versteigerung verkauft werden, an der der Verbraucher persönlich teilnehmen kann. In einer bestimmten Verkaufssituation sind gebrauchte Sachen dem Anwendungsbereich des Verbrauchsgüterkaufs also entzogen; dies erscheint aber nur dann sinnvoll und notwendig, wenn diese zunächst generell erfasst sind. Mithin lässt sich aus dem Kontext schließen, dass gebrauchte Sachen grundsätzlich vom Anwendungsbereich des Verbrauchsgüterkaufs umfasst sind.[583] Dementsprechend kann hier auch die Diskussion unterbleiben, ob Kunstgüter gebraucht sein können, da sie auch dann von § 474 I S.1 BGB erfasst wären.[584]

Im Rahmen der systematischen Auslegung ist ferner darauf zu achten, eine einheitliche Terminologie innerhalb des Gesetzes zu wahren.[585] Hier ist erneut auf § 90 BGB zu verweisen, der die oben genannte Legaldefinition der Sache enthält. Entscheidend ist aber auch, dass § 92 BGB eine Definition der verbrauchbaren Sachen enthält und eine Bestimmung zum Verbrauch oder zur Veräußerung fordert. Die Einheitlichkeit der Terminologie innerhalb des BGB würde aber gefährdet, wenn man in § 474 I S.1 BGB den Begriff der beweglichen Sache auf verbrauchbare Sachen beschränken wollte. Für verbrauchbare Sachen gibt § 92 BGB in Abgrenzung zu § 90 BGB die Terminologie vor. Wird nicht die Terminologie des § 92 BGB sondern die des § 90 BGB verwendet, ist im Sinne der Einheitlichkeit davon auszugehen, dass keine Beschränkung auf zum Verbrauch bestimmte Güter stattfindet.

cc. Entstehungsgeschichte und Vorstellungen des historischen Gesetzgebers

Aus der Entstehungsgeschichte einer Norm und den so erkennbaren Normvorstellungen des Gesetzgebers lassen sich weitere Informationen für die Auslegung gewinnen.[586] Zwar ist dieser subjektive Wille nicht bindend für die grundsätzlich vorrangige teleologische Auslegung, doch ist die Entstehungsgeschichte jedenfalls ein Indikator bei der Ermittlung des Gesetzeszwecks; diese Bedeutung nimmt zu, wenn es sich um ein junges, noch nicht durch mögliche Änderungen der Lebensverhältnisse mit „schwindender Überzeugungskraft belastetes" Gesetz handelt.[587] Die vorhandenen Materialien des Gesetzgebungsprozesses wie

---

583 So auch Palandt/*Putzo*, BGB, § 474, Rn.2; Staudinger/*Beckmann*, BGB, § 474, Rn. 23.

584 Diese Frage wird aber später unter B, IV, 2, a, aa noch ausführlich erörtert.

585 Zippelius, Methodenlehre, S. 48.

586 BGH, BGHZ 46, 80; Larenz/Canaris, Methodenlehre, S. 150; Palandt/*Heinrichs*, BGB, Einl vor § 1, Rn. 45.

587 Roth, NJW 2006, 2954; Kamanabrou, ZGS 2004, 57 die dabei gerade auf das Schulrechtsmodernisierungsgesetz bzw. die Verbrauchsgüterkaufrichtlinie Bezug nehmen.

etwa die verschiedenen Entwürfe[588] oder Stellungnahmen[589] enthalten keine Hinweise auf eine weitere Einschränkung des sachlichen Anwendungsbereichs. Insbesondere ist keine Begrenzung auf solche Sachen ersichtlich, die tatsächlich zum Verbrauch bestimmt sind.

dd. Objektiv-teleologische Kriterien

Die objektiv-teleologische Auslegung schließlich fordert, den Sinn des Gesetzes danach festzusetzen, was für ein Ziel mit der Norm erreicht werden soll; dabei ist jedoch nicht der Zweck gemeint, der den subjektiven Vorstellungen des historischen Gesetzgebers entspricht, sondern vielmehr der objektiv in der Norm zum Ausdruck kommende Zweck.[590] Zweck des § 474 I S.1 BGB ist die Definition des Verbrauchsgüterkaufs, welcher wiederum besondere, verbraucherschützende Regelungen mit sich bringt. Dem Ziel, den Verbraucher in einer Kaufsituation zu schützen, kommt der Gesetzgeber näher, je weiter er den Anwendungsbereich zieht. Diese Zielsetzung spricht demnach gegen eine Einschränkung des sachlichen Anwendungsbereichs des § 474 I S.1 BGB auf tatsächlich verbrauchbare Güter. Das moderne Verbraucherleitbild, das nicht unbedingt den Schwachen schützen will, sondern durchaus auch den Starken zu vermehrter Marktaktivität animieren will, führt zur selben Konsequenz.[591] Größtmögliche Marktaktivität lässt sich nämlich nur dann erreichen, wenn der Kreis der einbezogenen Kaufsachen unbeschränkt bleibt und die Kaufmotivation somit für möglichst viele Güter gilt. Insofern ergibt sich auch aus der objektiv-teleologischen Auslegung keine weitere Einschränkung bezüglich der „beweglichen Sache“ in § 474 I S.1 BGB.

ee. Das Gebot richtlinienkonformer Auslegung

Neben die eben angewandten klassischen Auslegungsmethoden tritt im Falle von Normen, die in Vollzug einer EG-Richtlinie erlassen worden sind, die sog. richtlinienkonforme Auslegung.[592] Daraus ergibt sich die Pflicht, das Recht im Anwendungsbereich der Richtlinie und innerhalb des nationalen Methodenka-

---

588 Entwurf eines Gesetzes zur Modernisierung des Schuldrechts vom 14.5.2001; vorgelegt von den Fraktionen der SPD/Bündis90/Die Grünen, BT-Drs. 14/6040; Entwurf eines Gesetzes zur Modernisierung des Schuldrechts vom 31.8.2001, vorgelegt von der Bundesregierung, BT-Drs. 14/6857.

589 Stellungnahme des Bundesrates zum Gesetzentwurf vom 13.7.2001, BRat-Drs. 338/01; Stellungnahme des Bundesrates und Gegenäußerung der Bundesregierung vom 31.8.2001, BT-Drs. 14/6857.

590 Larenz, BGB AT, S. 153 f..

591 Ausführlich zu Fragen des Verbraucherleitbildes siehe oben B, II, 3.

592 Palandt/*Heinrichs*, BGB, Einl. vor § 1, Rn. 43.

nons richtlinienkonform zu interpretieren, damit das durch die Richtlinie erstrebte Ziel nicht durch das Nationalrecht gefährdet wird.[593] Dementsprechend lässt sich hier die Verbrauchsgüterkaufrichtlinie für die Beantwortung der aufgeworfenen Frage fruchtbar machen, da der Verbrauchsgüterkauf in Gestalt des § 474 I S.1 BGB erst durch deren Umsetzung in das BGB gelangte.[594] Konkret ist hier also fraglich, ob sich der Richtlinie 1999/44/EG eine Beschränkung der betroffenen Güter entnehmen lässt, die auf eine Unanwendbarkeit auf Kunstgüter schließen lässt.

Nach der Legaldefinition des Verbrauchsgutes in Art. 1 II b) der Richtlinie sind grundsätzlich alle beweglichen, körperlichen Gegenstände erfasst, mit Ausnahme von Gütern, die aufgrund von Zwangsvollstreckungsmaßnahmen oder anderen gerichtlichen Maßnahmen verkauft werden, sowie von Wasser und Gas, wenn nicht begrenzbar, und Strom. Diese Ausnahmetatbestände sind für Kunstgüter, zumindest nach dem heutigen Stand der Kunstwissenschaft, nicht einschlägig. Die Verwendung des Begriffes „Verbrauchsgüter“ in Art. 1 II b) könnte aber darauf hinweisen, dass von der Richtlinie nur solche Waren erfasst sein sollen, die tatsächlich zum Verbrauch bestimmt sind. Mithin ist an dieser Stelle im Wege der Auslegung der Richtlinie zu ermitteln, ob dies der Fall ist.

(1) Historische Auslegung

Die Entstehungsgeschichte der RL 1999/44/EG geht zurück auf das „Grünbuch über Verbrauchsgarantien und Kundendienst“[595] aus dem Jahre 1993. Sowohl in diesem Grünbuch als auch in dem Richtlinienvorschlag der Europäischen Kommission aus dem Jahre 1996[596] war das Verbrauchsgut als „jedes, in der Regel für den Letztverbraucher oder zur Letztverwendung bestimmtes Erzeugnis“ definiert. Man könnte sich schon fragen, ob diese enge Formulierung ein Ausklammern von Kunstgegenständen aus dem Anwendungsbereich gerechtfertigt hätte. Dies ist jedoch wegen des weiteren Fortgangs des Normgebungsverfahrens entbehrlich. Bereits der Gemeinsame Standpunkt (EG) aus dem Jahre 1998 im Hinblick auf den Erlass der Richtlinie hatte sich von dem Standpunkt der Vorschlages aus dem Jahre 1996 entfernt und die heutige Legaldefinition des

593 EuGH Urt.v. 10.4.1984, Rs. 14/83, Slg. 1984, 1891 („Sabine von Colson, Elisabeth Kamann/ Nordrhein-Westfalen“); Basedow/Rösler, JURA 2006, 230; Büdenbender, ZEuP 2004, 38.

594 Palandt/*Putzo*, BGB, Vor § 474, Rn. 1; Wrede, Kunstkauf, S. 181.

595 KOM (93) 509, endg.; Ratsdokument 10635/93; BR Drs. 926/93.

596 Vorschlag für eine Richtlinie des Europäischen Parlaments und des Rates über den Verbrauchsgüterkauf- und garantien vom 23.8.1996, KOM (95) 520 endg.; Abl. EG Nr. C 307/8.

Verbrauchsgutes angenommen.[597] In der abschließenden Fassung des Jahres 1999 schließlich ist die enge Formulierung endgültig entfallen und man beschränkte sich auf die heutige Regelung in Art. 1 II b) der Richtlinie, wonach Verbrauchsgüter grundsätzlich alle „beweglichen körperlichen Gegenstände" sind. Das Entfallen der Beschränkung auf Erzeugnisse, die zum Letztverbrauch oder zur Letztverwendung bestimmt sind, während des Gesetzgebungsverfahrens deutet mithin darauf hin, dass der Kreis der erfassten Güter möglichst weit gefasst sein soll. Mithin spricht die historische Auslegung für eine Anwendbarkeit der Richtlinie auch auf Kunstgüter.

(2) Teleologische Auslegung

Die historische Auslegung dient zuvorderst der Ermittlung des Gesetzeszweckes, also des *Telos* der fraglichen Norm. Dieser ergibt sich daher aus dem eben gewonnen Ergebnis, sowie weiteren Quellen, die auf den Gesetzeszweck schließen lassen. Die mit der Richtlinie verfolgte Absicht des europäischen Gesetzgebers lässt sich zunächst aus den Vorarbeiten zur Richtlinie sowie aus dieser selbst entnehmen.

In den Erwägungsgründen 1, 3 und 4 des Richtlinienvorschlages von 1996 wird auf das Ziel hingewiesen, dem Verbraucher die aktive Teilnahme am Binnenmarkt zu ermöglichen und ihn zu dieser zu motivieren. Dieser Gedanke wird auch in der Stellungnahme des Wirtschafts- und Sozialausschusses zu diesem Vorschlag aufgegriffen; so sieht der Ausschuss das Vorankommen in den Fragen des Verbrauchsgüterkaufs als „wichtigen Beitrag zur Vollendung des Binnenmarktes".[598] Der Text der Richtlinie 199/44/EG greift diese Zielsetzung in den Erwägungsgründen 2, 3, 4 und 5 auf; in Erwägungsgrund 3 heißt es etwa, dass die Schaffung eines gemeinsamen Mindestsockels von Verbraucherrechten das Vertrauen der Verbraucher stärkt und es ihnen gestattet, „die durch die Schaffung des Binnenmarktes gebotenen Vorzüge besser zu nutzen". Diese Quellen zeigen also nochmals[599] deutlich, welchen Zweck der europäische Gesetzgeber mit dem Verbraucherrecht bezweckt: Der Verbraucher soll durch die Gewährung von Rechten zu einer möglichst hohen Marktaktivität animiert werden, um so den Binnenmarkt nachhaltig zu realisieren.[600] Für diese Zielsetzung

597 Gemeinsamer Standpunkt (EG) Nr. 51/98 vom Rat festgelegt am 24.9.1998 im Hinblick auf den Erlass der Richtlinie des Europäischen Parlaments und des Rates zu bestimmten Aspekten des Verbrauchsgüterkaufs und der Garantien für Verbrauchsgüter, Abl. EG Nr. C 333/0046.

598 Stellungnahme des Wirtschafts- und Sozialsausschusses zu dem „Vorschlag für eine Richtlinie des Europäischen Parlaments und des Rates über den Verbrauchsgüterkauf- und Garantien" vom 27.11.1996, Abl. EG 1997, Nr. C 66/5, 6.

599 Zum grundlegenden Verständnis des europäischen Verbraucherschutzes siehe B, II, 3.

600 So auch Hänlein, DB 1999, 1641.

spricht auch die zu Beginn der Richtlinie zitierte Kompetenznorm; durch den Bezug auf Art. 95 EGV wird nochmals verdeutlicht, dass die Richtlinie vorrangig der Verwirklichung des Binnenmarktes durch Rechtsangleichung dient. Andernfalls wäre an dieser Stelle eine Begründung der Kompetenz mit dem Argument der Steigerung des Verbraucherschutzniveaus, also Art. 153 EGV, erfolgt; auch die gewählte Kompetenznorm verweist also auf die Binnenmarktharmonisierung und –förderung als Zwecksetzung der Richtlinie.

Dieser Zweck lässt sich aber am besten erreichen, wenn der Anwendungsbereich verbraucherschützender Regelungen möglichst weit gezogen wird. Folglich widersprechen Einschränkungen des sachlichen Anwendungsbereiches der Richtlinie deren Zwecksetzung. Mithin lässt sich auch im Wege der teleologischen Auslegung kein Ausschluss von Kunstgegenständen begründen.

(3) Auseinandersetzung mit den abweichenden Ansichten

In der rechtswissenschaftlichen Literatur wird teilweise vertreten, Kunstgegenstände aus dem sachlichen Anwendungsbereich der Richtlinie auszunehmen.[601] So argumentiert *Wrede*, dass die Richtlinie vorrangig Zielen des Verbraucherschutzes diene und weniger der Förderung und Harmonisierung des Binnenmarktes; dieser Schutz sei aber gerade für den Kauf alltäglicher Konsumgüter intendiert gewesen. Dabei zieht er ergänzend den Begriff der „Ware des täglichen Bedarfs" heran, den er vor allem dem Wettbewerbsrecht entnimmt. Über diesen Weg kommt er schließlich zu dem, dann auch konsequenten Ergebnis, dass Kunstgüter als Luxusgüter keine Verbrauchsgüter sein könnten.[602] Das Ergebnis ist zwar folgerichtig, geht aber von der falschen Prämisse aus, dass durch die Richtlinie das alte Verständnis des Verbraucherschutzes transportiert werden solle. Die oben getroffenen Feststellungen zum modernen Verbraucherschutzgedanken und dem entsprechenden Leitbild, gerade auf europäischer Ebene, verschließen diesen Weg jedoch. Nach dem modernen Ansatz ist die Luxusqualität von Kunst sowie deren „Einmaligkeit und Erhabenheit" keinesfalls ein Ausschlusskriterium, vielmehr beabsichtigt der Gesetzgeber auch diesen Teil des Binnenmarktes zu fördern.

Des Weiteren argumentiert Wrede dahingehend, dass die Definition des Verbrauchsgutes als *zum Letztverbrauch bestimmtes Gut* nur im Zuge einer Straffung aus dem Text der Richtlinie verschwunden sei und der Gedanke des endgültigen Verbrauchs mithin noch Gültigkeit besitze.[603] Zur Frage, wie die Entstehungsgeschichte diesbezüglich zu beurteilen ist, kann hier nach oben ver-

---

601 Wrede, Kunstkauf, S.185; Grundmann/Bianca/*Gomez*, EU-Kaufrechtsrichtlinie (2002), S.75.

602 Wrede, Kunstkauf, S. 192.

603 Wrede, Kunstkauf, S. 187.

wiesen werden;[604] daneben ist aber auch zu berücksichtigen, dass die Definition als *zum Letztverbrauch bestimmtes Gut* einen anderen Zweck hatte, als den Kreis der Waren festzulegen. Vielmehr sollte sie das persönliche Merkmal der „Unmittelbarkeit" in Art. 1 II a der Richtlinie dahingehend präzisieren, dass Kaufverträge zwischen Gewerbetreibenden im Falle der nicht beruflichen Nutzung unter den Anwendungsbereich der Richtlinie fallen sollten.[605] Beabsichtigt war es also vielmehr, klarzustellen, dass nur Verträge mit Endnutzern bzw. eben „Letztverbrauchern" erfasst sein sollen. Eine nähere Umschreibung der erfassten Waren war durch diese Floskel also wohl gar nicht beabsichtigt.

Einen anderen Weg geht *Gomez*, der weniger mit dem Begriff des „Verbrauchsgutes" argumentiert, dafür aber die einzelnen Regelungen der Richtlinie als Indiz für einen Ausschluss von Kunstgegenständen sieht. Die Gewährleistungsregeln der Richtlinie sind seiner Ansicht nach eher auf solche Waren zugeschnitten, bei denen die Möglichkeit zu einer Verbesserung des Produkts besteht; der in der Richtlinie enthaltene Anreiz zur Schaffung immer langlebigerer und höherwertiger Produkte sei im Bereich des Kunsthandels sinnlos, da hier Authentizität und nicht etwa Funktionstüchtigkeit das entscheidende Kriterium sei.[606] Vielmehr hält *Gomez* die allgemeinen privatrechtlichen Regelungen für besser geeignet, mit diesen einzigartigen Gütern umzugehen. Gomez bleibt dabei aber den Nachweis schuldig, welche Regelungen er für diese These als ausschlaggebend betrachtet; entscheidend ist jedoch, dass sich diese Ansicht zu weit vom Zweck der Richtlinie entfernt und das durch die Kompetenznorm des Art. 95 EGV abgesteckte Feld verlässt.

Im Ergebnis also vermögen die genannten Absichten, die auf verschiedenen Wegen den Ausschluss von Kunstgegenständen aus dem Anwendungsbereich der Richtlinie begründen, nicht zu überzeugen. Die Anwendbarkeit der Richtlinie ist demnach nicht auf den Verkauf spezifischer Verbrauchsgüter beschränkt, sondern lediglich durch die Verkaufskonstellation von Verbraucher und Unternehmer begrenzt.[607] Die richtlinienkonforme Auslegung bestätigt somit das Ergebnis der vorangegangenen Auslegungsmethoden.

ff. Zwischenergebnis

Abschließend lässt sich also festhalten, dass Kunstgegenstände durchaus bewegliche Sachen im Sinne des § 474 I S.1 BGB sein können. Auf der Ebene des § 474 I S.1 herrscht insoweit auch Einigkeit, da sich die abweichenden Ansichten nur auf den Anwendungsbereich der Richtlinie beziehen.[608] Es entspricht

---

604 Siehe B, IV, 1, d, ee, (1).
605 Micklitz, ZEuW 1997, 231.
606 Grundmann/Bianca/*Gomez*, EU-Kaufrechtsrichtlinie, S. 75.
607 MüKo/*Lorenz*, BGB, § 474, Rn. 7; Staudinger/*Matusche-Beckmann*, BGB, § 474, Rn. 1.
608 Ausdrücklich etwa Wrede, Kunstkauf, S. 258.

mithin der ganz h.M., dass auch Kunstgüter Gegenstand eines Verbrauchsgüterkaufs i.S.d. § 474 I S.1 sein können. Entscheidend ist allein die Konstellation, dass ein Verbraucher die Ware oder eben das Werk von einem Unternehmer kauft.

Dementsprechend unglücklich stellt sich die Bezeichnung als *Verbrauchsgüter*kauf dar, die unnötige Verwirrung stiftet und insofern zahlreiche Kritiker gefunden hat.[609]

2. Der Ausnahmetatbestand des § 474 I S.2 BGB

Nach § 474 I S.2 BGB ist die Anwendung der §§ 474 ff. BGB beim Verkauf gebrauchter Sachen in öffentlicher Versteigerung, an der der Verbraucher teilnehmen kann, ausgeschlossen. Damit hat der deutsche Gesetzgeber von der in Art. 1 III RL 1999/44/EG eingeräumten Option, solche Sachverhalte vom Anwendungsbereich auszunehmen, Gebrauch gemacht. Der Umfang und die Begrifflichkeiten dieser Bereichsausnahme sind teilweise heftig umstritten, entscheidende Fragen nach wie vor offen.

a. Gebrauchte Sachen

Die Ausnahmeregelung ist grundsätzlich nur bei *gebrauchten* Sachen zulässig. Obwohl der Begriff sowohl bei § 474 I S.2 BGB als auch bei der Möglichkeit, die Verjährung von Ansprüchen des Käufers vertraglich zu begrenzen (§ 475 II Alt. 2 BGB) eine entscheidende Rolle spielt, ist er nach wie vor in hohem Maße unklar. Dabei gilt es zwei Fragen zu beantworten: Zum einen, ob bei Kunstgegenständen überhaupt ein Gebrauch in Betracht kommt und zum anderen, wie dieses Merkmal festzulegen ist.

aa. Grundsätzliche Gebrauchsmöglichkeit bei Kunstgegenständen i.R.d. § 474 I S.2 BGB

Wie schon bei der Frage des Verbrauchsgutes, stellt sich auch bei der Verknüpfung von *Kunstwerk* und *Gebrauch* ein zumindest sprachliches Unbehagen ein.[610] Dementsprechend finden sich in der Literatur durchaus Stimmen, die den *Gebrauch* bzw. die Einordnung als *gebrauchte Sache* i.R.d. § 474 I S.2 BGB bei Kunstgegenständen grundsätzlich ablehnen.[611]

---

609 Bamberger/Roth/*Faust*, BGB, § 474, Rn. 3; MüKo/*Lorenz*, BGB, § 474, Rn. 1; Oetker/Maultzsch, Vertragliche Schuldverhältnisse (2004), S. 176; Frotscher, Verbraucherschutz, S. 82; Schroeter, JuS 2006, 682.

610 Jayme, FS Rehbinder, S. 543; Wrede, Kunstkauf, S. 90 f..

611 So etwa Wrede, Kunstkauf, S. 56 ff., 226 ff.; 260f ff.

(1) Gebrauchbarkeit von Kunstgegenständen und Anwendbarkeit des § 474 I S.2 BGB

Das Gesetz spricht an dieser und anderen Stellen von gebrauchten Sachen, ohne diese jedoch legal zu definieren; grundsätzlich gelten Sachen als gebraucht, wenn sie in Benutzung genommen sind[612] oder, so die Auffassung zum alten § 11 Nr. 10 AGBG, wenn sie sich schon im Verkehr befanden und ihrem bestimmungsgemäßen Gebrauch zugeführt wurden[613]. Nach der ganz h.M. in Literatur[614] und Rspr.[615] können auch Kunstgegenstände gebraucht werden und sein. Worin der Gebrauch solcher Werke liegt, wird dabei teilweise unterschiedlich dargestellt; so sollen Kunstgegenstände etwa dadurch gebraucht sein, dass sie bereits öffentlich oder privat ausgestellt wurden.[616] Vor allem aber wird argumentiert, dass Kunstgegenstände dann gebraucht sind, wenn sie bereits gehandelt wurden; das für Gebrauchtwaren typische erhöhte Mängelrisiko bestehe bei Kunstwerken nämlich darin, dass Echtheit bzw. Herkunft wegen der häufigen Eigentümerwechsel nur schwierig zu ergründen sind.[617] Dieses Risiko entsteht aber eben erst durch das Gelangen in den Handelsverkehr. Dementsprechend wäre Kunst dann als gebraucht anzusehen, wenn sie das Atelier des Künstlers verlassen hat und in den Handel gelangt.

Am Rande sei hier schließlich auch die Rspr. zum vertraglich vorausgesetzten Gebrauch von Kunstgegenständen, speziell Gemälden, i.S.d. § 459 I BGB

---

612 Staudinger/*Matusche-Beckmann*, BGB, § 474, Rn. 41; Jauernig/*Berger*, BGB, § 474, Rn. 6; Palandt/Putzo, BGB, § 474, Rn. 11.

613 BGH, NJW 1980, 1097; OLG Düsseldorf, NJW-RR 1993, 57; Staudinger/*Coester-Waltjen*, AGBG, § 11 Nr. 10, Rn. 6.

614 Palandt/Putzo, BGB, § 475, Rn. 11; Erman/*Grunewald*, BGB, § 474, Rn. 7; Bamberger/Roth/*Faust*, BGB, § 474, Rn. 15; Staudinger/*Coester-Waltjen*, AGBG (1998), § 11, Rn. 8; AnwKomm/*Büdenbender*, BGB, § 474, Rn. 17; Doehner, Schuldrechtsreform und Verbrauchsgüterkaufrichtlinie, S. 118; Spinellis, Internationaler Kunsthandel, S. 286; Goepfert, Haftungsprobleme, S. 116; Berger, KUR 2003, 140.

615 BGH, NJW 2006, 613 ff. („Hirschfänger"); AG Ulm, Urt.v. 9.6.2004, 4 C 1004/04 (unveröffentlicht); BGH, NJW 1980, 1621 („Bodensee-Kunstauktion"); BGH, BGHZ 63, 374 („Jawlensky"); RG, RGZ 135, 342 („Van Ruisdael").

616 Palandt/Putzo, BGB, § 475, Rn.11, Berger, KUR 2003 140; MüKo/*Lorenz*, BGB, § 474, Rn. 16; ein physischer Gebrauch im Sinne einer Abnutzung ist hier jedenfalls nicht gemeint; im Übrigen werden im Steuerrecht, wo der Begriff der Abnutzung eine Rolle spielt, Kunstwerke als nicht abnutzbar eingestuft, sofern es sich um Gemälde anerkannter Künstler oder andere Kunstwerke, jedenfalls aber nicht um Gebrauchskunst handelt; siehe dazu Ebling/Schulze, Kunstrecht, Rn 1246 ff.; Müller-Katzenburg/Hofmann, BB 2000, 2563.

617 Staudinger/*Coester-Waltjen*, AGBG, § 11 Nr. 10, Rn. 8; Bamberger/Roth/*Faust*, BGB, § 474, Rn. 15; zur Problematik des Eigentümerwechsels auch BGH, NJW 1975, 972 („Jawlensky"); so auch schon zu Spinellis zu § 11 Nr. 10 AGBG, Internationaler Kunsthandel, S. 286.

a.F. erwähnt. Danach sei der Gebrauch darin zu sehen, dass sich der Eigentümer in „die Malweise und sonstige Eigenart" des Künstlers vertiefen und sich an dieser erfreuen könne.[618] Dieser vieldiskutierte Ansatz ist zwar reizvoll, spielt hier jedoch keine Rolle, da der Kontext des Gebrauchs i.R.d. § 474 I S.2 BGB ein gänzlich anderer ist, als bei § 459 I BGB a.F.; ging es in der kaufrechtlichen Diskussion darum, ob das jeweilige Werk seinen Zweck erfüllen könne, so geht es hier um die Frage der spezifischen Risiken, die durch die Benutzung oder Abnutzung des Werks entstehen.

Grundsätzlich also hält die h.M. den Gebrauch von Kunstwerken für möglich; es wäre danach nur solche Kunst als nicht gebraucht bzw. neu zu sehen, die sich noch im Atelier des Künstlers befindet. Ab dem ersten Verkauf und in der weiteren Chronologie handelt es sich jedoch um eine gebrauchte Sache.[619]

(2) Gebrauchbarkeit von Kunstgegenständen bei Unanwendbarkeit des § 474 I S.2 BGB

Gegen die h.M. wendet sich jedoch Haas[620], der zwar davon ausgeht, dass Kunstgegenstände grundsätzlich gebraucht sein können, sich dann jedoch gegen eine Anwendbarkeit des § 474 I S.2 BGB ausspricht. Kunstwerke würden weniger durch das Merkmal „gebraucht" definiert, als vielmehr durch ihr Alter und ihren hohen Wert. Der Zweck des § 474 I S.2 BGB sei es aber, geringwertige Sachen von den strengen Verbraucherschutzvorschriften auszunehmen. Dementsprechend sieht Haas Antiquitäten und Kunstwerke nicht von § 474 I S.2 erfasst.

(3) Ablehnung der Gebrauchsmöglichkeit

Einen interessanten Ansatz liefert hier erneut Wrede, der Kunstwerke weder als *gebrauchbar* noch als *gebraucht* ansieht, sondern vielmehr davon ausgeht, dass diese stets *neu* bleiben.[621] Dabei spricht er Kunstwerken „eine Art heilige Unberührbarkeit" zu, so dass diese mangels einer Gebrauchsmöglichkeit „ihres irrationalen Selbst" stets neu bleiben.[622] Schließlich bleibe auch alten Werken ihr Aussagegehalt, ihr Dekorationseffekt und die Möglichkeit ihrer Verehrung erhalten.[623] Daneben tritt nach Ansicht Wredes das schon von Haas genutzte Argument, dass Kunstwerke mit der Zeit an Wert und Wertschätzung zunehmen

---

618 RG, RGZ 135, 339 („Van Ruisdael"); dazu auch Krampe, JuS 2005, 775; Haymann, JW 1932, 1862.

619 So ausdrücklich Berger, KUR 2003, 140.

620 Haas/Medicus/*Haas*, Das neue Schuldrecht (2002), S. 265.

621 Wrede, Kunstkauf, S. 252 f..

622 Wrede, Kunstkauf, S. 252.

623 Wrede, Kunstkauf, S. 252 f..

und somit nicht gleichzusetzen sein mit dem „normalen" Verständnis von *gebrauchten Sachen.*

Nach dieser Ansicht wären Kunstwerke demnach nicht von der Ausnahmevorschrift des § 474 I S.2 BGB erfasst und die Regeln über den Verbrauchsgüterkauf blieben anwendbar.

(4) Diskussion

Letztgenannter Ansicht wäre unter kunstwissenschaftlichen Aspekten sowie aus einer gewissen Begeisterung für die Kunst sicherlich zuzustimmen. Allerdings deutet Wrede selbst an, dass die Kunst an sich eine neue, eigene Kategorie benötige, die sich zwischen den beiden Polen bewegt; dies zeigt auch die immer wiederkehrende Verwendung des Begriffes „nicht neu", die das Unbehagen mit den Begriffen „neu" und „gebraucht" anschaulich dokumentiert. Nach diesem Verständnis bliebe wegen der bestehenden Gesetzeslage dann aber nur noch die Wahl zwischen zwei Übeln. Das abschließende Postulat der immerwährenden Neuheit[624] von Kunstgegenständen weist jedoch gewisse Schwächen auf. Wrede bezieht sich zwar auf die teleologische Auslegung und das funktionale Verständnis der Begriffe *neu* und *gebraucht*, ohne diese jedoch gebührend zu würdigen. Würde man Kunstgegenstände stets als *neu* betrachten, wäre es nämlich den Versteigerern wegen § 34b VI Nr. 5b GewO grundsätzlich verboten, diese zu versteigern;[625] diese für den deutschen Kunsthandel gravierende Konsequenz kann aber nicht durch die Vermeidung eines zuvorderst begrifflichen Unbehagens aufgewogen werden.

Daneben ist in diesem Kontext zu beachten, dass der Sinn der Ausnahme von gebrauchten Sachen in dem erhöhten Mangelrisiko begründet liegt, das diesen eigen ist. Bei Kunstwerken steigt dieses in der Tat nicht durch den tatsächlichen praktischen Gebrauch, wie etwa bei Gebrauchtwagen; allerdings haben die Ausführungen zum Kunstmarkt bzw. zu der Frage des Originals bereits gezeigt, wie schwierig Echtheit und Herkunft von Kunstwerken zu ergründen sind. Das Risiko steigt im Falle von Kunstwerken also vor allem durch deren Qualität als Handelsware, die unter Umständen häufig den Eigentümer wechselt. Durch diese Eigentümerwechsel und die damit verbundenen Transporte und Ausstellungen drohen sowohl Zweifel bezüglich der genannten Eigenschaften als auch tatsächliche materielle Beeinträchtigungen, im weitesten Sinne also auch echte Gebrauchsspuren. Mag die Aura zwar immer erhalten und eventuell auch immer neu bleiben, so ist die Ware Kunst eben doch als gebraucht anzusehen.

---

624 Wrede selbst spricht insoweit auch von einem „*perpetuum mobile*", Kunstkauf, S. 253.

625 Siehe dazu auch Tettinger/Wank/*Tettinger*, Gewerbeordnung, § 34b, Rn. 53 f., Fackler/Konermann, Versteigerungsrecht, S. 15 f.

Dies ist schließlich auch der entscheidende Aspekt, der gegen die Ansicht von Haas spricht. Diesem ist zuzugeben, dass in der Regel mit dem Alter der Wert steigt, aber es kann nicht ignoriert werden, dass damit auch das Risiko steigt; insofern ist das Hauptmerkmal von Gebrauchtwaren, zumindest im Kontext des § 474 I S.2 BGB, eben doch erfüllt.

Für die h.M. und damit die Gebrauchbarkeit von Kunstwerken auch i.S.d. § 474 I S.2 spricht darüber hinaus ein ganz praktisches Argument, das im Spannungsfeld von Kunst und Recht immer wieder Probleme bereitet:

Im Sinne der Rechtssicherheit ist es angebracht, die entscheidenden Begriffe so klar wie möglich zu definieren und Abgrenzungsschwierigkeiten zu vermeiden.[626] Der Ansatz der h.M. bietet hier die sinnvollste Lösung: Was einmal in den Handel gelangt ist, ist als gebraucht anzusehen. Demgegenüber ließe sich nur schwierig feststellen, welches Werk tatsächlich einen immerwährenden Aussagegehalt besitzt, bzw. die heilige Unberührbarkeit der hohen Kunst erfährt. Sieht man den Grund für die Unanwendbarkeit des § 474 I S.2 BGB im steigenden Wert von Kunstgegenständen, begegnet man unweigerlich der Frage, wie mit solchen Werken umzugehen ist, die im Wert sinken. Die obigen Ausführungen haben darüber hinaus auch gezeigt, welch enormen Schwankungen der Kunstmarkt unterliegen kann;[627] eine Orientierung am Wert des Werkes erweist sich mithin als wenig sinnvoll.

Trotz des Unbehagens, das sich bei dem Gedanken einstellt, Dürers Bildnis seiner Mutter[628] mit einem gebrauchten Opel Astra gleichzustellen, erweist sich die Anwendbarkeit des § 474 I S.2 BGB auch auf Kunstwerke als dogmatisch und praktisch überzeugendste Lösung. Nicht umsonst hat der BGH in einer Entscheidung unter dem alten Recht Gebrauchtwagen und Kunstwerke ausdrücklich gleichgestellt.[629] Kunstwerke sind folglich ab ihrem erstmaligen Gelangen in den Handelsverkehr *gebrauchte Sachen* im Sinne des § 474 I S.2 BGB.

bb. Bestimmung der Sache als gebraucht

Kunstwerke können also durchaus gebrauchte Sachen im Sinne des § 474 I S.2 BGB darstellen. In der Praxis aber deklarieren die Auktionshäuser in ihren Versteigerungsbedingungen stets alle zur Versteigerung kommende Ware ausdrücklich als gebraucht.[630] Dies belegt zum einen die Unsicherheit im Umgang mit

---

626 Dazu auch Bamberger/Roth/*Faust*, BGB, § 474, Rn. 15; Bülow, Artz, Verbraucherprivatrecht, S. 121.

627 Siehe dazu B, III, 1, c; sowie OLG Düsseldorf, NJW 1999, 1974.

628 Albrecht Dürer, Bildnis der Barbara Dürer, geb. Holper, 1514, Kupferstichkabinett, Staatliche Museen zu Berlin.

629 BGH, NJW 1975, S. 972 („Jawlensky").

630 Siehe etwa § 9 Nr. 1a der Versteigerungsbedingungen der Villa Grisebach sowie Nr. 3 der Versteigerungsbedingungen des Kunsthauses Lempertz; genauso auch die Aukti-

diesem Merkmal, zum anderen aber wirft es auch die Frage auf, ob diese Eigenschaft überhaupt einer solchen Parteivereinbarung zugänglich ist, oder rein objektiv zu bestimmen ist.

(1) Bestimmung durch objektive Kriterien

Nach einer Ansicht soll die Bestimmung des Merkmals *gebraucht* allein nach objektiven Kriterien erfolgen.[631] Nach § 475 I BGB kann sich der Unternehmer nicht auf eine Vereinbarung berufen, die zum Nachteil des Verbrauchers von den Regelungen des Verbrauchsgüterkaufs abweicht; gemäß § 475 I S.2 BGB findet dieser Grundsatz auch dann Anwendung, wenn er durch anderweitige Gestaltungen umgangen werden soll. Dies spreche für eine Bestimmung des Merkmals nach rein objektiven Kriterien, da jede abweichende Vereinbarung von § 475 I BGB erfasst wäre.[632] Daneben spreche auch § 475 II BGB für eine objektive Bestimmung, da es der Verkäufer sonst in der Hand hätte, im Wege dieser Parteivereinbarung, die Verjährung auf ein Jahr zu begrenzen.[633]

(2) Bestimmung durch Parteivereinbarung

Demgegenüber wird vertreten, dieses Merkmal der Vereinbarung der Parteien zu überlassen.[634] Die Festlegung der geschuldeten Beschaffenheit und damit auch die Entscheidung über *neu* oder *gebraucht* liege grundsätzlich bei den Parteien.[635] Daneben sei kaum zu befürchten, dass Versteigerer neue Waren als gebrauchte versteigern lassen, um die Anwendung der §§ 474 ff. BGB zu umgehen, da sie dann in aller Regel nur einen geringeren Preis erzielen würden.

(3) Diskussion und Streitentscheid

Der zuletzt genannten Ansicht ist hier der Vorzug zu geben. Das Argument, dass der Versteigerer neue Waren ohnehin nicht als gebraucht deklarieren würde, da er dann einen geringeren Preis erzielen würde, vermag allerdings in zweifacher Hinsicht nicht zu überzeugen. Zum einen erscheint der Zusammenhang zwi-

---

onshäuser Nagel, Ketterer, Bassenge; dazu auch Müller-Katzenburg, NJW 2006, 556, m.w.N..

631 MüKo/*Lorenz*, BGB, § 474, Rn. 15; Doehner, Schuldrechtsreform und Verbrauchsgüterkaufrichtlinie, S. 118; Berger, KUR 2003, 140.

632 MüKo/*Lorenz*, BGB, § 474, Rn. 15; AnwKomm/*Büdenbender*, BGB, § 474, Rn. 17.

633 Staudinger/*Matusche-Beckmann*, BGB, § 475, Rn. 80.

634 Bamberger/Roth/Faust, BGB, § 474, Rn. 15; Staudinger/Matusche-Beckmann, BGB, § 474, Rn. 43 ff..

635 Staudinger/Matusche-Beckmann, BGB, § 474, Rn. 43; Bamberger/Roth/Faust, BGB, § 474, Rn. 15 m.w.N.

schen der Deklaration als gebraucht und einer damit einhergehenden Preisminderung nicht zwingend; gerade im Kunsthandel dürfte dem durchschnittlichen Käufer bewusst sein, dass es sich bei Kunstgegenständen grundsätzlich um gebrauchte Sachen handelt, so dass sich dieses Merkmal keineswegs als Makel darstellt. Vor allem aber geht mit der Bestimmung als gebrauchte Ware der Ausschluss der §§ 474 ff. BGB einher, welcher dem Veräußerer Vorteile bietet, die einen theoretisch möglichen Preisnachlass zweifelsohne auszugleichen vermögen.

Die Vorzugswürdigkeit der Bestimmung durch Parteivereinbarung liegt in einem anderen Aspekt begründet. Schutzzweck des § 474 I S.2 BGB ist es, den Versteigerer, der in aller Regel nur flüchtig mit der versteigerten Sache in Kontakt kommt, nicht denselben Mängelansprüchen auszusetzen, wie den Unternehmer, der mit hoher Sachkunde und spezialisiert geprüfte Ware verkauft.[636] In Ergänzung dazu tritt die Tatsache, dass dem Erwerber bei einer Versteigerung grundsätzlich ein geringeres Schutzbedürfnis zuzugestehen ist als bei einem regulären Kauf. Jeder Versteigerung wohnt schließlich ein spekulatives Element inne, dessen sich die Käufer auch bewusst sind.[637] Schließlich war die Fundsachenversteigerung einer der Hauptfälle, die bei der Entwicklung der Regelung zugrunde gelegt wurden.[638] Aus diesen Gründen ist dann auch die von der Gegenansicht kritisierte Verkürzung der Verjährung im Sinne des § 475 II BGB in Kauf zu nehmen.

Aus dem Zusammenspiel von erhöhter Schutzbedürftigkeit des Versteigerers und verminderter Schutzbedürftigkeit des Käufers ergibt sich mithin die Möglichkeit der Bestimmung als „gebraucht“ durch eine Vereinbarung der Parteien.

Für den Kunsthandel hat dies jedoch kaum praktische Konsequenzen: Entsprechend dem oben Gesagten sind Kunstwerke in aller Regel ohnehin objektiv gebraucht; die dahingehende Deklarierung der Waren durch die Versteigerer wäre folglich unnötig, da auch nach objektiven Kriterien der Ausschlusstatbestand des § 474 I S.2 BGB erfüllt wäre.

b. Der Begriff der öffentlichen Versteigerung

Der Ausschlusstatbestand des § 474 I S.2 BGB kommt ferner nur dann zur Anwendung, wenn die gebrauchten Sachen in einer *öffentlichen Versteigerung* verkauft werden, an der der Verbraucher persönlich teilnehmen kann. Die Auktionshäuser weisen in ihren Versteigerungsbedingungen ausdrücklich darauf hin,

---

636 Staudinger/Matusche-Beckmann, BGB, § 474, Rn. 44.
637 Staudinger/Matusche-Beckmann, BGB, § 474, Rn. 44.
638 Siehe dazu BR, BT-Drs. 14/6857, 31; BReg, BT-Drs. 14/6857, 63.

dass es sich bei Ihnen um eine solche handelt.[639] Was aber genau unter einer solchen öffentlichen Versteigerung, an der der Verbraucher persönlich teilnehmen kann, zu verstehen ist, ist umstritten.

aa. Anwendung der Legaldefinition des § 383 III S.1 BGB

Die herrschende Ansicht in Literatur[640] und Rechtsprechung hält die Legaldefinition der öffentlichen Versteigerung in § 383 III S.1 BGB für maßgeblich, nach der die Versteigerung durch einen für den Versteigerungsort bestellten Gerichtsvollzieher, durch einen zu Versteigerungen befugten anderen Beamten oder durch einen öffentlich angestellten Versteigerer zu erfolgen hat. Der nach § 34b V GewO öffentlich *bestellte* Versteigerer wurde dem öffentlich *angestellten* Versteigerer im Sinne des § 383 III S.1 BGB bereits im Jahre 1989 durch das „Hamburger Stadtsiegel"-Urteil[641] des BGH gleichgestellt, was seither als unbestritten geltendes Recht übernommen wurde.[642] Begründet wird diese Auffassung zunächst damit, dass die in § 383 III S.1 BGB vorhandene Legaldefinition im gesamten Anwendungsbereich des Gesetzes und damit auch im Rahmen des § 474 I S.2 BGB Geltung haben müsse. Angeknüpft wird hier also an die Person des Versteigerers, der auf eine der genannten Arten öffentlich legitimiert sein muss.

bb. Keine Beschränkung im Sinne des § 383 III S.1 BGB

Nach der Gegenansicht[643] erfasst § 474 I S.2 BGB jede für den Verbraucher allgemein zugängliche Versteigerung, unabhängig von der Person des Versteigerers. Begründet wird diese Ansicht zuvorderst damit, dass § 474 I S.2 BGB auf Art. 1 III der Verbrauchsgüterkaufrichtlinie beruhe, wonach die Mitgliedsstaaten festlegen können, dass unter „Verbrauchsgütern" keine gebrauchten Güter zu verstehen sind, die in einer öffentlichen Versteigerung verkauft werden, bei der die Verbraucher die Möglichkeit haben, dem Verkauf persönlich beizuwohnen.

---

639 Siehe etwa § 1 der Versteigerungsbedingungen von Lempertz und Grisebach; in den Versteigerungsbedingungen von Ketterer heißt es ausdrücklich (§ 9): *„Die gebrauchten Sachen werden in einer öffentlichen Versteigerung verkauft, an der der Bieter/Käufer persönlich teilnehmen kann. Die Regelungen über den Verbrauchsgüterkauf finden nach § 474 I S.2 BGB keine Anwendung"*.

640 Bamberger/Roth/*Faust*, BGB, § 474, Rn. 16; MüKo/*Lorenz*, BGB, § 474, Rn. 13; Palandt/*Heinrichs*, BGB, § 383, Rn. 4; Erman/*Grunewald*, BGB, § 474, Rn. 6; Staudinger/*Matusche-Beckmann*, BGB, § 474, Rn. 46; Reinicke/Tiedtke, Kaufrecht, Rn. 727; Lorenz, EWiR 2006, 67; Berger, KUR 2003, 142.

641 BGH, NJW 1990, 900.

642 Müller-Katzenburg, NJW 2006, 556.

643 LG Berlin, Urt.v. 8.4.2005, 56 S 80/04 (unveröffentlicht); Palandt/*Putzo*, BGB, § 474, Rn. 2; Winkler, NJ 2006, 267; Wertenbruch, NJW 2004, 1981.

Durch diese Regelung habe man die Versteigerung als spezielle Vertriebsform privilegieren wollen, so dass demnach auch jede Versteigerung erfasst sein müsse.[644]

cc. Diskussion und Streitentscheid

Der letztgenannten Ansicht ist zunächst zuzugestehen, dass der auf Art. 1 III der Richtlinie basierende Zusatz in § 474 I S.2 BGB „an der der Verbraucher persönlich teilnehmen kann" bei einem Rückgriff auf die Legaldefinition des § 383 III S.1 BGB an sich überflüssig ist; öffentliche Versteigerungen im Sinne des § 383 III S.1 BGB sind nämlich immer allgemein zugänglich, so dass der Verweis ins Leere geht. Allerdings ist fraglich, ob dies bereits hinreichend zum Ausdruck bringt, dass der Gesetzgeber damit den Anwendungsbereich des § 474 I S.2 BGB tatsächlich gegenüber § 383 III S.1 BGB erweitern wollte.

Nach den Vertretern der weiten Auffassung intendierte der Gesetzgeber mit der Schaffung des § 474 I S.2 BGB auch die Privilegierung einer bestimmten Vertriebsmethode, namentlich der Versteigerung. Die nur oberflächliche Befassung mit der Ware sowie die Vielzahl der zum Verkauf kommenden Güter seien ausschlaggebend dafür, dass der Versteigerer unabhängig von seiner Person haftungsrechtlich zu privilegieren sei.[645]

Ein genauer Blick auf die Entstehungsgeschichte der Norm relativiert jedoch diesen zunächst nachvollziehbaren Ansatz. Die Ausnahmeregelung des § 474 I S.2 BGB kam auf Bitte und Anregung des Bundesrates in das Schuldrechtsmodernisierungsgesetz. Aus den Materialien zur Entstehungsgeschichte ergibt sich, dass man dabei vor allem die Versteigerung von Fundsachen i.S.d. § 979 BGB und die Versteigerung hinterlegungsfähiger Sachen i.S.d. § 383 BGB vor Augen hatte. Dabei wurden ausdrücklich die Koffer- und Fundsachenversteigerungen der Verkehrsbetriebe genannt, die ohne eine entsprechende Regelung zwingenden Gewährleistungsansprüchen ausgesetzt wären.[646] Im weiteren Verfahren erfuhr dieser Gedanke Zustimmung sowohl durch die Bundesregierung[647] als auch durch den Bundestag[648]. Die Intention des Gesetzgebers war also nicht eine Privilegierung des Versteigerungsgewerbes, sondern vielmehr die Erhaltung der Möglichkeit eines Gewährleistungsausschlusses bei bestimmten öffentlichen Versteigerungen. Eine Absicht, den Anwendungsbereich des § 474 I S.2 BGB gegenüber der schon bestehenden Legaldefinition in § 383 III S.1 BGB zu erweitern, lässt sich mithin nicht erkennen.

---

644 Wertenbruch, NJW 2004, 1981.

645 Wertenbruch, NJW 2004, 1981.

646 So ausdrücklich in der Stellungnahme des Bundesrates zum Entwurf der Bundesregierung für ein Gesetz zur Modernisierung des Schuldrechts, BT-Drs. 14/6857, S. 31.

647 Gegenäußerung zur Stellungnahme des Bundesrates, BT-Drs. 14/6857, S. 62.

648 Beschlussempfehlung und Bericht des Rechtsausschusses, BT-Drs. 14/7052, S. 197.

Daneben hat die herrschende Ansicht auch den Sinn und Zweck der §§ 474 ff. BGB auf ihrer Seite. Grundsätzlich soll der Verkäufer gegenüber dem Verbraucher für die Vertragsmäßigkeit der Sache haften. Eine Abweichung von diesem Grundsatz erscheint aber nur dann akzeptabel, wenn dies im Interesse der öffentlichen Hand geboten ist – so bei der Fundversteigerung – oder in den Fällen, in denen der Versteigerer aufgrund seiner Person eine gesteigerte Gewähr für die sachkundige und ordnungsgemäße Durchführung der Versteigerung bietet. Die gesteigerte Gewähr ergibt sich aus der öffentlichen Bestellung i.S.d. § 34b IV GewO; wurde ein Versteigerer derart legitimiert, kann das Publikum auf dessen besondere Qualifikation vertrauen.[649] Eine Ausnahme ist aber eben nur in diesen beiden Konstellationen gerechtfertigt, in allen anderen muss es bei der Anwendung der §§ 474 ff. BGB bleiben.

Im Lichte dieses Regelungszwecks gilt es auch, ein klassisches Auslegungskriterium zu beachten. Wegen der grundlegenden Bedeutung eines Rechtsprinzips, das aus Schutzzwecken möglichst wenig eingeschränkt werden soll, sind Ausnahmevorschriften grundsätzlich eng auszulegen.[650] Dies hat auch hier Bestand, wo der Grundsatz des Verbraucherschutzes nur in besonderen Fällen eingeschränkt werden darf; mithin spricht auch dieses Rechtsprinzip für eine Beschränkung auf die Legaldefinition des § 383 III BGB bzw. gleichgestellte Fälle.

Zu diesem Ergebnis kommt man im Übrigen auch dann, wenn man im Sinne einer richtlinienkonformen Auslegung die Entstehungsgeschichte der Verbrauchsgüterkaufrichtlinie selbst betrachtet. Der Ausschlusstatbestand in Art. 1 III der Richtlinie kam erst im Laufe des Gesetzgebungsverfahrens in die Richtlinie, „um der speziellen Situation in einigen Mitgliedstaaten Rechnung zu tragen".[651] Diese Formulierung zeigt bereits, dass es nicht eine generelle Privilegierung das Ziel war, sondern lediglich die Möglichkeit, den Mitgliedstaaten für bestimmte Konstellationen – wie etwa die Fundsachenversteigerung – einen gewissen Spielraum zu gewähren.[652] Art. 1 III der Richtlinie beinhaltet zwar auch die Möglichkeit, das Versteigerungsgewerbe unabhängig von der Person des Versteigerers zu privilegieren, der deutsche Gesetzgeber hat sich aber, wie oben erläutert, für eine engere Regelungen entschieden. Dies ist nach Maßgabe des Art. 8 II der Richtlinie durchaus möglich, da die Festlegung eines höheren Verbraucherschutzniveaus stets im Einklang mit der Richtlinie steht, die schließlich

---

649 Dies wurde schon vor einiger Zeit durch den BGH festgehalten BGH, NJW 1990, 899 („Hamburger Stadtsiegel")

650 Larenz/Wolf, BGB AT, § 4, Rn. 48.

651 Begründung zum Gemeinsamen Standpunkt (EG) Nr. 51/98, vom Rat festgelegt am 24.9.1998, im Hinblick auf den Erlass der Richtlinie des Europäischen Parlaments und des Rates zu bestimmten Aspekten des Verbrauchsgüterkaufs und der Garantien für Verbrauchsgüter, Amtsbl. Nr. C 333 v. 30.10.1998, S. 53.

652 Anders aber Doehner, Schuldrechtsreform und Verbrauchsgüterkaufrichtlinie, S. 113, der jede öffentlich zugängliche Versteigerung von Art. 1 III der Richtlinie erfasst sieht.

nur einen Mindeststandard beschreiben soll. Mithin zeigt die richtlinienkonforme Auslegung, dass eine Privilegierung der Versteigerung als Vertriebsform nicht intendiert war. Selbst wenn dies der Fall gewesen wäre, ist die engere Auffassung des nationalen Gesetzgebers bzw. der Wissenschaft aufgrund des Mindeststandardprinzips jedenfalls zulässig.[653]

Daneben dürfte dem nationalen Gesetzgeber ein ordnungspolitisches Interesse daran zu unterstellen sein, den Vorteil möglicher Gewährleistungsausschlüsse von der öffentlichen Vereidigung nach § 34b V GewO abhängig zu machen. Dadurch entsteht ein gewisser Druck auf die Versteigerer, sich dieser gewerberechtlichen Kontrollinstitution zu unterwerfen, was aus Sicht des Gesetzgebers nur wünschenswert sein kann.[654]

Schließlich ist hier noch einmal das Argument der herrschenden Auffassung und des BGH aufzugreifen, dass die Legaldefinition in § 383 III S.1 BGB grundsätzlich im gesamten Geltungsbereich des Gesetzes Geltung haben müsse. Allgemein gilt, dass unter mehreren, dem Wortsinne nach möglichen Auslegungen diejenige den Vorrang verdient, die die Wahrung der sachlichen Übereinstimmung mit einer anderen Bestimmung desselben Gesetzes ermöglicht.[655] Wo also eine Legeldefinition besteht, ist auf diese zurückzugreifen, es sei denn der Gesetzgeber wollte erkennbar von dieser abweichen. Für dieses Abweichen finden sich jedoch keine Anhaltspunkte.

Aus der Gesamtschau der genannten Argumente ergibt sich die Vorzugswürdigkeit der erstgenannten Auffassung, den Begriff der öffentlichen Versteigerung in § 474 I S.2 BGB im Sinne des § 383 III S.1 BGB zu definieren. Der herrschenden Meinung in der Wissenschaft, der sich der BGH ausdrücklich angeschlossen hat[656], ist zuzustimmen.

dd. Besondere Berücksichtigung des Kunstversteigerungsgewerbes

Der Streit um die Reichweite der öffentlichen Versteigerung in § 474 I S.2 BGB hat in der Praxis des Kunsthandels allerdings eine weit geringere Brisanz, als man zunächst vermuten mag. Der Großteil der Kunstversteigerer ist ohnehin mit öffentlich vereidigten Versteigerern besetzt.[657] Insofern hat das Bekenntnis des BGH[658] zur Anwendung des § 383 III S.1 BGB auf § 474 I S.2 BGB im Kunst-

---

653 Lorenz, EWiR 2006, 67.

654 Zu den Voraussetzungen einer solchen Vereidigung siehe Tettinger/Wank/*Tettinger*, GewO, § 34b, Rn. 25.

655 Larenz, BGB AT, S. 146.

656 BGH, NJW 2006, 614 („Hirschfänger“).

657 Müller-Katzenburg, NJW 2006, 556; nach schriftlicher Auskunft des Auktionshauses Villa Grisebach vom 23.01.2007 sind zwei Drittel der Versteigerer öffentlich bestellt.

658 BGH, NJW 2006, 614 („Hirschfänger“).

versteigerergewerbe also keineswegs Entsetzen ausgelöst, sondern vielmehr den status quo in der Praxis bekräftigt.

c. Möglichkeit der persönlichen Teilnahme

Das Erfordernis der Möglichkeit der persönlichen Teilnahme wird an sich bereits durch den Begriff der „öffentlichen Versteigerung" in § 383 III S.1 BGB impliziert, so dass, wie oben gesehen, die dahingehende Formulierung in § 474 I S.2 BGB eigentlich unnötig ist.[659] Eine solche Teilnahmemöglichkeit liegt vor, wenn dem Verbraucher Gelegenheit gegeben wird, persönlich anwesend zu sein und die Beschaffenheit der Ware in Augenschein zu nehmen.[660] Erst dadurch sowie durch den so möglichen Kontakt zum Versteigerer vermindert sich das Risiko des Verbrauchers derart, dass es gerechtfertigt erscheint, eine Ausnahme zu den Sonderregelungen der §§ 474 II ff. BGB zuzulassen. Nach einhelliger Ansicht besteht diese Möglichkeit jedoch nicht bei Online- bzw. Internetauktionen, da dort eine persönliche Teilnahme bzw. Besichtigung nicht möglich ist.[661] Die Versteigerung für einen geschlossenen, persönlich eingeladenen Personenkreis schließt den Charakter einer öffentlichen Ersteigerung ebenso aus.[662] In allen anderen Fällen genügt bereits das Bestehen der Möglichkeit der persönlichen Teilnahme, ob der Verbraucher diese tatsächlich nutzt, oder sein Gebot etwa schriftlich oder fernmündlich abgibt, ist dabei unerheblich.[663] Die klassische Kunstversteigerung in Form der sog. Platzauktion bietet die Möglichkeit der persönlichen Teilnahme sowohl im Rahmen der Vorbesichtigung als auch im Rahmen der eigentlichen Versteigerung. Mithin handelt es sich auch in diesem Sinne um eine öffentliche Versteigerung nach § 383 III S.1 BGB bzw. § 474 I S.2 BGB.

d. Zwischenergebnis

Die Diskussionsergebnisse im Zusammenhang mit dem Ausnahmetatbestand des § 474 I S.2 BGB lassen sich also wie folgt zusammenfassen:

---

659 Siehe dazu oben B, IV, 2, b, cc.

660 Jauernig/*Berger*, BGB, § 474, Rn. 5; MüKo/*Lorenz*, BGB, § 474, Rn. 13; Staudinger/*Matusche-Beckmann*, BGB, § 474, Rn. 48, Erman/*Grunewald*, BGB, § 474, Rn. 6; Berger, KUR 2003, 142.

661 Staudinger/*Matusche-Beckmann*, BGB, § 474, Rn. 48; Erman/*Grunewald*, BGB, § 474, Rn. 6; Bamberger/Roth/*Faust*, BGB, § 474, Rn. 16, jew. m.w.N.; siehe hierzu und zur Online-Versteigerung um allgemeinen B, III, 2, e.

662 AnwKomm/*Büdenbender*, BGB, § 474, Rn. 15.

663 Bamberger/Roth/*Faust*, BGB, § 474, Rn. 16; Palandt/*Putzo*, BGB, § 474, Rn. 2; Staudinger/*Matusche-Beckmann*, BGB, § 474, Rn. 48.

Trotz allen sprachlichen Unbehagens können Kunstgegenstände durchaus *gebraucht* im Sinne des § 474 I S.2 BGB sein und sind dies bereits ab ihrem erstmaligen Gelangen in den Handelsverkehr.

Ob ein Gegenstand gebraucht ist, ist grundsätzlich auch einer Parteivereinbarung zugänglich, auch wenn dies praktisch kaum von den Ergebnissen einer rein objektiven Bestimmung abweicht.

Der Begriff der öffentlichen Versteigerung i.S.d. § 474 I S.2 BGB schafft das Erfordernis einer *„doppelten Öffentlichkeit"*. Zum einen muss es sich bei dem Verkäufer um einen im Sinne des § 383 III S.1 BGB bzw. § 34 b V GewO öffentlich legitimierten Versteigerer handeln. Daneben muss die Auktion auch tatsächlich frei zugänglich sein und insofern die Möglichkeit der persönlichen Teilnahme gewähren.

Abschließend also ist die Kunstversteigerung in Form der Platzauktion in aller Regel eine öffentliche Versteigerung im Sinne des § 474 I S.2 BGB. Lediglich Internet-Auktionen und Privat-Auktionen ohne Beteiligung eines öffentlich legitimierten Versteigerers im oben genannten Sinne erfüllen nicht den Ausnahmetatbestand.

3. Ergebnis

Die vorangegangene Diskussion hat abschließend ergeben, dass der Kunstkauf durchaus ein Verbrauchsgüterkauf sein kann. Es gibt keinen überzeugenden Grund, Kunstwerke vom Anwendungsbereich des § 474 I S.1 BGB auszunehmen. Entscheidend für die Anwendung der verbraucherschützenden Regeln bleibt damit die konkrete Konstellation, also das Aufeinandertreffen von Verbraucher und Unternehmer. Insofern kann auch der geschäftserfahrene und sachkundige Kunstsammler Verbraucher i.S.d. §§ 13, 474 BGB sein.

Zur Frage des Ausnahmetatbestands in § 474 I S.2 BGB lässt sich festhalten, dass dieser auch im Kunstversteigerungsgewerbe einschlägig ist. Kunstgegenstände können durchaus gebrauchte Waren darstellen und die Kunstversteigerung erfüllt in aller Regel die Kriterien des Versteigerungsbegriffes in § 474 I S. 2 BGB.

V. Zusammenfassung des Grundlagenkatalogs

Die Einführung in den Verbraucherschutz hat die entscheidenden Motive und Leitbilder des deutschen und europäischen Verbraucherschutzes aufgezeigt, die für die folgenden Diskussionen erforderlicher Hintergrund sind. Demselben Ziel diente die Erläuterung der verschiedenen Verbraucherbegriffe.

Die Phänomenologie des Kunstmarktes stellte die Käufer- und Verkäuferseite des Kunstmarktes dar, um so den Blick für die entscheidenden rechtlichen Fragestellungen zu schärfen.

Schließlich konnte festgestellt werden, dass der Kunstkauf durchaus auch ein Verbrauchsgüterkauf sein kann, unabhängig von dem sprachlichen Unbehagen, das sich wegen der unglücklichen Formulierung einstellt. Daneben zeigte sich, dass der Ausnahmetatbestand des § 474 I S.2 BGB für den Kunstauktionshandel durchaus relevant und einschlägig ist.

Durch die Anwendbarkeit der strengen Regeln der §§ 474 ff. BGB auf den Kunstkauf ist bereits ein gewisser Schutz des privaten Käufers von Kunst verwirklicht. Schließlich entfalten diese auch ein gewisses Drohpotential bezüglich der Haftung, wodurch die Händler zu besonderer Umsicht und Sorgfalt angehalten sind.

C. Kapitel 3 - Die Mängelhaftung beim Kunstkauf

I. Vorbemerkung

Die Sachmängelhaftung beim Kunstkauf dürfte wohl der meistdiskutierte privatrechtliche Aspekt des Kunstrechts sein. Dies gründet zum einen auf der besonderen Faszination, die Kunstgegenstände und die um sie gesponnenen Sachverhalte ausüben und zum anderen aus der großen Menge realer Fälle, die eine weit zurückreichende Rechtsprechung[664] und wissenschaftliche Diskussion[665] erfahren haben. Zur Verdeutlichung der klassischen sowie der aktuellen Problemstellungen werden im Folgenden einige Fälle bzw. Urteile der höchstrichterlichen Rechtsprechung sowie der Obergerichte dargestellt.

1. RG, Urteil vom 20.1.1920 – „Sologeige"[666]

Der Kläger hatte vom Beklagten zwei Geigen zu einem Preis von 8500,- Reichsmark erworben, von denen derselbe ihm versichert hatte, dass es sich um Geigen von Kunstwert handele, gekennzeichnet durch vorzügliche Klangschönheit und gute Qualität, weshalb sie sogar noch besonders billig seien. Tatsächlich aber, so bestätigte dies auch ein Gutachter, handelte es sich um keine derartigen Sologeigen, sondern um Geigen minderer Qualität, die lediglich einen Wert von 800,- Reichsmark hatten. Der Kläger erklärte die Wandlung, sowie die Anfechtung wegen Irrtums und arglistiger Täuschung. Nach dem Gang durch die Instanzen wurde die Klage letztlich abgewiesen.

Anzumerken ist, dass das Gericht hier noch dem objektiven Fehlerbegriff folgte, indem es erklärte, dass eine als Sologeige verkaufte gewöhnliche Orchestergeige nicht fehlerhaft sei, da keine Abweichung von der normalen Beschaffenheit vorliege. Spielen könne man ja schließlich auch auf den Orchestergeigen, so dass der gewöhnliche Gebrauch durchaus möglich sei.

---

664 Vgl. etwa BGH, NJW 2006, 613 („Hirschfänger"); BGH, NJW 1995, 1673 („Burra II); BGH, NJW 1993, 2103 („Burra I); BGH, JZ 1998, 41 („Leibl/Duveneck"); BGH, GRUR 1975, 612 („Jawlensky"); RG, RGZ 135, 339 („Ruisdael"); RG, RGZ 115, 286 („Ostade/Teniers"); RG, JW 1926, 2531 („Thoma"); RG, RGZ 97, 351 („Sologeige"); OLG Düsseldorf, NJW 1992, 1326 („Warhol"); OLG Frankfurt, NJW 1982, 651 („Biedermeierzimmer"); OLG München, SeuffArch 65, Nr. 90, 181 („Cranach").

665 Siehe nur Schrader, FS Kirchner, S. 342; Müller-Katzenburg, NJW 2006, 553; Krampe, JuS 2005, 773; Wertenbruch, NJW 2004, 1977; Berger, KUR 2003, 137; Flume, JZ 1991, 633; Heinbuch, NJW 1984; Schneider, DB 1981, 199; v. Westerholt/Graupner, NJW 1978, 794; Löhr, GRUR 1976, 411; Haymann, JW 1932, 1862 jew. m.w.N..

666 RG, RGZ 97, 351 („Sologeige").

2. RG, Urteil vom 6.7.1926 – „Thoma“[667]

In diesem verworrenen Fall hatte die Klägerin in einer Kunsthandlung ein in Öl gemaltes, mit dem Signum des Künstlers Hans Thoma[668] versehenes Landschaftsbild im Tausch gegen das Werk eines anderen Künstlers erworben. Nach einigen Wirrungen stellte sich heraus, dass das Werk zwar eine authentische Signatur von Hans Thoma trug, es sich jedoch um eine von fremder Hand übermalte Lithographie einer Zeichnung desselben handelte. Die Klägerin forderte nun Schadensersatz wegen Fehlens einer zugesicherten Eigenschaft und arglistiger Täuschung. Im Ergebnis blieb die Klage erfolglos, da das RG zwar das Fehlen einer Eigenschaft bejahte, nicht jedoch deren Zusicherung.

Die Entscheidung enthält sowohl zur Frage des Zustandekommens von Vereinbarungen oder Zusicherungen, als auch zum Kreis einbeziehbarer Eigenschaften wertvolle Ausführungen, die im Laufe der späteren Diskussion heranzuziehen sind.

3. RG, Urteil vom 27.11.1926 – „Ostade/Teniers“[669]

Der Kläger verlangte von dem Beklagten die Wandelung nach dem Kauf dreier Gemälde; nach der Begutachtung durch Wilhelm von Bode[670] stellte sich heraus, dass es sich nicht – wie von den Parteien bei Vertragsschluss vorausgesetzt – um zwei Werke von Ostade[671] und eines von Teniers[672] handelte, sondern um jeweils gut erhaltene und qualitativ hochwertige Werke des 17. Jahrhunderts, die jedoch Nachahmungen der genannten Künstler darstellten. Die Berufungsentscheidung des OLG Köln wurde auf die Revision des Beklagten hin nicht aufgehoben; der Klage wurde stattgegeben.

Dieses Urteil spricht bereits einige der immer noch aktuellen Kernfragen des Kunstkaufs an. Geradezu berühmt ist die Stellungnahme, dass der vertraglich vorausgesetzte Gebrauch der Werke zumindest auch darin bestehe, dass sich der Käufer an diesen Werken erfreue und in den Kreisen der Kunstsachverständigen als der Besitzer bedeutender und höchst seltener Kunstwerke gelte. Daneben ist auch ein Kommentar zu der Frage enthalten, wie das Fehlen einer Expertise bzw. ausdrücklicher Vereinbarungen bei alten Gemälden zu werten ist.

---

667 RG, RGZ 114, 239 („Thoma“).

668 Hans Thoma, 1839-1924, deutscher Maler und Grafiker.

669 RG, RGZ 115, 286 (“Ostade/Teniers“).

670 Wilhelm von Bode, 1845-1929, Generaldirektor der Berliner Museen.

671 Adriaen von Ostade, 1610-1685, niederländischer Maler und Radierer.

672 David Teniers d.J., 1610-1690, flämischer Maler.

4. RG, Urteil vom 11.3.1932 – „Ruisdael“[673]

Der Kläger hatte von dem Beklagten ein Bild mit dem Titel „Eichen am Wasser“ gekauft, das ihm, ausweislich der Expertise eines Museumsdirektors, als Originalgemälde von Jacob I. (Isaakssohn) van Ruisdael[674] dargestellt wurde. Nach Übergabe und Zahlung des Kaufpreises iHv 15.000,- Reichsmark behauptete der Kläger, dass das Werk nicht von dem berühmten Jacob Isaakssohn van Ruisdael, sondern vielmehr von dessen Cousin und unbedeutendem Nachahmer Jakob Salomonssohn van Ruisdael stamme. Der Kläger ließ den Kaufvertrag anfechten und verlangte den Kaufpreis nebst Zinsen zurück. Die Klage blieb aber nach dem Gang durch die Instanzen letztlich erfolglos.

Dieses viel zitierte Urteil ist in mehrfacher Hinsicht aufschlussreich und interessant. Explizit und erstmals mit ausführlicher Begründung lehnte das Reichsgericht den objektiven Fehlerbegriff als für den Kunsthandel untauglich ab. Stattdessen nahm es einen Fehler bei jeder ungünstigen Abweichung von derjenigen Beschaffenheit an, die für den nach dem Vertrag vorausgesetzten Gebrauch erwartet werden müsse, unabhängig davon, ob es sich um eine zeitgenössische Kopie, eine Fälschung oder um das wertvolle Werk eines anderen Malers handle. Zum vertraglich vorausgesetzten Gebrauch wurde in Ergänzung zum „Ostade/Teniers“-Urteil ausgeführt, dass dieser darin bestehe, *sich des Besitzes eines Werkes gerade dieses Meisters zu erfreuen, sich in die Malweise und sonstige Eigenart dieses Künstlers zu vertiefen und sie sich jederzeit vor Augen zu halten.* Abgestellt wird hier also auf die Freude am Werk eines konkreten Meisters und nicht mehr an irgendeinem Werk. Wie diese Aussage aus heutiger Sicht zu beurteilen ist, wird später zu diskutieren sein.

Erheblich zum Bekanntheitsgrad der Entscheidung beigetragen haben auch die dort enthaltenen Ausführungen zum Verhältnis von Sachmangelgewährleistung und Irrtumsanfechtung.[675]

5. BGH, Urteil vom 15.1.1975 – „Jawlensky“[676]

Die beklagten Kunsthändler erwarben auf einer Auktion für 30.331,26 DM ein Ölgemälde, das im Versteigerungskatalog wie folgt beschrieben war: „ Alexej von Jawlensky, Stillleben mit grüner Flasche, 30.000,-. Ö auf Malkarton auf Holz aufgezogen. (…..) Werkstattverzeichnis des Künstlers: Nr. 1309. – Entstehungszeit 1909. Bestätigung von C.W. liegt bei.“. In vorgenanntem Gutachten bestätigte der anerkannte Sachverständige C.W., dass es sich um das betreffende

---

673 RG, RGZ 135, 340 („Ruisdael“).

674 Jacob Isaakssohn van Ruisdael, 1628-1682, niederländischer Landschaftsmaler und Radierer.

675 Siehe dazu etwa Krampe, JuS 2005, 773.

676 BGH, NJW 1975, 970 („Jawlensky“).

Bild Jawlenskys[677] handele und ihm die Herkunft des Bildes bis zum Atelier des Malers bekannt sei. In den Versteigerungsbedingungen des Auktionshauses war die Haftung für Mängel ausgeschlossen und es wurde folgendes statuiert: „die nach bestem Wissen und Gewissen vorgenommenen Katalogbeschreibungen sind keine zugesicherten Eigenschaften gemäß § 459 ff. BGB". Die Beklagten erfuhren nach der Auktion von dem Sohn des Malers, dass es sich nicht um ein Werk seines Vaters handle, sondern um ein laienhaftes und unsigniertes Imitat, das insofern gänzlich wertlos sei. Das Auktionshaus forderte schließlich die Käufer im Wege der Klage zur Zahlung des Kaufpreises auf. Die Beklagte beruft sich darauf, dass der Vertrag gar nicht erfüllt sei, sie aber jedenfalls rechtzeitig die Wandlung erklärt habe. Im Ergebnis wurde der Klage des Verkäufers stattgegeben.

Das Urteil behandelt gleich mehrere schwierige Fragen des Kunstkaufs und ist insofern auch in der Literatur umfassend gewürdigt worden.[678] Erörtert werden etwa die Voraussetzungen der Zusicherung i.S.d. § 459 BGB a.F., die Möglichkeit eines umfassenden Gewährleistungsausschlusses in Versteigerungsbedingungen, die bereits angesprochene Frage der Differenzierung nach alter und neuerer Kunst sowie der Maßstab des Verschuldens im Zusammenhang mit einer Expertise. Insofern zeigt das Urteil eine große Bandbreite spannender Fragestellungen, die alle im Laufe der weiteren Diskussion zu betrachten sind.

6. BGH, Urteil vom 13.2.1980 - „Bodensee-Kunstauktion"

In diesem Fall hatte der beklagte Auktionator eine Auktion durchgeführt, bei der unter anderem 400 Gemälde zur Versteigerung kamen: Darunter befand sich auch ein Werk, welches als Titelbild des begleitenden Kataloges diente und in demselben als „Werk eines niederländisch-flämischen Meisters um 1480-1500" bezeichnet wurde, wobei sich eine detaillierte Beschreibung anschloss. In einer Auktion wenige Monate vorher war das Werk hingegen noch als „Gemälde, 16. bis 18. Jahrhundert" bezeichnet worden und angedeutet worden, dass es sich eventuell um eine Kopie handeln könne. In den Versteigerungsbedingungen nun schloss der Auktionator die Haftung, insbesondere für seine Katalogangaben umfassend aus. Nachdem der Käufer nach dem Erwerb an der Echtheit des Werkes zu zweifeln begann, ergab sich durch eine eingehende Untersuchung, dass es sich bei diesem tatsächlich um ein Werk sehr geringen Alters handelte. Die Klägerin hatte in der Folge den Beklagten auf Zahlung des Kaufpreises, Zug um Zug gegen Rückgabe des Bildes, hilfsweise auf Abtretung der dem Versteigerer gegen den Einlieferer zustehenden Rechte, in Anspruch genommen. Wäh-

---

677 Alexej von Jawlensky, 1864-1941, russischer Maler des Expressionismus.

678 v. Hoyningen-Huene, NJW 1975, 962; Löhr, GRUR 1976, 411; Reimer, GRUR 1975, 614; jew. m.w.N..

rend das Berufungsgericht dem Hauptantrag stattgegeben hatte, hob der BGH das Urteil auf und verwies es zurück. Dieses Urteil, dass durchaus als Bestätigung und Weiterentwicklung der „Jawlensky"-Entscheidung gesehen werden kann, beschäftigte sich vor allem mit dem Zustandekommen von Zusicherungen durch Katalogangaben und der Zulässigkeit entsprechender Haftungsausschlüsse.

7. OLG München, Urteil vom 1.12.1909 – „Cranach"[679]

Neben der Rechtsprechung des RG und des BGH haben sich natürlich auch die Obergerichte mit ähnlichen Fallkonstellationen befassen müssen. In diesem frühen Urteil zur Frage der Haftung nach § 459 a.F. hatte der Kläger von dem nunmehr beklagten Verkäufer ein altes Kunstblatt gekauft, das von diesem als Zeichnung von Lucas Cranach d.Ä.[680] bezeichnet worden war. Dabei hatte der Verkäufer jedoch keine absolute Sicherheit, da das Werk nicht erkennbar signiert war. Schließlich stellte sich heraus, dass es sich nicht um einen solchen Cranach, sondern um ein Werk von dessen Zeitgenossen Bartholomäus Beham[681] handelte, der jedoch weitaus weniger berühmt ist. Der Kläger hat den Kaufvertrag schließlich mit Verweis auf die Unechtheit des erworbenen Werkes angefochten. Das OLG München erachtete die Anfechtung jedoch für ausgeschlossen und lehnte die vorrangige Mangelgewährleistung ab.

Besonders hervorzuheben ist die Feststellung, dass bei bestimmten alten Kunstgegenständen die Herkunftsbezeichnung keine objektive Eigenschaft im Sinne des § 459 BGB a.F. sei, sondern nur eine subjektive Meinung, da der Urheber bei solch alten Gegenständen niemals mit absoluter Gewissheit festgestellt werden könne. Danach würde der Käufer in diesen Fällen also lediglich eine Bildchance erwerben. Der spekulative Charakter des Kunstkaufs wurde hier also sehr deutlich formuliert.

8. OLG Frankfurt, Urteil vom 14.07.1981 – „Biedermeierzimmer"

Der Kläger hatte zunächst von dem Beklagten eine Möbelgarnitur erworben, die in einer Zeitungsannonce folgendermaßen beschrieben war: „Biedermeierzimmer, kompl. Vitrine, Schreibtisch, Nähtisch, Sofa, runder Tisch, 4 Stühle v. priv. z. vk. (auch Tisch 150 Jahre alt)". Nach der späteren Begutachtung durch einen Sachverständigen stellte sich heraus, dass die Möbel frühestens zu Beginn des 20. Jahrhunderts gefertigt worden waren und damit nicht aus der Zeit des Bie-

---

679 OLG München, SeuffArch 65, Nr. 90, 181.
680 Lucas Cranach der Ältere, 1472-1553, deutscher Maler und Grafiker der Renaissance.
681 Bartholomäus (Barthel) Beham, 1502-1540, deutscher Maler und Kupferstecher der Renaissance.

dermeier, nämlich der ersten Hälfte des 19. Jahrhunderts stammten. Der Kläger verlangte nun die Rückzahlung des Kaufpreises gegen Rückgabe der Möbel.

Nach einer Niederlage in erster Instanz hatte die Berufung des Klägers vor dem OLG Frankfurt schließlich Erfolg.

Von Interesse sind in diesem Urteil insbesondere die Ausführungen zu der Frage, welche Umstände die Echtheit zu einer zugesicherten Eigenschaft machen. Daneben wendet sich das Urteil gegen die, seit der „Cranach"-Entscheidung bestehende, Tendenz der Obergerichte[682], bei der Frage der Echtheit auch nach dem Alter des jeweiligen Werkes zu differenzieren.[683]

Die genannten Fälle zeigen einige klassische Fragen der Sachmängelgewährleistung beim Kunstkauf. Die Fragen nach dem Sachmangel selbst bzw. nach dem Zustandekommen von Zusicherungen oder Beschaffenheitsvereinbarungen tauchen immer wieder auf. Daneben deutet sich bereits an, dass sich die gesamte Frage der Haftung im Auktionshandel etwas anders gestalten könnte als im normalen Kunsthandel.

II. Der Mangel des Kunstgegenstandes

Ausgangspunkt der kaufrechtlichen Haftung bzw. Gewährleistung i.S.d. §§ 434 ff. BGB ist neben dem Vorliegen eines wirksamen Kaufvertrages nach § 433 I BGB das Vorliegen eines Sachmangels. Im Gegensatz zu § 459 I BGB a.F. wird in § 434 I S.1 BGB nicht der Mangel oder Fehler definiert, sondern beschrieben, wann eine Sache frei von Sachmängeln ist. Insgesamt sind dabei sieben Fallgruppen von Sachmängeln normiert. Diese werden im Folgenden zunächst allgemein und anschließend im Kontext des Kunsthandels dargestellt und erörtert. Ausführungen zum Rechtsmangel nach § 435 BGB schließen sich dieser Darstellung an.

1. Abweichung von der vereinbarten Beschaffenheit, § 434 I S.1 BGB

Nach § 434 I S.1 BGB ist die Sache frei von Sachmängeln, wenn sie die vereinbarte Beschaffenheit hat. Entscheidend ist damit ein subjektiver Fehlerbegriff, es wird auf das Abweichen der Ist-Beschaffenheit von der vertraglich vorausgesetzten Soll-Beschaffenheit abgestellt.

---

682 OLG Hamburg, HansGZ, Bbl. 1918, 116; OLG Hamburg, MDR 1967, 125.

683 So auch OLG Kiel, LZ 1921, 464; OLG Hamm, NJW 1987, 1028.

a. Darstellung der kaufrechtlichen Regelung

Die Norm setzt sich aus dem Begriff der Beschaffenheit und der Vereinbarung derselben zusammen, die im Folgenden dargestellt werden.

aa. Begriff der Beschaffenheit

Der Begriff der Beschaffenheit ist die zentrale Kompetenznorm des Mängelrechts, da § 434 I S.1 BGB im System der Sachmangelhaftung vorrangig zu prüfen ist.[684]

Der Umfang des Beschaffenheitsbegriffes wird infolge der ausdrücklichen Offenheit der Regierungsbegründung[685] allerdings nach wie vor kontrovers diskutiert. Die verschiedenen Ansätze werden hier erörtert, da die Definition des Beschaffenheitsbegriffs maßgeblich über die Reichweite der kaufrechtlichen Mängelhaftung entscheidet. Die gravierenden Auswirkungen dieser Diskussion werden später noch deutlicher, wenn die konkreten Gegebenheiten des Kunsthandels zu § 434 I S.1 BGB in Bezug zu setzten sind.

Das OLG Hamm verwendet weiter den engen Fehlerbegriff der Rechtsprechung zu § 459 BGB a.F.; danach sollen nur solche Umstände erfasst sein, die der Sache unmittelbar physisch auf eine gewisse Dauer anhaften.[686]

Demgegenüber vertritt die wohl h.L. einen differenzierenden Standpunkt, der im Wesentlichen davon ausgeht, dass im Begriff der Beschaffenheit die früheren Anwendungsbereiche von *Fehler* und *Eigenschaft* i.S.d. § 459 BGB a.F. zusammenfließen und somit kumulativ erfasst sind.[687] Demnach sollen zur Beschaffenheit jedenfalls auch diejenigen tatsächlichen, wirtschaftlichen und rechtlichen Bezüge gehören, die ihren Grund im tatsächlichen Zustand der Sache selbst haben und ihr auf eine gewisse Dauer anhaften.[688] Folglich umfasst der Begriff all diejenigen Merkmale der Kaufsache, die nach altem Recht zusicherungsfähige Eigenschaften waren.[689] Demnach sollen für die Zukunft erwartete

---

684 MüKo/*Westermann*, BGB, § 434, Rn. 8; Staudinger/*Matusche-Beckmann*, BGB, § 434, Rn. 31.

685 Wörtlich heißt es „ (...) insbesondere soll nicht entschieden werden, ob er nur Eigenschaften umfasst, die der Kaufssache unmittelbar physisch anhaften, oder ob auch Umstände heranzuziehen sind, die außerhalb der Sache selbst liegen", BT-Drs. 14/6040, 213; ausf. dazu auch Schmidt, BB 2005, 2763.

686 OLG Hamm, NJW-RR 2003, 1360; zust. lediglich Huber, AcP 202 (2002), 225 ff..

687 Palandt/*Putzo*, BGB, § 434, Rn. 10 f.; MüKo/*Westermann*, BGB, § 434, Rn. 8; Erman/*Grunewald*, BGB, § 434, Rn. 3; Staudinger/*Matusche-Beckmann*, BGB, § 434, Rn. 42 ff.; Bamberger/Roth/*Faust*, BGB, § 434, Rn. 20 f.; Grigoleit/Herresthal, JZ 2003, 122; Kindl, WM 2003, 411.

688 Palandt/*Putzo*, BGB, § 434, Rn. 11; MüKo/*Westermann*, BGB, § 434, Rn. 9.

689 Staudinger/*Matusche-Beckmann*, BGB, § 434, Rn. 44; Eidenmüller, ZGS 2002, 295; dies ist für den Kunstkauf durchaus von Bedeutung, da – wie oben gesehen – der abso-

oder versprochene Umstände und Entwicklungen der Sache ausscheiden, ebenso Umstände in der Person des Käufers oder anderer Personen oder solche Gegebenheiten, die mit dem physischen Zustand der Sache in keinerlei Beziehung und damit außerhalb derselben stehen.

Schließlich sei noch eine im Vordringen befindliche Ansicht genannt, die alle Differenzierungen des alten Rechts auflösen will und jede von den Parteien vereinbarte Anforderung an die Sache zu einem Bestandteil der Beschaffenheit erhebt.[690] Was zur Beschaffenheit gehört, ist danach vollständig parteiautonom festzulegen. Ein irgendwie gearteter Bezug zur Kaufsache muss zwar vorliegen, doch muss dieser nicht an die physischen Merkmale der Sache anknüpfen. Insofern kann jeder Umstand der sich in irgendeiner Weise, sei es in rechtlicher, tatsächlicher, wirtschaftlicher oder sozialer Gestalt, auf die Kaufsache bezieht, Gegenstand der Beschaffenheitsvereinbarung sein.[691] Ausgeschlossen sind damit lediglich Umstände, die sich überhaupt nicht auf die Sache beziehen, sondern ausschließlich auf eine Partei, Dritte oder Umstände außerhalb von ihr.[692]

Nach den beiden erstgenannten Ansichten wäre im Ergebnis der alte, restriktive Beschaffenheitsbegriff – wenn auch in unterschiedlichen Ausprägungen – beizubehalten. Dies lässt sich jedoch mit der Rechtslage nach dem Schuldrechtsmodernisierungsgesetz nicht mehr in Einklang bringen. Durch das Offenlassen dieser Frage in der Gesetzesbegründung hat der Gesetzgeber die Möglichkeit eröffnet, die höchst diffizilen und komplizierten Abgrenzungsfragen[693] nach dem restriktiven Beschaffenheitsbegriff aufzugeben. Der extensive Beschaffenheitsbegriff würde diese, für die Praxis durchaus belastenden Abgrenzungsprobleme endgültig beseitigen.

Von den Vertretern des restriktiven Beschaffenheitsbegriffs wird dagegen häufig angeführt, dass das Offenlassen der Frage durch den Gesetzgeber zeige, dass dieser bei der alten Regelung bleiben wolle. Dabei wird jedoch verkannt, dass sich die betreffende Regierungsbegründung auf eine Vorfassung des Gesetzes bezog, in der es neben der Vereinbarung und Garantie der Beschaffenheit noch die mit der Zusicherung der Eigenschaft i.S.d. § 459 II BGB a.F. inhaltsgleiche „Garantie für das Vorhandensein einer Eigenschaft" gab.[694] Mit der

---

lute Großteil der Judikatur vor der Reform zur Frage der zugesicherten Eigenschaft erging.

690 Prütting/Wegen/Weinreich/*Schmidt*, BGB, § 434, Rn. 18; Jauernig/*Berger*, BGB, § 434 Rn. 7; Reinicke/Tiedtke, Kaufrecht, Rn. 300 ff.; Schmidt, BB 2005, 2767; Tröger, JuS 2005, 503; Berger, JZ 2004, 277; Roth, NJW 2004, 330; Schulze/Ebers, JuS 2004, 462; jew. m.w.N..

691 Reinicke/Tiedtke, Kaufrecht, Rn. 306 f..

692 Schmidt, BB 2005, 2766; Schulze/Ebers, JuS 2004, 463.

693 Siehe dazu Berger, JZ 2004, 278; Häublein, NJW 2003, 389.

694 Siehe dazu §§ 442 I 2 Alt. 2, 444 Alt. 2 RegE, BT-Drs. 14/1640, S. 132, 236, 240.

Aufgabe dieser Differenzierung[695] im weiteren Verfahren ist dann aber die Notwendigkeit entfallen, die Beschaffenheit im Hinblick auf einen zweiten Begriff eng zu verstehen und so abzugrenzen.

Die weitgehende Gleichbehandlung von Sach- und Rechtsmangel deutet darüber hinaus bereits an, dass auch solche Umstände durchaus zur Beschaffenheit gehören können, die nicht auf deren physischem Zustand beruhen.[696] Schließlich liegt der Rechtsmangel regelmäßig nicht in der physischen Verfassung der Sache selbst begründet.

Die §§ 433 ff. BGB dienen schließlich der Umsetzung der Verbrauchsgüterkaufrichtlinie, so dass insbesondere auch deren Vorgaben im Rahmen der Diskussion um den Beschaffenheitsbegriff zu berücksichtigen sind. Zwar beschränkt sich der Anwendungsbereich derselben an sich auf tatsächliche Verbrauchsgüterkäufe, doch wurden die Vorgaben zur Vermeidung eines gespaltenen Mangelbegriffs überschießend umgesetzt. Daher gilt das Postulat der richtlinienkonformen Auslegung auch für alle Vorschriften über Kaufverträge.[697] Die in der Richtlinie in Art. 2 I festgelegte Einstandspflicht des Verkäufers für die Lieferung vertragsmäßiger Waren ist in keiner Weise beschränkt, womit auch keine Anzeichen für eine intendierte Beschränkung des Beschaffenheitsbegriffes erkennbar sind. Vielmehr spricht der in den Erwägungsgründen 2 bis 6 der Richtlinie erkennbare Zweck der Richtlinie, nämlich die Vereinheitlichung der Rechtsvorschriften des Warenverkehrs, gegen eine solche Beschränkung oder Verengung.[698] Denn Rechtsvereinheitlichung lässt sich am besten erreichen, indem tatsächlich vereinheitlicht wird; wenn aber – wie zum alten Recht – zahlreiche schwierige Abgrenzungsfragen und die dazu ergangene Rechtsprechung stets zu berücksichtigen sind, kann davon keine Rede mehr sein. Schließlich deutet auch Art. 3 I der Richtlinie auf ein weites Verständnis hin, wenn es dort heißt, dass für „jede Vertragswidrigkeit" gehaftet werden muss. Insofern sprechen Wortlaut und Zweck der Richtlinie für einen extensiven Beschaffenheitsbegriff.

Abschließend ist hier nochmals der Telos der §§ 434 ff. BGB heranzuziehen, der letztlich eindeutig die weite Interpretation der Beschaffenheit begünstigt. Die herausragende Neuerung an § 434 I S.1 BGB ist die Normierung des subjektiven Fehlerbegriffs und damit auch eine klare Stärkung der Privatautonomie der Parteien bei der Festlegung der Anforderungen an die Kaufsache. Das von den Vertragsparteien Vereinbarte wird damit zum vorrangigen Maßstab der Haftung erhoben. Durch die Einengung des Beschaffenheitsbegriffes würden die

695 Diese ergibt sich aus BT-Drs. 14/6857, S. 28; BT-Drs. 14/7052, S. 184, 197.

696 Barnert, WM 2003, 419; Huber, AcP 202 (2002), 229 ff.

697 Berger, JZ 2004, 278; Canaris, JZ 2003, 837; Pfeiffer, ZGS 2002, 25 ff.

698 Prütting/Wegen/Weinreich/*Schmidt*, BGB, § 434, Rn. 19; Jauernig/*Berger*, BGB, § 434, Rn. 7; Schmidt, BB 2005, 2765; Häublein, NJW 2003, 390.

Parteien dieser neu gewonnenen Freiheit sofort wieder beraubt.[699] Dieser Aspekt erscheint noch klarer, wenn man die unselbständige Garantie in § 443 I BGB betrachtet; auch in diesem Tatbestand wird auf den Begriff der Beschaffenheit rekurriert. Bei einer so weitgehenden Vereinbarung wie einer Garantie gemäß § 443 I BGB aber sollen notwendigerweise möglichst viele Eigenschaften erfasst werden; hier ist also ein weiter Beschaffenheitsbegriff dringend angezeigt, der dann aber auch für § 434 I S.1 BGB Geltung haben muss.

Im Ergebnis ist also der weiten Auffassung zu folgen, die jede von den Parteien vereinbarte Anforderung an die Kaufsache zur Beschaffenheit zählt. Ausgeschlossen sind damit lediglich diejenigen Umstände, die sich nicht auf die Sache beziehen, sondern ausschließlich auf eine Partei, Dritte oder Umstände außerhalb von ihr.

bb. Vereinbarung der Beschaffenheit

Schließlich muss die jeweilige Beschaffenheit auch vereinbart worden sein. Eine solche Vereinbarung kann ausdrücklich oder konkludent zustande kommen, wobei auch hier großzügig zu verfahren ist.[700] Ein besonderer Einstandswille ist im Gegensatz zur Zusicherung nach § 459 BGB a.F., die nun in der Beschaffenheitsvereinbarung aufgeht, nicht mehr erforderlich. Eine ausdrückliche Beschaffenheitsvereinbarung liegt etwa vor, wenn der Verkäufer die Ware in seinem Angebot genau beschreibt und der Käufer das Angebot annimmt oder umgekehrt, wenn der Käufer eine bestimmte Beschaffenheit verlangt und der Verkäufer diese zusagt. Konkludente Vereinbarungen kommen bspw. dann zustande, wenn der Verkäufer bestimmte Aussagen über die Sache macht. Der Käufer wird diese schwerlich als gänzlich unverbindlich ansehen, sondern darin einen Teil des Verkaufsangebots sehen, das er dann konkludent annimmt.[701] Fehlt es an einer irgendwie gearteten Abrede, wird man häufig davon ausgehen können, dass die „typische Beschaffenheit" der Sache als vereinbart gilt. Im Übrigen kann dabei unter Umständen auch der Preis ein Indiz für die vereinbarte Beschaffenheit darstellen.[702] Im Einzelfall kann eine bestimmte Beschaffenheit auch aufgrund eines Handelsbrauchs oder der Verkehrsübung vereinbart sein.[703]

---

699 Reinicke/Tiedtke, Kaufrecht, Rn. 310; Schmidt, BB 2005, 2765; Triebel/Hölzle, BB 2002, 525.

700 Hk-BGB/*Saenger*, BGB, § 434, Rn. 8; Palandt/*Putzo*, BGB, § 434, Rn. 17; Grigoleit/Herresthal, JZ 2003, 233.

701 Reinicke/Tiedtke, Kaufrecht, Rn. 315.

702 Erman/*Grunewald*, BGB, § 434, Rn. 15; MüKo/*Westermann*, BGB, § 434, Rn. 12; a.A. Staudinger/*Matusche-Beckmann*, BGB, § 434, Rn. 55.

703 MüKo/*Westermann*, BGB, § 434, Rn. 12; Prütting/Wegen/Weinreich/*Schmidt*, BGB, § 434, Rn. 32; Palandt/*Putzo*, BGB, § 434, Rn. 17, jew. m.w.N..

b. Anwendungsbereich der Norm im Kunsthandel

Fraglich ist nun, wann es beim Kauf von Kunstgegenständen zu Beschaffenheitsvereinbarung i.S.d. § 434 I S.1 BGB kommt und welche Eigenschaften hier überhaupt vereinbart werden können. Dabei ist zunächst anzumerken, dass aufgrund obiger Ausführungen die Rechtsprechung sowie wissenschaftliche Abhandlungen zu § 459 BGB a.F. in weiten Teilen auch für die Betrachtung des § 434 I S.1 BGB herangezogen werden können. Schließlich erfasst der weite Beschaffenheitsbegriff unproblematisch all die Fälle, die früher unter § 459 BGB a.F. fielen.

aa. Materielle Beschaffenheit des Werkes

Zunächst einmal ist hier der Grundtypus des Sachmangels anzusprechen, nämlich der reine Materialmangel. Selbstverständlich kann grds. jede Ausprägung der materiellen Beschaffenheit Gegenstand einer Vereinbarung sein. Einigen sich die Parteien also etwa darauf, dass das Werk „in gutem Zustand" verkauft werden soll, dürfen bestimmte Schäden des Werkstoffes nicht vorliegen. Einen Sachmangel können dementsprechend etwa Beschädigungen der Leinwand oder der Photographie durch Sonneneinstrahlung, Nichterkennbarkeit des Sujets aufgrund von Materialmängeln, große Risse oder Farbabsprengungen sowie weitere Verletzungen des Werkstoffes sein.[704] Insbesondere bei Grafikblättern kommen daneben die schlechte Druckqualität oder Stockflecken als Sachmangel in Betracht.[705] All diese Merkmale gehören unmittelbar zum physischen Zustand des Kunstwerks und sind damit unproblematisch vom Beschaffenheitsbegriff umfasst. Keine Sachmängel dürften jedoch die üblichen altersbedingten Veränderungen darstellen, wie etwa leichte Nachdunklungen oder kleine Risse im Firniss von Gemälden.[706] Altert ein Werk jedoch wesentlich schneller als dies zu erwarten wäre, kann dies durchaus einen Mangel darstellen.[707]

Die materielle Beschaffenheit der Kaufsache kann schließlich auch durch Restaurierungen oder Reparaturen beeinträchtigt sein. Die nicht fachgemäße Restaurierung kann durchaus einen Sachmangel darstellen, wenn der Verkäufer etwa nicht auf diese hingewiesen hat und sie für den Käufer auch nicht sofort

---

704 Spinellis, Internationaler Kunsthandel, S. 266; Goepfert, Haftungsprobleme, S. 18.

705 Schack, Kunst und Recht, S. 155.

706 Schack, Kunst und Recht, S. 155.

707 Ein skurriles Beispiel für diese Problematik ist der von Damien Hirst geschaffene Hai in Formaldehyd mit dem Titel „The Physical Impossibility of Death in the Mind of Someone Living"; dieser bekam in seinem vermeintlich sicheren Behältnis Risse und die im Aquarium befindliche Flüssigkeit wurde trüb, nachdem er beim Käufer aufgestellt wurde; siehe dazu auch „Unfrischer Fisch", F.A.Z. v. 30.06.2006.

erkennbar war.[708] Daneben kann aber auch die Frage, ob es überhaupt schon eine Restaurierung des Werkes und damit einen fremden Eingriff in dasselbe gegeben hat, von Bedeutung sein. Beeinträchtigt die - durchaus auch fachgerechte – Restaurierung den Wert des Werkes lässt sich jedenfalls ein Sachmangel bejahen.

bb. Echtheit bzw. Urheberschaft

Die herausragende und häufig entscheidende Eigenschaft eines Kunstwerkes ist dessen Echtheit bzw. Urheberschaft.[709] Diese stellte schon nach altem Recht eine Eigenschaft dar und ist auch im neuen Recht vom Begriff der Beschaffenheit eindeutig erfasst.[710] Daneben sind auch andere wertbildende Faktoren wie etwa die Echtheit der Signatur[711] oder die Übereinstimmung mit einem Werkverzeichnis[712] zur Beschaffenheit zu zählen. Schließlich kann auch das Alter der Kaufsache einen Mangel begründen, so etwa wenn ein „Biedermeierzimmer“ tatsächlich nicht aus dieser Epoche stammt, sondern wesentlich jüngeren Datums ist.[713]

Fälschungen oder Kopien sind stets mangelhaft, da sie eine Abweichung von der vereinbarten Urheberschaft darstellen; aber auch Werke, die von einem anderen Künstler stammen, als die Vertragsparteien angenommen haben sind mangelhaft i.S.d. § 434 I S.1 BGB. Im oben vorgestellten „Ostade/Teniers“-Fall[714] hatten Käufer und Verkäufer übereinstimmend angenommen, es handle sich um ein Werk von Ostade; nachträglich stellte sich aber heraus, dass das

708 LG Gießen, NJW-RR 1996, 429; Schack, Kunst und Recht, S. 155; Goepfert, Haftungsprobleme, 45 f..

709 Siehe dazu schon B, I, 4, b, bb) und cc).

710 Zum alten Recht: BGH, NJW 1980, 1619 („Bodensee-Kunstauktion“), BGH, NJW 1993, 2103 („Burra I“); BGH, JZ 1989, 41 („Leibl/Duveneck“); BGH, NJW 1975, 417 („Jawlensky“); OLG Frankfurt, NJW 1993, 147 („Leprin“); Thomsen, Käuferschutz bei Kunstauktionen, S. 66 ff.; Flume, JZ 1991, 633; Heinbuch, NJW 1984, v.Westerholt/ Graupner, NJW 1978, 794; jew. m.w.N.
Zum neuen Recht: Palandt/*Putzo*, BGB, § 434, Rn. 92; Erman/*Grunewald*, BGB, § 434, Rn. 41; MüKo/*Westermann*, BGB, § 434, Rn. 62; Staudinger/*Matusche-Beckmann*, BGB, § 434, Rn. 165; Schack, Kunst und Recht, S. 156 f.; Müller-Katzenburg, NJW 2006, 553; Wertenbruch, NJW 2004, 1977; Berger, KUR 2003, 137, jew. m.w.N..

711 Schack, Kunst und Recht, S. 157; Heinbuch, NJW 1984, 16.

712 BGH, NJW 1975, 970 („Jawlensky“), Staudinger/*Matusche-Beckmann*, BGB, § 434, Rn. 166; Schack, Kunst und Recht, S. 157; Boochs/Ganteführer, Kunsthandel, S. 19.

713 Siehe dazu OLG Frankfurt, NJW 1982, 651 („Biedermeierzimmer“), dazu auch schon oben unter C, I, 8; ähnlich auch OLG Hamm, NJW 1987, 1028 („Standuhr“); Staudinger/Matusche-Beckmann, BGB, § 434, Rn. 165.

714 Siehe oben C, I, 3.

Werk von Teniers stammte. Damit war aber das gelieferte Bild mangelhaft, da es - im heutigen Sinne - eben an der vereinbarten Beschaffenheit fehlte.[715]

Problematisch erscheinen in diesem Zusammenhang jedoch die Fälle des sog. Spekulationskaufs. Beim Kauf von unsignierten alten Meistern[716], mittelalterlichen Zeichnungen oder solchen der Renaissance ist stets zu prüfen, ob es wirklich zu einer Vereinbarung bezüglich der Urheberschaft kam.[717] Schon der angesprochene „Cranach"-Fall aus dem Jahre 1909 hatte diese Problematik ausführlich thematisiert. In vielen Fällen wird die Urheberschaft nämlich so schwer zu ergründen sein, dass es sich bei mangelnden Angaben seitens des Verkäufers nur um Spekulationskäufe handeln kann. Der Käufer, der sich über die Zweifel im Klaren ist, erwirbt damit faktisch nur eine „Bildchance", also die Chance, dass es sich tatsächlich um den genannten Urheber handelt. Allerdings setzt dies voraus, dass die Zweifel an einer Urheberschaft bzw. die Unkenntnis derselben bei Vertragsschluss zum Ausdruck kam.[718] Liegt ein irgendwie gearteter Hinweis des Verkäufers auf eine bestimmte Urheberschaft vor, so stellt es einen Sachmangel dar, wenn sich diese als falsch erweist. Das Alter des Werkes spielt dann keine Rolle.

Verkauft der Händler ein signiertes Werk, so ist davon auszugehen, dass die Urheberschaft des Künstlers, der in der Signatur erscheint, Teil der Beschaffenheitsvereinbarung wird, zumindest wenn der Verkäufer nicht ausdrücklich Zweifel an der Echtheit äußert.[719] Ähnlich verhielt es sich auch im erwähnten „Thoma"-Fall; hier stammte lediglich das Signum, nicht jedoch die Lithographie von Thoma selbst. Das Gericht bejahte dann konsequenterweise das Vorliegen eines Sachmangels. Entscheidend ist damit also die durch das Signum zum Ausdruck kommende Urheberschaft bezüglich des Werkes, nicht aber die Authentizität des Signums selbst.

Interessant ist in diesem Zusammenhang auch die Frage, ob der angegebene Preis für ein Kunstwerk legitime Rückschlüsse auf dessen Urheberschaft zulässt. Verlangt ein Kunsthändler einen hohen und angemessenen Preis für ein bestimmtes Kunstwerk, zu dem der Käufer es schließlich erwirbt, spricht dies dafür, dass beide Parteien von der Echtheit des Werkes ausgegangen sind. Verkauft der Händler hingegen zu einem Preis, der den bei Echtheit gebotenen deut-

---

715 Ähnlich stellt sich die Lage im oben erläuterten „Ruisdael"-Fall dar, siehe C, I, 4.

716 Hier sei nochmals auf die Problematik der Werkstattarbeiten bei alten Meistern hingewiesen, deren Ermittlung allein das Gesamtwerk Rembrandts von 711 auf 265 Originalwerke schrumpfen ließ, dazu auch oben B, I, 4, b, cc.

717 RG, RGZ 135, 343 („van Ruisdael"); OLG Hamm, NJW 1995, 2641 („Guercino"); OLG München, SeuffArch 1910, 181 („Cranach-Zeichnung"); siehe auch Locher, Recht der Bildenden Kunst, S. 127.

718 Boochs/Gantefuhrer, Kunsthandel, S. 20; Wrede, Kunstkauf, S. 78; Heinbuch, NJW 1984, 17.

719 Goepfert, Haftungsprobleme, S. 38; Heinbuch, NJW 1984, 17.

lich unterschreitet, so indiziert dies die übereinstimmenden Zweifel an der Echtheit.[720] Stellt sich später heraus, dass das Werk von einem anderen Künstler stammt, kommt ein Sachmangel i.S.d. § 434 I S.1 BGB nicht mehr in Betracht.

Allerdings kann dies aufgrund der besonderen Gegebenheiten des Kunstmarktes nur mit Einschränkungen gelten. Im Auktionshandel etwa werden die Schätzpreise teilweise bewusst niedrig angesetzt, um möglichst viele Bieter anzulocken. Daneben kann es aber auch sein, dass gewisse Werke auf bestimmten lokalen Märkten zu ganz anderen Preisen gehandelt werden als sonst irgendwo.[721] In diesen Fällen scheint es m.E. gerechtfertigt, den Preis nicht als Indiz für die Echtheit gelten zu lassen. Werden jedoch im stationären Kunsthandel überregional bekannte Künstler gehandelt, sollte der Preis in aller Regel als Indiz herangezogen werden.

cc. Original-Eigenschaft bei serieller Kunst

Im Rahmen der Betrachtung des Originalbegriffs wurde bereits festgestellt, wie schwierig die Begrifflichkeiten bei serieller Kunst festzulegen sind und welche Gefahrenpotentiale sich daraus ergeben.[722] Bei serieller Kunst, wie Druckgrafiken, Plastiken und teilweise Photographien, beruht die Wertschätzung ganz wesentlich auf deren Eigenschaft als Original.[723] Wird also die behauptete Auflage deutlich überschritten, oder wurde ein Vervielfältigungsverfahren angewandt, das keine Urheberschaft des Künstlers begründet, so handelt es sich nicht um ein Original. Die schwierige Frage, welche Kriterien für die Beurteilung der Originalfrage maßgeblich sind, wurde oben ausführlich diskutiert und beantwortet.[724]

Hat der Verkäufer in solchen Fällen dann nicht ausdrücklich auf diese Aspekte hingewiesen, liegt ein Sachmangel i.S.d. § 434 I S.1 BGB vor. Ähnlich wie die Signatur ist hier dementsprechend die Angabe der Auflage auf dem jeweiligen Blatt oder sonstigen Werk einzuordnen; verkauft der Händler ein Werk mit einer solchen Angabe, wird die beschriebene Auflagenhöhe Teil der Beschaffenheitsvereinbarung. Jedenfalls wird aber die Originaleigenschaft stets Teil der Beschaffenheitsvereinbarung, so dass diese den maßgeblichen Ansatzpunkt für Sachmängel bei Werken der seriellen Kunst liefert.

---

720 RG, RGZ 114, 239 („Thoma"); OLG Stuttgart, NJW 1983, 1200 („Heinrich v. Zügel"); OLG Stuttgart, DJZ 1904, 512 („Sevres-Vase"); Berger, KUR 2003, 138; Heinbuch, NJW 1984, 16; v. Westerholt-Graupner, NJW 1978, 795.

721 Ausführlich zu solchen regionalen Unterschieden Wrede, Kunstkauf, S. 80; kritisch zur Heranziehung des Preises auch OLG Düsseldorf, OLGR Düsseldorf 2003, 153.

722 Siehe oben B, I, 4, b, cc, (2).

723 Zu den komplizierten Definitionsversuchen und dem entsprechenden eigenen Ansatz siehe oben B, I, 4, b, cc, (2).

724 Siehe oben B, I, 4, b, cc.

dd. Provenienz und Ausstellungsgeschichte

Fraglich ist weiterhin, ob die Herkunft, etwa aus einer bestimmten Sammlung, die sog. Provenienz, zur Beschaffenheit des Kunstwerks gehört. Teilweise wird vertreten, dass es in diesen Fällen an einem ausreichenden Bezug zur Kaufsache mangele, mithin ein Mangel nicht begründet werden könne.[725] Die Gegenansicht[726], der hier zuzustimmen ist, sieht den Bezug zur Kaufsache jedoch ausreichend hergestellt. Kunstwerke wurden aufgrund ihres Alters meist bereits mehrfach gehandelt, die Eigentümer und Lagerstätten wechselten und damit steigt auch das Risiko für den Käufer. Insofern erhöht eine gute und gesicherte Provenienz den Wert maßgeblich, schon alleine weil das Risiko, einer Fälschung aufzusitzen, hier geringer ist.[727] Eine klare Provenienz vereinfacht schließlich auch die Zurückverfolgung des Werkes bis zum Urheber maßgeblich; durch den großen Einfluss der Herkunft auf die Feststellbarkeit der Urheberschaft und den Wert des Werkes ist schließlich ein ausreichender Bezug zur Kaufsache hergestellt, der jedenfalls dem hier vertretenen weiten Beschaffenheitsbegriff entspricht. Aus den genannten Gründen ist bereits vom Reichsgericht eine unrichtige Provenienzangabe als Fehler i.S.d. § 459 I BGB anerkannt worden.[728]

Schließlich ist hier die Frage zu erwähnen, ob die Tatsache, dass ein Werk in bestimmten Museen ausgestellt war, Teil der Beschaffenheitsvereinbarung sein kann. Die Präsentation eines Werkes in einem Museum spricht zum einen für die Echtheit desselben, da auch Museen diese in einem gewissen Umfang zu prüfen pflegen. Daneben werden Werke vor Ausstellungen häufig noch restauriert, bzw. auf ihren Erhaltungszustand hin untersucht; dies ist für die Museen schon aus versicherungstechnischen Gründen ein zwingender Schritt. Insofern kann die Ausstellungsgeschichte eines Werkes durchaus für dessen Wert förderlich sein. Auf der anderen Seite sind Werke, je nach Qualität und Anzahl der Museen, durch den Transport auch gewissen Belastungen ausgesetzt, die sich im Einzelfall auch wertmindernd äußern können. In beiden Fällen jedoch besteht ein ausreichender Bezug zum Werk, so dass die Ausstellungsgeschichte durchaus als Beschaffenheit vereinbart werden kann.

---

725 OLG Düsseldorf, NJW-RR 1993, 1522, hier war die Rede von der Herkunft aus einem „herrschaftlichen Haushalt“; Erman/Grunewald, BGB, § 434, Rn. 41; Braunfels, Haftung bei Kunstauktionen, 28 ff., der an dieser Stelle ausführlich zum mittlerweile überholten Beschaffenheitsbegriff Stellung nimmt.

726 RG, DJ 1935, 268; OLG Hamburg, HansGZ 18 Bbl. 115; Palandt/*Putzo*, BGB, § 434, Rn. 92; MüKo/*Westermann*, BGB, § 434, Rn. 62; Staudinger/*Matusche-Beckmann*, BGB, § 434, Rn. 166; Schack, Kunst und Recht, S. 157; Berger, KUR 2003, 137.

727 Boochs/Gantefführer, Kunsthandel, S. 21.

728 RG, DJ 1935, 268.

ee. Expertise und Gutachten

Neben der Provenienz bereitet auch das Vorliegen einer Expertise oder eines Gutachtens, das das Werk einem bestimmten Künstler zuschreibt, gewisse Schwierigkeiten im Zusammenhang mit § 434 I S.1 BGB. In Verkaufsgesprächen und Katalogen wird des Öfteren auf das Vorliegen einer Expertise hingewiesen, die die Echtheit des Werkes belegt. Solche Expertisen wirken sich, ähnlich wie Provenienzangaben verkaufsförderlich und marktwerterhöhend aus. Immer wieder werden solche Expertisen gefälscht, also mit dem Namen eines anerkannten Gutachters versehen, oder existieren gar nicht.[729] Sodann stellt sich die Frage, ob das Nichtvorliegen einer echten Expertise einen Mangel des Werkes darstellen kann.

Die Begutachtung durch einen Sachverständigen könnte einen bloßen externen Umstand darstellen, der lediglich die subjektive Einschätzung eines Dritten vermittelt, aber jedenfalls keinen genügenden Bezug zur Sache selbst aufweist.[730] Demgegenüber erscheint es jedoch sinnvoll und letztlich nur konsequent, auch die Expertise eines Sachverständigen zur Beschaffenheit zu zählen.[731] Schließlich stellt auch diese eindeutig einen wertbildenden Faktor dar und weist daneben eben doch eine unmittelbare Beziehung zum Werk auf. Denn erst durch die gesicherte Begutachtung, die sich aus der Beschaffenheit selbst ergibt, wird das Bild eindeutig gekennzeichnet und hebt sich so aus der Reihe der namenlosen Werke derselben Epoche ab.[732] Dies gilt in gleichem Maße für die Nennung in Werkverzeichnissen oder sog. catalogues raisonnées.[733]

---

729 Siehe Knuth, Original und Fälschung, S. 131; Zur Frage der Haftung des Sachverständigen, die hier nicht zu beantworten ist, siehe etwa Gerlach, Die Haftung für fehlerhafte Kunstexpertisen (1998); Simons, Fachliche Autorität im Kunsthandel und ihre haftungsrechtliche Bedeutung (1999); Goepfert, Haftungsprobleme, 76 ff..

730 So etwa Bamberger/Roth/*Faust*, BGB, § 434, Rn. 23; Schack, Kunst und Recht, S. 157.

731 So schon zum Eigenschaftsbegriff des § 459 II BGB a.F. BGH, NJW 1972, 1658 („Rubens"); Flume, JZ 1991, 635.

732 So ausdrücklich in BGH, NJW 1972, 1658 („Rubens"); zustimmend Staudinger/*Matusche-Beckmann*, BGB, § 434, Rn. 166; wohl auch MüKo/*Westermann*, BGB, § 434, Rn. 62; Erman/*Grunewald*, BGB, § 434, Rn. 41 mit Verweis darauf, dass dies der Rspr. zur TÜV-Begutachtung von Kfz entspreche; dieses Argument erscheint m.E. jedoch aufgrund der besonderen öffentlich-rechtlichen Stellung des TÜV fragwürdig; Braunfels, Haftung bei Kunstauktionen, S. 37.

733 Zur interessanten Frage, ob Ansprüche auf Aufnahme in derartige Verzeichnisse oder auf Löschung aus denselben bestehen siehe Jayme, Original und Fälschung, S. 38, m.w.N.

Allerdings kann sich aus der konkreten Verkaufssituation etwas anderes ergeben. Das OLG Hamm hatte im so genannten „Guercino"-Fall[734] entschieden, dass in Fällen des Privatverkaufs, wo der Verkäufer also kein Fachmann ist, eine unrichtige Expertise nicht unbedingt einen Fehler der Sache i.S.d. § 459 I BGB begründet. Dies wurde noch durch die Tatsache unterstützt, dass der Verkäufer vor Abschluss des Vertrages auf den, nach einer Wertanalyse, geringen Verkaufserlös hingewiesen hatte, der im Falle der Übereinstimmung mit der Expertise deutlich höher hätte ausfallen müssen. Der Fall verdeutlicht in anschaulicher Weise das Zusammenspiel mehrerer Faktoren. Die vorbehaltlose Bezugnahme auf die Expertise hätte sicherlich auch bei diesem Privatverkauf einen Sachmangel begründet. Die Differenz zwischen möglichem Verkaufserlös und dem zu erwartenden Verkaufserlös bei Richtigkeit der Expertise machten das Geschäft jedoch zu einem Spekulationskauf. Durch die so zum Ausdruck kommenden Zweifel konnte der Käufer nicht mehr auf die Echtheit vertrauen. In diesem Falle also lehnte das Gericht die Fehlerhaftigkeit aufgrund der falschen Expertise zu Recht ab.[735] Zu diesem Ergebnis kommt man im Übrigen auch, wenn bereits das Gutachten selbst Zweifel ausdrückt und insofern keine klare Festlegung auf eine bestimmte Urheberschaft beinhaltet.[736]

ff. Ausstellungsfähigkeit bzw. Zweifel an Echtheit

Es wurde bereits erwähnt, welchen Einfluss auch die Ausstellungsgeschichte eines Werks auf dessen Wert haben kann.[737] Insofern ist die Ausstellungsfähigkeit eines Werkes für den Kunstkäufer von entscheidender Bedeutung, da jede Ausstellung des Werkes dessen materiellen Wert erheblich zu steigern vermag und dies in aller Regel auch tut.[738] Die Ausstellung im Rahmen einer großen Retrospektive in einem renommierten Haus kann das Werk u.U. überhaupt erst zu einem Spitzenwerk aus Marktsicht werden lassen. Die Ausstellung des Werkes hat daneben noch weitere Vorteile, die gerade für den ambitionierten Sammler von höchster Bedeutung sind. Die Aufnahme des Werkes in den Ausstellungska-

---

734 OLG Hamm, NJW 1995, 2640 („Guercino"), dazu Jayme, Original und Fälschung, S. 24.

735 So auch MüKo/*Westermann*, BGB, § 434, Rn. 63; Palandt/*Putzo*, BGB, § 434, Rn. 92.

736 LG München I, NJW-RR 2005, 643, hier hatte der Gutachter in einer nur knappen Begründung darauf hingewiesen, dass es sich *seiner Meinung nach* um ein Original handle; zust. Prütting/Wegen/Weinreich/*Schmidt*, BGB, § 434, Rn. 112.

737 Siehe dazu v.a. oben B, I, 4, b, bb.

738 Gärtner nennt daneben noch einen weiteren interessanten Aspekt: So sei es üblich das Sammler im Rahmen einer Ausstellung bewusst hohe Werte deklarieren, da auf der einen Seite zwar der Aussteller die Versicherungskosten zu tragen hat, auf der anderen Seite aber so die Wertsteigerungsspirale in Gang gehalten werden kann, NJW 1991, 2997.

talog und die damit einhergehende kunsthistorische und kunstkritische Auseinandersetzung durch Experten bringen mitunter einen erheblichen Erkenntnisgewinn mit sich, der sich vor allem ideell, aber auch materiell auszahlen kann. Teilweise wird dieser Erkenntnisgewinn noch dadurch gesteigert, dass am Ende einer Ausstellung eine sog. *Finissage* stattfindet, wobei die während der Ausstellungsdauer neu gewonnenen Erkenntnisse zusammengetragen werden. Gerade für Sammler ist es von besonderem Interesse, neue Informationen oder Interpretationsweisen zu erhalten, die die Freude am Besitz des jeweiligen Werkes weiter steigern. Schließlich besteht natürlich ein Affektions- oder Bestätigungsinteresse des Sammlers daran, seine Sammeltätigkeit und damit auch sein Kunstverständnis und sein „Händchen" durch die öffentliche Ausstellung eines Werkes gewürdigt und anerkannt zu sehen. Abschließend also beschert die Ausstellung eines Werkes dem Kunstsammler eine Wertsteigerung, einen teils erheblichen Erkenntnisgewinn sowie eine Bestätigung seiner Aktivitäten. An einem starken Interesse des Besitzers eines Werkes, dieses öffentlich auszustellen, können demnach keine Zweifel bestehen. Die rechtliche Bedeutung dieses Interesses ergibt sich nicht zuletzt aus § 44 II UrhG, wonach der Eigentümer eines Originals eines Werkes der bildenden Künste oder der Photographie in der Regel berechtigt ist, dieses öffentlich auszustellen.[739]

Fraglich ist hier nun, ob ein Mangel der Kaufsache vorliegt, wenn das Werk aufgrund der Entscheidung eines angerufenen Gremiums nicht zu einer Ausstellung zugelassen wird. Voraussetzung ist hierbei jedoch, dass die Echtheit Teil der Beschaffenheitsvereinbarung war oder die Parteien das Werk beim Verkauf als „museal" eingestuft haben, was einer Echtheitsvereinbarung aber ohnehin fast gleichzusetzen ist.

Die abschlägige Entscheidung eines Kuratoren-Gremiums ist in diesen Fällen vergleichbar einer Expertise zu werten, da auch hier die subjektive Einschätzung von Fachleuten zum Ausdruck kommt. Dabei wird die Entscheidung jedoch meist die Einschränkung enthalten, dass es sich letztlich doch um ein Original handeln könne, dass Gremium nur nicht davon ausgehe. Begründen die Kuratoren die Entscheidung mit Zweifeln an der Echtheit, so kommt ein Sachmangel in Betracht, da die Echtheit in aller Regel Teil der Beschaffenheitsvereinbarung sein wird.[740] Die Ausstellungsfähigkeit des Werkes hängt also nahezu untrennbar mit der oben erläuterten Echtheit als vereinbarter Beschaffenheit zusammen.

Im gleichen Atemzug wie die Frage der Ausstellungsfähigkeit, ist der Komplex des Verdachts der Unechtheit zu nennen. Problematisch ist dies, wenn nach Abschluss des Vertrages ein Gutachten die Echtheit des Werkes lediglich bezweifelt, aber nicht eindeutig verneint. Die bisher judizierten Fälle zeigen kei-

---

739 Jayme, Original und Fälschung, S. 37.

740 So wohl auch zum alten Recht Wrede, Kunstkauf, S. 82.

ne eindeutige Lösung auf. Das RG etwa hatte angenommen, dass der Wert eines Bildes, das vor Vertragsschluss zeitweise ein anderes Signum getragen hatte, dadurch fortdauernd beeinträchtigt sei; insofern wurde dem Verdacht der Unechtheit durchaus Fehler- bzw. Mangelqualität zugeschrieben.[741] In einem Urteil des BGH, indem es eigentlich um Formerfordernisse bei der Auktion ging, stellte dieser in einem obiter dictum fest, dass bloße Zweifel an der Echtheit keinen Fehler begründen können.[742] Einen etwas aufschlussreicheren Fall hatte das OLG Düsseldorf zu verhandeln;[743] hier hatte der Kläger vom Beklagten Teile eines Triptychons von Andy Warhol erworben; später äußerte das Andy Warhol Studio in New York die Ansicht, dass es sich nicht um ein Original handle, ließ die Möglichkeit einer anderen Beurteilung für den Fall neuer Erkenntnisse aber ausdrücklich offen. Aus prozeßtaktischen Gründen ließ der Kläger den Vertrag anfechten, was zahlreiche Konkurrenzprobleme eröffnete. Entscheidend ist hier aber, dass sich das Gericht mit der Frage zu befassen hatte, ob die Zweifelhaftigkeit und derzeitige Nichtbeweisbarkeit der Echtheit der Bilder einen Fehler i.S.d. § 459 I BGB a.F. darstellen. Hier tauchten nun die bekannten Schwierigkeiten mit dem Fehlerbegriff und dessen Reichweite auf; das OLG stellte schließlich fest, dass der Mangelverdacht ein Umstand sei, der seinen Grund nicht in der Sache selbst finde und hat folglich einen Sachmangel verneint. Aufgrund der neueren Entwicklung des Beschaffenheitsbegriffs und der hier vertretenen Auffassung[744] könnte sich jedoch etwas anderes ergeben. Fordert man nämlich keinen Bezug zum physischen Zustand der Sache, sondern lässt jeden Bezug zur Kaufsache genügen, ergibt sich ein anderes Ergebnis. Der Verdacht der Unechtheit kann dann aber aufgrund seiner wertmindernden Wirkung durchaus einen Sachmangel darstellen.[745] Dies wird jedoch nur dann zu bejahen sein, wenn es sich um eine qualifizierte Begutachtung eines Fachmanns handelt.[746] Wissen beide Parteien bei Vertragsschluss, dass die Urheberschaft zweifelhaft ist, so handelt es sich um einen echten Spekulationskauf, bei dem das eben Gesagte naturgemäß keine Geltung haben kann.[747]

---

741 RG, RG Warn. 1927, 140.

742 BGH, NJW 1981, 1206.

743 OLG Düsseldorf, NJW 1992, 1326 (Warhol-Triptychon); siehe dazu Becker-Eberhard, JuS 1992, 461.

744 Siehe oben C, II, 1, aa.

745 So ausdrücklich zu diesem Fall Becker-Eberhard, JuS 1992, 462; siehe aber auch Braunfels, Haftung bei Kunstauktionen, S. 37; Kühn, Gewährleistung im Kunsthandel, S. 130 ff.; daneben bejahte der BGH die Frage, ob der Verdacht der gesundheitsgefährdenden Verseuchung von Lebensmitteln bereits einen Sachmangel darstellt, was als zusätzliches Argument in diese Richtung verstanden werden darf, BGH, NJW 1972, 1462 („Hasenfleisch"); kritisch hingegen Schack, Kunst und Recht, S. 158.

746 Braunfels, Haftung bei Kunstauktionen, S. 37.

747 RG, RGZ 135, 343 („van Ruisdael"); OLG Hamm, NJW 1995, 2641 („Guercino"); Schack, Kunst und Recht, S. 158.

Abschließend also können unter gewissen Voraussetzungen auch die mangelnde Ausstellungsfähigkeit bzw. der Verdacht der Unechtheit einen Sachmangel i.S.d. § 434 I S.1 BGB begründen.

c. Besonderheiten der Beschaffenheitsvereinbarung im Kunsthandel

Teilweise wurde bei der Diskussion der spezifischen Eigenschaften von Kunstgütern bereits auf die Vereinbarung derselben i.S.d. § 434 I S.1 BGB eingegangen. Dennoch soll hier ausdrücklich nochmals die Vereinbarung als solche beleuchtet werden. Während im Kunsthandel häufig das Verkaufsgespräch den Maßstab des Vereinbarten bildet, verhält sich dies im Auktionshandel doch deutlich anders. Hier werden Verträge häufig unter Bezugnahme auf Kataloge, Anzeigen oder dergleichen geschlossen. Dabei kann davon ausgegangen werden, dass der Text der Anzeige oder die Beschreibung des Werkes im Katalog bei Vertragsschluss als vereinbart gelten. Im alten Recht stellte sich an dieser Stelle häufig die Frage, ob es sich um Zusicherungen handelte oder nicht.[748] Dies hat sich durch die Neuregelung des Gewährleistungsrechts nun aber erledigt. Die Vereinbarungen können auch konkludent und stillschweigend zustande kommen;[749] daneben sind auch die Verkehrsübung bzw. in diesem Feld existierende Handelsbräuche zu berücksichtigen.[750] Alle schriftlichen Angaben im Vorfeld des Vertragsschlusses sind damit Teil der Beschaffenheitsvereinbarung, auf eine weitere Bestätigung dieser Annahme durch die Vertragsparteien kommt es nicht an. Insbesondere die Bezugnahme auf den Katalog ist im Kunstauktionshandel als Verkehrsübung anerkannt, so dass hier stets entsprechende Vereinbarungen vorliegen.

2. Fehlende Eignung zur nach dem Vertrag vorausgesetzten Verwendung, § 434 I S.2 Nr.1 BGB

Wenn die Parteien keine, also auch keine konkludente Beschaffenheitsvereinbarung getroffen haben, ist die Sache frei von Mängeln, wenn sie sich für die nach dem Vertrag vorausgesetzte Verwendung eignet, § 434 I S.2 Nr. 1 BGB.

a. Darstellung der kaufrechtlichen Regelung

Der Begriff der Verwendung ist, analog zum Beschaffenheitsbegriff, weit zu verstehen und erfasst somit grundsätzlich jeden intendierten Gebrauch.[751] Die

748 Siehe etwa BGH, NJW 1980, 1620 („Bodensee-Kunstauktion"); Braunfels, Haftung bei Kunstauktionen, S. 57 ff.; Schrader, FS Kirchner, 355; Heinbuch, NJW 1984, 17; Löhr, GRUR 1976, 412; jew. m.w.N..

749 Palandt/*Putzo*, BGB, § 434, Rn. 17.

750 BGH, NJW 1996, 836 (zur Zusicherung im alten Recht).

Verwendung kann daher sowohl in einer bestimmten Benutzung der Sache zu sehen sein, als auch in der Benutzung an einem bestimmten Ort oder in einem bloßen Weiterverkauf;[752] Vorstellungen über die Art der Einfügung der Kaufsache in eine beim Käufer vorhandene Umgebung sind ebenso erfasst.[753]

Dabei muss die jeweilige Verwendung tatsächlich vertraglich vorausgesetzt, insbesondere also dem Verkäufer bei Vertragsschluss erkennbar sein. In diesem Zusammenhang ist im Unterschied zu § 434 I S.1 BGB von der Konstellation auszugehen, dass die Parteien gemeinsam einen bestimmten Verwendungszweck unterstellt, diesen aber nicht vertraglich vereinbart haben.[754]

Teilt der Käufer die geplante Verwendung ausdrücklich mit, so ist die Verwendung vertraglich vorausgesetzt, wenn der Verkäufer ausdrücklich oder konkludent zum Ausdruck bringt, dass sich die Kaufsache dafür eignet. Eine konkludente Zustimmung kann insbesondere dann angenommen werden, wenn vom Verkäufer aufgrund seiner Sachkenntnis Widerspruch hätte erwartet werden können, was insbesondere im Fachhandel der Fall sein dürfte.[755] Dementsprechend erfasst die Vorschrift die Fälle subjektiver Beschaffenheitsanforderungen, die nicht die Wirkung vertraglicher Verbindlichkeit im Sinne einer Beschaffenheitsvereinbarung erreichen, jedoch für den Verkäufer erkennbar bestanden und von ihm berücksichtigt werden mussten.[756]

b. Anwendungsbereich der Norm im Kunsthandel

In vielen Fällen des Kunstkaufs besteht die beabsichtigte Nutzung im bloßen Besitz des Werkes, so dass eine bestimmte Verwendung i.S.d. § 434 I S.2 Nr.1 eigentlich nicht vorausgesetzt wird.

Der Kauf als Spekulation bzw. reine Wertanlage hingegen beinhaltet in Form der Weiterveräußerung eine beabsichtigte Verwendung seitens des Käufers; allerdings handelt es sich in diesen Fällen um eine einseitige Erwartung des Käufers, die dieser dem Verkäufer gegenüber auch kaum äußern wird; mithin fehlt es am Merkmal der vertraglichen Voraussetzung der Verwendung.

Relevant für den Kunsthandel ist die vertraglich vorausgesetzte Verwendung aber insofern, als die Eignung der Kaufsache zur Ergänzung einer Sammlung durchaus vom Begriff der Verwendung erfasst ist.[757] Schließlich geht es

---

751 Prütting/Wegen/Weinreich/*Schmidt*, BGB, § 434, Rn. 44; MüKo/*Westermann*, BGB, § 434, Rn. 15.

752 Bamberger/Roth/*Faust*, BGB, § 434, Rn. 51.

753 MüKo/*Westermann*, BGB, § 434, Rn. 15.

754 Prütting/Wegen/Weinreich/*Schmidt*, BGB, § 434, Rn. 46.

755 Erman/*Grunewald*, BGB, § 434, Rn. 17; Jauernig/*Berger*, BGB, § 434, Rn. 13.

756 Staudinger/*Matusche-Beckmann*, BGB, § 434, Rn. 61.

757 Palandt/*Putzo*, BGB, § 434, Rn. 23; Staudinger/Matusche-Beckmann, BGB, § 434, Rn. 63; beide stellen ausdrücklich auf das die Eignung eines Originalbildes für eine Gemäl-

hier um die Benutzung der Sache auf eine bestimmte Art und deren Einfügung in eine beim Käufer vorhandene Umgebung. Dies trifft auch für die Frage der Ausstellungsfähigkeit eines Werkes zu, da es im weiteren Sinne auch hier um die spezifische Benutzung des Werkes, bzw. um die Benutzung an einem bestimmten Ort geht. Mithin können beide Eigenschaften sowohl Gegenstand einer Beschaffenheitsvereinbarung sein, als auch einen Bestandteil der vertraglich vorausgesetzten Verwendung darstellen. Vertraglich vorausgesetzt sind solche Verwendungen dann, wenn der Käufer diese gegenüber dem Verkäufer äußert und dieser sie akzeptiert; im qualifizierten Kunsthandel genügt bereits, dass der Händler die Eignung zu dieser Verwendung nicht in Zweifel zieht. Allerdings muss dem Verkäufer bewusst sein, dass der Käufer eine entsprechende Eignung erwartet; dies wird im Handel vor allem dann der Fall sein, wenn auf der Käuferseite große Sammler oder Museen, sowie andere öffentliche Einrichtungen stehen. Geht es hingegen um den Kauf nicht-musealer Kunst im alltäglichen Handel, so muss der Käufer nicht von einer entsprechenden Verwendung ausgehen; eine stillschweigende Vereinbarung wie in den vorher genannten Fällen kommt dann jedenfalls nicht in Betracht.

Daneben greift § 434 I S.2 Nr.1 BGB in einer im Kunsthandel immer wieder gegebenen Konstellation ein; nämlich dann, wenn der Käufer dem Verkäufer eine beabsichtigte Verwendung mitteilt und der Verkäufer dann auf dieser Grundlage selbständig eine Sache auswählt. In Betracht kommt hier die bereits oben erwähnte Fallgestaltung der Komplettierung einer Sammlung. Sucht der Käufer das Werk eines bestimmten Künstlers, eventuell aus einer bestimmten Periode, so muss der Verkäufer – in diesen Fällen wohl häufig ein freier Kunsthändler[758] - seine Auswahl dementsprechend treffen. Die Eignung zur Ergänzung der Sammlung ist mithin auch in diesen Fällen eine vertraglich vorausgesetzte Verwendung.

Abschließend lässt sich zu § 434 I S.2 Nr.1 BGB anmerken, dass dessen Relevanz im Kunsthandel nicht allzu groß sein dürfte. In den Fällen der Komplettierung einer Sammlung oder der Ausstellungsfähigkeit wird es, wie immer im Kunsthandel, auf die Echtheit des jeweiligen Werkes ankommen. Diese dürften aber in den allermeisten Fällen bereits Teil einer vorrangigen Beschaffenheitsvereinbarung i.S.d. § 434 I S.1 BGB sein. Auch sonst sind kaum Fälle denkbar, in denen keine, nicht einmal eine konkludente Beschaffenheitsvereinbarung vorliegt, gleichwohl aber eine bestimmte Verwendung vorausgesetzt wurde. Die Überschneidungen der beiden Tatbestände sind sehr groß, so dass die vertraglich vorausgesetzte Verwendung als grundsätzlich subsidiäre Regelung selten zum Zuge kommt.

---

desammlung ab; so auch Katz, Sachmängel beim Kauf von Kunstgegenständen (1973), S. 40.

758 Siehe hierzu oben B, I, 2, b.

Damit bleibt für § 434 I S.2 Nr.1 BGB mit Ausnahme weniger Sonderfälle eigentlich nur dann Raum, wenn sich eine Vereinbarung der Beschaffenheit nicht beweisen lässt.

3. Fehlende Eignung zur gewöhnlichen Verwendung, § 434 I S.2 Nr. 2 BGB

Wenn weder eine Beschaffenheitsvereinbarung getroffen, noch eine bestimmte Verwendung der Kaufsache nach dem Vertrag vorausgesetzt wird, ist die Kaufsache frei von Sachmängeln, wenn sie sich für die gewöhnliche Verwendung eignet, die bei solchen Sachen übliche Beschaffenheit aufweist und darüber hinaus die Eigenschaften hat, die der Käufer erwarten kann, § 434 I S.2 Nr.2 BGB. Ergänzend dazu werden in § 434 I S.2 Nr.2, 2. Hs. BGB öffentliche Äußerungen herangezogen, die Einfluss auf die Erwartungen des Käufers haben können. Aus der Formulierung des Gesetzes ergibt sich eindeutig, dass diese Voraussetzungen kumulativ vorliegen müssen.[759] Fraglich ist demnach zunächst, was sich hinter den einzelnen Formulierungen verbirgt.

a. Darstellung der kaufrechtlichen Regelung

Die Eignung für die *gewöhnliche Verwendung* beurteilt sich nach der Verkehrsanschauung; sie ist folglich aus der Eigenart der Kaufsache unter Berücksichtigung des Erwartungshorizonts eines vernünftigen Durchschnittskäufers aus dem Verkehrskreis des Käufers zu bestimmen.[760] Unerheblich ist auch hier, ob die mangelnde Eignung für die gewöhnliche Verwendung auf der Beschaffenheit der Sache beruht oder auf anderen mit ihr zusammenhängenden Umständen.[761]

Für die Feststellung der *üblichen Beschaffenheit* der Kaufsache ist die übliche Beschaffenheit bei Sachen gleicher Art als Vergleichsmaßstab heranzuziehen.[762] Als Vergleichsgruppen sind dabei auch ähnliche Sachen anderer Verkäufer, eines vergleichbaren Standards oder derselben Preisgruppe zu ermitteln. Bei gebrauchten Sachen sind zusätzlich die für gebrauchte Sachen der betreffenden Kategorie bedeutenden Kategorien der Abnutzung einzubeziehen.[763]

Allein die Tatsache, dass die Sache die übliche Beschaffenheit aufweist, bedeutet noch nicht deren Mangelfreiheit; die Beschaffenheit muss schließlich auch dem entsprechen, *was der Käufer nach der Art der Sache erwarten kann*. In den meisten Fällen dürfte diese Ergänzung zu § 434 I S.2 Nr.2 BGB ohne

---

759 Bamberger/Roth/*Faust*, BGB, § 434, Rn. 53; MüKo/*Westermann*, BGB, § 434, Rn. 18; Staudinger/*Matusche-Beckmann*, BGB, § 434, Rn. 66.

760 Prütting/Wegen/Weinreich/*Schmidt*, BGB, § 434, Rn. 51; Bamberger/Roth/*Faust*, BGB, § 434, Rn. 57.

761 MüKo/*Westermann*, BGB, § 434, Rn. 18; Bamberger/Roth/*Faust*, BGB, § 434, Rn. 56.

762 Palandt/*Putzo*, BGB, § 434, Rn. 29.

763 Palandt/*Putzo*, BGB, § 434, Rn. 29, Bamberger/Roth/*Faust*, BGB, § 434, Rn. 66.

Konsequenzen sein, da sich die berechtigten Erwartungen des Käufers ohnehin aus der durchschnittlich gebräuchlichen Verwendung der Sache ableiten.[764] Im Falle des Kaufs eines Unikats hingegen kommt der ergänzenden Regelung eine gewisse Relevanz zu. Bei Unikaten gibt es keine Sachen gleicher Art, so dass hier verstärkt auf die legitimen Erwartungen des Käufers abgestellt werden muss.[765]

Schließlich muss die Kaufsache auch die Eigenschaften aufweisen, die der Käufer aufgrund öffentlicher Äußerungen des Verkäufers, Herstellers oder gleichgestellter Personen erwarten kann, § 434 I S.3 BGB. Öffentliche Produktdarstellungen sollen so die Verwendbarkeit und die Beschaffenheit über die Kriterien des § 434 I S.2 Nr.2 BGB hinaus erweitern. Erforderlich sind dabei konkrete Beschreibungen der angebotenen Ware, während bloß reklamehafte Anpreisungen nicht genügen.[766] Daneben muss die Äußerung öffentlich sein und sich mithin an einen unbestimmten Personenkreis richten.[767]

b. Anwendungsbereich der Norm im Kunsthandel

aa. Gewöhnliche Verwendung, § 434 I S.2 Nr.2 Alt.1 BGB

Ausgehend von den oben erläuterten Voraussetzungen stellt sich nun zunächst die Frage, wann sich ein Kunstwerk für seine *gewöhnliche Verwendung* eignet bzw. worin diese überhaupt zu sehen ist. Diese Frage ist keineswegs neu, sondern wurde schon zum Begriff der Tauglichkeit zum gewöhnlichen Gebrauch i.R.d. § 459 I BGB a.F. immer wieder diskutiert.[768]

Das Reichsgericht ging in der oben zitierten „Ostade/Teniers"-Entscheidung zunächst davon aus, dass der Gebrauch eines Kunstwerks darin zu sehen sei, dass „der Käufer sich in seiner Wohnung der Werke der anerkannten Meister erfreue und in den Kreisen der Kunstsachverständigen als der Besitzer be-

764 MüKo/*Westermann*, BGB, § 434, Rn. 18, statt der drei kumulativen Merkmale berücksichtigt Westermann daher auch nur das einheitliche Merkmal der *durchschnittlich gebräuchlichen Verwendung.*

765 Erman/*Grunewald*, BGB, § 434, Rn. 21; Oetker/Maultzsch, Vertragliche Schuldverhältnisse, S. 42.

766 MüKo/*Westermann*, BGB, § 434, Rn. 22.

767 MüKo/*Westermann*, BGB, § 434, Rn. 22.

768 OLG Frankfurt, NJW 1982, 652 („Biedermeierzimmer"); RG, RGZ 135, 342 („Ruisdael"); RG, RGZ 115, 287 („Ostade/Teniers"); Goepfert, Haftungsprobleme, S. 35; Boochs/Ganteführer, Kunsthandel, S. 17; Spinellis, Internationaler Kunsthandel, S. 266; Braunfels, Haftung bei Kunstauktionen, S. 53; v. Westerholt/Graupner, NJW 1978, 794; Fabricius, 1964, 3; Haymann, JW 1932, 1864.

deutender und wertvoller, höchst seltener Kunstwerke gelte".[769] In der späteren „Ruisdael"-Entscheidung hieß es dann, dass der Gebrauch eines Bildes darin bestehe, dass „dem Käufer die Möglichkeit verschafft wird, sich des Besitzes eines Werkes gerade dieses Meisters zu erfreuen, sich in die Malweise und sonstige Eigenart dieses Künstlers zu vertiefen und sie sich jederzeit vor Augen zu halten"; andere Vorteile besonders solche geldlicher Art könnten damit zwar Hand in Hand gehen, seien letztlich aber unwesentlich.[770] Mittlerweile wurde dieses – den Kunstwissenschaften sehr verbundene – Verständnis dahingehend ergänzt, dass Kunstobjekte immer mehr zumindest auch als Wertanlage gesehen werden.[771] Der Kunstgebrauch kann demnach bereits im bloßen Besitz des Werkes als Wertanlage bestehen.[772]

Für die Beibehaltung des ästhetischen, vergeistigten Verwendungsbegriffs spricht m.E. auch die Intuition der Künstler selbst. Kunst ist stets eine Form des Ausdrucks; der Künstler malt nicht für sich, sondern für ein Publikum.[773] Wenn der Ausdruck für den Urheber das Entscheidende ist, so scheint es aus kunstwissenschaftlicher Sicht durchaus konsequent, die Betrachtung und Auseinandersetzung mit einem Werk als Verwendung zu qualifizieren. Denn genau zu diesem (Verwendungs-)Zweck schafft der Künstler das Werk. Eine Verwendung kann damit sowohl in einer materiellen wie auch in einer ideellen Nutzung zu sehen sein.[774]

Demgegenüber hält aber *Wrede* § 434 I S.2 Nr.2 BGB für schlicht unanwendbar, da ein Gebrauch und mithin eine Verwendung von Kunstwerken aufgrund deren besonderer Eigenarten nicht denkbar sei.[775] Dieses Ergebnis erscheint in Anbetracht der oben dargestellten Kriterien zur Ermittlung der ge-

769 RG, RGZ 115, 287 („Ostade/Teniers"); hiergegen wurde allerdings schon früh eingewandt, dass so aus geschmeichelter Eitelkeit ein Kaufzweck gemacht werde, siehe Goepfert, Haftungsprobleme, S. 35; Krückmann, LZ 1929, 986.

770 RG, RGZ, 135, 342 („Ruisdael").

771 OLG Frankfurt, NJW 1982, 651 („Biedermeierzimmer"); Thomsen, Käuferschutz bei Kunstauktionen, S. 70; Katz, Sachmängel beim Kunstkauf, S. 40; Hattenhauer, JuS 1998, 688; v. Westerholt/Graupner, NJW 1978, 794.

772 Braunfels, Haftung bei Kunstauktionen, S. 55; Katz, Sachmängel beim Kunstkauf, S.39; Thomsen, Käuferschutz bei Kunstauktionen, S. 70; Heinbuch, NJW 1984, 17; Schneider, DB 1981, 199; kritisch dagegen Kühn, Gewährleistung im Kunsthandel, S. 19, 34.

773 Interessant hierzu etwa ein Gespräch von Clara T. MacChesney mit Henri Matisse; Matisse bringt dort mehrfach zum Ausdruck, dass der Ausdruck das entscheidende Kriterium seiner Kunst sei; darüber hinaus geht er ganz konkret auf den Nutzen für sein Publikum ein: *„Ich träume.....von einer Kunst, die für jeden Geistesarbeiter, für den Geschäftsmann wie für den Literaten ein Beruhigungsmittel ist, eine Erholung für das Gehirn, etwas das Erholung von den Mühen des Alltags gewährt.*"; abgedruckt in Flam, Henri Matisse – Über Kunst (1982), S. 94.

774 So auch Braunfels, Haftung bei Kunstauktionen, S. 86

775 Wrede, Kunstkauf, S. 229.

wöhnlichen Verwendung eines Gutes nicht tragbar. Wie oben gesehen, beurteilt sich die gewöhnliche Verwendung nach der Verkehrsanschauung, also dem Erwartungshorizont eines Durchschnittskäufers desselben Verkehrskreises. Als Verkehrskreise sind hier Museen, Händler und Privatkäufer zu nennen. Diese Kreise erwarten aber stets, dass das jeweilige Kunstwerk seinen Wert zumindest hält und mithin zu einem ähnlichen Preis wieder zu verkaufen wäre. Daneben treten die schon vom Reichsgericht formulierten ideellen und schöngeistigen Ansätze, die auf die kunsthistorische Auseinandersetzung mit dem Werk und den mit der Betrachtung einhergehenden Genuss abstellen. Diese eher ideellen Ansätze mögen zwar im Einzelfall nicht immer gegeben sein, stellen aber als Kehrseite des künstlerischen Ausdrucks durchaus eine gewöhnliche Verwendung von Kunstwerken dar.

Ein Mangel liegt demnach dann vor, wenn sich das Werk nicht zu diesen Verwendungen eignet. Im Falle von reinen Materialmängeln, die über das durchschnittliche Maß hinausgehen ist dies bereits der Fall; ein Weiterverkauf wäre erschwert und der Wert deutlich gemindert; daneben ist aber auch die Freude des Betrachtens zumindest eingeschränkt, wenn der physische Zustand vom Durchschnitt abweicht.[776] Allerdings wird es sich hierbei um deutliche Abweichungen handeln müssen, also nicht um bloße Alterserscheinungen, die bei derartigen Werken zu erwarten sind.

An dieser Stelle ist erneut auf die Frage der *Ausstellungsfähigkeit* zurückzukommen.[777] Die Ausstellung eines Kunstwerkes könnte nämlich auch eine gewöhnliche Verwendung eines Kunstwerkes darstellen und somit einen weiteren möglichen Verwendungszweck liefern. Dafür spricht etwa § 44 II UrhG, wonach der Eigentümer eines Werkes ausdrücklich berechtigt ist, dieses öffentlich auszustellen. Aus der gesetzlichen Normierung lässt sich ableiten, dass das Ausstellungsrecht und damit auch die Ausstellungsfähigkeit eine hohe Bedeutung für den Kunstkäufer haben. Das Ausstellen eines Werkes ist mithin auch ein Teilbereich der gewöhnlichen Verwendung; ist dies nicht möglich, liegt ein Sachmangel vor, sofern die restlichen Voraussetzungen erfüllt sind.[778]

Somit ist auch hier wieder die Echtheit das entscheidende Merkmal; fehlt es an dieser ist eine Eignung zur gewöhnlichen Verwendung ausgeschlossen, und zwar unabhängig davon ob man auf die Freude am Werk des jeweiligen Künstlers bzw. die Auseinandersetzung damit, die Eigenschaft als Wertträger oder die Ausstellungsfähigkeit abstellt.

---

776 So auch Spinellis, Internationaler Kunsthandel, S. 267; Boochs/Gantefiihrer, Kunsthandel, S. 17 f..

777 Dazu ausführlich schon unter C, II, 1, b, ff.

778 Siehe dazu bereits oben C, II, 1, b, ff; so im Ergebnis auch Katz, Sachmängel beim Kunstkauf, S. 40, Jayme, Original und Fälschung, S. 37.

bb. Übliche Beschaffenheit, § 434 I S.2 Nr.2 Alt.2 BGB

Kumulativ müsste nach Maßgabe des § 434 S.2 Nr.2 Alt.2 BGB eine negative Abweichung von der üblichen Beschaffenheit vorliegen. Diese bestimmt sich grundsätzlich durch den Vergleich mit der üblichen Beschaffenheit von Sachen der gleichen Art, also einer Vergleichsgruppe. Darin besteht dann aber auch bereits das Problem:

Kunstwerke sind Unikate; ein Vergleich mit Sachen gleicher Art und damit die Bestimmung einer Vergleichsgruppe wird daher teilweise abgelehnt.[779] Bei Werken der seriellen Kunst kann dies jedoch nicht gelten. Zwar sind diese durch die Nummerierung und teilweise durch die Signatur individualisiert, doch handelt es sich nach wie vor um Sachen einer Art, da Material und Herstellung bei allen Stücken identisch sind. In diesen Fällen bereitet die Bildung einer Vergleichsgruppe und die Ermittlung der üblichen Beschaffenheit derselben keine allzu großen Schwierigkeiten. Ist etwa die Farbqualität bei einer Serie von Drucken durchgängig gut, so weicht ein weniger farbintensives Bild derselben Serie negativ ab; ein Sachmangel wäre dann möglich.

Etwas schwieriger verhält es sich tatsächlich mit dem Unikat. Die Einmaligkeit des Kunstwerks und das Wesen der Kunst verbieten an sich die Festlegung von Werken der *gleichen Art*. Dies trifft jedenfalls dort zu, wo es um die künstlerische oder ästhetische Qualität des Werkes geht. Die Bildung einer Vergleichsgruppe bezüglich des bloßen physischen Zustands der Kaufsache jedoch ist dadurch nicht verschlossen. Es spricht nichts dagegen, verschiedene Werke eines Künstlers aus einem begrenzten Zeitraum auf ihre Beschaffenheit hin zu prüfen und diese zum Vergleichsmaßstab zu erheben. Bei gebrauchten Sachen sind grundsätzlich zusätzlich die gängigen Abnutzungserscheinungen innerhalb einer Kategorie heranzuziehen.[780] Bei dem so anzustellenden Vergleich ist auch die Preisklasse zu berücksichtigen, wie sie sich in Form des Marktpreises darstellt; schließlich wirkt sich dies entscheidend auf die Erwartungen des Käufers aus.[781] Kauft also jemand bspw. ein Werk von Rubens, so lässt sich anhand der Preislage und der Entstehungszeit eventuell doch eine Vergleichsgruppe bilden; es wäre dann zu fragen, ob vergleichbare Werke desselben Künstlers in einem ähnlichen Zustand sind wie das verkaufte Werk selbst; kleinere Risse in der oberen Farbschicht könnten etwa dem Normalzustand eines solchen Werkes entsprechen, während größere Farbabsprengungen schon eine negative Abweichung darstellen würden.

Daneben ist in den seltenen Fällen, in denen die Echtheit bzw. Originaleigenschaft nicht i.S.d. § 434 I S.1 BGB vereinbart oder i.S.d. § 434 I S.2 Nr.1

---

779 Raape, AcP 150 (1949), 490; Fabricius, JuS 1964, 6.

780 Palandt/*Putzo*, BGB, § 434, Rn. 29; Bamberger/Roth/*Faust*, BGB, § 434, Rn. 66.

781 Staudinger/*Matusche-Beckmann*, BGB, § 434, Rn. 76.

Alt.1 BGB vorausgesetzt wurde, durchaus möglich, diese im Rahmen der üblichen Beschaffenheit zu verankern. Entsteht durch eine Analyse des Marktpreises nach der Verkehrsanschauung der Eindruck, dass Werke eines Künstlers innerhalb einer gewissen Preisspanne üblicherweise echt sind, so zählt dann auch die Echtheit zur üblichen Beschaffenheit i.S.d. § 434 I S.2 Nr.2 Alt.2 BGB.

Die oben angesprochene Problematik des Mangelverdachts kann im Übrigen auch hier eine Rolle spielen. Ein Sachmangel soll nämlich im Rahmen des § 434 I S.2 Nr.2 BGB auch dann vorliegen, wenn die Beschaffenheit der Kaufsache nicht wirklich beeinträchtigt ist, aber ein mit zumutbaren Mitteln nicht auszuräumender Verdacht der Mangelhaftigkeit ihre bestimmungsgemäße Verwertbarkeit nicht unwesentlich erschwert.[782] Die Kriterien zur Bestimmung eines solchen, für einen Sachmangel ausreichenden, Verdachtsmoments wurden jedoch bereits oben ausführlich dargestellt, so dass insofern auf diese Ausführungen verwiesen werden kann.[783]

cc. Zu erwartende Beschaffenheit, § 434 I S.2 Nr.2 Alt.3 BGB

Als weitere Voraussetzung muss der Käufer die Beschaffenheit nach der Art der Sache auch erwarten können, § 434 I S.2 Nr.2 Alt.3 BGB. Wie oben bereits erwähnt, handelt es sich jedoch um eine bloße Ergänzung zu den vorgenannten Voraussetzungen. Gerade für den Kunsthandel ist sie dennoch hilfreich, da es nicht immer möglich sein wird, eine sinnvolle Vergleichsgruppe zu bilden. Hier ist dann verstärkt auf die berechtigte Erwartungen des Durchschnittskäufers abzustellen.[784] Der angesetzte Kaufpreis stellt hier ein entscheidendes Hilfskriterium dar, da dieser maßgebend die Erwartungen des Käufers an das Werk determiniert. Dadurch wird andererseits der Spekulationskauf, also der Erwerb einer bloßen Bildchance, vom Anwendungsbereich des § 434 I S.2 Nr.2 ausgeschlossen, da die Erwartungen des Käufers hier eindeutig überzogen sind, wenn man das in diesen Fällen typische Missverhältnis von tatsächlichem Kaufpreis zum Marktwert im Falle der Echtheit betrachtet. Insofern konkretisiert die Regelung lediglich die übliche Beschaffenheit, allerdings in einer Weise, die im Bereich des Kunstkaufs als Klarstellung durchaus sinnvoll erscheint.[785]

---

782 Jauernig/*Berger*, BGB, § 434, Rn. 14; Bamberger/Roth/*Faust*, BGB, § 434, Rn. 71.

783 Siehe oben C, II, 1, b, ff.

784 Erman/*Grunewald*, BGB, § 434, Rn. 21.

785 Insofern ist auch der in der Literatur vertretenen Meinung nicht zu folgen, dass § 434 I S.2 Nr.2 Alt.3 BGB überhaupt keine eigenständige Bedeutung zukomme, so aber Staudinger/*Matusche-Beckmann*, BGB, § 434, Rn. 77.

dd. Öffentliche Äußerungen des Herstellers oder Verkäufers, § 434 I S.3 BGB

Sowohl die übliche als auch die zu erwartende Beschaffenheit können durch öffentliche Äußerungen des Verkäufers oder Herstellers geprägt werden. Zur Beschaffenheit soll demnach auch all jenes zählen, dass die genannten Personen öffentlich über die Sache geäußert haben, insbesondere in der Werbung oder bei der Kennzeichnung der Ware, § 434 I S.3 BGB. Die Relevanz dieser Regelung für den Kunsthandel ist jedoch aus mehreren Gründen eher als gering zu erachten.

Wegen der ausdrücklichen Verweisung auf § 434 I S.2 Nr.2 BGB bezieht sich die ergänzende Regelung nur auf solche Äußerungen, die nicht Vertragsinhalt werden. Werbeaussagen des Verkäufers werden in aller Regel aber im Rahmen eines Verkaufsgespräches zumindest in Bezug genommen, so dass dann eine Beschaffenheitsvereinbarung i.S.d. § 434 I S.1 Nr.1 BGB vorliegt.[786] Insofern ist die Vorschrift in Bezug auf Äußerungen des Verkäufers nur von geringer Relevanz.[787] Eigentlicher Adressat der Norm ist der Hersteller; im Kunsthandel ist dies der Künstler, der sich aber, so er denn überhaupt noch am Leben ist, kaum jemals öffentlich über wertbestimmende Eigenschaften des Werkes äußern wird. Im Auktionshandel gilt übrigens nichts anderes, auch wenn es hier nicht zu einem klassischen Verkaufsgespräch wie in der Galerie kommt. Durch den Aufruf des Werkes und die damit einhergehende Kurzbeschreibung kommt es auch hier zu einer Vereinbarung, so dass eventuelle Angaben in Katalogen dadurch überlagert werden.

In den Fällen, in denen eine Festlegung der Beschaffenheit anhand der öffentlichen Äußerungen dennoch denkbar ist, trifft man auf weitere Voraussetzungen. Das Merkmal der Öffentlichkeit der Äußerungen ist etwa nur dann erfüllt, wenn sich diese an einen nicht von vorneherein adressierten Personenkreis richten und mithin auch durch an sich unbeteiligte Dritte wahrnehmbar sind.[788] Dies ist bei Zeitungsanzeigen oder Werbung auf Webseiten eindeutig der Fall,[789] anders aber bei Mailings, Einladungen zu Veranstaltungen oder Vernissagen. Hier ist der Personenkreis von Anfang an festgelegt und eine Wahrnehmbarkeit durch beliebige Dritte ausgeschlossen. Kataloge hingegen erfüllen das Kriterium der Öffentlichkeit, da sie nicht in so starkem Maße individualisiert sind wie die vorgenannten Formen.[790]

---

786 So ausdrücklich bereits in BT, Drs. 14/6040, S. 214; siehe auch BT, Drs. 14/6857, S.25; BRat, Drs. 338/01, S. 48.

787 Bamberger/Roth/*Faust*, BGB, § 434, Rn. 75; Erman/*Grunewald*, BGB, § 434, Rn. 23.

788 Prütting/Wegen/Weinreich/*Schmidt*, BGB, § 434, Rn. 60; Staudinger/*Matusche-Beckmann*, BGB, § 434, Rn. 81.

789 Erman/*Grunewald*, BGB, § 434, Rn. 22.

790 Jauernig/*Berger*, BGB, § 434, Rn. 15.

Die Aussage muss aber nicht nur öffentlich sein, sondern darüber hinaus auch konkrete Aussagen zur Beschaffenheit der Sache enthalten.[791] Betrachtet man aber Werbeanzeigen von Kunsthändlern in Zeitungen oder Fachzeitschriften, fällt auf, dass diese meist nur auf eine Veranstaltung, wie etwa eine „Frühjahrsauktion" oder die Eröffnung der Ausstellung in einer Galerie hinweisen. Hier fehlt es dementsprechend an konkreten Angaben. Teilweise begegnet man aber auch Anzeigen, die konkrete Angaben über die Urheberschaft, Provenienz, das Sujet oder das Alter eines Werkes enthalten. Solche Aussagen würden dann sicherlich zur Beschaffenheit zu zählen sein, werden aber eben meist durch ein Verkaufsgespräch oder den Aufruf in einer Auktion konkretisiert und somit zum Bestandteil einer zumindest stillschweigenden Vereinbarung i.S.d. § 434 I S.1 BGB.

Abschließend lässt sich also festhalten, dass die Relevanz des § 434 I S.3 BGB für den Kunsthandel sehr gering ist.

c. Zwischenergebnis

Es hat sich also gezeigt, dass eine gewöhnliche Verwendung von Kunstgegenständen ebenso grundsätzlich möglich ist wie die Festlegung einer üblichen Beschaffenheit. Daneben erweist sich das ergänzende Heranziehen des Erwartungshorizonts eines Durchschnittskäufers i.S.d. § 434 I S.2 Nr.2 Alt. 3 als sinnvolle Hilfestellung für den Kunsthandel. Der Anwendungsbereich der Festlegung der Beschaffenheit durch öffentliche Äußerungen im Sinne des § 434 I S.3 BGB ist dagegen für den Kunstkauf von geringer Bedeutung, da die Regelung nur sehr selten einschlägig ist.

4. Unsachgemäße Montage bzw. mangelhafte Montageanleitung, § 434 II S.1, S.2 BGB

Ein Sachmangel liegt nach § 434 II S.1 BGB auch dann vor, wenn der Verkäufer oder sein Erfüllungsgehilfe die vereinbarte Montage unsachgemäß durchführen. Dieser Mangeltatbestand spielt jedoch im Kunsthandel meist keine nennenswerte Rolle. Allerdings umfasst der Begriff der Montage alle Handlungen, die den Gebrauch der Kaufsache durch den Käufer ermöglichen sollen, also auch das Zusammensetzen der Kaufsache selbst, sofern dies nötig ist.[792] Entsprechende Fallgestaltungen sind demnach eigentlich nur beim Verkauf von Installationen oder bestimmten Skulpturen denkbar. Solche Fälle sind aber weder aus der

---

791 MüKo/*Westermann*, BGB, § 434, Rn. 22.

792 Staudinger/*Matusche-Beckmann*, BGB, § 434, Rn. 94; Palandt/*Putzo*, BGB, § 434, Rn. 42.

Rechtsprechung noch aus anderweitiger Literatur bekannt. Eine nähere Betrachtung dieser fern liegenden Fälle erscheint daher nicht angezeigt.

Sachverhalte schließlich, die eine mangelhafte Montageanleitung im Sinne des § 434 II S.2 BGB zum Gegenstand haben, dürften im Kunsthandel nahezu unmöglich sein. Zwar gibt es Installationen, die nach einem bestimmten Plan des Künstlers aufgebaut werden sollen.[793] Mangelhaft ist eine Montageanleitung aber nur dann, wenn sie den Käufer nicht zur fehlerfreien Montage befähigt.[794] Es erscheint aber reichlich absurd, dem Plan des Urhebers zu unterstellen, die Anweisung zum Aufbau des von ihm geschaffenen Werkes sei ungenügend. Wie schon bei der fehlerhaften Montage, ist auch hier eine weitere Diskussion wenig gewinnbringend, da entsprechende Fälle weder bekannt noch wahrscheinlich sind.

5. Lieferung eines Aliud, § 434 III Alt.1 BGB

Nach § 434 III Alt.1 BGB steht es einem Sachmangel gleich, wenn der Verkäufer eine andere als die vertraglich vereinbarte Sache liefert.

a. Darstellung der kaufrechtlichen Regelung

Wann eine solche Falsch- oder Aliudlieferung vorliegt hängt maßgeblich davon ab, ob ein Stückkauf oder ein Gattungskauf vorliegt. Beim Stückkauf ist die geschuldete Sache nach ihrer Identität bestimmt; eine Aliudlieferung liegt hier demnach vor, wenn nicht die genau ihrer Identität nach bezeichnete geschuldete Sache geliefert wird; in diesen Fällen spricht man auch vom sog. *Identitätsaliud.*[795] Beim Gattungskauf hingegen ist die Sache nur nach ihren Eigenschaften und eben nicht nach ihrer konkreten Identität bestimmt; ein Aliud liegt dementsprechend vor, wenn die gelieferte Sache nicht diejenigen Eigenschaften aufweist, die sie zu einer Sache der geschuldeten Gattung machen; hier spricht man in Abgrenzung zum Identitätsaliud vom sog. *Qualifikationsaliud.*[796]

---

793 Ein prominentes Beispiel hierfür ist Joseph Beuys, dessen Werkbeschreibungen eine entsprechende Problematik geradezu immanent ist; so etwa für das Werk „Jungfrau Basisraum Nasse Wäsche" von 1979: "3 Zinkblechrinnen mit getrockneten Seifenrückständen, 2 Holztische mit Zeichnungen unter Glas; Farbe, Kreide, 1 Stück Kernseife, Holzstuhl, Leinenballen, Wäscheseil und Seifenstärke, Eimer mit getrockneter Seife, Lampe beschriftete Tafel, 4 Photos." Siehe dazu auch art 2/07, S. 112.

794 Palandt/*Putzo*, BGB, § 434, Rn. 49.

795 Bamberger/Roth/*Faust*, BGB, § 434, Rn. 104; Tiedtke/Schmitt, JZ 2004, 1092; Lorenz, JuS 2003, 38.

796 Bamberger/Roth/*Faust*, BGB, § 434, Rn. 104; Jauernig/*Berger*, BGB, Rn. 20; Tiedtke/Schmitt, JZ 2004, 1093.

Beim Gattungskauf gestaltet sich die Unterscheidung von Falsch- und Schlechtlieferung schwierig, da beiden eigen ist, dass die gelieferte Sache andere Eigenschaften hat, als sie nach der Vertragsvereinbarung haben sollte. Es stellt sich also zunächst die schwierige Abgrenzungsfrage, welche Eigenschaften die Sache zu einer mangelhaften gattungsgleichen Sache machen und welche sie zur Sache einer ganz anderen Gattung machen.[797] Um diese problematische Abgrenzung zu umgehen, wurde die Falschlieferung der Schlechtlieferung im Zuge der Schuldrechtsmodernisierung gleichgestellt, § 434 III Alt. 1 BGB.

Wegen der unterschiedlichen Prämissen beim Stückkauf wird von Seiten der Lehre teilweise vertreten, § 434 III Alt. 1 BGB teleologisch zu reduzieren und auf die Fälle des Identitätsaliuds, also der Falschlieferung beim Stückkauf, nicht anzuwenden.[798] Sinn und Zweck des § 434 III Alt. 1 BGB sei die Beseitigung der, soeben angesprochenen, schwierigen Abgrenzungsfragen beim Gattungskauf; da diese Abgrenzung beim Stückkauf aber eindeutig sei, bestehe hier kein Bedürfnis für eine Gleichstellung.[799]

Nach der herrschenden Gegenansicht[800] ist § 434 III Alt. 1 BGB und damit das Sachmangelgewährleistungsrecht jedoch auch auf die Falschlieferung beim Stückkauf anzuwenden. Dieser Ansicht aus mehreren Gründen zu folgen. Sinn und Zweck der Regelung war nicht lediglich, die Abgrenzungsprobleme beim Gattungskauf zu lösen, sondern vielmehr, die Unterscheidung zwischen Stück- und Gattungsschuld in diesem Bereich entbehrlich zu machen;[801] dieses Vorhaben kann aber nur gelingen, wenn tatsächlich beide gleich behandelt werden. Im Übrigen kann die erwähnte Abgrenzung im Einzelfall auch beim Stückkauf problematisch werden. Denkbar wäre etwa, dass es ein bestimmtes Gemälde eines Meisters in zwei Versionen gibt, der Verkäufer aber die falsche liefert. Hier stünde man dann auch beim Stückkauf vor der schwierigen Abgrenzungsfrage, ob es sich um eine Schlecht- oder eine Falschlieferung handelt.[802]

Daneben spricht aber auch der undifferenzierte, allgemeingültige Wortlaut des § 434 III BGB klar gegen eine solche Differenzierung. Die Anwendung des § 434 III Alt.1 BGB auf die Fälle des Identitätsaliud beim Stückkauf erscheint

---

797 Siehe hierzu etwa den RegE, BT-Drs. 14/6040, S. 87; zur Veranschaulichung der Problematik vor der Schuldrechtsreform siehe auch BGH, NJW 1989, 218 („Glykol"); BGH, NJW 1986, 640 („Sommerweizen").

798 So etwa Hk-BGB/*Saenger*, BGB, § 434, Rn. 20; Canaris, Schuldrechtsmodernisierung, S. XXIII, Jost, Jura 2005, 752; Schulze, NJW 2003, 1022; Lettl, JuS 2002, 868.

799 Canaris, Schuldrechtsmodernisierung, S. XXIII; Jost, Jura 2005, 752; ausführlich zur teleologischen Auslegung des § 434 III siehe Thier, AcP 203 (2003), 408.

800 Staudinger/*Matusche-Beckmann*, BGB, § 434, Rn. 115; Palandt/*Putzo*, BGB, § 434, Rn. 52a; Bamberger/Roth/*Faust*, BGB, § 434, Rn. 107; MüKo/*Westermann*, BGB, § 434, Rn. 40; Reinicke/Tiedtke, Kaufrecht, Rn. 357; Medicus, Bürgerliches Recht, Rn. 228; Musielak, NJW 2003, 90; Dauner-Lieb/Arnold, JuS 2002, 1176.

801 RegE, BT-Drs. 14/6040; Tiedtke/Schmitt, JZ 2004, 1093.

802 Dauner-Lieb/Arnold, JuS 2002, 1176.

schließlich auch im Ergebnis angemessen; dem Käufer ist die Behandlung als Mangel angesichts der jetzigen Rechtsbehelfe und der Länge der Verjährungsfrist durchaus zuzumuten; nicht zuletzt deshalb, weil sich die Falschlieferung beim Stückkauf leichter feststellen lässt als beim Gattungskauf.[803] Im Übrigen kann der Käufer die mangelhafte Sache auch zurückweisen und damit die Verkürzung der Verjährungsfrist abwenden.[804]

Schließlich bleibt noch darauf hinzuweisen, dass auch die der Schuldrechtsmodernisierung zu Grunde liegende Verbrauchsgüterkaufrichtlinie keine entsprechenden Differenzierungen kennt und sich somit auch aus europarechtlicher Warte kein anderes Ergebnis begründen lässt.[805]

Im Ergebnis ist § 434 III Alt.1 BGB damit sowohl beim Gattungskauf, als auch beim Stückkauf anwendbar.

Teilweise wird jedoch diskutiert, in gewissen Extremfällen eine Ausnahme von diesem Grundsatz zu machen. So wird gefordert, dass die gelieferte Ware von der vereinbarten nicht in einem solchen Ausmaße abweichen dürfe, dass der Verkäufer eine Genehmigung des Käufers für ausgeschlossen halten müsste.[806] In solchen Fällen solle dann der ursprüngliche Erfüllungsanspruch bestehen bleiben und das allgemeine Leistungsstörungsrecht Anwendung finden. Diese Ansicht ist jedoch nicht zuzustimmen, da so die eigentlich beseitigten Abgrenzungsschwierigkeiten auf einer anderen Ebene wieder auftauchen würden. Dafür spricht auch, dass ein entsprechender Passus im Diskussionsentwurf[807] noch enthalten war, dann aber im Laufe des Gesetzgebungsverfahrens gestrichen wurde. Eine Ausnahme für Extremfälle ist dementsprechend abzulehnen.

Schließlich ist noch ein weiterer Aspekt in der Diskussion, der insbesondere für die verbraucherschutzrechtlichen Aspekte des Kunstkaufs von Interesse sein könnte. Es wird nämlich vertreten, dass bei einem Verbrauchsgüterkauf i.S.d. §§ 474 ff. BGB im Falle einer Falschlieferung die Vorschrift des § 241a BGB anzuwenden sei.[808] Allerdings wird dies zu Recht von der ganz herrschen-

---

803 Bamberger/Roth/*Faust*, BGB, § 434, Rn. 107; Tiedtke/Schmitt, JZ 2004, 1093

804 Dauner-Lieb/Arnold, JuS 2002, 1176.

805 Staudinger/*Matusche-Beckmann*, BGB, § 434, Rn. 115; Dauner-Lieb/Arnold, JuS 2002, 1176; AnwKomm/*Pfeiffer*, BGB, Art.2 Kauf-RL, Rn. 5; Jorden/Lehmann, JZ 2001, 952.

806 Ehmann/Sutschet, Modernisiertes Schuldrecht (2002), § 7, Rn. 221; wohl auch Medicus, Bürgerliches Recht, Rn. 288.

807 Diskussionsentwurf 1, abgedr. in Canaris, Schuldrechtsmodernisierung, S. 26; dazu auch Bamberger/Roth/Faust, BGB, § 434, Rn. 108; Reinicke/Tiedtke, Kaufrecht, Rn. 360.

808 Wrase/Müller-Helle, NJW 2002, 2537; ausführlich dazu auch Kohler, AcP 204 (2004), 606.

den Ansicht[809] abgelehnt, da § 434 III Alt.1 BGB die speziellere Regelung für die Übergabe einer falschen Sache zur Erfüllung eines abgeschlossenen Vertrages darstellt.

Die Frage, ob ein an sich vollständiger Gewährleistungsausschluss auch dann Wirksamkeit entfalten kann, wenn ein Aliud geliefert wird, wird im Rahmen der umfänglichen Betrachtung der Gewährleistungsausschlüsse im Kunsthandel zu erörtern sein.[810]

b. Anwendungsbereich der Norm im Kunsthandel

Aufgrund der Einmaligkeit von Kunstgegenständen stellt der Kunstkauf in aller Regel einen Stückkauf dar, da der Leistungsgegenstand hier individuell festgelegt wird und es sich um ein einmaliges Gut handelt.[811] Zur Diskussion steht nun die Frage, wann es sich in Kunstkauffällen um eine Aliud-Lieferung handelt, bzw. welche typischen Konstellationen hier denkbar sind.

Zunächst stellt sich die Frage, ob es sich nicht um eine Aliud-Lieferung handelt, wenn der Käufer ein Bild erwirbt, von dem er glaubt, sein Urheber sei bspw. Jawlensky, es sich dann aber nach der Lieferung herausstellt, dass es sich um das Werk eines weit weniger bedeutenden Künstlers handelt. In dem betreffenden Rechtsstreit wurde argumentiert, es handele sich bei dem gelieferten Bild nicht um das verkaufte Bild, da der Käufer einen echten Jawlensky habe erwerben wollen. Dieser Argumentation hat der BGH in der „Jawlensky"-Entscheidung jedoch eine klare Absage erteilt.[812] Gegenstand des Kaufvertrages sei danach das Bild, das im Katalog abgebildet, in der Vorbesichtigung ausgestellt und in der Auktion verkauft worden war. Dieses habe der Verkäufer schließlich geliefert, so dass es sich mitnichten um ein Aliud handeln könne.

Diesem Ergebnis ist unbedingt zuzustimmen. Die Frage, ob das Bild tatsächlich von Jawlensky stammt oder sich mit einem im Werkverzeichnis aufgeführten Gemälde deckt, betrifft ausschließlich Eigenschaften der Sache[813], deren Fehlen als Sachmangel zu werten ist. Nachdem, wie oben gesehen, der Stückkauf durchaus von § 434 III Alt.1 BGB erfasst wird, ergeben sich nach heutiger Rechtslage hier ohnehin keine Probleme; dennoch ist der Argumentation des BGH nach wie vor zuzustimmen. Dieser Ansatz kann letztlich auf alle anderen Eigenschaften übertragen werden, die Teil einer Beschaffenheitsvereinbarung

---

809 Staudinger/*Matusche-Beckmann*, BGB, § 434, Rn. 118; Palandt/*Putzo*, BGB, § 434, Rn.52; Prütting/Wegen/Weinreich/*Schmidt*, BGB, § 434, Rn. 94; Tröger, JuS 2006, 511; jew. m.w.N..

810 Siehe hierzu unten D, I, 1, d.

811 BGH, NJW 1975, 971 („Jawlensky"); Wrede, Kunstkauf, S. 223; Zum Begriff des Stückkaufs siehe auch Palandt/*Heinrichs*, BGB, § 243, Rn. 1.

812 BGH, NJW 1975, 970 f. („Jawlensky").

813 Siehe dazu schon oben C, II, 1, a/b.

sein können. Im Ergebnis bedeutet dies, dass in aller Regel dasjenige Objekt an den Käufer geliefert wird, das er auch ursprünglich haben wollte, dieses aber eventuell nicht die gewünschten Eigenschaften aufweist.

In einem Fall, der vor dem AG Ulm verhandelt wurde[814], lag die Sache ein wenig anders. Hier hatte der Kläger auf einer Internet-Auktion ein Gemälde ersteigert, das sich nach der Lieferung jedoch als einfacher Druck herausstellte. Das AG Ulm sah hier eine Aliud-Lieferung in Form des Identitäts-Aliud als gegeben an und kam über § 434 III Alt.1 BGB zur Anwendung des Gewährleistungsrechts, was entscheidende Auswirkungen auf die Wirksamkeit eines Haftungsausschlusses hatte.[815] Von der Rechtsfolgenseite her wird der gelieferte Druck also wie ein fehlerhaftes Gemälde behandelt. Aufgrund des gravierenden Unterschieds zwischen einem Originalgemälde und einem Druck wirkt dieses Ergebnis zunächst befremdlich. In Anbetracht der oben diskutierten Anwendung des § 434 II Alt.1 BGB auch beim Stückkauf ist diesem Ergebnis aber zuzustimmen. Es handelt sich eben nicht um einen Mangel im engeren Sinne, sondern vielmehr um eine Gleichstellung der Andersartigkeit mit der Mangelhaftigkeit bezüglich der Rechtsfolge.[816]

Würde man den oben verneinten Ausschluss von Extremfällen hier heranziehen, würde sich die schwierige Frage stellen, ob es sich hier überhaupt um einen solchen handelt; dies verdeutlicht anschaulich, dass ein Ausschluss von Extremfällen nicht angezeigt ist. Mag das Urteil des AG Ulm zunächst befremdlich anmuten, so ist es doch dogmatisch korrekt und vor allem im Sinne der hier vertretenen Ansätze zu § 434 III Alt.1 BGB schlüssig. Was die brisante Frage nach der Wirksamkeit eines entsprechenden Gewährleistungsausschlusses betrifft, so kann hier bereits auf die später folgende Betrachtung der Gewährleistungsausschlüsse im Auktionshandel verwiesen werden. Die erwähnte Fallgestaltung dürfte im Übrigen weit häufiger vorkommen, als man zunächst vermuten mag. Immer wieder kommt es gerade im Auktionshandel vor, dass sehr detailgetreue frühe photographische oder lithographische Kunstreproduktionen als Original, etwa einer Zeichnung, verkauft werden. Wegen des hohen Alters der Reproduktionen erwecken diese dennoch häufig den Anschein der Echtheit.[817] Wird hier eine originale Zeichnung verkauft, tatsächlich aber eine deutlich spätere Reproduktion geliefert, so handelt es sich begrifflich eindeutig um einen Fall des Identitäts-Aliud, da eine gänzlich andere Sache als die vereinbarte gelie-

---

814 AG Ulm, Urt.v. 9.6.2004, 4 C 1004/04 (unveröffentlicht).

815 Zum Zusammenspiel von Gewährleistungsausschluss und Aliud-Lieferung siehe unten D, I, 1, d.

816 Dazu auch Anw-Komm/*Büdenbender*, BGB, § 434, Rn. 68.

817 Exemplarisch seien hier die sog. *Hanfstaengl*-Drucke genannt; diese Reproduktionen wurden bereits ab dem Jahre 1833 in der *Lithographischen Anstalt Franz Hanfstaengl* hergestellt und werden heute immer wieder als Originalzeichnungen verkauft.

fert wurde. Hier findet dennoch § 434 III Alt.1 BGB und damit das Gewährleistungsrecht Anwendung.

Schließlich sei hier noch eine weitere Konstellation genannt, in welcher im Kunsthandel tatsächlich eine Aliud-Lieferung vorliegt. Liefert der Verkäufer aufgrund einer Verwechslung sich ähnelnder Werke tatsächlich das falsche aus, so liefert er mithin nicht die vereinbarte, sondern eine ganz andere Sache.[818] Es handelt sich also auch um einen Fall des Identitätsaliud, so dass entsprechend der oben ermittelnden Ergebnisse auch hier § 434 III Alt. 1 BGB einschlägig ist.

Abschließend also ist es für die Anwendung des Gewährleistungsrechts beim Stückkauf unerheblich, ob eine Schlecht- oder Falschlieferung vorliegt, da § 434 III Alt. 1 BGB diese gleichstellt.

Ein Gattungskauf hingegen ist im Kunsthandel nur schwer vorstellbar. Eine Gattung bilden alle Gegenstände, die durch gemeinschaftliche Merkmale gekennzeichnet sind und sich dadurch von Gegenständen anderer Art abheben; solche Merkmale können etwa der Typ, die Sorte oder u.U. auch der Preis eines Gutes sein.[819] Weiterhin ist der Gattungskauf dadurch gekennzeichnet, dass der Leistungsgegenstand nicht individuell bezeichnet wird, sondern der Verkäufer einen beliebigen Gegenstand liefern kann, der die vereinbarten Merkmale erfüllt. Zu einer solchen Konstellation kann es etwa kommen, wenn ein Kunsthändler damit betraut wird, irgendeinen Druck aus einer bestimmten Serie zu beschaffen. Daneben ist auch vorstellbar, dass der Käufer „irgendein" Bild eines bestimmten Malers haben möchte.[820] Allerdings muss man sich im Klaren sein, dass dieses Beispiel in der Praxis wohl nur selten Realität wird. Darüber hinaus sind diese Fälle in rechtlicher Hinsicht unproblematisch. Fehlt dem gelieferten Gegenstand eines der vereinbarten Merkmale, wie etwa die zugrunde gelegte Urheberschaft, und weicht er damit von der mittleren Art und Güte ab, so kommt § 434 III Alt.1 BGB zum Tragen; die Aliud-Lieferung ist dann einem Sachmangel gleichgestellt und das Gewährleistungsrecht findet Anwendung. Hier wurde somit die teils schwierige Fragestellung obsolet, ob es sich um eine mangelhafte Lieferung oder um eine Aliud-Lieferung handelt.

6. Lieferung einer Mindermenge, § 434 III Alt.2 BGB

Die Lieferung einer Mindermenge (Minus) ist der letzte Mangeltatbestand des § 434 BGB. Wie auch bei der Aliud-Lieferung handelt es sich nicht per se um

818 Siehe zu diesem Beispiel auch Jost, Jura 2005, 751, die in der Folge jedoch die Anwendung des § 434 II Alt.1 BGB anlehnt und so zur Anwendung des allgemeinen Schuldrechts gelangt.

819 Palandt/*Heinrichs*, BGB, § 243, Rn. 2; AnwKomm/*Tettinger*, BGB, § 243, Rn. 3.

820 So ausdrücklich in MüKo/*Emmerich*, BGB, § 243, Rn. 6.

einen Sachmangel, wenn zu wenig geliefert wurde, sondern der Fall ist vielmehr einem Sachmangel gleichgestellt, § 434 III Alt.2 BGB. Der Anwendungsbereich der Norm ist in mehrfacher Hinsicht begrenzt: So gilt die Vorschrift nur für die Lieferung einer zu geringen Menge gleichartiger Sachen, nicht dagegen für den Fall, dass von mehreren verschiedenen Kaufsachen nur einzelne geliefert werden.[821] Daneben ist ein Rückgriff auf § 434 III Alt.2 BGB auch dann nicht erforderlich, wenn sich die gelieferte von der geschuldeten Ware auch in anderer Hinsicht als bezüglich der Gesamtmenge unterscheidet; dann ist bereits ein Sachmangel i.S.d. § 434 I BGB gegeben. Der Fall der teilweisen Schlechtleistung hingegen ist der Zuwenigheferung gleichzustellen; es kann nämlich keinen Unterschied machen, ob der Verkäufer von vorneherein zu wenig liefert, oder ob er zwar die Gesamtmenge liefert, von dieser aber ein Teil mangelhaft ist.[822] Bei der teilweisen Schlechtleistung liegt demnach ein Sachmangel nach § 434 I, III Alt.2 BGB vor.

Der Anwendungsbereich der Zuweniglieferung dürfte im Kunsthandel nur selten eröffnet sein; in aller Regel werden einzelne Stücke verkauft; teilweise auch mehrere, die dann aber meist nicht gleichartige sind, wie dies erforderlich wäre. Einschlägig wäre sie allenfalls bei dem Verkauf einer größeren Anzahl von Werken einer Serie, also etwa mehrerer Exemplare desselben Drucks, oder mehrerer Abzüge einer Photographie aus einer Serie von Abzügen. Werden in diesen Fällen zu wenige Stücke geliefert liegt unproblematisch ein Sachmangel nach Maßgabe des § 434 III Alt.2 BGB vor.

7. Vorliegen eines Rechtsmangels, § 435 BGB

Nach § 433 I S.2 BGB hat der Verkäufer dem Käufer die Sache nicht nur frei von Sachmängeln, sondern auch frei von Rechtsmängeln zu verschaffen. Die früher angezeigte Abgrenzung von Rechts- und Sachmangel ist durch die Einführung identischer Rechtsfolgen in § 437 größtenteils obsolet geworden. In Einzelfällen ist die Abgrenzung jedoch nach wie vor von Bedeutung, da etwa § 476 sich nur auf Sachmängel bezieht sowie wegen des unterschiedlichen maßgeblichen Zeitpunkts für das Vorliegen des jeweiligen Mangels; beim Sachmangel ist gemäß § 446 BGB der Gefahrübergang, beim Rechtsmangel hingegen der Übergang des Eigentums entscheidend.[823]

---

821 Prütting/Wegen/Weinreich/*Schmidt*, BGB, § 434, Rn. 96; Bamberger/Roth/*Faust*, BGB, § 434, Rn. 112.

822 Staudinger/*Matusche-Beckmann*, BGB, § 434, Rn. 124.

823 Staudinger/*Matusche-Beckmann*, BGB, § 435, Rn. 4.

a. Darstellung der kaufrechtlichen Regelung

Nach § 435 S.1 BGB ist die Sache frei von Rechtsmängeln, wenn Dritte in Bezug auf die Sache keine oder nur die im Kaufvertrag übernommenen Rechte gegen den Käufer geltend machen können.

Rechte, die von Dritten gegen den Käufer geltend gemacht werden können, sind alle Rechte, die den Kaufgegenstand trotz Übertragung nach wie vor ergreifen und dadurch das Recht des Käufers, mit der Sache nach Belieben zu verfahren, beeinträchtigen.[824] Dabei reicht schon, dass Dritte ein solches Recht geltend machen können, es genügt insofern die potentielle Eignung, die ungestörte Ausübung der Rechtsposition zu beeinträchtigen.[825]

Fraglich ist schließlich, welche Rechte im Einzelnen unter oben genannte Definition subsumierbar sind. Grundsätzlich können dies dingliche Rechte, obligatorische Rechte, Immaterialgüterrechte, aber auch Veräußerungsverbote i.S.d. §§ 135, 136 BGB und gesetzliche Beschränkungen sein.[826] Öffentliche Rechte können, wenn sie der Benutzung der Kaufsache entgegenstehen, einen Rechtsmangel begründen. Unstreitig stellen dabei solche Rechte einen Rechtsmangel dar, die die Benutzbarkeit beschränken können und dabei nicht an die Beschaffenheit der Sache anknüpfen.[827]

b. Anwendungsbereich der Norm im Kunsthandel

Rechtsmängel kommen im Kunsthandel, gerade aufgrund der besonderen Eigenschaften der Güter und der internationalen Dimension des Handels, durchaus in Betracht.

Es stellt sich zunächst die Frage, ob ein Rechtsmangel vorliegt, wenn der Verkäufer nicht Eigentümer des Werkes ist.[828] Hier ist danach zu differenzieren, ob der Käufer gutgläubig Eigentum erworben hat oder, ob dies etwa wegen eines vorhergehenden Abhandenkommens i.S.d. § 935 I BGB nicht möglich ist. Hat der Käufer gemäß § 932 BGB das Eigentum gutgläubig vom Nichtberechtigten erworben, so liegen weder ein Sach- noch ein Rechtsmangel vor. Daneben ist im Auktionshandel wegen § 935 II BGB auch ein Erwerb gestohlener oder abhanden gekommener Ware möglich. Zwar mag der Erwerb mit einem moralischen Makel behaftet sein und evtl. sogar der Wert des Werkes dadurch gemindert sein, doch ist der Käufer nach dem Eigentumsübergang dann eben nicht in

824 Staudinger/*Matusche-Beckmann*, BGB, § 435, Rn. 5; Pahlow, JuS 2006, 298.

825 Hk-BGB/*Saenger*, BGB, § 434, Rn. 2.

826 Jauernig/*Berger*, BGB, § 435, Rn. 5; Pahlow, JuS 2006, 297 ff.

827 Erman/*Grunewald*, BGB, § 435, Rn. 10.

828 Ausführlich zur Frage der dinglichen Rechtslage siehe Braunfels, Haftung bei Kunstauktionen, S. 31 ff.

der ungestörten Ausübung seiner Rechtsposition beeinträchtigt.[829] Aufgrund der häufigen Diebstähle aus Kirchen, Museen oder Privathäusern stellt sich aber auch die Frage, wie sich die Rechtslage bei anschließenden Veräußerungen solcher Güter darstellt.[830] Im Gegensatz zur oben beschriebenen Konstellation liegt ein Rechtsmangel in diesen Fällen beim Kauf in einer Einzelkunsthandlung vor, wenn dem Käufer das Eigentum wegen der Veräußerung einer abhanden gekommenen Sache nicht verschafft werden kann.[831] Hier kann der wahre Eigentümer Rechte gegen den Käufer geltend machen, die dessen Rechtsposition unmittelbar beeinträchtigen.

Eine bedeutende Rolle spielen neben diesen klassischen Diebstahlsfällen auch öffentlich-rechtliche Beschränkungen der Kaufsache. Allerdings können öffentlich-rechtliche Bindungen des Gegenstandes je nach ihrer Art einen Rechts- oder einen Sachmangel darstellen, wobei die Unterscheidung aufgrund der identischen Rechtsfolgen von geringer praktischer Bedeutung ist. Um Sachmängel handelt es sich dann, wenn die Beschränkung im Interesse des Gemeinwohls auferlegt wurde und vom Verkäufer nicht beseitigt werden kann.[832] In diesen Fällen liegt der Mangel vor allem in der Beschaffenheit der Sache begründet, so dass das Vorliegen eines Sachmangels zu bejahen ist.[833] Unterliegt etwa ein Kunstwerk aufgrund seiner nationalen Bedeutsamkeit einer Ausfuhrbeschränkung nach § 1 IV KultGSchG so liegt ein Sachmangel vor.[834] Ein lediglich vertraglich vereinbartes Vorkaufsrecht öffentlicher Stellen begründet demgegenüber einen Rechtsmangel.

In diesem Zusammenhang stellt sich die wegen der zunehmenden Internationalisierung des Kunsthandels bedeutsame Frage, wie mit staatlichen Rückgabeansprüchen hinsichtlich illegal nach Deutschland importierter und hier verkaufter Kulturgüter zu verfahren ist. Gerade beim internationalen Handel mit archäologischen Funden kommt es immer wieder zu schwierigen Situationen, wenn die Herkunftsstaaten die Herausgabe der Kulturgüter verlangen.[835] Daneben hat auch die Öffnung nach Osteuropa infolge des Zusammenbruchs der

829 So auch Schack, Kunst und Recht, S. 153, der darüber hinaus noch den Bezug zur strafrechtlichen „Makeltheorie" herstellt und auf die Möglichkeit der zivilrechtlichen Kompensation dieses Makels eingeht.

830 Darstellungen solcher Fälle finden sich etwa bei Braunfels, Haftung bei Kunstauktionen, S. 31 ff.; Kistenmacher, KUR 2006, 85; Geißdorf, KUR 2006, 93; Brodie, KUR 2006, 26.

831 Jauernig/*Berger*, BGB, § 435, Rn. 5; Jost, Jura 2005, 753; Canaris, JZ 2003, 832; Schellhammer, MDR 2002, 486, a.A.: Bamberger/Roth/*Faust*, BGB, § 435, Rn. 15; Reinicke/Tiedtke, Kaufrecht, Rn. 392.

832 Hk-BGB/Saenger, BGB, § 435, Rn. 4; zu derartigen Außenhandelsbeschränkungen siehe auch Pieroth/Kampmann, NJW 1990, 1385; Asam, FS Jayme, Bd. 2, S. 1651.

833 Pahlow, JuS 2006, 291.

834 Siehe dazu schon oben B, I, 4, b, dd.

835 Siehe hierzu Hailbronner, JZ 2002, 957 ff.

UdSSR dem illegalen Kunsthandel einen zweifelhaften Aufschwung verschafft, erwähnt sei etwa der professionelle Diebstahl, Schmuggel und Vertrieb von Ikonen. Besteht in solchen Fällen ein Rückgabeanspruch eines anderen Staates oder besteht in diesem Herkunftsstaat ein Ausfuhrverbot, so ist wegen des drohenden Besitz- bzw. Eigentumsverlustes beim Käufer ein Rechtsmangel gegeben.[836]

Ein anderer Fall eröffnet sich bei der Betrachtung von Immaterialgüterrechten. Diese begründen dann Rechte Dritter i.S.d. § 435 BGB, wenn und soweit dem Berechtigten gegenüber dem Käufer Unterlassungsansprüche oder sonstige Ansprüche hinsichtlich des Gebrauchs bzw. des Weiterverkaufs der Kaufsache zustehen.[837] Im Kunsthandel ist dies überall dort vorstellbar, wo etwa Persönlichkeitsrechte durch gewisse Darstellungen beeinträchtigt werden, also etwa in der Portraitmalerei oder in der Photographie. Gerade in der Photographie kann es immer wieder dazu kommen, dass der Abgebildete aufgrund des besonderen Persönlichkeitsrechts am eigenen Bild gemäß § 22 ff. KUG eine Verbreitung oder Ausstellung des Werkes verhindern kann.[838] Solche Rechte Dritter können durch ihren Einfluss auf die freie Ausübung der Rechte des Käufers im Einzelfall also auch einen Rechtsmangel begründen.[839]

Es zeigt sich also, dass auch der Rechtsmangel eine nicht zu unterschätzende Relevanz für den Kunsthandel hat. In der Praxis allerdings ist es meist unerheblich, ob man einen Rechtsmangel oder einen Sachmangel annimmt, da § 437 BGB identische Rechtsfolgen statuiert.

8. Zusammenfassung zum Begriff des Mangels

Die Erörterung der Sachmängel des § 434 BGB und des Rechtsmangels gemäß § 435 BGB hat einige interessante und wertvolle Ergebnisse zu Tage gebracht.

Zunächst einmal ist festzuhalten, dass das Abweichen von der vereinbarten Beschaffenheit nach § 434 I S.1 BGB sicherlich der häufigste Sachmangeltatbestand ist. Dies ergibt sich zum einen aus der Anwendung des weiten Beschaffenheitsbegriffs und zum anderen aus der Möglichkeit konkludenter und stillschweigender Beschaffenheitsvereinbarungen.

---

836 Schack, Kunst und Recht, S. 154.

837 Staudinger/*Matusche-Beckmann*, BGB, § 435, Rn. 17; Erman/*Grunewald*, BGB, § 435, Rn. 6.

838 Schack, Kunst und Recht, S. 253, der von einem Fall berichtet, in dem Claudia Schiffer die Ausstellung eines Werkes von Mel Ramos verhinderte, das sie nackt als Einlage eines Hot Dog zeigte.

839 BGH, BGHZ 110, 200; Erman/*Grunewald*, BGB, § 435, Rn. 6; Staudinger/*Matusche-Beckmann*, BGB, § 435, Rn. 17; demgegenüber Bamberger/Roth/*Faust*, BGB, § 435, Rn. 11, der aufgrund der Nähe zur Beschaffenheit des Werkes einen Sachmangel annimmt.

Im weiteren Verlauf wurde festgestellt, dass eine Verwendung i.S.d. §§ 434 I S.2 Nr.1, Nr.2 BGB durchaus in mehrfacher Hinsicht möglich ist und sich sogar eine gewöhnliche Verwendung statuieren lässt.

Die übliche Beschaffenheit i.S.d. § 434 I S.2 Nr. Alt.2 BGB kann unter Umständen auch bei Kunstwerken ermittelt werden; dies jedenfalls dort, wo eine sinnvolle Vergleichsgruppe gebildet werden kann.

Schließlich können auch die ergänzenden Tatbestände der fehlerhaften Montage bzw. Montageanleitung nach § 434 II BGB im Kunsthandel Anwendung finden. Diese Möglichkeit dürfte aber wohl eher theoretischer Natur sein.

Im Rahmen der Aliud-Lieferung gemäß § 434 III Alt.1 BGB tauchen Fälle auf, die dem Kunstliebhaber zwar absurd vorkommen mögen, sich mit den gegebenen rechtlichen Mitteln jedoch sinnvoll lösen lassen. Die Gleichstellung von Aliud und Peius hat hier viele Probleme obsolet gemacht.

Die Darstellung der möglichen Mängel schloss mit der Darstellung des Rechtsmangels gemäß § 435 BGB. Dieser ist gerade im internationalen Kunsthandel von Bedeutung und in vielen Fällen auch zu bejahen. Allerdings ist die praktische Relevanz der Unterscheidung von Sach- und Rechtsmangel wegen der nunmehr identischen Rechtsfolgen relativ gering.

III. Die Haftung für Mängel bzw. Rechtsfolgen

Die zentrale Bestimmung des § 437 BGB fasst die Rechte und Ansprüche zusammen, die dem Käufer bei Lieferung einer mit Rechts- oder Sachmängeln behafteten Sache zustehen. Im Einzelnen sind dies Nacherfüllung, Rücktritt Minderung, Schadensersatz und Aufwendungsersatz, § 437 BGB, die nachfolgend kunstkaufspezifisch betrachtet werden. Vorab ist jedoch anzumerken, dass die Norm hinsichtlich des Rücktritts sowie des Schadens- bzw. Aufwendungsersatzes Verweisungen in das allgemeine Leistungsstörungsrecht enthält, welches weitergehende Voraussetzungen aufstellen. Diese werden in der Betrachtung der einzelnen Anspruchsgrundlagen ebenso zu berücksichtigen sein.

1. Die Nacherfüllung gemäß §§ 437 Nr.1, 439 BGB

Zwar sind die in § 437 BGB genannten Rechte grundsätzlich gleichrangig, jedoch muss wegen der besonderen Voraussetzungen von Rücktritt und Minderung grundsätzlich erst Nacherfüllung verlangt werden; es gilt mithin der sog. Vorrang der Nacherfüllung.[840]

Der Nacherfüllungsanspruch des Käufers setzt einen wirksamen Kaufvertrag voraus; daneben muss der Käufer einen mangelhaften Gegenstand zur Erfüllung des Kaufvertrages i.S.d. § 363 BGB angenommen haben.

Ist der Anspruch aus §§ 437 Nr.1, 439 BGB gegeben, kann der Käufer nach Maßgabe des § 439 I BGB nach seiner Wahl die Beseitigung des Mangels (Nachbesserung) oder die Lieferung einer mangelfreien Sache (Ersatzlieferung) verlangen.

a. Die Nachbesserung gemäß § 439 I Alt.1 BGB bei Kunstgegenständen

Bei der Nachbesserung nach § 439 I Alt.1 BGB kommen häufig verschiedene Möglichkeiten in Betracht, den Mangel zu beseitigen, etwa die Reparatur oder der Austausch der mangelhaften Einzelteile sowie die Durchführung einer sachgerechten Montage oder die Aufhebung eines belastenden Rechts.[841] Auch im Kunsthandel ist diese Form der Nacherfüllung möglich, und zwar unabhängig davon, ob es sich dabei um den seltenen Fall einer Gattungsschuld oder um eine Stückschuld handelt. Bestimmte Materialmängel sind bei Kunstwerken durchaus reparabel und kommen so für eine Nachbesserung in Frage; bei antiken Möbeln können etwa bestimmte Einzelteile, wie Schlösser oder Beschläge, ersetzt werden.[842] Bei Gemälden lassen sich Risse flicken oder vergilbter Firniss entfernen, bei Grafiken Wasserränder und Stockflecken beseitigen.[843] Allerdings ist in diesen Fällen besonders auf den Ausschlusstatbestand des § 442 I BGB zu achten; musste der Käufer den Mangel bei Vertragsschluss kennen sind seine Gewährleistungsrechte ausgeschlossen. In Betracht kommen hier demnach nur solche Fehler, die dem Käufer nicht ohne weiteres erkennbar waren oder erst nach dem Vertragsschluss aber vor der Auslieferung entstanden sind. In der Praxis kommt die Nachbesserung von fehlerhaften Kunstgegenständen daher nur recht selten in Betracht.

---

840 Palandt/*Putzo*, BGB, § 437, Rn. 4; Prütting/Wegen/Weinreich/*Schmidt*, BGB, § 437, Rn. 15; dieser ergibt sich schließlich auch aus den Gesetzesmaterialien und der EG-Richtlinie, Medicus, Bürgerliches Recht, Rn. 291.

841 Erman/*Grunewald*, BGB, § 439, Rn. 2.

842 Wrede, Kunstkauf, S. 232.

843 Picker, Kunstgegenstände, S. 334.

b. Die Ersatzlieferung gemäß § 439 I Alt.2 BGB beim Kauf einer Fälschung eines Unikates

Statt der Nachbesserung kann der Käufer einer mangelhaften Sache die Lieferung einer mangelfreien Sache, die sog. Nachlieferung, verlangen. Diese ist für den Kunstkäufer von großer Bedeutung, da der häufigste und gravierendste Sachmangel bei Kunstgegenständen die fehlende Echtheit ist, welche sich aber unmöglich „nachbessern" lässt. Beim Kauf eines Unikates handelt es sich weiterhin fast immer um einen Stückkauf.[844] Liefert der Händler also eine Fälschung, so stellt sich die Frage, ob der enttäuschte Käufer im Wege der Ersatzlieferung vom Verkäufer die Verschaffung des Originals verlangen kann.[845]

Die Beantwortung dieser Frage ist jedoch nicht zu leisten, ohne eines der meist diskutierten Probleme des Kaufrechts[846] genau zu betrachten: Es handelt sich um die Frage, ob der Nacherfüllungsanspruch beim Stückkauf auf die Mängelbeseitigung i.S.d. § 439 I Alt. BGB beschränkt ist, oder ob darüber hinaus auch die Möglichkeit besteht, eine Ersatzlieferung zu verlangen, § 437 I Alt. 2 BGB.

Eine Ansicht in der Lehre lehnt die Ersatzlieferung beim Stückkauf kategorisch ab[847], wobei innerhalb dieser Ansicht verschiedene Begründungsmodelle vertreten werden. So ist ein Teil der Vertreter der Auffassung, dass die Nachlieferung beim Stückkauf wegen § 275 I BGB unmöglich sei.[848] Eine andere Gruppe meint, dass beim Stückkauf schon von vorneherein keine entsprechende Pflicht bestehe, die dann überhaupt erst unmöglich werden könnte.[849] Damit käme ein Anspruch auf Nachlieferung eines Originals im vorgenannten Fall also nicht in Frage, da es sich um einen Stückkauf handelt.

---

844 An eine Ausnahme wäre aber etwa dann zu denken, wenn der Käufer lediglich „irgendein" Werk eines bestimmten Künstlers haben möchte. Allerdings dürfte diese Konstellation in der Praxis nur selten zu finden sein, da der Käufer zumindest direkt vor dem Kauf noch das jeweilige Werk sehen oder doch weitere Details erfahren wird und insofern eine Konkretisierung stattfindet.

845 Interessanterweise führt auch Canaris diesen Fall zur Verdeutlichung an, Canaris, JZ 2003, 832.

846 Teilweise wird darauf verwiesen, dass kein anderes Problem im Zuge der Schuldrechtsreform derart kontrovers diskutiert werde, so etwa Reinicke/Tiedtke, Kaufrecht, Rn. 420.

847 Bamberger/Roth/*Faust*, BGB, § 439, Rn. 27; Ackermann, JZ 2002, 378; Huber, NJW 2002, 1006; Pfeiffer, ZGS 2002, 23, Petersen, Jura 2002, 461; wohl auch Reinicke/Tiedtke, Kaufrecht, Rn. 429

848 Bamberger/Roth/*Faust*, BGB, § 439, Rn. 27; Huber, NJW 2002, 1006.

849 Ackermann, JZ 2002, 379.

Demgegenüber hält die wohl herrschende Ansicht[850] in Einklang mit der Rechtsprechung[851] eine Ersatzlieferung beim Stückkauf grundsätzlich für möglich. Diese sei dann zulässig, wenn die Sache ersetzbar ist.[852] Fraglich ist aber nun, ob nach dieser Ansicht eine Nachlieferung des Originalgemäldes in Betracht käme; wäre dies nicht der Fall, würde sich eine weitere Diskussion erübrigen. Ob und wann das Kriterium der Ersetzbarkeit erfüllt ist, hängt maßgeblich vom Willen der Parteien ab. Da im Rahmen der zur Ermittlung des Willens erforderlichen Auslegung von vernünftigen und redlichen Parteien auszugehen ist, ist die Ersetzbarkeit grundsätzlich dann zu bejahen, wenn es eine gleichwertige und gleichartige Ersatzsache gibt.[853] Zur Konkretisierung dieser Begriffe lässt sich die Formulierung von § 119 I Hs.2 BGB heranziehen und demgemäß darauf abstellen, ob die Parteien die Ersatzsache bei „verständiger Würdigung des Falles" zum Vertragsgegenstand gemacht hätten, wenn sie gewusst hätten, dass die verkaufte Sache mit einem Mangel behaftet ist. Hätten die Parteien vorliegend gewusst, dass es sich um eine Fälschung handelt, hätten sie zweifelsohne das entsprechende Original zum Gegenstand ihres Vertrages gemacht. Mithin kann nach dieser Ansicht, auch das echte Gemälde als Ersatz für das falsche und mithin mangelhafte Gemälde gemäß § 439 I Alt.2 BGB geschuldet sein.[854]

Die genannten Ansichten kommen also in der für den Kunsthandel so bedeutenden Fragestellung des auf das Original gerichteten Nachlieferungsanspruches zu unterschiedlichen Ergebnissen; ein Streitentscheid ist erforderlich.

Die Vertreter der erstgenannten Ansicht, nach der eine Ersatzlieferung beim Stückkauf abzulehnen ist, stützen sich vor allem auf einen grundlegenden Gedanken. Der Nacherfüllungsanspruch sei wie der ursprüngliche Erfüllungsanspruch aus § 433 I BGB auf den Inhalt des vertraglichen Schuldverhältnisses bezogen – was nicht Vertragsinhalt ist kann damit nicht Gegenstand des Erfüllungsanspruchs sein. Dementsprechend sei dann aber auch im Rahmen des § 439 I Alt.2 BGB mit dem Begriff der „mangelfreien Sache" die Sache gemeint auf die sich der Vertrag bezieht.[855]

Dabei ist dieser Ansicht darin zuzustimmen, dass der Verkäufer aufgrund des *primären* Erfüllungsanspruches des Käufers aus § 433 I BGB nur mit der vereinbarten Kaufsache erfüllen darf. Der Nachlieferungsanspruch aus § 439 I Alt.2 BGB ist als *sekundärer* „modifizierter Erfüllungsanspruch" aber nicht mit

---

850 Palandt/*Putzo*, BGB, § 439, Rn. 15; Erman/*Grunewald*, BGB, § 439, Rn. 3; Jauernig/*Berger*, BGB, § 439, Rn. 13; Canaris, Karlsruher Forum (2002), S. 80f.; Roth, NJW 2006, 2956; Scheuren-Brandes, ZGS 2005, 296; Schulze/Ebers, JuS 2004, 464; Canaris, JZ 2003, 831; Schubel, JuS 2002, 316; Bitter/Meidt, ZIP 2001, 2119.

851 BGH, NJW 2006, 2839; OLG Braunschweig, NJW 2003, 1054.

852 Palandt/*Putzo*, BGB, § 439, Rn. 15; Canaris, JZ 2003, 838.

853 BGH, NJW 2006, 2841; Canaris, JZ 2003, 838, Bitter/Meidt, ZIP 2001, 2124.

854 So auch ausdrücklich Canaris, JZ 2003, 835

855 Reinicke/Tiedtke, Kaufrecht, Rn. 422; Ackermann, JZ 2002, 379

dem ursprünglichen Erfüllungsanspruch identisch; dies zeigen schon das Vorhandensein eines Wahlrechts in § 439 I BGB sowie die eigene Verjährungsfrist nach §§ 438 I Nr.3, 437 Nr.1 BGB.[856] Eine Ablehnung der Ersatzlieferung bei der Stückschuld lässt sich demnach auch nicht mit der vermeintlichen Identität der Ansprüche begründen.

Die besseren Argumente sprechen jedoch für die herrschende Gegenansicht. Schon der Wortlaut des § 439 I BGB deutet keineswegs auf einen Ausschluss der Nachlieferung beim Stückkauf hin; vielmehr regelt § 439 III BGB die Grenzen der Unverhältnismäßigkeit abschließend. Die Tatsache, dass der Stückkauf auch hier keine gesonderte Erwähnung findet, unterstützt diese Feststellung noch.

Das Fehlen einer Einschränkung in § 439 I BGB ist aber keineswegs ein bloßer Zufall, sondern findet vielmehr eine eindeutige Entsprechung in den Gesetzesmaterialien. In der Regierungsbegründung zum Gesetzesentwurf heißt es etwa, dass „Nacherfüllung nicht bei *jedem* Stückkauf möglich ist" und dass beim Kauf einer bestimmten gebrauchten Sache, also beim Stückkauf, eine Nachlieferung „*zumeist* von vorneherein ausscheiden wird".[857] Im Umkehrschluss sprechen beide Aussagen klar dafür, dass die Nachlieferung beim Stückkauf grundsätzlich möglich sein soll.[858] Daneben hat der BGH ausdrücklich darauf hingewiesen, dass den §§ 437 ff. BGB nach dem Willen des Gesetzgebers vor allem der Vorrang der Nacherfüllung zugrunde liegt.[859] Dieses Postulat würde aber nicht verwirklicht, wenn die Nacherfüllung sofort wieder eingeschränkt würde. Dies entspricht fast exakt den hier einschlägigen Aussagen des europäischen Gesetzgebers. Art. 3 III der Richtlinie, auf dem § 439 I BGB beruht, gibt dem Verbraucher die Möglichkeit, Nachbesserung oder Ersatzlieferung zu verlangen und zwar unabhängig davon, ob es sich um einen Stückkauf oder einen Gattungskauf handelt. Eine Begrenzung der Nachlieferung ist Art. 3 III der Richtlinie mithin nicht zu entnehmen. Daneben spricht auch der Wortlaut des 16. Erwägungsgrundes für die hier vertretene Ansicht; dort heißt es: „Gebrauchte Güter können aufgrund ihrer Eigenart im allgemeinen nicht ersetzt werden. Bei diesen Gütern hat der Verbraucher deshalb in der Regel keinen Anspruch auf Ersatzlieferung".[860] Die Formulierungen „im allgemeinen" und „in der Regel" lassen den Schluss zu, dass die Nachlieferung auch beim Stückkauf grundsätzlich möglich sein soll. Aus dem Wortlaut ergibt sich zugleich das oben bereits genannte Erfordernis der Ersetzbarkeit.

---

856 Canaris, Karlsruher Forum, S. 5; Roth, NJW 2006, 2955

857 BT-DRs. 14/6040, S. 209.

858 So auch BGH, NJW 2006, 2841; Canaris, JZ 2003, 833 der von einem „doppelten Umkehrschluss" spricht.

859 BGH, NJW 2006, 2841.

860 RL 1999/44/EG, Abl. EG L 171/12, S.2.

Aufgrund der vorgenannten Argumente ist der herrschenden Meinung und dem BGH hier zuzustimmen. Die Nachlieferung ist unter den oben konstatierten Voraussetzungen auch beim Stückkauf möglich.

Mithin kann im Falle der Lieferung einer Fälschung zunächst ein Anspruch auf Nachlieferung gemäß § 439 I Alt. 2 BGB bestehen.[861] Allerdings erfährt dieser Anspruch in mehrfacher Hinsicht Begrenzungen, die später dargestellt werden.[862]

c. Die Ersatzlieferung gemäß § 439 I Alt.2 BGB bei serieller Kunst

Bei Grafiken oder Plastiken, also Werken der seriellen Kunst, kommt ein Ersatzlieferungsanspruch nach § 439 I Alt.2 BGB schließlich auch in Betracht. Handelt es sich bei dem Kauf aufgrund der Umstände des Einzelfalls um einen Stückkauf, kann auf die obigen Ausführungen verwiesen werden. Wurde das jeweilige Werk nicht weiter konkretisiert und handelt es sich mithin um eine Gattungsschuld, ist ein Anspruch auf Ersatzlieferung aus derselben Serie zunächst ohne weiteres gegeben.[863] Bei der seriellen Kunst ist jedoch darauf hinzuweisen, dass ein solcher Anspruch nicht nur dann in Frage kommt, wenn es sich nicht um ein Original handelt. Im Gegensatz zum Unikat hat der Käufer hier auch im Falle bloßer Materialmängel die Möglichkeit, eine Ersatzlieferung nach § 439 I Alt.2 BGB zu verlangen.

d. Grenzen des Nacherfüllungsanspruches nach § 439 I Alt.2 BGB

Der Anspruch auf Lieferung einer mangelfreien Ersatzsache führt zu einer Beschaffungspflicht des Verkäufers. Diese könnte gerade im Kunsthandel aber verheerende Auswirkungen für den jeweiligen Kunsthändler haben. Liefert der Händler etwa die Fälschung eines Unikates und wäre dann verpflichtet, das Original beizubringen, könnte dies immense Kosten bedeuten. Um den Verkäufer vor diesen Situationen zu schützen erfährt der Ersatzlieferungsanspruch gemäß § 439 I Alt.2 BGB mehrere Begrenzungen.

aa. Die Unmöglichkeit der Nacherfüllung i.S.d. § 275 BGB

Der Anspruch des Käufers auf Nacherfüllung kann zunächst nach § 275 ausgeschlossen sein. Das ist der Fall, soweit die Nacherfüllung unmöglich ist (§ 275 I), oder in einem groben Missverhältnis zum Leistungsinteresse des Gläubigers

---

861 So auch Schack, Kunst und Recht, S. 159; Berger, KUR 2003, 138; die allerdings auf eine nähere Betrachtung der Problematik verzichten.

862 Siehe dazu unten C, III, 1, d.

863 So auch Schack, Kunst und Recht, S. 159; dahingehend auch Müller-Katzenburg, NJW 2006, 555.

steht (§ 275 II), oder dem Verkäufer, der die Leistung persönlich zu erbringen hat, unter Abwägung des seiner Leistung entgegenstehenden Hindernisses mit dem Leistungsinteresse des Gläubigers nicht zugemutet werden kann (§ 275 III). Fraglich ist, wie die Tatbestände des § 275 BGB in Bezug zum Kunsthandel zu setzen sind, insbesondere zum klassischen Fall der Lieferung einer Fälschung.

Nach § 275 I BGB ist der Anspruch auf die Leistung ausgeschlossen, soweit diese für den Schuldner oder für jedermann unmöglich ist. Diese *echte* oder *wirkliche* Unmöglichkeit i.S.d. § 275 I BGB liegt dann vor, wenn die geschuldete Leistung in tatsächlicher oder rechtlicher Hinsicht dauerhaft nicht erbracht werden kann.[864] Die tatsächliche Unmöglichkeit kann im Kunsthandel in mehreren Formen auftreten. Liefert der Verkäufer etwa ein Gemälde mit einer falschen Signatur oder, allgemeiner, eine Fälschung, die keine Kopie ist, so existiert schlicht kein Original; damit ist aber auch eine eventuelle Nacherfüllung schon physisch nicht möglich. Weiterhin kann auch der Verkauf eines abhanden gekommenen Werkes zur Unmöglichkeit nach § 275 I BGB führen.[865] Daneben ist natürlich auch an die klassischen Fälle des Untergangs der Sache, etwa durch einen Brand oder anderweitige Zerstörung, zu denken.

Zu einem Fall der rechtlichen Unmöglichkeit kann es etwa dann kommen, wenn die zu liefernde Ware beschlagnahmt wird,[866] oder der Erlass eines ausländischen Lieferverbotes die Ausfuhr dauerhaft verhindert.[867] Illegaler Handel mit Kunstgegenständen kann immer wieder diese oder ähnliche dauerhafte Rechtshindernisse hervorrufen, die die Nacherfüllung objektiv unmöglich machen.

Subjektive Unmöglichkeit oder auch *Unvermögen*[868] i.S.d. § 275 I BGB ist dann gegeben, wenn zwar irgendein anderer die Leistung erbringen kann, der konkrete Schuldner aber nicht.[869] Der für den Kunsthandel bedeutendste Anwendungsfall der subjektiven Unmöglichkeit ist die Lieferung einer Fälschung oder Kopie eines existierenden Werkes. In diesen Fällen wäre der Eigentümer des jeweiligen Werkes in der Lage, die mangelfreie Ware zu liefern, nicht aber der Verkäufer. In diesen Fällen ist die subjektive Unmöglichkeit i.S.d. § 275 I BGB dann gegeben, wenn der Eigentümer des Originals nicht zum Verkauf bereit ist, oder das Original bzw. dessen Eigentümer schlicht nicht auffindbar sind.

In der letztgenannten Fragestellung deutet sich bereits die schwierige Abgrenzung der wirklichen Unmöglichkeit nach § 275 I BGB zur faktischen bzw.

---

864 Hk-BGB/*Schulze*, BGB, § 275, Rn. 2.

865 Wertenbruch, NJW 2004, 1979.

866 Hk-BGB/*Schulze*, BGB, § 275, Rn. 12.

867 BGH, NJW 1983, 2873; Palandt/*Heinrichs*, BGB, § 275, Rn. 16.

868 Der Begriff „*Unvermögen*" für die subjektive Unmöglichkeit ist seit der Schuldrechtsreform zwar nicht mehr im Gesetz enthalten, wird aber einheitlich weiterverwendet, siehe nur Palandt/*Heinrichs*, BGB, § 275, Rn. 23; Reinicke/Tiedtke, Kaufrecht, Rn. 221.

869 Hk-BGB/*Schulze*, BGB, § 275, Rn. 15.

praktischen Unmöglichkeit gemäß § 275 II BGB an. Nach § 275 II BGB kann der Schuldner die Leistung verweigern, soweit diese einen Aufwand erfordert, der in einem groben Missverhältnis zum Leistungsinteresse des Gläubigers steht. Das Interesse des Gläubigers an der Erbringung der Leistung bildet demnach den Bezugspunkt, zu dem der Aufwand des Schuldners in Relation zu setzen ist.[870] Bei der Ermittlung des Interesses des Gläubigers können durchaus auch immaterielle Interessen einbezogen werden;[871] das im Kunsthandel oft entscheidende Liebhaberinteresse kann also durchaus mitberücksichtigt werden. Konkret stellt sich im Kunsthandel vor allem die Frage, wann der Verkäufer unter Berücksichtigung der genannten Faktoren die Nacherfüllung verweigern kann. Muss etwa der Verkäufer einer Fälschung das zum Verkauf stehende Original um jeden Preis erwerben, damit er den Nacherfüllungsanspruch des Käufers bedienen kann? Ist er gezwungen, dass abhanden gekommene Werk vom wahren Eigentümer auch zu einem stark überhöhten Preis abzunehmen? Eine einheitliche Antwort dieser Frage ist nicht möglich, da es in der Natur der Abwägung bzw. der Verhältnismäßigkeitsprüfung liegt, dass sie nur für den Einzelfall gelten.[872] Es bleibt jedenfalls anzumerken, dass gerade § 275 II BGB nur selten zur Anwendung kommt. In den meisten Gewährleistungsfällen des Kunsthandels dürfte die Nacherfüllung bereits aus den oben genannten Gründen nach § 275 I BGB unmöglich sein. Sollte das betreffende Werk tatsächlich einmal zeitgleich zum Verkauf stehen, so muss das grobe Missverhältnis meist wohl abgelehnt werden. Das Leistungsinteresse des Gläubigers richtet sich nämlich nach dem wahren (Markt-)Wert der Kaufsache,[873] wobei seine eventuellen Liebhaberinteressen auch noch zu berücksichtigen sind. Dieses ist damit meist so hoch einzuschätzen, dass vom Schuldner auch ein erhöhter Aufwand erwartet werden kann. Dies gilt umso mehr, wenn der Schuldner das Leistungshindernis zu vertreten hat, § 275 II S.2 BGB.

Eine Unmöglichkeit der Nacherfüllung wegen § 275 II BGB scheidet demnach in der Mahrzahl der möglichen Fälle aus.

bb. Das Leistungsverweigerungsrecht gemäß § 439 III BGB

Neben diesen allgemeinen Ausschlussgründen normiert § 439 III BGB eine weitere Begrenzung des Nacherfüllungsanspruches. Im Gegensatz zum strengen § 275 II BGB erfordert § 439 III BGB kein besonders grobes oder krasses Missverhältnis, sondern eben nur einfache Unverhältnismäßigkeit.

---

870 Palandt/*Heinrichs*, BGB, § 275, Rn. 27; Canaris, Karlsruher Forum, S. 12.

871 Palandt/*Heinrichs*, BGB, § 275, Rn. 28; Prütting/Wegen/Weinreich/*Schmidt-Kessel*, BGB, § 275, Rn. 18.

872 Prütting/Wegen/Weinreich/*Schmidt-Kessel*, BGB, § 275, Rn. 20; Canaris, Karlsruher Forum, S. 25.

873 Canaris, Karlsruher Forum, S. 21.

Maßgeblich für § 439 III BGB ist der bereits genannte Begriff der Unverhältnismäßigkeit, der in zwei Gestaltungen auftaucht. *Relative Unverhältnismäßigkeit* liegt vor, wenn die eine Art der Nacherfüllung im Vergleich mit der anderen unverhältnismäßig erscheint, § 439 III S.2 Alt.3 BGB. *Absolute Unverhältnismäßigkeit* dagegen ist gegeben, wenn der Aufwand für die Nacherfüllung im Vergleich mit dem Interesse des Käufers an derselben unverhältnismäßig ist.

Im Bereich der seriellen Kunst erscheinen Fälle möglich, in denen relative Unverhältnismäßigkeit gegeben ist. Fordert der Käufer wegen des Vorliegens von Wasserrändern auf einem Druck etwa die Ersatzlieferung, so kann der Verkäufer diese verweigern, wenn er dem Käufer auch ein anderes Werk aus derselben Serie liefern könnte und dem Käufer dadurch kein Schaden entstünde.

Der brisantere Fall aber ist auch hier wieder die Lieferung einer Fälschung. Hier ist eine Nachbesserung nicht möglich, so dass von vorneherein nur die Ersatzlieferung in Betracht kommt. Wird bspw. unter Privaten ein Gemälde zu einem relativ niedrigen aber angemessenen Preis verkauft und stellt sich dieses dann als Fälschung heraus, so ist der Verkäufer zur Ersatzlieferung verpflichtet. Steht das Original nun auch tatsächlich zum Verkauf, so müsste der Verkäufer dieses an sich um jeden Preis erwerben, um seiner Pflicht nachzukommen. Stellt man sich die immensen Gefahren etwa durch ein Bietergefecht in einer Auktion oder ähnliches vor, wird schnell klar dass die Bemühungen nur innerhalb eines gewissen Rahmens erwartet werden können. Entscheidend ist in diesen Fällen der Begriff der „unverhältnismäßigen Kosten", bei dessen Feststellung insbesondere der Wert der Sache in mangelfreiem Zustand und die Bedeutung des Mangels zu berücksichtigen sind, § 439 III BGB. Als konkreter Maßstab findet sich in der Literatur die Grenze von 150 % des Wertes der mangelfreien Sache.[874] Im hier zu erörternden Beispielsfall müsste man also durch Schätzung den realistischen Marktpreis des Gemäldes ermitteln; der Verkäufer wäre dann verpflichtet, das Gemälde bis zu einem Kaufpreis, der 150 % der Schätzung entspricht, zu erwerben, sofern das Werk überhaupt zum Verkauf steht.

Ist keine der beiden Nacherfüllungsarten möglich, so kann der Verkäufer diese schließlich nach Maßgabe des § 439 III S.3 Hs.2 BGB insgesamt verweigern, wenn nicht ohnehin schon Unmöglichkeit nach § 275 I BGB gegeben ist.

Insgesamt zeigen diese Begrenzungen der Nacherfüllungshaftung aber auch, dass die Nacherfüllung beim Stückkauf möglich sein muss. Die von der Gegenansicht kritisierte Beschaffungspflicht des Verkäufers wird nämlich durch die §§ 275 I, 439 III BGB entscheidend abgemildert, wodurch diese hinreichend geschützt sind.

---

874 Bitter/Meidt, ZIP 2001, 2121; teilweise werden auch andere Grenzen gefordert, so etwa Huber, NJW 2002, 1008 (100%) oder Feuersänger, MDR 2004, 924 (300%); allerdings erscheinen höhere Grenzen als 150% m.E. im Kunsthandel unangebracht, da die dort häufig sehr hohen Werte sonst zu unabsehbaren Risiken für die Händler führen würden.

e. Teleologische Reduktion bei Verkauf im Wege der Versteigerung

Bejaht man den Ersatzlieferungsanspruch beim Stückkauf sind davon grundsätzlich auch Verkäufe im Rahmen einer Versteigerung erfasst. *Ebel* liefert hierzu jedoch einen interessanten Ansatz: Zwar bejaht auch er die Möglichkeit der Ersatzlieferung beim Stückkauf, fordert aber in Versteigerungsfällen eine teleologische Reduktion des § 439 I BGB dahingehend, dass der Nacherfüllungsanspruch in solchen Fällen auf die Nachbesserung beschränkt werden sollte.[875] Die Begründung und Notwendigkeit für diese teleologische Reduktion sieht *Ebel* im Sinn der Versteigerung als Verkaufsform, unabhängig davon, ob es sich um eine öffentliche oder private Auktion handelt. Entscheidendes Merkmal der Versteigerung sei die Absicht der Preisoptimierung, also das Erzielen des höchstmöglichen Preises durch die Abgabe konkurrierender Angebote. Bestünde nun aber tatsächlich ein Ersatzlieferungsanspruch, so würde der Ersteher in Bezug auf eine Versteigerung, in der die Ersatzsache zum Verkauf stünde, konkurrenzlos gestellt.[876] Daneben gibt *Ebel* zu bedenken, dass der Versteigerer durch das Verfahren in keiner Weise ein Beschaffungsrisiko übernehme.

Die Idee, in Versteigerungsfällen eine teleologische Reduktion des § 439 I BGB anzunehmen, erscheint auf den ersten Blick reizvoll. Allerdings bieten die dem Ersatzlieferungsanspruch gesetzten Grenzen in §§ 275, 439 III BGB einen ausreichenden Schutz vor den von *Ebel* beschriebenen Gefahren. Schon aufgrund des Begrenzungstatbestandes der „unverhältnismäßigen Kosten" in § 439 III BGB wird verhindert, dass der Ersteher in einer, wohl ohnehin eher theoretischen Versteigerung der Ersatzsache, konkurrenzlos gestellt wird. Die Norm verhindert nämlich gerade, dass der ersatzlieferungspflichtige Verkäufer die Sache um jeden Preis beschaffen muss. Insofern also ist der Verkäufer durch die oben näher erläuterten Begrenzungstatbestände bereits ausreichend geschützt; eine teleologische Reduktion des § 439 I BGB ist damit nicht notwendig.

f. Zwischenergebnis zur Nacherfüllung bei Kunstgegenständen, § 439 BGB

Es hat sich gezeigt, dass eine Nachbesserung i.S.d. § 439 I Alt.1 BGB auch im Falle des Kunstkauf unter Umständen möglich sein kann. Aufgrund der oben stehenden Erwägungen kann die praktische Bedeutung der Norm im Kunsthandel aber als gering bezeichnet werden.

Entgegen vieler anders lautender Stimmen[877] konnte weiterhin festgestellt werden, dass infolge der Lieferung eines mangelhaften Kunstgegenstandes

---

875 Ebel, JA 2004, 568.

876 Ebel, JA 2004, 568.

877 Schack, Kunst und Recht, S. 159; Wrede, Kunstkauf, S. 232; Wertenbruch, NJW 2004, 1978.

durchaus auch ein Anspruch auf Ersatzlieferung i.S.d. § 439 I Alt.2 BGB bestehen kann. In der großen Mehrheit der Fälle wird ein solcher Anspruch dann aber aufgrund der Begrenzungstatbestände der §§ 275, 439 III BGB entfallen, da dem Verkäufer die Ersatzlieferung in irgendeiner Weise unmöglich oder unzumutbar ist.

Schließlich wurde der Ansatz von *Ebel* dargestellt, der eine teleologische Reduktion des § 439 I BGB zu Gunsten des Versteigerungsgewerbes forderte. Dieser wurde jedoch mit Verweis auf die hinreichenden Begrenzungstatbestände in §§ 275, 439 III BGB abgelehnt.

2. Der Rücktritt gemäß § 437 Nr.2 BGB i.V.m. §§ 440, 323, 326 V, 346 ff. BGB

Bei Lieferung einer mangelhaften Sache kann der Verkäufer gemäß § 437 Nr.2 BGB nach Maßgabe der §§ 440, 323, 326 V, 346 BGB vom Vertrag zurücktreten. Soweit eine Nacherfüllung nicht möglich oder fehlgeschlagen ist, kann der Käufer dem Verkäufer nach § 349 BGB den Rücktritt erklären. Die Ausübung des Gestaltungsrechts bewirkt die Umwandlung des ursprünglichen Schuldverhältnisses in ein Rückgewährschuldverhältnis, §§ 346 ff. BGB. Die empfangenen Leistungen sind dann Zug um Zug zurückzugeben, §§ 348, 320, 322 BGB.

Als Regelfall normiert § 323 I BGB, dass der Käufer dem Verkäufer eine angemessene Frist zur Nacherfüllung setzten muss; diese Fristsetzung ist jedoch dann entbehrlich, wenn der Verkäufer die Nacherfüllung verweigert, § 323 II Nr.1 BGB, oder wenn diese nach § 440 S.1 BGB fehlgeschlagen oder unzumutbar ist. Durch den Verweis in § 440 S.1 BGB wird darüber hinaus klargestellt, dass auch eine Verweigerung der Nacherfüllung gemäß § 439 III BGB eine Fristsetzung entbehrlich macht. Weitere Fälle der Entbehrlichkeit enthalten die §§ 275, 326 V, 323 II BGB.

Die Konsequenzen dieser Regelungen ergeben sich weitgehend bereits aus den Ausführungen zur Nacherfüllung gemäß § 439 I BGB. Im Falle der Unmöglichkeit kann der Rücktritt ohne vorherige Fristsetzung erklärt werden; in den häufigen Fällen der Unzumutbarkeit der Nacherfüllung und einer dahingehenden Verweigerung des Verkäufers kann ebenfalls direkt eine Erklärung im Sinne des § 349 BGB erfolgen.

Allerdings ist ein Rücktritt wegen nicht vertragsgemäßer Leistung ausgeschlossen, wenn die Pflichtverletzung unerheblich ist, § 323 V S.2 BGB. Die fehlende Echtheit oder Authentizität des jeweiligen Werkes ist immer erheblich, da der Wert hier entscheidend beeinflusst wird. Bei kleineren Mängeln könnte das Merkmal der Erheblichkeit jedoch hin und wieder Bedeutung erlangen. Zu denken ist dabei vor allem an kleinere Materialmängel sowie an geringfügige

Abweichungen bei der Datierung oder der Angabe des Werkstoffes.[878] Letztlich kann hier aber nur eine genaue Einzelfallbetrachtung sinnvolle Ergebnisse liefern.

Als Anhaltspunkte lassen sich aber auch hier das Alter des Werkes und der Preis nennen. Bei einem sehr alten, aber vergleichsweise preiswerten Werk, ist die Erheblichkeitsgrenze sicherlich höher anzusetzen als im umgekehrten Fall. Teilweise wird als Richtwert auch genannt, dass ein Rücktrittsrecht dann ausgeschlossen sein soll, wenn die Beseitigung des jeweiligen Mangels lediglich Aufwendungen in Höhe von 2-3 % des Kaufpreises erfordert.[879]

3. Die Minderung gemäß § 437 Nr.2 BGB i.V.m. § 441 BGB

Statt des Rücktritts kann der Käufer einer mangelhaften Sache auch gemäß § 437 Nr.2 BGB i.V.m. § 441 BGB den Kaufpreis durch Erklärung gegenüber dem Verkäufer mindern. Wegen der Formulierung „statt zurückzutreten" in § 441 I BGB müssen für die Minderung grundsätzlich dieselben Voraussetzungen vorliegen wie beim Rücktritt. Wie dort muss auch bei der Minderung eine Nachfrist zur Nacherfüllung gesetzt werden, wenn diese nicht wegen §§ 323 II, 440 BGB entbehrlich ist.[880] Im Unterschied zum Rücktritt fehlt jedoch bei der Minderung eine Erheblichkeitsklausel i.S.d. § 323 V S.2 BGB, es genügt mithin jeder Mangel.

Rechtsfolge der Ausübung dieses Gestaltungsrechts ist die Herabsetzung des Kaufpreises in dem Verhältnis, „in welchem zur Zeit des Vertragsschlusses der Wert der Sache in mangelfreiem Zustand zu dem wirklichen Wert der Sache gestanden haben würde".

Wie bereits dargelegt, bereitet die Ermittlung des „wirklichen Wertes" von Kunstgegenständen unter Umständen große Schwierigkeiten.[881] Um hier umständliche Beweisverfahren zu vermeiden, eröffnet § 441 III S.2 BGB die Möglichkeit, die Minderung durch Schätzung zu ermitteln.

4. Der Schadensersatz gemäß § 437 Nr.3 BGB

Neben der Nacherfüllung, dem Rücktritt und der Minderung gewährt § 437 Nr. 3 Alt.1 BGB dem Käufer einen Anspruch auf Schadensersatz i.V.m. den §§ 440, 280, 281, 283 und 311a BGB. Nachfolgend werden die einzelnen Schadensersatzansprüche dargestellt und ihr Anwendungsbereich im Kunsthandel darge-

---

878 Wrede, Kunstkauf, S. 234.

879 OLG Düsseldorf, NJW-RR 2004, 1060; Palandt/*Heinrichs*, BGB, § 323, Rn. 32.

880 Insoweit gilt das oben unter C, III, 2 Gesagte; damit ist die Fristsetzung bei der Minderung auch dann entbehrlich, wenn der Verkäufer wegen unverhältnismäßiger Kosten die Nacherfüllung verweigert, §§ 440, 439 III BGB.

881 Siehe dazu B, I, 4, b, bb.

stellt. Die vorgenannten Normen gewähren sämtlich Ansprüche wegen verschuldensabhängiger Mängelhaftung. Aus Gründen einer übersichtlicheren systematischen Darstellung sowie wegen der besonderen Relevanz, wird im Anschluss an die überblicksartige Betrachtung der einzelnen Ansprüche nochmals umfassend auf den Begriff des Verschuldens bzw. Vertretenmüssens eingegangen. Im Rahmen der Darstellung der einzelnen Schadensersatzansprüche werden daher nur die jeweiligen Besonderheiten dieser Anspruchsvoraussetzung benannt.

Zur Veranschaulichung der einzelnen Ansprüche dient der folgende, sog. „*Burra-Fall*“[882]: Der beklagte Kunsthändler hatte dem Kläger ein mit „Burra 33“ signiertes Gemälde zu einem Preis von 10.000,- DM verkauft. Zusätzlich hatte er dem Käufer auf dessen Verlangen eine von ihm unterschriebene Erklärung übergeben, in der er das Gemälde als Original von Edward Burra[883] bezeichnete. Bei einer späteren Begutachtung stellte sich jedoch heraus, dass es sich bei dem gelieferten Gemälde um eine, wenn auch sehr gelungene, Fälschung eines Werkes von Burra handelte. Der Marktwert des Originalgemäldes lag zu diesem Zeitpunkt bei etwa 300.000,- DM, jedenfalls aber ein Vielfaches über dem Kaufpreis. Der enttäuschte Käufer verlangte nun vom Verkäufer die Zahlung von 290.000,- DM.

a. Anspruch auf Schadensersatz gemäß §§ 437 Nr.3; 280 I, III; 281 BGB

Der Ersatz des sog. Mangelschadens, also des Erfüllungsinteresses, kann bei behebbaren Mängeln unter den Voraussetzungen der §§ 437 Nr.3; 280 I, III; 281 BGB verlangt werden. Aus der Eingrenzung des Anspruches auf behebbare Mängel ergibt sich für den Kunsthandel ein recht eingeschränkter Anwendungsbereich. Erfasst sind hier alle Fälle, in denen eine Nacherfüllung nicht unmöglich oder aus einem sonstigen Grund ausgeschlossen ist. Damit kommen insbesondere reine Materialmängel in Betracht, die einer Nachbesserung i.S.d. § 439 I Alt.1 BGB zugänglich sind. Wie oben gezeigt, kann eine Nacherfüllung aber auch durch Ersatzlieferung möglich sein; unter den dort genannten Umständen kommt auch beim Kauf von Unikaten oder serieller Kunst eine Nacherfüllung in Betracht, wenn diese sich als unecht herausstellen.[884]

Voraussetzungen dieses Schadensersatzanspruches sind das Vorliegen eines wirksamen Kaufvertrages, ein bestehender Nacherfüllungsanspruch[885], Fristsetzung mit erfolglosem Fristablauf oder Entbehrlichkeit der Fristsetzung sowie

---

882 BGH, NJW 1993, 2103 („Burra I“); BGH, NJW 1995, 1673 („Burra II“); dazu Dötsch, ZGS 2002, 160; Lorenz, JZ 1998, 943; Hattenhauer, JuS 1998, 684.

883 Edward Burra (1905-1976), britischer Maler.

884 Sieh dazu schon oben C, III, 1, b und c.

885 Siehe dazu ausführlich oben unter C, III, 1.

das Vertretenmüssen des Schuldners. Das Erfordernis des Vertretenmüssens bereitet im Rahmen der §§ 437 Nr.3; 280 I, III, 281 BGB jedoch gewisse Schwierigkeiten. Gemäß § 280 I BGB setzt der Anspruch ein Vertretenmüssen des Verkäufers hinsichtlich der Pflichtverletzung voraus. Das würde an sich nur bedeuten, dass der Verkäufer es zu vertreten haben müsste, dass er eine mangelhafte Sache geliefert hat. Allerdings entsteht ein Schadensersatzanspruch erst dann, wenn innerhalb der gesetzten Frist zur Nacherfüllung diese nicht erfolgt. Als Bezugspunkt für das Vertretenmüssen kommen daher sowohl die Pflichtverletzung der ursprünglich mangelhaften Leistung als auch der nicht oder nicht ordnungsgemäß erbrachten Nacherfüllung in Betracht.

Nach einer Ansicht ist ausschließlich an die nicht oder nicht ordnungsgemäß durchgeführte Nacherfüllung anzuknüpfen.[886] Begründet wird dies damit, dass § 281 I BGB eine fällige Leistungspflicht verlangt. Mit der mangelhaften Leistung jedoch, wird der ursprüngliche Erfüllungsanspruch durch den Nacherfüllungsanspruch abgelöst; fällig i.S.v. § 281 I BGB ist dann aber eben nur noch der Nacherfüllungsanspruch.

Demgegenüber muss der Verkäufer nach der herrschenden Ansicht[887] entweder die mangelhafte Lieferung oder die nicht oder nicht ordnungsgemäß erbrachte Nacherfüllung zu vertreten haben. Diese Ansicht ist tatsächlich vorzugswürdig, da es zum endgültigen Ausfall der fraglichen Leistung nur dann nicht gekommen wäre, wenn der Verkäufer gleich mangelfrei geliefert hätte. Er kann sich demnach auch nur entlasten, wenn er beide Pflichtverletzungen nicht zu vertreten hat. Im Umkehrschluss bedeutet dies, dass ein Vertretenmüssen bzgl. einer der beiden möglichen Pflichtverletzungen genügt.[888]

Sind die genannten Voraussetzungen erfüllt, besteht ein Anspruch des Käufers auf Schadensersatz statt der Leistung. Der von § 281 BGB erfasste Mangelschaden liegt in der Vermögenseinbuße, die der Käufer durch den mangelbedingten Minderwert der gelieferten Sache erleidet. Hinsichtlich der Ermittlung des konkreten Schadens kann der Käufer zwischen zwei Schadenersatzvarianten wählen.

Möchte der Käufer die gelieferte Sache behalten, so entscheidet er sich für den sog. „kleinen Schadensersatz“; er erhält dann die Differenz zwischen dem Wert, den eine mangelfreie Sache haben würde, und dem Wert der mangelhaften Sache.[889] Vorausgesetzt die übrigen Anspruchsvoraussetzungen wären im o.g. Burra-Fall gegeben, könnte der Käufer also tatsächlich die geforderten 290.000,- DM verlangen. Für die Schadensbemessung ist beim Verkauf eines Kunstwerkes eben auf den höheren Wert des echten Werkes abzustellen und zwar unabhängig

---

886 Lorenz, NJW 2002, 2503.

887 Bamberger/Roth/*Faust*, BGB, § 437, Rn. 67; Reinicke/Tiedtke, Kaufrecht, Rn. 540; Tiedtke/Schmitt, BB 2005, 624; Canaris, DB 2001, 1816.

888 Zum genauen Inhalt des Verschuldensmaßstabes im Kunsthandel siehe unten C, III, h.

889 Hk-BGB/*Schulze*, BGB, § 281, Rn. 18; Medicus, Bürgerliches Recht, Rn. 241.

davon, wie günstig der vereinbarte Kaufpreis war.[890] Ist eine Reparatur der Sache möglich, kann der Käufer i.R.d. kleinen Schadensersatzes statt der Wertdifferenz auch den Ersatz der Reparaturkosten verlangen.[891] Gerade bei kleinen Materialmängeln des Werkes kommt dies in Betracht.

Hat der Käufer kein Interesse mehr an der Sache, kann er sie auch zurückgeben und Schadensersatz wegen Nichterfüllung des gesamten Vertrages, also den Schadensersatz statt der ganzen Leistung verlangen. Hier erfolgt dann eine Art Rückabwicklung des Kaufvertrages, weswegen der Käufer als Mindestschaden jedenfalls den Kaufpreis zurückverlangen kann. Darüber hinaus sind aber auch Nutzungsausfallschäden, Gutachterkosten oder der entgangene Gewinn zu ersetzen. Während Nutzungsausfälle beim Kunstkauf aufgrund der meist recht geringen kommerziellen Nutzungsmöglichkeiten selten sind[892] und Gutachterkosten keine größeren Probleme bereiten, ist die Frage nach dem entgangenen Gewinn durchaus interessant für den hier behandelten Sachverhalt. Im „Burra-Fall" forderte der Kläger lediglich den kleinen Schadensersatz, obwohl er wohl kein Interesse an dem falschen Bild mehr gehabt haben dürfte. Dies war jedoch kein Zufall, sondern beruhte vielmehr auf der Erwägung, dass ein Weiterverkauf des Werkes nicht geplant war und dem Käufer somit i.e.S. auch kein Gewinn entgangen war. Es stand also zu befürchten, dass dem erfolgreichen Kläger nur der Kaufpreis als Mindestschaden, also 10.000,- DM, gewährt würden. Insofern stellt sich die Frage, ob der „entgangene Gewinn" als Schaden tatsächlich eingetreten sein muss, um erstattungsfähig zu sein.[893] Dies ist jedoch abzulehnen. Zweck des Schadensersatzes nach § 281 BGB ist es, den Käufer so zu stellen, als wäre ordnungsgemäß erfüllt worden. Dann muss aber jedenfalls auch Ersatz der berechtigten, aber enttäuschten Gewinnerwartung geleistet werden.[894] Gerade die bereits mehrfach betonte Eigenschaft von Kunstwerken als Wertträgern spricht für dieses Schadensverständnis. Schließlich könnte der Käufer einen Gewinn auch relativ schnell realisieren. Allerdings hängt dies auch von den Umständen des Einzelfalls ab; im „Burra-Fall" jedenfalls erscheint die Gewinnerwartung des Klägers aufgrund der mehrfachen Echtheitsbestätigung durch den Verkäufer berechtigt; er hätte mithin auch das Gemälde zurückgeben und

---

890 BGH, NJW 1993, 2103 („Burra I"); Palandt/*Heinrichs*, BGB, § 281, Rn. 46; Lorenz, JZ 1998, 944; allerdings ist darauf hinzuweisen, dass die Tatsache der enormen Wertdifferenz zwischen einem echten und einem falschen bzw. dem verkauften Burra-Gemälde bei der Frage der Zusicherung nach altem Recht durchaus eine Rolle spielte dazu etwa Hattenhauer, JuS 1998, 684; zum neuen Recht: Dötsch, ZGS 2002, 160.

891 BGH, NJW 1983, 1424; Palandt/*Heinrichs*, BGB, § 281, Rn. 46.

892 Für die Leihe an Museen im Rahmen einer Ausstellung erhält der Verleiher keine Gegenleistung; andere Verwertungsrechte verbleiben in aller Regel beim Urheber des Werkes, dazu Schack, Kunst und Recht, S. 104 f.

893 So etwa OLG Hamm, BB 1984, 436.

894 So auch Lorenz, JZ 1998, 944.

300.000,- DM verlangen können. Kauft ein Händler das jeweilige Werk nur um eine bereits bestehende Kundenanfrage zu bedienen, kann es am Ersatz des entgangenen Gewinns keine Zweifel geben.

Beim Schadensersatz statt der ganzen Leistung sind allerdings die zusätzlichen Voraussetzungen in § 281 I S.2 und S.3 BGB zu berücksichtigen. Für den Kunsthandel von Bedeutung ist dabei die Bagatellgrenze des § 281 I S.3 BGB, wonach der Käufer nur dann Schadensersatz statt der ganzen Leistung verlangen kann, wenn die Pflichtverletzung nicht unerheblich war. Was unerheblich ist, bestimmt sich nach den Umständen des Einzelfalls.[895] Im Rahmen der angezeigten Interessenabwägung sind insbesondere der zur Mängelbeseitigung erforderliche Aufwand sowie bei unbehebbaren Mängeln die von dem Mangel ausgehende funktionelle oder ästhetische Beeinträchtigung.[896]

b. Anspruch auf Schadensersatz gemäß §§ 437 Nr.3; 311a II BGB

Während sich die Haftung bei behebbaren Sachmängeln nach § 281 BGB richtet, bestimmt sich der Schadensersatz bei unbehebbaren Mängeln entweder nach §§ 437 Nr.3; 280 I, III; 283 oder nach §§ 437 Nr.3; 311a II BGB. Letztere Anspruchsgrundlage ist zu wählen, wenn die Nacherfüllung bereits im Zeitpunkt des Vertragsschlusses unmöglich war. Die Voraussetzungen des Anspruches aus §§ 437 Nr.3; 311a II BGB sind das Vorliegen eines wirksamen Kaufvertrages, die anfängliche Unmöglichkeit der Nacherfüllung sowie die Kenntnis oder die zu vertretende Unkenntnis des Verkäufers bezüglich der Unmöglichkeit der Nacherfüllung.

Die anfängliche Unmöglichkeit der Nacherfüllung ist dann gegeben, wenn beide Arten der Nacherfüllung i.S.d. § 439 I BGB, also Nachbesserung und Ersatzlieferung, von Anfang an nicht erbringbar sind. Was die für den Kunstmarkt relevanten Fälle betrifft, so kann hier auf die obigen Ausführungen zur Unmöglichkeit der Nacherfüllung verwiesen werden.[897] Allerdings ist zu beachten, dass das Leistungsverweigerungsrecht aus § 439 III BGB keinen Fall der anfänglichen Unmöglichkeit i.S.d. § 311a II BGB darstellt. Bezüglich des oben genannten Burra-Falls kommt es dann also darauf an, ob die Nacherfüllung durch Ersatzlieferung unmöglich i.S.d. § 275 BGB wäre. Diese ließe sich sicherlich bejahen, so dass §§ 437 Nr.3; 311a II BGB die nach neuem Recht richtige Anspruchsgrundlage wäre.

Sind die übrigen Voraussetzungen gegeben, so haftet der Verkäufer, wenn er zusätzlich das Leistungshindernis kannte oder aus von ihm zu vertretenden Gründen nicht kannte, § 311a II S.2 BGB. Der Verkäufer muss also nicht die

---

895 Erman/*Westermann*, BGB, § 281, Rn. 9; Hk-BGB/*Schulze*, BGB, § 281, Rn. 18.
896 Palandt/*Heinrichs*, BGB, § 281, Rn. 48.
897 Siehe C, III, 1, d, aa.

Herbeiführung des ursprünglichen Mangels zu vertreten haben; der entscheidende Bezugspunkt für das Vertretenmüssen ist vielmehr die Kenntnis von der Unmöglichkeit der Nacherfüllung. Es besteht also nur dann ein Anspruch nach §§ 437 Nr.3; 311a II BGB, wenn der Verkäufer wusste oder in zu vertretender Weise nicht wusste, dass ein unbehebbarer Mangel vorliegt. Maßgebend sind damit die Kenntnis vom Mangel und seiner Unbehebbarkeit.[898]

Wenn alle Anspruchsvoraussetzungen der §§ 437 Nr.3; 311a II BGB erfüllt sind, kann der Käufer vom Verkäufer Schadensersatz statt der Leistung, also den Ersatz des positiven Interesses, verlangen. Die Ausführungen zur Schadensermittlung im Rahmen der Darstellung des Anspruches aus §§ 437 Nr.3; 280 I, III; 281 BGB gelten insoweit entsprechend.

c. Anspruch auf Schadensersatz gemäß §§ 437 Nr.3; 280 I, III; 283 BGB

Der Schadensersatzanspruch des Käufers bei nachträglicher Unmöglichkeit der Nacherfüllung ergibt sich aus den §§ 437 Nr.3; 280 I, III; 283 BGB. Die Unmöglichkeit der Nacherfüllung muss in diesen Fällen also im Gegensatz zu §§ 437 Nr.3; 311a II BGB nach Vertragsschluss eingetreten sein. Neben dem Vorliegen eines wirksamen Kaufvertrages ist weitere Voraussetzung, dass der Verkäufer die Unmöglichkeit der Nacherfüllung zu vertreten hat, § 280 I S.2 BGB. Bezugspunkt für das Vertretenmüssen im Rahmen des § 283 BGB ist die Herbeiführung der Unmöglichkeit, also das Leistungshindernis.[899]

Einschlägig sind die §§ 437 Nr.3; 280 I, III; 283 BGB etwa dann, wenn die Kaufsache nach Vertragsschluss zerstört oder gestohlen wird, oder wenn der Verkäufer sie zwischenzeitlich an einen Dritten verkauft und übereignet hat. Bei Lieferung z.B. einer Fälschung oder Kopie handelt es sich demgegenüber zumeist um Fälle der anfänglichen Unmöglichkeit i.S.d. §§ 437 Nr.3; 311a II BGB.

---

898 Der Gesetzgeber wies in der Begründung zum Regierungsentwurf auf die Frage hin, wie zu verfahren sei, wenn der Schuldner seine Unkenntnis bezüglich der Unerbringbarkeit der Nacherfüllung nicht zu vertreten habe, BT-Drs. 14/6040, S. 166; Canaris forderte in diesen Fällen die analoge Anwendung des § 122 BGB, da die Fälle anfänglicher Unmöglichkeit mit den Irrtumsfällen vergleichbar seien, Canaris, JZ 2001, 507; diese Ansicht hat sich jedoch nicht durchgesetzt und wird von der ganz h.M. mit dem Verweis auf das Fehlen einer Regelungslücke abgelehnt, Palandt/*Heinrichs*, BGB, § 122, Rn.2; Dötsch, ZGS 2002, 164.

899 MüKo/*Ernst*, BGB, § 283, Rn. 7; Hk-BGB/*Schulze*, BGB, § 283, Rn. 2; Palandt/*Heinrichs*, BGB, § 283, Rn. 4.

d. Anspruch auf Schadensersatz gemäß §§ 437 Nr.3; 280 I BGB

Während für den Ersatz des Mangelschadens die obigen drei Schadensersatzansprüche zur Verfügung stehen, gewähren die §§ 437 Nr.3; 280 I BGB Ersatz für den sog. Mangelfolgeschaden.[900] Voraussetzungen dieses Anspruches sind das Vorliegen eines wirksamen Kaufvertrages, die Lieferung einer mangelhaften Sache als Pflichtverletzung sowie das entsprechende Vertretenmüssen des Verkäufers. Sind diese gegeben, hat der Käufer einen Anspruch, der sich auf den Ersatz des Mangelfolgeschadens richtet. Anwendungsfälle dieses Anspruchs sind demnach die aus einer Mangelhaftigkeit der Hauptleistung entstandenen, über das Erfüllungsinteresse hinausgehenden Schäden an anderen Rechtsgütern des Gläubigers.[901] In Kunstkaufsituationen sind aber nur wenige Schäden denkbar, die außerhalb der Kaufsache liegen. Bei großen Arbeiten, die eher den Charakter einer Installation haben ist es etwa möglich, dass deren Zusammenbruch oder das Herunterfallen einzelner Teile Schäden an Gesundheit oder Eigentum des Gläubigers verursachen. Wenngleich weitere Beispiele, wie der durch ein Aquarium samt Hai von Damien Hirst verursachte Wasserschaden, eine interessante aber fiktive Vorstellung sind, dürften Mangelfolgeschäden im Zusammenhang mit Kunstwerken doch eher die Ausnahme bleiben.

e. Anspruch auf Aufwendungsersatz gemäß §§ 437 Nr.3; 284 BGB

Schließlich kann der enttäuschte Käufer anstelle des Schadensersatzes statt der Leistung nach §§ 437 Nr.3; 284 BGB auch den Ersatz der Aufwendungen verlangen, die er im Vertrauen auf den Erhalt der Leistung gemacht hat und billigerweise auch machen durfte. Der Anspruch ist jedoch ausgeschlossen, wenn die Aufwendungen des Käufers auch ohne die Pflichtverletzung des Schuldners ihren Zweck nicht erreicht hätten. Wegen des klaren Wortlauts des § 284 BGB („anstelle") müssen daneben die Voraussetzungen eines Anspruches auf Schadensersatz statt der Leistung vorliegen.

Der Anspruch auf Aufwendungsersatz kann bspw. Kosten für die Versicherung, den Transport oder die Finanzierung der Kaufsache umfassen, wobei gerade der Transport und die Versicherung von Kunstwerken wegen ihrer hohen Kosten relevant sind. Von § 284 BGB werden auch Aufwendungen erfasst, die rein

---

900 Die Abgrenzung zwischen diesen beiden Schadensarten kann im Einzelfall schwierig sein; für die hier relevanten Fälle genügt jedoch eine grundsätzliche Betrachtung; zur Abgrenzung Oechsler, Schuldrecht BT (2003), Rn. 243.

901 Jauernig/*Vollkommer*, BGB, § 437, Rn. 15; Oechsler, Schuldrecht BT, Rn. 243.

903 Erman/*Westermann*, BGB, § 284, Rn. 6; Palandt/*Heinrichs*, BGB, § 284, Rn. 2; Hk-BGB/Saenger, BGB, § 284, Rn. 2.

ideeller Natur sind.[903] So kann der Käufer dann auch die Erstattung von Kosten verlangen, die er in die Präsentation des jeweiligen Werkes, also etwa eine Vitrine[904], einen Rahmen[905], einen Sockel, Bilderleuchten, die Reinigung oder Restaurierung oder ähnliches investiert hat. Ist der Käufer ein Händler, kann er unter Umständen auch Ersatz für seine eigenen Arbeitsleistungen verlangen.[906] Arbeitszeit, die er in die Weitervermittlung oder Bewertung des Werkes investiert hat, können mithin vom Aufwendungsersatz nach §§ 437 Nr.3; 284 BGB erfasst sein. Allerdings ist in diesen Konstellationen zu beachten, dass der Händler seinen entgangenen Gewinn nur im Rahmen des Anspruches auf Schadensersatz statt der Leistung verlangen kann; § 284 BGB gewährt eben nur den Ersatz vergeblicher Aufwendungen.

Der Anspruch auf Schadenersatz statt der Leistung und der Aufwendungsersatzanspruch bestehen nach dem Wortlaut des § 284 BGB nur alternativ. Allerdings umfasst der Schadensersatzanspruch auch die vergeblichen Aufwendungen, sofern zu vermuten ist, dass er mit dem erzielten Gewinn seine Aufwendungen hätte amortisieren können.[907]

f. Anspruch auf Ersatz des Verzögerungsschadens gemäß § 437 Nr.3; 280 I, II; 286 BGB

Der Vollständigkeit halber ist hier noch der Anspruch auf Ersatz des Verzögerungsschadens aus §§ 437 Nr.3; 280 I, II; 286 BGB zu nennen. Voraussetzungen des Anspruches sind das Vorliegen eines wirksamen Kaufvertrages, eine Mahnung, sofern diese nicht nach § 286 II BGB entbehrlich ist, sowie nicht rechtzeitige Erbringung der Leitung und das darauf bezogene Vertretenmüssen des Schuldners. Kunstmarktspezifische Konstellationen sind im Rahmen dieses Anspruches nicht ersichtlich. Vielmehr ist seine Bedeutung im Zusammenspiel mit dem Kunstkauf als gering zu erachten, da der Käufer regelmäßig kein besonderes Interesse an einer rechtzeitigen Leistung hat, dass sich in einem entsprechende Schaden manifestieren könnte. Hier wird erneut deutlich, dass es für den Käufer nur sehr bedingt Möglichkeiten gibt, Kunstwerke anders als durch Verkauf zu kommerzialisieren.[908]

---

904 Wrede, Kunstkauf, S. 242; Dötsch, ZGS 2002, 160.

905 Reinicke/Tiedtke, Kaufrecht, Rn. 228; Canaris, JZ 2001, 517.

906 Jauernig/*Vollkommer*, BGB, § 284, Rn. 284; Bamberger/Roth/*Grüneberg*, BGB, § 284, Rn. 9.

907 Hier kommt die im alten Recht äußerst relevante sog. *Rentabilitätsvermutung* zum Tragen, siehe dazu Reinicke/Tiedtke, Kaufrecht, Rn. 233; Oechsler, Schuldrecht BT, Rn. 255; Erman/*Westermann*, BGB, § 284, Rn. 3.

908 Siehe dazu schon C, III, 4, a.

g. Anspruch auf Schadensersatz gemäß § 280 I BGB

Schließlich sei hier noch ein weiterer Schadensersatzanspruch genannt, der streng genommen keinen Fall der Mängelgewährleistung darstellt, dessen Darstellung an dieser Stelle jedoch aus systematischen Gründen angezeigt ist. Während die §§ 437 Nr.3, 280 I BGB Schadensersatz für Mangelfolgeschäden unter der Voraussetzung der Lieferung einer mangelhaften Sache gewähren, ist § 280 I BGB ohne die kaufrechtliche Verweisungsnorm des § 437 Nr.3 BGB in anderen Fällen heranzuziehen. Ein Anspruch aus § 280 I BGB kommt dann in Betracht, wenn der Verkäufer zwar eine mangelfreie Sache liefert, der Schuldner aber dennoch einen Schaden erleidet. Entscheidend ist also die Verletzung von Nebenpflichten i.S.d. § 241 II BGB durch den Verkäufer. In den typischen Fallkonstellationen des Kunstkaufs ist vor allem die Verletzung von Aufklärungs- und Beratungspflichten immer wieder von Bedeutung. Während Ausführungen über den künstlerischen Gehalt oder andere rein ästhetische Aspekte des in Frage stehenden Werkes regelmäßig keine rechtlichen Verbindlichkeiten auslösen, kann dies bei Angaben über den Wert des Kunstwerks anders zu beurteilen sein. Hier gilt es, genau abzugrenzen, wann es sich um eine schlichte Auskunft des Verkäufers handelt und wann eine tatsächliche Beratungspflicht in Form des sog. unselbständigen Beratungsvertrages zustande kommt.[909] Kriterien zur Ermittlung einer solchen Nebenpflicht sind etwa der erkennbare Zweck des Kaufs, also bspw. als Geldanlage, die wirtschaftliche Bedeutung sowie die Kompetenz und Funktion des Verkäufers gegenüber dem Käufer.[910] Gerade bei einem sichtlich unerfahrenen Käufer kann den Verkäufer, der sich besonderer Sachkunde und Kompetenz rühmt, die Pflicht treffen, diesen ordnungsgemäß über den Wert bzw. dessen Entwicklungschancen zu informieren. Die Stellung des Verkäufers kann dabei erheblichen Einfluss auf die Entstehung eines unselbständigen Beratungsvertrages haben. Stammen die Aussagen von einem Galeristen, ist ihnen weniger Gewicht beizumessen, als wenn sie von einem Auktionator stammen, dessen Kompetenz im wesentlichen in der richtigen Schätzung des Marktwerts begründet liegt.[911] Es handelt sich insgesamt um eine schwierige Abgrenzung, die nur im Wege der Würdigung der gesamten Gegebenheiten des konkreten Falls geleistet werden kann.[912]

---

909 Ausführlich zu verschiedenen Erscheinungsformen von Beratungspflichten Kluth/Böckmann/Grün, MDR 2003, 241; v. Hoyningen-Huene, FS Jayme, Bd. 2, S. 1461.

910 OLG Düsseldorf, NJW 1999, 1973; Kluth/Böckmann/Grün, MDR 2003, 244.

911 So wohl auch OLG Düsseldorf, NJW 1999, 1973. In diesem Fall hatte der Galerist ein Bild als „absolutes Schnäppchen" bezeichnet, was sich jedoch im weiteren Verlauf als falsch herausstellte; das Gericht verneinte in diesem Fall eine entsprechende Beratungspflicht; zu diesem Sachverhalt auch Schack, Kunst und Recht, S. 160 f.

912 BGH, JR 2004, 244; BGH, NJW 1992, 2080.

Sind die Anspruchsvoraussetzungen erfüllt, hat der Käufer nach §§ 280 I, 241 II BGB einen Anspruch auf Ersatz des Vertrauensschadens, kann also verlangen so gestellt zu werden, als hätte er den Vertrag nicht geschlossen. Schadensersatz statt der Leistung kann er nach Maßgabe des § 282 BGB nur dann verlangen, wenn ihm wegen der Verletzung der Nebenpflicht die Leistung durch den Schuldner nicht mehr zuzumuten ist.

h. Das Vertretenmüssen als zentrale Voraussetzung der Schadensersatzansprüche

Die vorgenannten Schadensersatzansprüche sind Fälle der sog. verschuldensabhängigen Haftung. Voraussetzung ist also stets, dass den Schuldner ein Verschulden bezüglich der Pflichtverletzung trifft. Insofern ist es auch möglich, den Verschuldensmaßstab an dieser Stelle einheitlich zu erörtern.[913] Die Besonderheiten der jeweiligen Ansprüche wurden an entsprechender Stelle bereits genannt. Die Anforderungen an das Vertretenmüssen sind besonders für die Verkäuferseite interessant, da alle einschlägigen Ansprüche eine gesetzliche Verschuldensvermutung zu Lasten des Verkäufers enthalten, §§ 280 I S.2; 311a II S.2 BGB.

Gemeinsam ist allen genannten Ansprüchen, dass sich das Vertretenmüssen nach den §§ 276 ff. BGB richtet.[914] § 276 I BGB statuiert als zentrale Norm, dass der Schuldner Vorsatz und Fahrlässigkeit zu vertreten hat, wenn ein anderer Haftungsmaßstab weder bestimmt noch aus dem sonstigen Inhalt des Schuldverhältnisses, insbesondere aus der Übernahme einer Garantie oder eines Beschaffungsrisikos, zu entnehmen ist.

aa. Der Verschuldensmaßstab des § 276 I BGB

Wie sich bereits aus den geschilderten Fällen ergeben hat, ist für die Frage des Verschuldens in der Praxis des Kunsthandels vor allem ein bestimmter Gesichtspunkt entscheidend. Dabei handelt es sich um die Frage, wann der Verkäufer die mangelnde Kenntnis des Sachmangels zu vertreten hat. Als Maßstab für das Verschulden nennt § 276 I BGB zunächst Vorsatz und Fahrlässigkeit.

Vorsatz i.S.d. § 276 I BGB ist das Wissen und Wollen des rechtswidrigen Erfolges.[915] Dabei braucht sich der Vorsatz nur auf die Verletzung des Vertrages in Form der Pflichtverletzung, nicht aber auf den eingetretenen Schaden beziehen.[916] Stellt man nun auf die Unkenntnis vom Sachmangel ab, so müsste der

---

913 Siehe auch oben C, III, 4.

914 Siehe dazu die Aufstellung bei Hk-BGB/*Schulze*, BGB, § 276, Rn. 1.

915 Erman/*Westermann*, BGB, § 276, Rn. 7; Soergel/*Wolf*, BGB, § 276, Rn. 41; MüKo/*Grundmann*, BGB, § 276, Rn. 154.

916 BGH, MDR 1955, 542; Palandt/*Heinrichs*, BGB, § 276, Rn. 10.

Verkäufer für eine vorsätzliche Pflichtverletzung positive Kenntnis, nämlich „Wissen", von der Mangelhaftigkeit der Kaufsache haben müssen. Positive Kenntnis von der Unechtheit ist aber oft genauso schwierig zu verwirklichen wie positive Kenntnis über die Echtheit von, insbesondere alten, Kunstwerken. Betrachtet man daneben die veröffentlichten Entscheidungen der Zivilgerichte zu Kunstkauffällen, so findet man kaum Fälle vorsätzlicher Pflichtverletzungen; deren Behandlung ist daneben ohnehin unproblematisch und eine weitergehende Betrachtung mithin nicht gewinnbringend. Von größerer Praxisrelevanz sind die Fahrlässigkeitsfälle, die auch die wesentlich schwierigeren Abgrenzungsfragen enthalten. Zu fragen ist demnach hier, wann der Verkäufer die fahrlässige Unkenntnis des Mangels zu vertreten hat.

Fahrlässig handelt nach § 276 II BGB derjenige, der die im Verkehr erforderliche Sorgfalt außer Acht lässt. Auf der Grundlage dieser Legaldefinition erfordert ein fahrlässiges Verhalten die Vorhersehbarkeit und Vermeidbarkeit des Verletzungserfolges sowie die Beurteilung des Verhaltens nach einem Sorgfaltsmaßstab, der die Verkehrserfordernisse berücksichtigt.[917]

Für die *Vorhersehbarkeit* genügt die allgemeine Vorhersehbarkeit eines schädigenden Erfolges, der konkrete Ablauf der Schädigung braucht in seinen Einzelheiten nicht vorhersehbar gewesen zu sein.[918]

Vermeidbar ist ein Verletzungserfolg, der bei sorgfältigem Verhalten des Schuldners nicht eingetreten wäre.[919] Grundsätzlich hat der Schuldner Verletzungserfolge, die vorhersehbar sind, zu vermeiden und erforderlichenfalls Maßnahmen zur Sicherung und Abwendung von Gefahren auch unter Zeit- und Geldaufwendung zu treffen.[920] Sind die Schäden nicht zu verhindern, trifft den Schuldner eine Hinweispflicht; etwas anderes gilt aber dann, wenn sich das Verhalten des Schuldners im Rahmen der Sozialadäquanz und damit des erlaubten Risikos hält.[921]

Zur Beurteilung der Fahrlässigkeit insgesamt dient dabei ein *objektiv-abstrakter Sorgfaltsmaßstab*, weil sich die Beteiligten darauf verlassen müssen, dass jeder über die erforderlichen Kenntnisse und Fähigkeiten zur Erfüllung seiner Pflichten verfügt.[922] Maßgeblich sind damit nicht etwa die individuellen Kenntnisse und Fähigkeiten, sondern es kommt vielmehr darauf an, wie sich ein gewissenhafter und bedachter Mensch aus dem jeweiligen Verkehrskreis in der

---

917 BGH, BGHZ 39, 285; Palandt/*Heinrichs*, BGB, § 276, Rn. 12, 20; Hk-BGB/*Schulze*, BGB, § 276, Rn. 10.
918 Erman/*Westermann*, BGB, § 276, Rn. 13; Hk-BGB/*Schulze*, BGB, § 276, Rn. 11.
919 BGH, BGHZ 39, 285; Palandt/*Heinrichs*, BGB, § 276, Rn. 21.
920 BGH, NJW 1953, 258; Hk-BGB/*Schulze*, BGB, § 276, Rn. 12.
921 Jauernig/*Vollkommer*, BGB, § 276, Rn. 28.
922 Oechsler, Schuldrecht BT, Rn. 233.

konkreten Lage verhalten hätte.[923] Wegen dieses objektiven Maßstabs kann sich der Schuldner auch nicht durch mangelndes Fachwissen, fehlende Ausbildung oder Erfahrung entlasten.[924] Aus Verkehrsschutzerwägungen ist es aber umgekehrt durchaus möglich, dass besondere Fähigkeiten oder Kenntnisse zu Lasten des Schuldners eine höhere Sorgfaltspflicht begründen.[925] Schließlich lassen sich zur Konkretisierung des jeweils einschlägigen Sorgfaltsmaßstabes auch Richtlinien von Verbänden des betroffenen Verkehrskreises heranziehen.[926] Handelt es sich bei dem eingetretenen Schaden um einen reinen Sachschaden, ist auch eine Abwägung der Nutzen und Kosten entsprechend der sog. ökonomischen Analyse des Rechts ein zulässiges Mittel, um den Umfang der erforderlichen Sorgfalt zu ermitteln; absichernde Maßnahmen sind danach jedenfalls dann erforderlich, wenn der für sie notwendige Aufwand geringer ist als der durch ihre Nichtanwendung drohende Schaden.[927]

Hinsichtlich der entscheidenden fahrlässigen Unkenntnis des Mangels stellt sich schließlich die Frage, ob und in welchem Umfang der Verkäufer eine Untersuchungspflicht bezüglich der Kaufsache hat. Grundsätzlich trifft den Händler nämlich keine Untersuchungspflicht.[928] Die Rechtslage ändert sich jedoch ausweislich der Gesetzesbegründung bei *besonders hochwertigen Gütern* oder, wenn der Verkäufer *besondere Sachkunde* besitzt.[929] Anerkannt ist darüber hinaus, dass den Verkäufer Untersuchungspflichten treffen können, wenn *konkrete Anhaltspunkte* für Mängel der von ihm verkauften Sache vorliegen.[930] Darüber hinaus hat der BGH entschieden, dass eine Untersuchungspflicht des Verkäufers auf Mängel der Kaufsache auch dann besteht, wenn eine entsprechende *Verkehrssitte* existiert.[931]

Ausgehend von diesen Kriterien soll im Folgenden ein kunstmarktspezifischer Sorgfaltsmaßstab ermittelt werden; die Möglichkeit zur Festlegung eines solchen ergibt sich bereits daraus, dass der Verschuldensmaßstab des § 276 I BGB, wie oben gesehen, ein objektiv-abstrakter ist.

---

923 BGH, NJW 1988, 909; Jauernig/*Vollkommer*, BGB, § 276, Rn. 29; Hk-BGB/*Schulze*, BGB, § 276, Rn. 13.

924 BGH, NJW 2003, 2024; BGH, NJW 1988, 909.

925 BGH, NJW 1987, 1480; BGH, VersR 1971, 667; Jauernig/*Vollkommer*, BGB, § 276, Rn. 29; Palandt/*Heinrichs*, BGB, § 276, Rn. 15.

926 OLG Köln, NJW 1990, 2262; Palandt/*Heinrichs*, BGB, § 276, Rn. 18.

927 Palandt/*Heinrichs*, BGB, § 276, Rn. 19; diese Abwägung ist auch als sog. „*learned-hand-Formel*“ bekannt; zur Einbeziehung der ökonomischen Analyse des Rechts siehe auch Wehrt/Mohr, Jura 1995, 536.

928 BGH, ZIP 1994, 1867; BGH, NJW 1981, 1270; RG, RGZ 125, 78; Reinicke/Tiedtke, Kaufrecht, Rn. 567.

929 BReg, BT-Drs. 14/6040, S. 210; dazu auch Reinicke/Tiedtke, Kaufrecht, Rn. 567.

930 BGH, NJW 1981, 929; BGH, NJW 1980, 2186; Stoppel, ZGS 2006, 50.

931 BGH, ZIP 1994, 1865; BGH, NJW 1977, 1056.

Wegen der erheblichen Unterschiede in der Organisation und Unternehmensgröße ist es dabei angezeigt, die beiden größten Vertriebsformen, die Galerie und das Auktionshaus, getrennt zu behandeln.[932] Dies entspricht im Übrigen auch den allgemeinen Kriterien zur Ermittlung des Fahrlässigkeitsmaßstabs, wobei immer der „engere" Verkehrskreis entscheidet, wenn sich grundsätzlich mehrere heranziehen lassen.[933] Insgesamt sind bei der Ermittlung des jeweiligen Sorgfaltsmaßstabs die gewöhnlichen Fachkenntnisse der betroffenen Berufsgruppe zu berücksichtigen;[934] Einzelkunsthändler und Auktionshäuser stellen aber jedenfalls verschiedene Berufsgruppen dar, so dass auch unter diesem Aspekt eine separate Betrachtung vonnöten ist.

(1) Der Sorgfaltsmaßstab des Galeristen bzw. Kunsthändlers

Im Folgenden gilt es festzulegen, wie sich der gewissenhafte und bedachte Galerist verhalten würde bzw. welche Anstrengungen diesem in welcher konkreten Situation zuzumuten sind. Dabei ist danach zu differenzieren, ob erkennbare Anhaltspunkte vorliegen, die eine besondere Untersuchungspflicht oder Aufklärungspflicht des Händlers begründen.

Liegen keine besonderen Hinweise auf Mängel, insbesondere die Unechtheit des jeweiligen Werkes vor, so ist dem Galeristen lediglich eine beschränkte Prüfungspflicht in Form einer standardisierten Begutachtung aufzuerlegen, wenn er die gesetzliche Verschuldensvermutung widerlegen möchte. Die zu berücksichtigenden Richtlinien der Verbände verpflichten ihre Mitglieder von vorneherein selbst zu einer gewissen Prüfung der Authentizität, so dass eine allgemeine Prüfungspflicht jedenfalls gerechtfertigt erscheint.[935] Allerdings ist zu berücksichtigen, dass die meist relativ kleinen Galerien nur über beschränkte Möglichkeiten zur Untersuchung eines Werkes und zur Recherche der Provenienz verfügen. Nach der Verkehrsanschauung und unter Berücksichtigung der entste-

932 Zu den grundlegenden Unterschieden zwischen diesen beiden siehe oben B, III, 2, a und d.

933 Jauernig/*Vollkommer*, BGB, § 276, Rn. 29.

934 BGH, BGHZ 113, 304; Erman/*Westermann*, BGB, § 276, Rn. 12.

935 Der Bundesverband des deutschen Kunst- und Antiquitätenhandels e.V. (BDKA) ist Mitglied der Confederation Internationale des Negociants en Œuvres d'Art (CINOA); im „Ethical Code of Conduct" der CINOA heißt es wörtlich: „*It is the duty of each one of the members to check the authenticity of the objects they possess.*"; die entsprechenden Quellen sind unter www.bdka.de bzw. www.cinoa.org einzusehen. Der Bundesverband deutscher Galerien e.V. (BVDG) unterwirft sich gemäß § 2 II der Satzung den von der Federation des Associations Europeennes des Galeries d'Art (FEAGA) erarbeiteten Berufspflichten des Galeristen; dort heißt es ausdrücklich: „*Er (der Verkäufer) muss sich bezüglich der Echtheit der Werke vergewissern und gegebenenfalls Nachforschungen anstellen.*". Die Satzung und das Regelwerk der FEAGA finden sich unter www.bvdg.de.

henden Kosten sind dem Galeristen aber in jedem Fall die nachfolgenden Prüfungspflichten aufzuerlegen.

Erwirbt der Galerist das Werk von einem Voreigentümer, der nicht der Künstler ist, so muss er das Werk als solches selbst begutachten.[936] Wegen des objektiven Maßstabes bei § 276 I BGB und der besonderen Sachkunde, die dem Händler nach der Verkehranschauung anhaftet, kann erwartet werden, dass er etwa die Signatur zu prüfen hat und alle anderen äußerlich erkennbaren Merkmale des Werkes auf Anzeichen für dessen Unechtheit überprüft; jedenfalls eine offensichtliche oder unprofessionelle Fälschung muss für den Verkäufer erkennbar sein. Nimmt der Händler besondere Sachkunde in einem bestimmten Bereich für sich in Anspruch und besitzt er tatsächlich die entsprechenden Kenntnisse, so ist ihm auch eine Begutachtung anhand der Malweise, des verwendeten Bildträgers und ähnlicher Kriterien, jedenfalls aber eine erhöhte Sorgfalt, zuzumuten.[937] Der spezialisierte Altmeisterhändler also wird mehr Kriterien abzuarbeiten haben, als der Generalist. Von diesem kann dann auch erwartet werden, eine qualitativ hochwertige Fälschung oder eine falsche Zuschreibung im Einzelfall zu erkennen.[938] Schließlich erhöhen sich die Pflichten des Galeristen auch mit dem Wert des Objekts.[939] Bei hochpreisigen Werken steigen folglich auch die Anforderungen an die eigene Prüfung; hier kann im Einzelfall die Einholung eines Gutachtens, die Überprüfung von Werkverzeichnissen oder die Vorlage an die einschlägigen Prüfungsstellen erforderlich sein.[940] Zur Sicherstellung einer eindeutigen Eigentumslage ist dem Händler in diesen Fällen auch die Überprüfung des Werkes in einschlägigen Datenbanken aufzuerlegen; auf diese Weise

---

936 Heinbuch, NJW 1984, 17.

937 Zur Erhöhung der Pflichten bei Vorliegen besonderer Sachkunde siehe schon BT-Drs. 14/6040, S. 210; ausdrücklich zum spezialisierten Kunsthändler Berger, KUR 2003, 139.

938 Dahingehend wohl auch Wrede, Kunstkauf, S. 240; ein Beispiel einer solchen Prüfung findet sich bei Boochs/Ganteführer, Kunsthandel, S. 26; hier wird darauf hingewiesen, dass bei älteren Meistern das Signum nicht immer ein ausreichender Beweis für die Urheberschaft ist, da die Meister oft die Arbeiten ihrer Schüler signierten; jedenfalls der spezialisierte Kunsthändler dürfte sich dementsprechend aber auch nicht auf das Signum verlassen und wäre mithin zur weiteren Überprüfung verpflichtet.

939 Fixierte Wertkategorien zur Bestimmung des Sorgfaltsmaßstabes sind wohl wenig sinnvoll; allerdings sei hier als Anhaltspunkt Art. 16 II des schweizerischen KGTV (Verordnung über den internationalen Kulturgütertransfer) genannt, wonach bestimmte Sorgfaltspflichten ab einem Schätzwert über 5.000 SFR entstehen, dazu Rascher/Zimmermann, KUR 2006, 5.

940 Zur Notwendigkeit der Einholung eines Gutachtens auch Wertenbruch, NJW 2004, 1979.

lässt sich verhältnismäßig einfach klären, ob das Werk abhanden gekommen ist oder sonst mit Rechtsmängeln behaftet sein könnte.[941]

Liegen dem Verkäufer Hinweise auf Sachmängel vor, erhöhen sich seine Sorgfaltspflichten nochmals; daneben ist der Händler verpflichtet, nicht ausgeräumte Zweifel offen zu legen.[942] Beide Aspekte sind auch im selbst geschaffenen Recht der einschlägigen Verbände enthalten und gelten verbindlich für alle Mitglieder derselben.[943] Entsprechende Hinweise können etwa darin zu sehen sein, dass der Voreigentümer, von dem der Händler das Werk erworben hat, seinerseits eine irgendwie geartete Unsicherheit bezüglich des Zustandes und vor allem der Echtheit bzw. Authentizität des Werkes äußert oder solche aufgrund dessen Verhalten entstehen.[944] Daneben sind aber auch alle Verdachtsmomente zu berücksichtigen, die sich aus der oben genannten verbindlichen Standarduntersuchung oder der ambivalenten Stellungnahme eines Experten ergeben.[945] Aufgrund des Verdachts entstehen weitere Nachforschungspflichten; so ist eine Überprüfung der genannten Register sowie eine weitere Recherche oder die Vorlage bei zuständigen Autoritäten regelmäßig angezeigt, jedenfalls aber dann, wenn es sich um ein wertvolles Werk handelt. In diesen Fällen erscheint auch die Einholung eines Expertengutachtens angebracht, wenn sich eine Klärung sonst nicht erreichen lässt.[946] Im Rahmen der eigenen Klärung ist gerade dem besonders fachkundigen Händler zuzumuten, dass er das Werk selbst eingehend begutachtet. Dazu kann bei Gemälden etwa gehören, die Leinwand, den Farbauftrag oder die Beschaffenheit des Firniss auf ihren Stil und ihr Alter hin zu überprüfen, um so die Frage nach der Authentizität zu klären.[947]

---

941 Unter www.lostart.de lässt sich bspw. kostenlos überprüfen, ob das jeweilige Werk im Zusammenhang mit der nationalitsichen Gewaltherrschaft bzw. dem Zweiten Weltkrieg verbracht oder verfolgungsbedingt entzogen worden ist. Von größerer Bedeutung ist die Recherche unter www.artloss.de , einem internationalen Register gestohlener oder sonst abhanden gekommener Werke. Hier kann für ein geringes Entgelt eine individualisierte Suchanfrage gestellt werden; interessant dazu ein Artikel in: Der Standard v. 26.04.2007; näher zu den genannten und anderen Datenbanken: Jackson, KUR 2006, 123 („Art Loss Register"); Webber, KUR 2006, 127 („Looted Art"); Kardel, KUR 2006, 128 („Lost Art"); Isaac, KUR 2006, 130 („Swift-Find").

942 Wertenbruch, NJW 2004, 1979.

943 Darauf deutet etwa die Formulierung in den Regeln der F.E.A.G.A. hin, wonach „gegebenenfalls" Nachforschungen anzustellen seien. Weiter heißt es ausdrücklich: „Zweifel sind offen zu legen"; zu den Quellen siehe Fn. 125.

944 Wrede, Kunstkauf, S. 240.

945 Wertenbruch, NJW 2004, 1979.

946 Zur Notwendigkeit der Einholung eines Sachverständigengutachtens im Falle von Zweifeln an der Qualität beim Privatverkäufer siehe auch Derleder, NJW 2005, 2485.

947 Braunfels, Haftung bei Kunstauktionen, S. 168.

Insgesamt also zeigt sich, dass die Nachforschungs- und Prüfungspflichten des Galeristen relativ weit reichend sind. Bestehen Zweifel an der Qualität oder Authentizität und kann der Verkäufer diese nicht durch die angesprochenen Möglichkeiten ausräumen, so ist er verpflichtet, dem Käufer diese mitzuteilen.

Die teilweise harten Pflichten, die den Händler hier treffen, beruhen auch auf der Erwägung, dass die Galerien und Kunsthandlungen meist ein gut abgrenzbares Spezialgebiet betreuen, und so als besonders sachkundig anzusehen sind. Daneben ist die Anzahl der zum Verkauf kommenden Werke verhältnismäßig gering, so dass der zeitliche Aufwand einer Überprüfung angemessen erscheint.[948] Begrenzt wird die Pflicht zur eigenen Überprüfung durch die kleine Anzahl an Mitarbeitern und die Abwesenheit gewisser Recherchemöglichkeiten.

(2) Der Sorgfaltsmaßstab des Auktionators

Wie schon beim Einzelkunsthändler stellt sich auch beim Auktionator vorrangig die Frage, wann dieser die Unkenntnis des Mangels zu vertreten hat. Die zahlreichen organisatorischen und rechtlichen Unterschiede zwischen den beiden Vertriebsformen könnten sich auch in unterschiedlichen Sorgfaltsanforderungen niederschlagen.

Schließlich gelten bezüglich der zumutbaren Nachforschungspflichten des Auktionators gänzlich andere Prämissen als beim Galeristen. Die Gesamtmenge der umgesetzten Werke ist im Auktionshandel ungleich größer, da in jeder Auktion zahlreiche Lose zur Versteigerung kommen.[949] Dementsprechend unterhalten die Auktionshäuser aber auch einen größeren Stab und sind in aller Regel deutlich finanzkräftiger als die Einzelkunsthandlungen.

Die hohe Zahl an Kunstgegenständen ist es schließlich auch, die in der Literatur die Frage aufgeworfen hat, ob die Auktionshäuser grundsätzlich jedes Stück vor der Versteigerung zu untersuchen haben, oder nur dann, wenn Verdachtsmomente vorliegen.[950]

Eine derart pauschale Festlegung des Sorgfaltsmaßstabes erscheint wegen der enormen Bandbreite der zur Versteigerung kommenden Güter jedoch wenig sinnvoll. Vielmehr bietet es sich an, bei der Festlegung der Untersuchungspflichten zu differenzieren.

Je höher der im Katalog angegebene Preis ist, desto sorgfältiger und umfangreicher hat die Untersuchung des Kunstobjekts zu erfolgen. Die Anforderungen an die Untersuchungspflicht steigen also proportional zum Wert der

---

948 So auch Berger, KUR 2003, 139.

949 Zur Veranschaulichung die Zahl der Lose, die dem Sachverhalt der „*Bodensee-Kunstauktion*“- Entscheidung des BGH zugrunde liegen: Versteigert wurden hier 6358 Objekte, davon allein 400 Gemälde, BGH, NJW 1980, 1620.

950 Dazu Braunfels, Haftung bei Kunstauktionen, S.165; Wertenbruch, NJW 2004, 1979.

Kaufsache.[951] Dies liegt nicht zuletzt in der Tatsache begründet, dass der Gewinn des Auktionators ebenso proportional zum Wert der Kausache steigt.[952] Im Sinne einer Kosten-Nutzen-Analyse und wegen der bei hohen Werten erhöhten Schutzwürdigkeit des Käufers ist dem Versteigerer ein proportional ansteigendes Maß an Untersuchungspflichten auch zuzumuten. Wenn auch die oben genannte pauschale Betrachtungsweise abzulehnen ist, erscheint es im Interesse der Rechtssicherheit doch angezeigt, gewisse Grundlinien für die Einhaltung der dem Auktionator obliegenden Sorgfaltspflichten aufzuzeigen:

Handelt es sich um eine Versteigerung relativ preisgünstiger Ware, wie etwa bei den sog. Varia-Auktionen, so ist der Sorgfaltsmaßstab entsprechend gering.[953] Hier genügt es, wenn der Auktionator die Objekte auf offenkundige Verdachtsmomente überprüft. Liegen solche nicht vor, kann er sich weitgehend auf ein vorhandenes Signum oder die Angaben des Einlieferers verlassen. Eine weitergehende Untersuchung wäre bei solchen Auktionen im Übrigen wegen der meist sehr hohen Anzahl der Lose ohnehin kaum zu leisten. Handelt es sich nicht um derart geringwertige Objekte erhöhen sich die Sorgfaltspflichten, und der Auktionator hat die Objekte etwas eingehender zu untersuchen. In diesen Fällen ist nach einem objektiv-abstrakten Maßstab von den Versteigerungshäusern zu erwarten, dass sie bspw. Gemälde entsprechend ihrer besonderen Sachkunde auf ihre Authentizität hin überprüfen. Im einzelnen kann dies bedeuten, dass Werke aus dem Rahmen zu nehmen sind und so zu untersuchen ist, ob bspw. die Leinwand neu aufgezogen wurde, ungewöhnlich neue Materialien verwendet wurden, die Leinwand des Werkes auf eine zweite, ältere Leinwand aufgeleimt wurde oder es sich um eine maschinell hergestellte Leinwand handelt.[954] Daneben kann man von den Auktionshäusern auch erwarten, bestimmte untypische Malfarben oder deren Anwendung zu erkennen. Von besonderer Bedeutung sind daneben die Recherche in einschlägiger Fachliteratur zu Stil und Technik des jeweiligen Künstlers, sowie natürlich die Überprüfung von Werkverzeichnissen und ähnlichen Registerwerken. Zur Vermeidung von Rechtsmängeln ist daneben auch der Abgleich mit nationalen und internationalen Da-

---

951 Goepfert, Haftungsprobleme, S. 119; Braunfels, Haftung bei Kunstauktionen, S. 166; dahingehend auch BGH, NJW 1980, 1621 („Bodensee-Kunstauktion"); Wertenbruch, NJW 2004, 1979; schließlich enthält auch die Begründung zum Regierungsentwurf einen Hinweis auf die Differenzierung nach dem Wert der Sache: „..anders kann die Sache zu beurteilen sein bei besonders hochwertigen … Produkten…", BT-Drs. 14/6040, S. 210.

952 Zur Höhe der verschiedenen Provisionen des Auktionators siehe schon C, III, 2, d, cc.

953 So auch Braunfels, Haftung bei Kunstauktionen, S. 166.

954 Aufschlussreich zur Überprüfbarkeit der Echtheit Hebborn, Der Kunstfälscher (2003), S. 74 ff.; zu weiteren Untersuchungsmethoden siehe auch Braunfels, Haftung bei Kunstauktionen, S. 167.

tenbanken wie dem Art Loss Register als Standard anzusehen.[955] Bleiben nach dieser eigenen Untersuchung insgesamt Zweifel bestehen, muss der Auktionator einen Experten hinzuziehen[956] oder seine Zweifel an der Echtheit offen legen. Allerdings ist auch anzumerken, dass eine eingehende Untersuchung stets entbehrlich ist, wenn der Einlieferer bereits ausreichend darlegen kann, dass es sich um ein Original handelt, oder auf die Aufnahme in ein Werkverzeichnis verweisen kann.

Handelt es sich dagegen um Spitzenwerke von musealem Rang und entsprechend hohem Preis erhöhen sich die Sorgfaltspflichten noch einmal deutlich. Eine intensive Begutachtung durch einen Spezialisten, sei es der Auktionator selbst oder ein externer Experte, stellt hier die Mindestanforderung dar. Daneben können chemische Analysen oder Gutachten sowie eine komplexe Recherche einschlägiger Literatur erforderlich sein. Schließlich ist hier auch die Vorlage bei besonders kompetenten und spezialisierten Institutionen Teil der Untersuchungspflicht.[957]

Selbstverständlich können im Einzelnen noch andere Anforderungen an die Versteigerer zu stellen sein, abhängig von der Größe des Unternehmens[958] oder eventuell vorhandenen Spezialkenntnissen.[959] Oben genannte Pflichten sollen aber einen Anhaltspunkt für das Ausmaß der erforderlichen Untersuchungen bieten.

Wie bereits bei den Sorgfaltsanforderungen des Galeristen gilt selbstverständlich auch hier, dass sich die Untersuchungspflichten erhöhen, wenn die standardmäßige Prüfung konkrete Verdachtsmomente hervorruft. Neben der Be-

---

955 Dazu der Leiter der Abteilung Kunstdiebstahl bei Interpol: „Viele Auktionshäuser lassen ihre Kataloge am Bestand des Art Loss Registers automatisch abgleichen", Weltkunst 03/2007, S. 118; nach dem Verbandskodex des Bundesverbands deutscher Kunstversteigerer e.V. (siehe Fn. 125) verpflichten sich dessen Mitglieder „keine Objekte anzubieten, bei denen Anlass zu der Annahme besteht, dass sie mittels Diebstahls, Unterschlagung oder auf sonstige Weise unrechtmäßig erworben oder wegen Verletzung der Ausfuhrbestimmungen eines Landes illegal importiert worden sind."; auch insofern ergibt sich also die Pflicht zum Abgleich mit entsprechenden Datenbanken; so auch Geißdorf, KUR 2006, 94; v. Klitzing, KUR 2006, 96; dagegen OLG Stuttgart, Urt v. 2.2.2006 – 19 U 47/05 (unveröffentlicht).

956 So auch Flume, JZ 1991, 637.

957 So etwa für Werke Andy Warhols die sog. Warhol Foundation bzw. das „*Andy Warhol Art Authentication Board Inc.*", die mehrmals jährlich Begutachtungstermine zur Authentifizierung der Werke abhält, siehe www.warholfoundation.org; dazu auch OLG Hamm, NJW 1994, 1968 („Schuch"); OLG Düsseldorf, NJW 1992, 1326 („Warhol").

958 Braun, AcP 190 (1990), 188.

959 Braunfels, Haftung bei Kunstauktionen, S.167; das bei den Auktionshäusern vorhandene Spezialwissen kann im Übrigen soweit gehen, dass diese in bestimmten Bereichen der fachlichen Autorität externer Kunstexperten in nichts nachstehen, Goepfert, Haftungsprobleme, S. 122.

gutachtung des jeweiligen Kunstobjekts hat der Auktionator aber auch die Person des Einlieferers besonders zu berücksichtigen.[960] Dies umso mehr, da dem Käufer diese Möglichkeit in aller Regel verschlossen bleibt. Liefert etwa eine bisher vollkommen unbekannte Person herausragende Werke bedeutender Künstler mit dem Verweis ein, er habe diese auf dem Speicher seines Großvaters gefunden, muss der Versteigerer diese Werke besonders sorgfältig prüfen.[961] Weitere Verdachtsmomente können sich auch aus den Aussagen Dritter, etwa im Rahmen der Vorbesichtigung,[962] ergeben oder, wenn das betroffene Werk bereits einmal von einem Auktionshaus abgelehnt wurde. Eine Erhöhung der Pflichten kann sich schließlich auch daraus ergeben, dass der Versteigerer selbst, das Werk und dessen Bedeutung besonders hervorhebt, etwa indem er es zur Werbung für die jeweilige Auktion nutzt.[963] Versteigert der Auktionator Eigenware erhöhen sich seine Sorgfaltspflichten ebenso, da er direkteren Zugriff auf die Ware hat, und der an sich auktionstypische Faktor wegfällt, dass der Auktionator ihm zunächst unbekannte Ware versteigert.[964]

Insgesamt also bestehen zwar viele Parallelen zum Sorgfaltsmaßstab des Galeristen, insbesondere was die grundlegende Differenzierung nach dem Wert der jeweiligen Güter betrifft. Daneben ist aber auch festzuhalten, dass kein einheitlicher Maßstab für die beiden Vertriebsformen gilt, sondern die genannten Besonderheiten jeweils zu berücksichtigen sind.

(3) Zwischenergebnis

Obwohl den Händler grundsätzlich keine Untersuchungspflichten treffen, hat sich gezeigt, dass dies im Kunstmarkt anders zu beurteilen ist. Den Kunsthändler treffen von Anfang an gewisse Pflichten, die sich aus der Hochwertigkeit der gehandelten Waren, der besonderen Sachkunde und dem selbst geschaffenen Recht der einschlägigen Verbände ergeben. Dabei ist insbesondere zu beachten, dass die Sorgfaltspflichten proportional zu dem Wert des jeweiligen Kunstobjekts steigen. Dadurch ist im Umkehrschluss auch gewährleistet, dass das Maß der Anforderungen an den Galeristen oder Auktionator nicht die Zumutbarkeitsgrenze überschreitet.

---

960 BGH, NJW 1980, 1621 („Bodensee-Kunstauktion").

961 Braunfels, Haftung bei Kunstauktionen, S. 165.

962 Goepfert, Haftungsprobleme, 119.

963 OLG Hamm, NJW 1994, 1968 („Schuch"); hier hatte der Beklagte mit einer Abbildung des strittigen Werkes überregional in Kunstzeitschriften für seine Versteigerung geworben, worin das Gericht einen Grund für erhöhte Sorgfaltsanforderungen sah.

964 So auch Schack, Kunst und Recht, S. 167; Flume, JZ 1991, 636; zum Begriff der Eigenware siehe auch B, III, 2, d.

bb. Die Übernahme einer Garantie i.S.d. § 276 I BGB

Gemäß § 276 I BGB hat der Schuldner Vorsatz und Fahrlässigkeit zu vertreten, wenn eine strenge oder mildere Haftung weder bestimmt noch aus dem sonstigen Inhalt des Schuldverhältnisses, insbesondere aus der Übernahme einer Garantie oder eines Beschaffungsrisikos, zu entnehmen ist.

Derartige Garantien werden in der Praxis häufig gegeben und können verschiedene Inhalte und Funktionen aufweisen; die in § 276 I BGB genannte Garantie begründet eine von der Fahrlässigkeit unabhängige Haftung des Schuldners.[965] Die Abgrenzung derselben von anderen Formen der Garantie ist an dieser Stelle aber für die weitere Betrachtung zwingend erforderlich.

Die sog. selbständige Garantie kommt durch einen selbständigen Garantievertrag i.S.d. §§ 311 I, 241 BGB zustande, durch den sich der Garant gegenüber dem Garantieempfänger verpflichtet, für den Eintritt eines bestimmten Erfolges oder das Risiko eines bestimmten Schadens einzustehen.[966] Durch die selbständige Garantie übernimmt der Verkäufer eine Verpflichtung außerhalb des Gewährschaftsrechts; er tritt also durch die Gewährung eines selbständigen Anspruchs für einen Erfolg ein, den die Vorschriften über Sachmängel nicht oder nicht in diesem Umfang herbeiführen.[967] Darüber hinaus ist die selbständige Garantie dadurch gekennzeichnet, dass sie einen Garantiegegenstand hat, der mit den im Kaufvertrag ausgetauschten Leistungen nichts zu tun hat.[968]

Demgegenüber enthält § 443 I BGB die sog. unselbständige Garantie in Form der Verkäufergarantie und der Herstellergarantie. Die unselbständige Garantie erweitert die gesetzliche Sachmängelhaftung und ist anders als diese nicht allein vom Vorhandensein eines Mangels zum Zeitpunkt des Gefahrübergangs abhängig. Der Unterschied zur selbständigen Garantie besteht darin, dass sie keinen über die Sachmängelhaftung hinausgehenden Erfolg bezweckt und im Gegensatz zur selbständigen Garantie vom Bestehen des Kaufvertrages abhängig ist.[969]

Die an dieser Stelle eigentlich relevante Garantie ist die Garantie gemäß der §§ 276 I, 442, 444 BGB, die von den beiden oben genannten zu unterscheiden ist.[970] Diese Garantie, die teilweise auch unvollständige Garantie genannt wird, bezieht sich ausschließlich auf den Maßstab des Vertretenmüssens.[971] Diese gewährt dem Käufer die Mängelrechte einschließlich des Schadensersatzes

---

965 Prütting/Wegen/Weinreich/*Schmidt-Kessel*, BGB, § 276, Rn. 28.
966 BGH, BB 2001, 1806; Hk-BGB/*Staudinger*, BGB, § 765, Rn. 25.
967 Palandt/*Putzo*, BGB, § 443; Rn. 4; Reinicke/Tiedtke, Kaufrecht, Rn. 881.
968 Oechsler, Schuldrecht BT, Rn. 268.
969 Hk-BGB/*Saenger*, BGB, § 443, Rn. 1.
970 Jauernig/*Vollkommer*, BGB, § 276, Rn. 42; Hk-BGB/*Saenger*, BGB, § 276, Rn. 2.
971 Oechsler, Schuldrecht BT, Rn. 274.

ohne Rücksicht auf das Verschulden des Verkäufers.[972] Der Funktion nach ersetzt diese Garantie für die Beschaffenheit der Sache die frühere verschuldensunabhängige Haftung für das Fehlen einer zugesicherten Eigenschaft i.S.d. § 463 BGB a.F.;[973] dementsprechend ist für die Frage, wann eine solche Garantie vorliegt, auf die Rechtsprechung zur zugesicherten Eigenschaft zurückzugreifen.[974] Damit kann an dieser Stelle auch die umfangreiche Rechtsprechung zur Eigenschaftszusicherung im Kunsthandel herangezogen werden.[975] Folge einer solchen Garantie ist eine verschuldensunabhängige Haftung, die gemäß § 444 BGB auch einen Gewährleistungsausschluss unmöglich macht.[976]

Welche der oben genannten, verschiedenen Garantien vorliegt, ist im Einzelfall durch Auslegung der jeweiligen Erklärung zu klären.[977] Neben der Abgrenzung von anderen Garantieformen ist es auch entscheidend, die Garantie i.S.d. § 276 I BGB von der bloßen Beschaffenheitsvereinbarung i.S.d. § 434 I S.1 BGB abzugrenzen.

Für den Kunsthandel ist entscheidend, wann solche Garantieerklärungen vorliegen und welche Erklärungen der Verkäufer von Kunst eine verschuldensunabhängige Garantiehaftung i.S.d. § 276 I BGB begründen. Wegen der oben bereits angesprochenen Unterschiede zwischen dem Einzelkunsthandel und dem Auktionsgewerbe werden diese hier getrennt betrachtet.

(1) Die Garantieübernahme im Einzelkunsthandel

Der Verkauf von Kunstwerken findet im Einzelkunsthandel meist im Rahmen eines individuellen Verkaufsgesprächs statt, wobei schriftliche Kaufverträge, so sie denn überhaupt geschlossen werden, in aller Regel nur die wesentlichen Vertragsbestandteile enthalten; gegebenenfalls werden diese noch durch etwas detailliertere Angaben über die Größe, das Material, die Herkunft oder den Urheber ergänzt.[978] Nun stellt sich die Frage, unter welchen Voraussetzungen es in diesen Konstellationen zur Übernahme einer Garantie i.S.d. § 276 I BGB kommt.

---

972 Staudinger/*Löwisch*, BGB, § 276, Rn. 144.

973 BReg, BT-Drs. 14/6040, S. 236; Prütting/Wegen/Weinreich/*Schmidt-Kessel*, BGB, § 276 Rn. 28; Muthers/Ulbrich, ZGS 2004, 290; Dötsch, ZGS 2002, 162.

974 Staudinger/*Löwisch*, BGB, § 276, Rn. 144; Erman/*Westermann*, BGB, § 276, Rn. 23; Jauernig/*Vollkommer*, BGB, § 276, Rn. 42: Reinicke/Tiedtke, Kaufrecht, Rn. 569; Muthers/Ulbrich, ZGS 2004, 291; Dötsch, ZGS 2002, 162.

975 So ausdrücklich Wrede, Kunstkauf, S. 246; Müller-Katzenburg, NJW 2006, 555; differenzierend Berger, KUR 2003, 139.

976 Hk-BGB/*Saenger*, BGB, § 444, Rn. 6.

977 Bamberger/Roth/*Grüneberg*, BGB, § 276, Rn. 40; Erman/*Westermann*, BGB, § 276, Rn. 23; siehe dazu auch die folgenden Abschnitte (1), (2), (3).

978 Müller-Katzenburg, NJW 2006, 555, die dies in einer Abneigung der Beteiligten gegenüber „allem Juristischen" begründet sieht.

Grundsätzlich sind strenge Anforderungen an das Vorliegen einer Beschaffenheitsgarantie zu stellen. Zwar kann diese nicht nur ausdrücklich, sondern auch stillschweigend[979] oder durch schlüssiges Verhalten begründet werden, doch sind dabei Vorsicht und Zurückhaltung geboten.[980] Letztlich kommt es darauf an, „wie der Käufer die Äußerungen des Verkäufers unter Berücksichtigung seines sonstigen Verhaltens und der Umstände, die zum Vertragsschluss geführt haben, nach Treu und Glauben und mit Rücksicht auf die Verkehrssitte auffassen durfte".[981]

Dabei kann auch die Sachkunde des Verkäufers eine Rolle spielen, wenn der unkundige Käufer den Rat des Verkäufers einholt und sich in für diesen erkennbarer Weise auch auf den Rat verlässt; dies gilt umso mehr, wenn die Eigenschaft, um die es dabei geht, für den Käufer von großer Bedeutung ist.[982] Erkundigt sich also ein offensichtlich wenig vorgebildeter Käufer eindringlich nach der Echtheit eines Werkes und bestätigt der Verkäufer diese ausdrücklich, so kann es im Einzelfall dadurch zur konkludenten Übernahme einer Garantie i.S.d. § 276 I BGB kommen.

Die Höhe des Kaufpreises hingegen kann in diesem Kontext keine Rolle spielen und mithin auch nicht als Indiz für eine gesteigerte Gewähr dienen.[983] Die Preisgerechtigkeit liegt allein bei den Vertragsparteien, so dass diesen auch ein gewisses Risiko in die eine oder andere Richtung aufzuerlegen ist. Abgesehen davon würden sonst die Händler hochwertiger Ware stets verschuldensunabhängig haften; dies geht aber jedenfalls zu weit und kann wegen der dann zu befürchtenden Preissteigerungen auch nicht im Interesse der Käufer sein. Die Garantie ist ein zu einschneidendes Institut, als dass man sie derart leichtfertig annehmen könnte.

Abschließend betrachtet, dürfte der Anwendungsbereich der Garantie nach § 276 I BGB im Einzelkunsthandel gering sein. Meist fehlen schriftliche Verträge, die eine entsprechende ausdrückliche Zusicherung belegen könnten. Bei konkludenten oder stillschweigenden Zusicherungen ist aber wegen der einschneidenden Konsequenzen Zurückhaltung geboten, so dass auch diese nur in Einzelfällen zu bejahen sind. Letztlich ist das Vorliegen einer Garantie mangels standardisierbarer Kriterien stets im Einzelfall neu zu beurteilen.

---

979 BGH, WM 1996, 1592; Hattenhauer, JuS 1998, 690; a.A. Schack, AcP 185 (1985), 352.

980 Bamberger/Roth/*Grüneberg*, BGB, § 276, Rn. 40; Reinicke/Tiedtke, Kaufrecht, Rn. 571.

981 BGH, WM 1996, 1592; BGH, WM 1991, 1723.

982 BGH, BGHZ 59, 161; Erman/*Westermann*, BGB, § 276, Rn. 24; Reinicke/Tiedtke, Kaufrecht, Rn. 572.

983 So schon zum alten Recht BGH, NJW 1980, 1621 („Bodensee-Kunstauktion"); OLG Frankfurt, NJW 1982, 652 („Biedermeierzimmer"); Schack, AcP 185 (1985), 352.

(2) Die Garantieübernahme des Kunstversteigerers

Die Frage nach der Übernahme von Garantien im Sinne des § 276 I BGB ist im Kunstauktionshandel aufgrund der unterschiedlichen Prämissen ein wenig anders zu beurteilen. Während Kaufverträge im Einzelkunsthandel durch einen persönlichen Kontakt von Käufer und Verkäufer zustande kommen, ist das Zustandekommen entsprechender Verträge im Rahmen einer Auktion wesentlich weiter standardisiert. Die Notwendigkeit dazu ergibt sich zwingend aus der großen Anzahl von Interessenten und Bietern sowie der Vielzahl der zum Verkauf kommenden Lose. Diese Standardisierung bringt es mit sich, dass über das jeweilige Kaufobjekt in aller Regel keine Verhandlungen oder sonstige Gespräche geführt werden, sondern ein Verkauf vielmehr unter Bezugnahme auf die im Versteigerungskatalog gemachten Angaben stattfindet. In den Katalogangaben finden sich meist der Name des Autors bzw. eine entsprechende Zuschreibung, die Maße und das Material des Werkes, eine Bezeichnung des Sujets, die Entstehungszeit sowie ein Hinweis zur Signatur und der Schätz- bzw. Mindestpreis.

Es stellt sich mithin die Frage, ob oder wann solche Angaben eine Garantieübernahme seitens des Auktionshauses darstellen. Diese Frage gehörte bereits im alten Recht zu einem der meist diskutierten Probleme des Kunsthandels; da, wie oben gesehen, die Zusicherung i.S.d. § 459 I BGB a.F. der Garantieübernahme des § 276 I BGB grundlegend entspricht, lassen sich die zahlreichen Stellungnahmen[984] zu diesem Aspekt auch hier heranziehen.

Angaben in Prospekten oder Katalogen dienen zunächst lediglich der Beschreibung der Waren, in ihnen stecken also grundsätzlich keine verbindlichen Zusicherungen, die eine Garantie gemäß § 276 I BGB begründen.[985] Bezüglich der Katalogbeschreibungen im Auktionshandel wurden verschiedene Meinungen vertreten; während eine Gruppe der Annahme von Zusicherungen grundsätzlich ablehnend gegenüberstand[986], wurden Katalogangaben von einer anderen Ansicht zumindest dann bejaht, wenn neben die reine Beschreibung noch zusätzliche Umstände treten.[987] Die Rechtsprechung hat zu dieser Problematik in zwei

---

984 BGH, NJW 1995, 1673 („Burra II"); BGH, NJW 1980, 1619 („Bodensee-Kunstauktion"); BGH, NJW 1975, 971 („Jawlensky"); Goepfert, Haftungsprobleme, S. 122; Braunfels, Haftung bei Kunstauktionen, S. 57 ff.; Boochs/Gantefführer, Kunsthandel, S. 73; Hattenhauer, JuS 1998, 688; Flume, JZ 1991, 636; Braun, AcP 190 (1990), 185; Schack, AcP 185 (1985), 333; Heinbuch, NJW 1984, 17; v.Westerholt/Graupner, NJW 1978, 794; Löhr, GRUR 1976, 411; Reimer, GRUR 1975, 615; jew. m.w.N.

985 Reinicke/Tiedtke, Kaufrecht, Rn. 579; so auch zu § 459 BGB a.F.: MüKo/Westermann, BGB, § 459, Rn. 61; Staudinger/*Honsell*, BGB, § 459, Rn. 140.

986 Flume, JZ 1991, 636; Braun, AcP 190 (1990), 185; Löhr, GRUR 1976, 413

987 Goepfert, Haftungsprobleme, S. 122; Locher, Recht der Bildenden Kunst, S. 215; Katz, Sachmängel beim Kunstkauf, S. 46; Braunfels, Haftung bei Kunstauktionen, Picker, Kunstgegenstände, S. 81, S. 42; Schrader, FS Kirchner, 355; Schack, AcP 185 (1985),

grundlegenden Urteilen Stellung genommen, namentlich in den oben dargestellten Entscheidungen „Jawlensky" und „Bodensee-Kunstauktion".[988]

In Übereinstimmung mit nahezu allen Stimmen in der Literatur stellte der BGH in diesen Urteilen fest, dass bloße Katalogangaben keine Zusicherungen begründen und statuierte, dass mit der Annahme von Zusicherungen bzw. Garantien Zurückhaltung und Vorsicht geboten seien.[989] Diesem Ergebnis ist auch heute noch bezüglich der Übernahme von Garantien i.S.d. § 276 I BGB zuzustimmen. Maßgebliches Kriterium für die Annahme einer solchen Garantie ist, dass die fragliche Erklärung aus der Sicht des Empfängers erkennen lässt, dass der Verkäufer eine über die normale Haftung hinausgehende, besondere Gewähr zu übernehmen und für das Vorhandensein der betreffenden Eigenschaft einzustehen bereit ist.[990] Bei bloßen Beschreibungen des Werkes, etwa durch Angabe des Sujets, der Ausmaße, der Entstehungszeit und auch des Autors ist eine solche Gewährübernahme aber nicht zu erkennen. Vielmehr muss dem Auktionator die Möglichkeit erhalten bleiben, seine Ware ausreichend detailliert zu beschreiben, ohne dabei gleichzeitig eine verschuldensunabhängige Haftung zu übernehmen.[991] Die Konsequenzen der Annahme einer Garantie in solchen Fällen sind wegen der §§ 442, 444 BGB derart weit reichend,[992] dass gerade bei solchen stillschweigenden Zusicherungen besondere Zurückhaltung geboten ist.[993] Würde man hier Zusicherungen bzw. Garantien bejahen, würde die Grenze zwischen bloßer Beschaffenheitsvereinbarung und Garantie derart verwischen, dass eine Differenzierung nahezu unmöglich würde. Es erscheint insofern sachgerecht und auch aus der objektiven Empfängersicht erkennbar, dass bei reinen Beschreibungen keine Zusicherungen und mithin auch keine Garantien i.S.d. § 276 I BGB vorliegen.

Fraglich bleibt jedoch, wie das Hinzutreten weiterer Umstände in diesem Zusammenhang zu werten ist. Der wichtigste und wohl auch umstrittenste Fall ist hierbei der in der Beschreibung des jeweiligen Werkes enthaltene Verweis auf eine Expertise, welche die Echtheit des Werkes bestätigt. Der Verweis auf eine

---

246; Heinbuch, NJW 1984, 17; v.Westerholt/Graupner, NJW 1978, 794; Reimer, GRUR 1975, 615.

988 Siehe dazu C, I, 5 bzw. 6; dahingehend auch OLG Düsseldorf, NJW-RR 1993, 1522 („Herrschaftlicher Haushalt").

989 Für eine großzügige Annahme hingegen Reimer, GRUR 1975, 615.

990 BGH, NJW 1995, 1675 („Burra II"); BGH, NJW 1980, 1620 („Bodensee-Kunstauktion"); BGH, NJW 1975, 970 („Jawlensky"); BGH, NJW 1972, 1706; BGH, NJW 1968, 1622; Braun, AcP 190 (1990), 185; Emmerich, JuS 1980, 678.

991 So auch Braun, AcP 190 (1990), 185.

992 Der Begriff der Garantie in den §§ 442, 444 BGB entspricht dem in § 276 I BGB, so dass dieser Schluss ohne weiteres zulässig ist, siehe etwa Hk-BGB/*Saenger*, BGB, § 444, Rn. 6.

993 BGH, NJW 1980, 1620 („Bodensee-Kunstauktion")

Expertise kann zum einen dahingehend interpretiert werden, dass der Auktionator das Risiko der Echtheit auf den Sachverständigen abwälzen will;[994] andererseits wurde auch vertreten, dass der Versteigerer sich die jeweilige Äußerung zu eigen mache und mithin auch für deren Inhalt einstehen wolle.[995]

Nach außen hin erweckt eine Expertise jedoch nicht unbedingt den Eindruck, dass das Auktionshaus eine unbedingte Gewähr übernehmen will; vielmehr deutet das Vorliegen einer solchen darauf hin, dass eine gewisse Unsicherheit herrscht; einer Expertise bedarf es insofern gerade dann umso mehr, wenn der Auktionator selbst eine Garantie nicht geben kann.[996] Mithin ist auch in dem Verweis auf eine beiliegende Expertise oder ein Gutachten noch keine Übernahme einer Garantie i.S.d. § 276 I BGB zu sehen.

Wird darauf hingewiesen, dass das Kaufobjekt in ein Werkverzeichnis des jeweiligen Künstlers aufgenommen wurde, könnte sich die Lage jedoch anders darstellen.[997] Während eine Expertise letztlich nur eine individuelle, subjektive Meinungsäußerung darstellt, wird den Werkverzeichnissen ein deutlich größeres Vertrauen entgegengebracht. Die Aufnahme eines Werkes in einen solchen *catalogue raisonnée* bestätigt für Käufer und Händler gleichermaßen die Echtheit; an dieser bestehen dann faktisch keine Zweifel mehr. Allerdings ist auch in einem entsprechenden Verweis keine Garantie i.S.d. § 276 I BGB zu sehen. Der Auktionator verweist auf einen externen Faktor, auf den er selbst überhaupt keinen Einfluss hat. So mag die Aufnahme in ein solches Verzeichnis zwar den Wert des Werkes mitunter erheblich steigern, ein Garantiewille des Versteigerers durch die bloße Nennung dieser Tatsache erscheint demgegenüber nicht erkennbar.

Weiter wurde diskutiert, ob die Höhe des Kaufpreises ein Indiz für das Vorliegen einer Zusicherung oder Garantie sein könne; die Verknüpfung von Garantie und Kaufpreis ist jedoch in mehrfacher Hinsicht abzulehnen.[998] Dabei ist an dieser Stelle zu erwähnen, dass die Preisangabe des Auktionators in beschränktem Maße auf die Echtheit schließen lässt, weswegen dies auch bei den Sorgfaltspflichten des Auktionators zu berücksichtigen war.[999] Allerdings ist die Preisangabe auch durch taktische Erwägungen des Auktionators geprägt, der

---

994 Flume, JZ 1991, 636; Löhr, GRUR 1976, 411.

995 So etwa Goepfert, Haftungsprobleme, S. 122; v.Westerholt/Graupner, NJW 1978, 794; Reimer, GRUR 1975, 615.

996 Löhr, GRUR 1976, 411.

997 Siehe dazu auch BGH, NJW 1975, 970 („Jawlensky"); Boochs/Gantefführer, Kunsthandel, S. 73.

998 Goepfert, Haftungsprobleme, S. 122; v.Westerholt/Graupner, NJW 1978, 794; so auch Braunfels, Haftung bei Kunstauktionen, 80 ff., der noch nach Kaufpreis, Mindestpreis, Schätzpreis und Ausrufpreis differenziert.

999 Sieh dazu C, III, 4, h, aa, (2).

durch seine Preisgestaltung Bieter zu beeinflussen sucht.[1000] Entscheidend ist aber, dass in einer bloßen Preisangabe kein unbedingter, nach außen erkennbarer Garantiewille des Versteigerers zu sehen ist. Hier würde wieder eine Verwischung der an sich strengen Voraussetzungen drohen, die im Sinne der Rechtssicherheit für keine der beteiligten Parteien wünschenswert ist. Daneben muss den einschlägigen Käuferkreisen klar sein, dass ein Auktionshaus umso weniger Garantiewille haben wird, je teurer das Werk ist.

Es zeigt sich also, dass mit der Annahme von Garantien i.S.d. § 276 I BGB im Wege der stillschweigenden Zusicherung durch Katalogangaben sehr zurückhaltend zu verfahren ist. Zusammenfassend ergibt sich dies aus folgenden Faktoren: Die Auktionshäuser versteigern regelmäßig eine große Zahl von Werken und sind mithin nur ein beschränktem Maße zu einer eingehenden Prüfung befähigt. Eine Garantiewille dürfte nach von dem einschlägigen Käuferkreis wohl nur in Ausnahmefällen zu erkennen sein, etwa dann wenn das Auktionshaus ein eigenes Echtheitszertifikat oder ausdrücklich eine Garantie abgibt.[1001] Bei Verweisen auf externe Autoritäten ist wegen der sich dadurch manifestierenden Risikoabwälzung des Versteigerers nicht von einem solchen Willen auszugehen. Schließlich ist hier darauf zu verweisen, dass der Käufer durch die Ablehnung einer Garantieübernahme i.S.d. § 276 I BGB ja keineswegs schutzlos gestellt ist; vielmehr bleiben ihm alle Mängelrechte mit der Einschränkung erhalten, dass der Auktionator nicht verschuldensunabhängig haftet. Es zeigt sich auch hier wieder, dass eine Beurteilung nur im Einzelfall möglich ist. Die Formulierungen und das schlüssige Verhalten des Auktionators müssen mithin für den konkreten Fall geprüft werden, wobei die eben genannten strengen Anforderungen zu beachten sind.

cc. Die Übernahme eines Beschaffungsrisikos i.S.d. § 276 I BGB

Eine verschuldensunabhängige Haftung des Verkäufers kann sich gemäß § 276 I BGB auch aus der Übernahme eines Beschaffungsrisikos ergeben. Obwohl der Hauptanwendungsfall dieser Regelung die Gattungsschuld ist, kann sie auch im Rahmen einer Stückschuld von Bedeutung sein, wenn der Schuldner der Stückschuld sich verpflichtet, den geschuldeten Gegenstand zu beschaffen.[1002] Bei Gattungsschulden kommt es immer, aber auch nur dann, zur Übernahme eines Beschaffungsrisikos, wenn es sich um eine marktbezogene Gattungsschuld im

---

1000 Aufschlussreich dazu, insbesondere zum „*Scheinzuschlag*" oder dem sog. „*Puff Bidding*", „Wenn das Limit ein Gebot ist", F.A.Z. v. 17.3.2007, S. 45

1001 Interessant zu einer solchen Fallgestaltung OLG München, OLGR München 2002, 97; hier verneinte das OLG eine Garantie, obwohl der Verkäufer dem informierten Kunstsammler die Echtheit auf dessen Nachfrage ausdrücklich bestätigte.

1002 Palandt/*Heinrichs*, BGB, § 276, Rn. 30; Reinicke/Tiedtke, Kaufrecht, Rn. 584.

Gegensatz zu einer Vorratsschuld handelt.[1003] In beiden Fällen beschränkt sich aber der Umfang der Risikoübernahme auf das Gelingen und die Rechtzeitigkeit der Beschaffung, begründet im Zweifel aber keine schuldunabhängige Einstandspflicht für die Qualität der Ware.[1004] Dafür wäre dann, ähnlich der oben erläuterten Garantie, eine Erklärung nötig, die den Garantiewillen des Schuldners hinreichend zum Ausdruck bringt.[1005]

Im Kunsthandel ist die Übernahme einer Beschaffungspflicht sowohl bei der Gattungsschuld als auch bei der Stückschuld denkbar; insbesondere ist dies der Fall, wenn der Käufer einen Kunstvermittler mit der Beschaffung eines bestimmten Werkes betraut.[1006] Darüber hinaus sind der Anwendungsbereich und die Relevanz der Norm im Kunsthandel jedoch als gering einzuschätzen.

i. Zwischenergebnis zur Schadensersatzhaftung nach § 437 Nr.3 BGB

Die Betrachtung der verschiedenen Schadensersatzansprüche hat gezeigt, wie viele verschiedene Konstellationen bezüglich des Kunstkaufs denkbar sind und wann welcher Schadensersatzanspruch einschlägig ist. Für die Fälle der Unechtheit ließ sich feststellen, dass § 311 a II BGB meist die richtige Anspruchsgrundlage sein wird.

Die Betrachtung des Vertretenmüssens umfasste insbesondere detaillierte Ausführungen zum Sorgfaltsmaßstab und der Übernahme von Garantien. Tatsächlich sind diese wohl auch in einem gewissen Wechselspiel zu betrachten. Auf der anderen Seite sind die Sorgfaltspflichten der Galeristen und Versteigerer relativ hoch und umfangreich; demgegenüber ist bei der Annahme von Garantien i.S.d. § 276 I BGB sehr zurückhaltend zu verfahren. Im Ergebnis bedeutet dies, dass die Händler zwar nicht allzu schnell in eine verschuldensunabhängige Haftung gedrängt werden, so sie denn aber ein Verschulden trifft, sind an den Entlastungsbeweis hohe Anforderungen zu stellen.

5. Konkurrenz der Mängelgewährleistung mit anderen Rechten

Bezüglich der Konkurrenz von Sachmängelgewährleistung und anderen Ansprüchen enthält das BGB keine eindeutige Regelung. Daher stellt sich die Frage, welche Institute dem Käufer neben der kaufrechtlichen Gewährleistung noch zur Verfügung stehen.

1003 Palandt/*Heinrichs*, BGB, § 276, Rn. 31.
1004 Bamberger/Roth/*Grüneberg*, § 276, Rn. 42; Palandt/*Heinrichs*, BGB, § 276, Rn. 32.
1005 Reinicke/Tiedtke, Kaufrecht, Rn. 584.
1006 Zum Berufsbild des freien Kunsthändlers oder Kunstvermittlers siehe oben B, I, 2, b.

a. Anfechtung

Vorab sei darauf hingewiesen, dass der Erklärungs- und der Inhaltsirrtum i.S.d. § 119 I BGB mit der Fehlerhaftigkeit der Sache nichts zu tun haben und insofern auch nicht vom Gewährleistungsrecht berührt werden; insofern besteht hier auch kein Ausschlussverhältnis.[1007] In Kunstkauffällen gelten für die Anfechtung nach § 119 I BGB auch keinerlei Besonderheiten, so dass sich eine weitergehende Betrachtung erübrigt.[1008]

Demgegenüber stellt sich jedoch die bedeutende Frage, ob die Anfechtung wegen eines Irrtums über verkehrswesentliche Eigenschaften nach § 119 II BGB durch die §§ 434 ff. BGB verdrängt wird. Zu einer Konkurrenzsituation kann es aber überhaupt nur dann kommen, wenn die Eigenschaft, deren Fehlen die Sache mangelhaft macht, eine verkehrswesentliche Eigenschaft i.S.d. § 119 II darstellt. Nun stellt sich beim Kunstkauf die Frage, ob die von § 434 BGB erfassten Eigenschaften mit dem Begriff der verkehrswesentlichen Eigenschaft in § 119 II BGB übereinstimmen. Eigenschaften i.S.d. § 119 II BGB sind natürliche Merkmale sowie rechtliche oder tatsächliche Beziehungen zur Umwelt, die infolge ihrer Beschaffenheit und Dauer nach der Verkehrsanschauung für die Wertschätzung oder Verwendbarkeit von Bedeutung sind.[1009] Verkehrswesentlich sind diese, wenn sie von den Beteiligten ausdrücklich oder konkludent als wesentlich vereinbart wurden oder nach den Umständen und der Verkehrsanschauung in Geschäften dieser Art typischerweise als wesentlich vorausgesetzt werden.[1010] Aus diesen Definitionen ergibt sich eindeutig, dass die Echtheit eines Kunstwerkes auch eine verkehrswesentliche Eigenschaft i.S.d. § 119 II BGB darstellt.[1011] Eine Ausnahme aufgrund fehlender Verkehrswesentlichkeit kann sich jedoch in bestimmten Verkaufssituationen ergeben, so etwa auf dem Flohmarkt oder bei anderen bewussten Risikogeschäften.[1012] Grundsätzlich aber ist § 119 II BGB vor allem in zwei Konstellationen einschlägig: Hätte der Käufer

1007 Erman/*Grunewald*, BGB, v. § 437, Rn. 19; Reinicke/Tiedtke, Kaufrecht, Rn. 791.

1008 Ergänzend ein Beispiel zum Anwendungsbereich des § 119 I BGB im Kunsthandel: Der Inhaltsirrtum käme etwa dann in Betracht, wenn der Käufer eine *Seriegrafie* bestellt, tatsächlich aber eine *Lithografie* meint; siehe dazu Schack, Kunst und Recht, S. 169; Locher, Recht der Bildenden Kunst, S. 145.

1009 BGH, BGHZ 88, 245; Hk-BGB/*Dörner*, BGB, § 119, Rn. 16; Palandt/*Heinrichs*, BGB, § 119, Rn. 24.

1010 Hk-BGB/*Dörner*, BGB, § 119, Rn. 17; Köhler, JR 1984, 325.

1011 BGH, JZ 1989, 41 („Leibl-Duveneck“); OLG Düsseldorf, NJW 1992, 1326 („Warhol“); Palandt/*Heinrichs*, BGB, § 119, Rn. 27; Köhler/Fritzsche, JuS 1990, 16; Becker-Eberhard, JuS 1992, 464.

1012 Schack, Kunst und Recht, S. 169; dieser nennt weitere hilfreiche Beispiele aus der Kunsthandelspraxis; so sei die Echtheit etwa schon dann nicht mehr verkehrswesentlich, wenn ein Gemälde dem jeweiligen Künstler nur zugeschrieben wurde (Bsp.: „attribué a Fragnonard“).

gewusst, dass das Kunstwerk eine Fälschung bzw. kein Original war, hätte er es nicht gekauft; umgekehrt hätte ein Verkäufer ein für unecht gehaltenes Werk nicht so billig verkauft, wenn er seinen Irrtum rechtzeitig bemerkt hätte. Daneben kann ein Eigenschaftsirrtum auch bei anderen Eigenschaften, wie Materialmängeln, Provenienzfragen oder dem Vorhandensein einer Expertise zum einschlägig sein.

Es zeigt sich also, dass im Kunsthandel durchaus sowohl ein Sachmangel, wie auch ein Irrtum über eine verkehrswesentliche Eigenschaft gleichzeitig vorliegen können. Für den Käufer wird eine Anfechtung vor allem dann interessant, wenn die kaufrechtlichen Mängelfristen nach § 438 BGB abgelaufen sind. Endgültig ausgeschlossen ist die Irrtumsanfechtung nämlich erst nach 10 Jahren seit Abgabe der Willenserklärung, § 121 II BGB. Nach Ablauf der kurzen, zweijährigen kaufrechtlichen Gewährleistungsfrist kollidiert demnach das Schutzinteresse des Käufers mit dem begründeten Interesse des Verkäufers an der endgültigen Abwicklung des Vertrages und dem sich damit einstellenden Rechtsfrieden. Nach ganz einhelliger Meinung ist dieser Konflikt zugunsten des Verkäufers zu lösen, indem das Gewährleistungsrecht als lex specialis die Anfechtung wegen Eigenschaftsirrtum jedenfalls nach Übergabe der Kaufsache verdrängt.[1013]

Umgekehrt bedeutet dies, dass dem Verkäufer die Anfechtung weiter möglich bleibt, da diesem Gewährleistungsrechte nie zustehen. Allerdings heißt dies nicht, dass der Verkäufer stets von einem Anfechtungsrecht nach § 119 II BGB Gebrauch machen könnte; wäre dem so, könnte sich der Verkäufer, der irrig die Mangelfreiheit der Sache annimmt, durch die Anfechtung seiner Gewährleistungspflicht entziehen; mit der ganz h.M. ist daher davon auszugehen, dass es dem Verkäufer nach dem Gedanken des Rechtsmissbrauchs verwehrt ist, von seinem Anfechtungsrecht Gebrauch zu machen, wenn er sich infolgedessen seiner Gewährleistungspflicht entzöge.[1014] Will der Käufer aber gerade kein Gewährleistungsrecht geltend machen, so ist die Anfechtung des Verkäufers auch nicht ausgeschlossen.[1015]

1013 BGH, BGHZ 34, 32; OLG Düsseldorf, NJW 1992, 1326 („Warhol"); Erman/*Grunewald*, BGB, vor § 437, Rn. 20; Hk-BGB/*Saenger*, BGB, Palandt/*Putzo*, BGB, § 437, Rn. 53; § 437, Rn. 27; Reinicke/Tiedtke, Kaufrecht, Rn. 793; Schack, Kunst und Recht, S. 170; Medicus, Bürgerliches Recht, Rn. 142; ausdrücklich auch in der Gesetzesbegründung zur Schuldrechtsreform: „Dieses Konkurrenzverhältnis ändert sich durch die vorgeschlagene Neuregelung nicht.", BT Drs. 14/6040, S. 210; krit. aber Bamberger/Roth/*Faust*, BGB, § 437, Rn. 20; Wrede, Kunstkauf, S. 119 ff.

1014 BGH, JZ 1989, 41 („Leibl-Duveneck"); Palandt/*Putzo*, *BGB*, § 437, Rn. 53; Hk-BGB/*Saenger*, BGB, § 437, Rn. 27; Schack, Kunst und Recht, S. 171.

1015 BGH, JZ 1989, 41 („Leibl-Duveneck").

In der Praxis kommt eine Anfechtung des Verkäufers demnach nur dann in Betracht, wenn der Wert des Kunstwerks aufgrund einer anderen Herkunft den vom Käufer gezahlten Kaufpreis erheblich übersteigt und der Käufer daher logischerweise überhaupt keine Gewährleistungsrechte geltend machen will.

Die Anfechtung des Käufers wegen arglistiger Täuschung gemäß § 123 I BGB ist durch die §§ 434 ff. BGB nicht ausgeschlossen, da hier kein Schutzbedürfnis des Verkäufers und mithin kein Grund besteht, den Käufer auf die Rechte aus §§ 434 ff. BGB zu beschränken.[1018] Der Käufer hat dann die Wahl zwischen den Ansprüchen aus § 437 BGB und den sonstigen Rechten, die sich aus der Nichtigkeit des Vertrages ergeben. Ein Kunstverkäufer handelt bspw. dann arglistig, wenn er gegenüber dem Käufer vorspiegelt, das Bild stamme direkt aus dem Nachlass eines bedeutenden Malers und sei aufgrund dieser besonderen Einkaufsmöglichkeit des Händlers auch besonders günstig.[1019] Häufig besteht die Täuschungshandlung in solchen Fällen in einem Unterlassen, so dass im Einzelfall sorgfältig zu prüfen ist, ob tatsächlich eine Aufklärungspflicht des Verkäufers bestand.[1020]

b. Allgemeines Leistungsstörungsrecht

Bei der Frage, ob Ansprüche aus §§ 280 I, 241 II, 311 II BGB (culpa in contrahendo) durch die Anwendbarkeit des Gewährleistungsrechts der §§ 434 ff. BGB verdrängt werden, ist danach zu differenzieren, ob sich das Verschulden des Verkäufers auf die Beschaffenheit oder die Verwendungseignung der Kaufsache beziehen.

Bezieht sich das Verschulden des Verkäufers auf das Verschweigen von Fehlern oder unrichtige Angaben von Beschaffenheitsmerkmalen, Verwendungsmöglichkeiten oder Eigenschaften der Kaufsache i.S.d. §§ 434 ff. BGB so ist eine Haftung aus §§ 280 I, 241 II, 311 II BGB im Wege der Konkurrenz ausgeschlossen.[1021] Entscheidend ist demnach, ob es sich um ein Merkmal der Kauf-

---

1018 Palandt/*Putzo*, BGB, § 437, Rn. 54.

1019 Siehe dazu OLG Hamm, NJW 1993, 1473 („Schmidt-Rottluff"); Heerstraßen, JuS 1995, 197, Schack, Kunst und Recht, S. 172.

1020 Näher dazu v.a. Schack, Kunst und Recht, S. 173; interessant hiezu auch der Fall einer eBay-Auktion unter Privaten, in der das Gericht die Arglist wegen der mangelnden Sachkunde der Verkäuferin ablehnte, AG Königstein, NJW 2007, 708.

1021 BGH, BGHZ 98, 103; Erman/*Grunewald*, BGB, vor § 437, Rn. 27; Jauernig/*Stadler*, BGB, § 311, Rn. 38; Palandt/*Putzo*, BGB, § 437, Rn. 51; Berger, JZ 2004, 282; Brüggemeier, WM 2002, 1378; Brors, WM 2002, 1782; dagegen Barnert, WM 2003, 424; Häublein, NJW 2003, 391.

sache handelt, das zum Gegenstand einer Beschaffenheitsvereinbarung hätte gemacht werden können.

Steht das Verschulden hingegen demnach in keinem Zusammenhang mit der Beschaffenheit oder Verwendungseignung der Kaufsache so werden Ansprüche aus §§ 280 I, 241 II, 311 II BGB vom Kaufgewährleistungsrecht nicht verdrängt.[1022] Von Interesse ist insofern vor allem die Verletzung von Informations- oder Aufklärungspflichten, die sich nicht auf die Beschaffenheit der Kaufsache beziehen. Im Kunsthandel könnte man hier insbesondere an Angaben denken, die sich auf den Wert der Sache, bzw. dessen Entwicklung beziehen. Ansonsten dürfte der Anwendungsbereich der Haftung aus §§ 280 I, 241 II, 311 II BGB schon deshalb sehr begrenzt sein, weil wegen des hier vertretenen weiten Beschaffenheitsbegriffes das Gewährleistungsrecht fast immer einschlägig und damit vorrangig sein wird.[1023]

Schließlich ist eine Haftung aus §§ 280 I, 241 II, 311 II BGB auch dann denkbar, wenn ein Verhandlungspartner die Vertragsverhandlungen ohne triftigen Grund abbricht, obwohl er vorher die irrige Vorstellung hervorgerufen hatte, er habe fest vor, den in Aussicht gestellten Vertrag zu schließen.

Neben den bereits genannten Ansprüchen kommt aus dem allgemeinen Leistungsstörungsrecht auch die Störung der Geschäftsgrundlage nach § 313 BGB in Betracht, die von der Verweisung in § 437 BGB nicht erfasst ist. Für den Anwendungsbereich der Gewährleistungsvorschriften der §§ 434 ff. BGB ist die Anwendung der Regeln über die Störung der Geschäftsgrundlage ausgeschlossen; dies gilt auch, wenn im Einzelfall der Gewährleistungsanspruch abbedungen oder verjährt ist.[1024]

c. Unerlaubte Handlung

Die Ansprüche aus unerlaubter Handlung, also den §§ 823 ff. BGB, werden durch die §§ 434 ff. BGB nicht ausgeschlossen; insofern besteht also echte Anspruchskonkurrenz.[1025] Bei der Anwendung des § 823 I BGB ist aber besonders zu berücksichtigen, dass eine Eigentumsverletzung nur dann vorliegt, wenn durch die Übereignung der mangelhaften Sache ein Schaden entstanden ist, der sich nicht mit dem bereits bei Gefahrübergang vorliegenden Mangelunwert der

---

1022 Reinicke/Tiedtke, Kaufrecht, Rn. 843

1023 Siehe dazu C, II, 1, a, aa.

1024 BGH, WM 2003, 1964; BGH, NJW 1992, 1385; MüKo/*Roth*, BGB, § 313, Rn. 134; HK-BGB/*Schulze*, BGB, § 313, Rn. 10; Haas/Medicus, Neues Schuldrecht, Kap. 5, Rn. 264.

1025 Palandt/*Putzo*, BGB, § 437, Rn. 56; Wrede, Kunstkauf, S. 272

Sache deckt.[1026] Insofern sind hier nur die im Kunsthandel sehr seltenen Fälle des Mangelfolgeschadens einschlägig.[1027] Liegt ein Anspruch aus unerlaubter Handlung vor, so ist er länger durchsetzbar als die Gewährleistungsansprüche, da hier die Regelverjährung nach §§ 195, 199 BGB, also drei Jahre ab Kenntnis der schädigenden Handlung, heranzuziehen ist.[1028]

6. Ergebnis zur Mängelhaftung des Kunstverkäufers

Abschließend lässt sich zur Mängelhaftung festhalten, dass der Kunsthandel durchaus eine Vielzahl spezifischer Sachverhalte mit sich bringt, die einer besonderen Behandlung bedürfen. Dies gilt sowohl für den Begriff des Sachmangels in § 434 BGB als auch für die Frage nach dem Sorgfaltsmaßstab der Galeristen und Auktionshäuser. Die obigen Ausführungen können wegen der spezialisierten Fragestellung der Arbeit kein absolut vollständiges Bild aller kaufrechtlichen Aspekte liefern; eine gewisse Konzentration auf die für den Kunsthandel relevantesten Fragen war daher angezeigt.

IV. Die Beweislast bei Kunststreitigkeiten

Der Beweislast kommt in der Praxis erhebliche Bedeutung zu, da im Prozess zunächst die entscheidungserheblichen Tatsachen zu klären sind.[1029] Dabei gilt grundlegend das sog. Günstigkeitsprinzip, wonach jede Partei die Beweislast für die tatsächlichen Voraussetzungen der ihr günstigen Rechtsnorm trägt.[1030] Folglich ist der Anspruchsteller beweispflichtig für die rechtsbegründenden Tatbestandsmerkmale während der Anspruchsgegner die rechtsvernichtenden, -hemmenden, und -hindernden Tatsachen beweisen muss.

Als Anspruchsteller steht der enttäuschte Kunstkäufer vor dem Problem, einen Sachmangel des jeweiligen Kunstwerkes i.S.d. § 434 BGB beweisen zu müssen. Während dies etwa bei Materialmängeln kein allzu großes Problem darstellt, erwarten den Käufer im Falle der gerügten Unechtheit des Werkes größere Schwierigkeiten, da sich die Urheberschaft eines Werkes nicht immer zweifelsfrei klären lässt und er insofern überhaupt nicht in der Lage wäre, einen Sach-

---

1026 BGH, NJW 1985, 2420; Hk-BGB/*Saenger*, BGB, § 437, Rn. 29; Reinicke/Tiedtke, Kaufrecht, Rn. 862.

1027 Siehe dazu das Beispiel unter C, III, 4, d.

1028 Teilweise wird erwogen, diese Verjährungsfrist in bestimmten Fällen zu modifizieren, siehe dazu Reinicke/Tiedtke, Kaufrecht, Rn. 862.

1029 Kohler, ZZP 118, 25; Kellermann/Mendler, JA 2004, 909.

1030 BGH, BGHZ 3, 342; Herbert, JA 2003, 535; auch als *Rosenberg'sche Formel* bezeichnet, Gsell, JuS 2005, 967.

mangel in Form der Unechtheit vollständig zu beweisen.[1031] Aus diesem Grunde wurde in der Vergangenheit immer wieder gefordert, die Anforderungen an die Beweisführung in diesen Fällen zurückzuschrauben, und eine lediglich *annähernde Gewissheit* bezüglich der Unechtheit genügen zu lassen.[1032] Dem wurde bereits in der Vergangenheit entgegenhalten, dass, trotz der lobenswerten Intension des Käuferschutzes, eine Verortung auf materieller Ebene sinnvoller sei.[1033] So stellt sich für die Gerichtspraxis die Frage, ab wann genau der Nachweis *annähernder Gewissheit* erbracht ist. Zwar ließe sich im Einzelfall auf die entsprechende Überzeugung des Gerichts – eben im Sinne einer *annähernden Gewissheit* – abstellen, doch dürfte dies eher zusätzliche Rechtsunsicherheit schaffen. Daneben entsteht der Eindruck, dass ein an sich rein materielles Problem auf die Ebene der Beweislast verschoben wird, wobei der Kern des Problems bestehen bleibt.

Mit der Schuldrechtsreform und den damit einhergehenden Änderungen hat sich dieses Problem jedoch mittlerweile überholt. Folgt man nämlich dem hier vertretenen weiten Beschaffenheitsbegriff, so genügt im Einzelfall bereits der Verdacht der Mangelhaftigkeit bzw. die mangelnde Ausstellungsfähigkeit für die Begründung eines Sachmangels;[1034] zieht also ein wissenschaftlich fundiertes und von einem Experten erstelltes Gutachten die Echtheit des Werkes ernstlich in Zweifel, so liegt bereits ein Sachmangel vor. Dies gilt allerdings natürlich nur insoweit, als es sich nicht um einen reinen Spekulationskauf handelt. In derartigen Konstellationen wird das Risiko der genannten Mängel bewusst in Kauf genommen und spiegelt sich in aller Regel auch im Preis wider.

Dasselbe gilt dann, wenn ein Werk bereits von einem Ausstellungsgremium abgelehnt wurde oder dies in der Zukunft zu erwarten steht. Dann ist aber auch eine Beweiserleichterung nicht mehr erforderlich, da der Käufer als Anspruchsteller lediglich den ernstlichen Zweifel an der Echtheit oder die mangelnde Ausstellungsfähigkeit darlegen muss. Insofern sind diese Aspekte auf der Ebene des materiellen Rechts und nicht auf prozessualer Ebene zu erörtern. In der Praxis ist der Unterschied zwischen der Annahme einer Beweiserleichterung und der Erweiterung des Sachmangelbegriffs sicherlich gering, doch sprechen die besseren Argumente für die letztgenannte Variante.

1031 Jayme, Original und Fälschung, S. 36.

1032 Dahingehend schon RG, RGZ 114, 242 f. („Thoma"); Locher, Recht der Bildenden Kunst, S. 142; Katz, Sachmängel beim Kunstkauf, S. 91; Boochs/Gantefführer, Kunsthandel, S. 30; v.Westerholt/Graupner, NJW 1978, 795

1033 Thomsen, Käuferschutz bei Kunstauktionen, S. 88;

1034 Sieh dazu oben C, II, 1, b, ff. So auch Jayme, Original und Fälschung, S. 37.

Wie bereits oben erwähnt, trägt der Anspruchsgegner - und damit in den hier erörterten Fällen in aller Regel der Verkäufer - die Beweislast für die ihm günstigen Tatsachen. Hat der Käufer also seinen Anspruch ausreichend begründet und die Tatsachen bewiesen, steht dem Verkäufer gegenüber einem Schadensersatzanspruch des Käufers regelmäßig die Möglichkeit einer rechtshindernden Einwendung zu, wie sie etwa § 280 I 2 oder § 311a II BGB enthalten.[1035] Im Rahmen der Schadensersatzhaftung wird das Verschulden vermutet, so dass der beklagte Kunsthändler zu seiner Entlastung nachweisen muss, dass er die erforderlichen Sorgfaltspflichten eingehalten hat.[1036]

1035 Palandt/*Heinrichs*, BGB, § 311a, Rn. 10; Kohler, ZZP 118, 27

1036 Zu diesen ausführlich C, III, 4, h.

D. Kapitel 4 - Ausschluss der Haftung und Haftungsvereinbarungen

Wegen der oben aufgezeigten denkbaren haftungsrechtlichen Konsequenzen, die dem Verkäufer von Kunst im Einzelfall drohen, sind Möglichkeiten, die Haftung auszuschließen von besonderem Interesse. So können Einzelkunsthändler und insbesondere Auktionshäuser die Haftung durch allgemeine Geschäftsbedingungen (AGBs) i.S.d. §§ 305 ff. BGB sowie durch Individualvereinbarungen ausschließen. Diese Möglichkeit eröffnet § 444 BGB, der davon ausgeht, dass Gewährleistungsansprüche grundsätzlich durch Vereinbarung beschränkt oder ausgeschlossen werden können; dies gilt für AGBs und Individualvereinbarungen gleichermaßen.[1037]

Daneben kann eine Haftung aber auch aus weiteren Gründen auszuschließen sein, die teilweise auch in der Person des Käufers liegen können, so etwa wenn dieser den Mangel bei Vertragsschluss kennt, § 442 BGB.

I. Gewährleistungsausschluss durch Allgemeine Geschäftsbedingungen oder Individualvereinbarungen

1. Haftungsausschlüsse im Auktionshandel

Von immenser praktischer und rechtlicher Bedeutung sind die im Auktionshandel regelmäßig zur Anwendung kommenden Haftungsbegrenzungen oder –ausschlüsse in AGBs, die dementsprechend auch in Rspr.[1038] und Literatur[1039] ein breites Echo gefunden haben.

Das Recht der allgemeinen Geschäftsbedingungen richtet sich nach den §§ 305 ff. BGB. Nach § 305 I BGB sind AGBs alle für eine Vielzahl von Verträgen vorformulierten Vertragsbedingungen, die eine Vertragspartei, der sog. Verwender, der anderen bei Abschluss eines Vertrages stellt. Voraussetzung ei-

---

1037 MüKo/*Westermann*, BGB, § 444, Rn. 1; Hk-BGB/*Saenger*, BGB, § 444, Rn. 1.

1038 BGH, NJW 2006, 613 („Hirschfänger"); BGH, NJW 1980, 1620 („Bodensee-Kunstauktion"); BGH, NJW 1975, 417 („Jawlensky"); OLG Hamm, NJW 1994, 1967 („Schuch"); OLG Düsseldorf, NJW-RR 1993, 1522.

1039 Wrede, Kunstkauf, S. 248 ff.; Braunfels, Haftung bei Kunstauktionen, S. 117 ff.; Boochs/Gantefúhrer, Kunsthandel, S. 29, 62 ff.; Goepfert, Haftungsprobleme, S. 115 ff.; Thomsen, Käuferschutz bei Kunstauktionen, S. 90 ff.; Kühn, Gewährleistung im Kunsthandel, S. 158 ff.; Katz, Sachmängel beim Kunstkauf, S. 52 ff.; Locher, Recht der Bildenden Kunst, S. 142 ff.; Müller-Katzenburg, NJW 2006, 556; Wertenbruch, NJW 2004, 1980; Braun, WM 1992, 893; Schrader, FS Kirchner, 343; v.Westerholt/Graupner, NJW 1978, 794; v. Hoyningen-Huene, NJW 1975, 962; Löhr, GRUR 1976, 411, jew. m.w.N.

ner wirksamen Einbeziehung derselben ist gemäß § 305 II BGB, dass der Verwender auf seine AGBs hinweist und der anderen Partei ermöglicht, diese zur Kenntnis zu nehmen; darüber hinaus muss die andere Partei mit der Geltung der AGBs einverstanden sein. In den größeren deutschen Kunstauktionshäusern werden solche AGBs standardmäßig verwendet; dabei wird teilweise nach Auftragsbedingungen und Versteigerungsbedingungen unterschieden, wobei erstere für das Verhältnis Auktionator/Einlieferer und letztere für das Verhältnis des Auktionshauses zu den Erwerbern gelten.[1040] Die Versteigerungsbedingungen werden den Käufern durch Versand mit dem Katalog, durch Bekanntgabe im Internet sowie durch Aushang im Versteigerungssaal selbst zur Kenntnis gebracht; von einer wirksamen Einbeziehung derselben kann mithin regelmäßig ausgegangen werden.[1041] Der Inhalt der Versteigerungsbedingungen ist allgemein an § 307 BGB zu messen, nach dem eine in AGBs enthaltene Bestimmung unwirksam ist, wenn sie den Vertragspartner des Verwenders entgegen den Geboten von Treu und Glauben unangemessen benachteiligt. Vorrangig sind aber die speziellen Klauselverbote der §§ 308, 309 BGB zu berücksichtigen. Im Folgenden gilt es, die gängigen und für die hier behandelte Thematik einschlägigen Bestimmungen in Versteigerungsbedingungen auf ihre Wirksamkeit hin zu überprüfen. Wenn die Versteigerungsbedingungen auch im Einzelnen voneinander abweichen, so lässt sich doch folgende Klausel als Standardformulierung herausfiltern:

„Sämtliche zur Auktion gelangenden Gegenstände können vor der Auktion besichtigt und geprüft werden. Die Sachen sind gebraucht. Die Katalogangaben, die nach bestem Wissen und Gewissen erstellt wurden, sind keine Garantien im Rechtssinne und dienen ausschließlich der Information; sie werden nicht Bestandteil der vertraglich vereinbarten Beschaffenheit. (...) Das Auktionshaus verpflichtet sich bei Abweichungen von den Katalogangaben, die den Wert oder die Tauglichkeit aufheben oder mindern, und welche innerhalb eines Jahres nach Übergabe in begründeter Weise vorgetragen werden, seine Rechte gegenüber dem Einlieferer geltend zu machen; im Fall einer erfolgreichen Inanspruchnahme erstattet das Auktionshaus dem Erwerber den gesamten Kaufpreis. Im Übrigen ist die Mangelgewährleistung ausgeschlossen. (....) Ansprüche auf Schadensersatz aufgrund eines Mangels oder wegen Abweichungen von Kata-

---

1040 Schack, Kunst und Recht, S. 164; dieser verweist auch nochmals auf die häufig in AGBs angegebene Klarstellung, ob es sich um das Kommissions- oder Vertretermodell handelt; siehe dazu oben B, III, 2, d, bb.

1041 Siehe hierzu § 1 III der Versteigerungsbedingungen der Villa Grisebach: *„Die Versteigerungsbedingungen werden in den Auktionskatalogen, im Internet und im Versteigerungssaal veröffentlicht. Durch Erteilung eines Auftrages oder durch Abgabe eines Gebotes erkennt der Käufer diese Versteigerungsbedingungen ausdrücklich an.“*; www.villa-grisebach.de .

logangaben oder anderen Auskünften sind ausgeschlossen, sofern das Auktionshaus nicht vorsätzlich oder grob fahrlässig gehandelt hat.“[1042]

Betrachtet man diese Regelung genauer, ergeben sich zwei Ansatzpunkte zur Bewertung der Wirksamkeit. Zum einen wird den Katalogangaben durch die Regelung ihr Erklärungswert als Garantie und als Beschaffenheitsangabe i.S.d. § 434 BGB genommen; daneben enthält die Klausel aber auch einen ausdrücklichen Ausschluss der Gewährleistung und Haftung des Auktionshauses, falls ein Sachmangel vorliegt. Weil individuelle Beschaffenheitsvereinbarungen in der Praxis nicht getroffen werden, sondern stets unter Bezugnahme auf den Auktionskatalog versteigert wird, sind die Katalogangaben und der Haftungsausschluss als Einheit zu betrachten.[1043]

Der BGH hat derartige Haftungsausschlüsse vor der Schuldrechtsmodernisierung in mehreren Urteilen für wirksam erklärt.[1044] Bevor auf die Gründe dieser Entscheidungen näher einzugehen ist, stellt sich die Frage, welchen Maßstab die §§ 305 ff. BGB für die Wirksamkeitsprüfung aufstellen.

Wurden die AGBs gemäß § 305 BGB zunächst wirksam einbezogen, ist weiterhin zu überprüfen, ob nicht eventuell eine vorrangige Individualabrede i.S.d. § 305 b BGB besteht. Allerdings erfolgt der Verkauf in Auktionshäusern in aller Regel nur unter Bezugnahme auf die Katalogangaben; eine darüber hinaus gehende individuelle Vereinbarung erfolgt in der absoluten Mehrzahl der Fälle nicht.[1045]

Des Weiteren dürfte es sich bei der verwendeten Regelung nicht um eine mehrdeutige oder überraschende Klausel handeln, § 305 c BGB. Die oben genannte Standardklausel ist jedoch keineswegs mehrdeutig; ob eine Klausel überraschend ist, beurteilt sich nach den Erkenntnismöglichkeiten des typischerweise zu erwartenden Durchschnittskunden.[1046] Der Durchschnittskunde einer Kunstauktion ist als sachkundig und mit der Materie vertraut einzustufen; vollkommen unbedarfte Käufer sind in einer derartigen Verkaufssituation und auch aufgrund

1042 Die Formulierung orientiert sich weitgehend an den Versteigerungsbedingungen des Kunsthauses Lempertz; inhaltlich stimmen die Regelungen jedoch mit denen der meisten anderen Auktionshäuser überein.

1043 Schack, Kunst und Recht, S. 166; Kühn, Gewährleistung im Kunsthandel, S. 174 f.; Braun, WM 1992, 897.

1044 BGH, NJW 1980, 1621 („Bodensee-Kunstauktion“), hier wurde vor allem der ausdrückliche Haftungsausschluss für wirksam erklärt. BGH, NJW 1975, 971 („Jawlensky“), hier erklärte das Gericht vor allem jene Klausel für wirksam, die den Katalogangaben ihren rechtlichen Erklärungswert nimmt.

1045 Schack, Kunst und Recht, S. 166;

1046 BGH, NJW 1995, 2638; Palandt/*Heinrichs*, BGB, § 305c, Rn. 4.

der quasi vorausgesetzten Sachkunde nicht zu erwarten. Mithin sind derartige Klauseln auch nicht als überraschend i.S.d. § 305c BGB einzustufen.[1047]

Bei der tatsächlichen inhaltlichen Prüfung der Klausel sind schließlich vorrangig die gegenüber § 307 BGB spezielleren Regelungen der §§ 308, 309 BGB heranzuziehen. Gemäß § 309 Nr.7 b BGB ist ein Ausschluss der Haftung des Verwenders für Schäden, die auf grober Fahrlässigkeit beruhen, unwirksam. Dies bereitet jedoch keine Probleme, da die Versteigerungsbedingungen ohnehin ausdrücklich keinen Haftungsausschluss vorsehen, wenn grob fahrlässig gehandelt wurde. Zu denken wäre weiterhin an § 309 Nr.8 b BGB, der weitere Regelungen zum Ausschluss der Mangelhaftung enthält; allerdings handelt es sich bei den zur Versteigerung kommenden Waren, d.h. Kunstwerken, nicht um „neu hergestellte Sachen“ i.S.d. § 309 Nr.8 b BGB,[1048] so dass auch diese Norm nicht einschlägig ist.

Entscheidend für die Prüfung der Wirksamkeit und auch für die hier zu diskutierenden Fälle überaus bedeutend ist demgegenüber die Regelung des § 307 BGB. Danach ist eine Bestimmung unwirksam, wenn sie den Vertragspartner des Verwenders unangemessen benachteiligt. Ob dies der Fall ist, ist im Rahmen einer umfassenden Abwägung festzustellen, in der die Interessen der Parteien, die Anschauung der betroffenen Verkehrskreise sowie Richtlinien oder Verhaltenscodices der betroffenen Verkehrskreise eine Rolle spielen.[1049] Weiterhin ist zu berücksichtigen, ob es sich um gebrauchte Waren handelt[1050] oder, ob die AGBs zwischen Unternehmer und Verbraucher gestellt werden.[1051] Ist letzteres der Fall, so ist § 310 III Nr.3 BGB zu beachten, wonach bei der Prüfung des § 307 I, II BGB auch die den Vertragsschluss begleitenden Umstände zu berücksichtigen sind.

Zur Frage der Interessenabwägung hat der BGH, wie bereits eingangs erwähnt, mehrfach Stellung genommen. Dabei hat er die Interessen des Auktionators an einem Haftungsausschluss grundsätzlich höher bewertet, als die entgegenstehenden Interessen der Käufer. Dieses Ergebnis resultierte aus der Erwägung, dass den Versteigerer wegen der häufigen Eigentümerwechsel bei Kunstgegenständen ein „erhebliches Risiko“ treffe, dass durch zumutbare eigene Nachforschungen nicht immer beseitigt werden könne. Insofern sei der Auktionator auch weitgehend auf die Angaben Dritter, nämlich des Einlieferers oder

1047 So schon zur alten Rechtslage BGH, NJW 1980, 1621 („Bodensee-Kunstauktion“), BGH, NJW 1975, 971 („Jawlensky“).

1048 Ulmer/Brandner/Hensen/*Christiansen*, AGB, § 309 Nr.8, Rn. 24; siehe dazu auch schon oben B, IV, 2, a, aa. Auktionsgut kann daneben schon deshalb nicht „neu hergestellt“ sein, da die Ware bereits gehandelt wurde; dazu auch B, III, 2, d, aa; a.A. Wrede, Kunstkauf, S. 250 ff.

1049 Palandt/*Heinrichs*, BGB, § 307, Rn. 8; Hk-BGB/*Schulte-Nölke*, BGB, § 307, Rn. 13.

1050 Palandt/*Heinrichs*, BGB, § 307, Rn. 8.

1051 BGH, BGHZ 110, 244; Palandt/*Heinrichs*, BGB, § 307, Rn. 8.

eines Sachverständigen, angewiesen; im Übrigen hätten die Käufer im Vorfeld der Auktion die Möglichkeit zur Prüfung und Besichtigung der Ware. Die Situation sei darüber hinaus vergleichbar mit den anerkannten Gewährleistungsausschlüssen beim Verkauf anderer gebrauchter Waren, in denen die Wirksamkeit eines Haftungsausschlusses bereits vorher ausdrücklich bejaht worden war.[1052]

a. Unwirksamkeit bei Verletzung der Sorgfaltspflicht

Unter Verweis auf die „nach bestem Wissen und Gewissen erstellten Katalogangaben" schränkte das Gericht die Wirksamkeit solcher Haftungsausschlüsse jedoch ein. So dürfe sich der Versteigerer nicht auf den vollständigen Haftungsausschluss berufen, wenn er seine Sorgfaltspflicht verletzt hat. Zunächst erfolgte noch eine Beschränkung auf Fälle grober Fahrlässigkeit;[1053] in einem weiteren Urteil stellte der BGH schließlich fest, dass bereits eine leicht fahrlässige Verletzung dieser Pflichten genüge, um die Unwirksamkeit herbeizuführen.[1054] Begründet wurde dies in nachvollziehbarer Weise mit der erhöhten Sachkunde des Auktionators und dessen Möglichkeit, den Einlieferer auf seine Vertrauenswürdigkeit hin einzuschätzen und zu überprüfen.

Verletzt der Auktionator also bei der Aufnahme des Werkes oder dessen Beschreibung seine Sorgfaltspflichten in fahrlässiger Weise, so kann er sich auf den Haftungsausschluss nicht berufen. Zwar wurde diese Lösung im Nachklang der Entscheidungen heftig kritisiert,[1055] doch hat sie sich mittlerweile durchgesetzt.[1056] Die Lösung erscheint nach wie vor sachgerecht. Der Auktionator muss aufgrund der Vielzahl der Lose in der Lage sein, nicht für jedes einzelne Stück in Haftung genommen zu werden, unabhängig davon, wie sehr er sich um eine Prüfung der Ware bemüht hat. Die Anknüpfung der Wirksamkeit des Haftungsausschlusses an die Erfüllung der angezeigten Sorgfaltspflichten erlaubt eine sinnvolle Bewertung des Gesamtbildes. In der Konsequenz hängt also die Wirk-

---

1052 Ein ausdrücklicher Verweis auf den Gebrauchtwagenhandel findet sich etwa in BGH, NJW 1975, 972 („Jawlensky"); die Bezeichnung von Kunstgegenständen als „*gebraucht*" hatte bereits in diesem Kontext zu Kritik geführt, siehe v. Hoyningen-Huene, NJW 1975, 963, der jedoch verkennt, dass der Vergleich mit Gebrauchtwaren nicht auf der typischen Preisminderung, sondern vielmehr auf dem erhöhten Risiko wegen häufiger Eigentümerwechsel beruht, dazu schon B, IV, 2, a, aa; zur Rechtsprechung bzgl. der Gebrauchtwagenfälle siehe BGH, NJW 1979, 1887; Tiedtke/Burgmann, NJW 2005, 1153.

1053 BGH, NJW 1975, 972 („Jawlensky").

1054 BGH, NJW 1980, 1621 („Bodensee-Kunstauktion"), später auch OLG Hamm, NJW 1994, 1968 („Schuch"); OLG Düsseldorf, NJW-RR 1993, 1523 („Barockschrank").

1055 Reimer, GRUR 1975, 614; v. Hoyningen-Huene, NJW 1975, 963.

1056 OLG Hamm, NJW 1994, 1968 („Schuch"); OLG Düsseldorf, NJW-RR 1993, 1523 („Barockschrank"); Schack, Kunst und Recht, S. 166; Braun, AcP 190 (1990), 186; Löhr, GRUR 1976, 411;

samkeit des Haftungsausschlusses maßgeblich vom Umfang der – oben bereits ausführlich dargestellten - Prüfungspflichten des Auktionators ab.[1057] Wenn der Versteigerer seine entsprechenden Pflichten verletzt, haftet er dem Käufer demnach auch auf Schadensersatz nach § 437 Nr.3 BGB.

b. Unwirksamkeit bei Fehlen einer Haftungsbrücke

Neben dieser Einschränkung deutete der BGH in seinen Entscheidungen an, dass ein Haftungsausschluss auch dann unwirksam sein könne, wenn der Versteigerer ihm zustehende Ansprüche gegen den Einlieferer nicht an den Erwerber abtritt.[1058] Grundlage dieser sog. *Haftungsbrücke* ist die haftungsrechtliche Situation, die sich aus dem Wechselspiel von Einlieferungs- und Versteigerungsbedingungen ergibt. Während die Auktionshäuser regelmäßig gegenüber den Käufern ihre Haftung ausschließen, vereinbaren sie mit den Einlieferern die „entsprechende Anwendung des Kaufrechts". Ist der Haftungsausschluss des Auktionators gegenüber dem Käufer also zunächst wirksam, eröffnet sich das Problem, dass der Käufer sich wegen eines Mangels an keine der beteiligten Parteien wenden kann; gegenüber dem Auktionshaus ist die Haftung ausgeschlossen und mit dem Einlieferer hat der Erwerber beim Kommissionsmodell schließlich keinen Vertrag. Zur Lösung dieses „klärungsbedürftigen Spannungsverhältnisses"[1059] hatte der BGH zwei Lösungen angedeutet: Zunächst könnte der Auktionator die ihm gegen den Einlieferer eventuell zustehenden Ansprüche an den Erwerber abtreten;[1060] es wäre aber auch denkbar, dem Käufer im Rahmen des Kommissionsvertrages, dann als Vertrag zugunsten des Käufers, unmittelbare Ansprüche gegen den Einlieferer einzuräumen.[1061] In der Praxis sind jedoch beide Wege für den kommissarisch agierenden Auktionator nicht gangbar, da er in beiden Fällen die Identität des Einlieferers aufdecken müsste; dadurch würde aber gerade der entscheidende Vorteil des Kommissionsmodells entfallen.[1062] Dementsprechend hat sich die heute absolut gebräuchliche Regelung herausgebildet, wonach der Versteigerer sich verpflichtet, den Käufer im Falle einer erfolgreichen Inanspruchnahme des Einlieferers, mit dem er die entsprechende Anwendung des Kaufrechts vereinbart hat, schadlos zu halten.[1063]

1057 Zu Umfang und Maßstab dieser Pflichten siehe V, III, 4, h, aa, (2).

1058 BGH, NJW 1980, 1622 („Bodensee-Kunstauktion"); BGH, NJW 1975, 972 („Jawlensky").

1059 OLG Frankfurt, JZ 1993, 854 („Leprin").

1060 Zu einer derartigen Abtretungspflicht, allerdings nicht im Kunsthandel Honsell, EWiR 2004, 1163.

1061 BGH, NJW 1975, 972 („Jawlensky").

1062 Braun, JZ 1998, 198; Braun, JZ 1993, 855.

1063 Zur Zulässigkeit dieser Konstruktion auch OLG Zweibrücken, JZ 1998, 196; OLG Frankfurt, NJW 1993, 1477.

Wie oben erwähnt, sind bei der Angemessenheitsprüfung nach § 307 BGB auch die Richtlinien der betroffenen Verkehrskreise zu berücksichtigen. Der insoweit einschlägige Verhaltenskodex[1064] der Auktionshäuser verpflichtet dieselben dementsprechend auch zur Herstellung einer solchen Haftungsbrücke zwischen Erwerber und Einlieferer. Abschließend also ist der Haftungsausschluss auch aus diesem Grunde nicht zu beanstanden, sofern das jeweilige Auktionshaus die erwähnte Selbstverpflichtung eingeht.[1065]

c. Unwirksamkeit im Sinne der Kardinalpflichtenrechtsprechung

Letztlich sei hier noch kurz auf die sog. Kardinalpflichten-Rechtsprechung[1066] eingegangen, wonach die Haftung für die Verletzung wesentlicher Vertragspflichten selbst bei einfacher Fahrlässigkeit des AGB-Verwenders nicht formularmäßig ausgeschlossen werden kann. Hierin wird ein Verstoß gegen § 307 II Nr. 2 BGB gesehen, da es zu einer Gefährdung des Vertragszwecks komme. Zu den von § 307 II Nr.2 BGB geschützten Rechten gehört grundsätzlich auch der Anspruch des Käufers auf Lieferung einer mangelfreien Sache nach § 433 I S.2 BGB.[1067] Geht es aber um den Verkauf gebrauchter Sachen, so sind sowohl Beschränkungen der Haftung als auch der Ausschluss der Haftung für einfache Fahrlässigkeit mit dem Vertragszweck vereinbar und mithin wirksam, soweit § 475 BGB nicht einschlägig ist.[1068] Dies ergibt sich bereits aus der Tatsache, dass § 309 Nr. 8 b) bb) BGB beim Verkauf gebrauchter Sachen nicht einmal den Ausschluss des Rücktrittsrechts verbietet.

Sämtliche zur Auktion kommende Werke sind gebraucht, so dass es sich auch in der vorliegenden Konstellationen um einen Verkauf gebrauchter Sachen handelt; entscheidend ist darüber hinaus, dass § 475 BGB mit seinen Einschränkungen bezüglich eventueller Haftungsausschlüsse nicht greift, da die §§ 475 ff. BGB bei Vorliegen einer öffentlichen Versteigerung i.S.d. § 474 I S.2 BGB keine Anwendung finden.[1069] Insofern ist die Kardinalpflichtenrechtsprechung bzw. § 307 II Nr.2 BGB für die hier zu behandelnden Sachverhalte ohne entscheidende Bedeutung.

1064 Verhaltenskodex für den Bundesverband Deutscher Kunstversteigerer e.V. (Nr.2); siehe www.lot-tissimo.com/de/lay/bdk/cmd/ah; abgedruckt in Löhr, KUR 2006, 155.

1065 Zust. auch Schütte, FS Hartung, S. 130; Löhr, KUR 2006, 155.

1066 BGH, NJW-RR, 2003, 1060; BGH, NJW 2001, 301; BGH, NJW 1997, 1702; BGH, NJW 1994, 1063; BGH, NJW 1988, 1785; BGH, NJW 1973, 1878.

1067 Reinicke/Tiedtke, Kaufrecht, Rn. 624

1068 Palandt/*Heinrichs*, BGB, § 307, Rn. 34a; Litzenburger, NJW 2002, 1244; zum Gebrauchtwagenkauf mit demselben Ergebnis BGH, NJW 1984, 1452; Hk-BGB/*Schulte-Nölke*, BGB, § 307, Rn. 18; a.A. v. Westphalen, NJW 2002, 24.

1069 Siehe dazu auch B, IV, 2, b.

d. Unwirksamkeit in Bezug auf Aliud-Lieferung

Schließlich ist eine weitere Konstellation von Interesse, die bisher in der Literatur kaum Beachtung gefunden hat. So stellt sich die Frage, ob ein vollständiger Gewährleistungsausschluss auch dann noch greift, wenn später ein Aliud geliefert wird.

Zur Veranschaulichung dieses Problems sei hier noch einmal der Sachverhalt dargestellt, auf dem die oben bereits diskutierte Entscheidung des AG Ulm beruht.[1070] Bei einer Internetauktion hatten die Parteien im Wege eines Privatverkaufs einen Kaufvertrag geschlossen, in dem der Gegenstand als „Gemälde" bezeichnet wurde. Die Haftung für Sachmängel wurde dabei ausgeschlossen. Der Verkäufer hatte in seinem Angebot mitgeteilt, das „Gemälde" auf dem Dachboden seines Großvaters gefunden zu haben und erklärt, dass er sich für derartige Malerei nicht interessiere. Später stellte sich heraus, dass es sich bei dem vermeintlichen „Gemälde" um einen Druck handelte. Für diesen Fall sah das Gericht eine Aliud-Lieferung als gegeben an und bejahte die Anwendung des § 434 III Alt. 1 BGB und damit die Anwendbarkeit des Gewährleistungsrechts. Das Gericht verwies ferner darauf, dass es sich um einen gebrauchten Gegenstand handele und dementsprechend im Umkehrschluss aus § 309 Nr.8 b BGB ein Haftungsausschluss beim Privatverkauf möglich sei. Der Gewährleistungsausschluss sei auch wirksam, da weder Arglist i.S.d. § 444 Alt.1 BGB vorliege, noch eine Garantie i.S.d. § 444 Alt.2 BGB abgegeben worden sei. Im Ergebnis wurde daher die Klage des enttäuschten Käufers abgewiesen.

An dieser Stelle gilt es vor allem, einen bestimmten Ansatz des Gerichts zu würdigen: Aufgrund von § 434 III Alt.1 BGB stellte das Gericht die Aliud-Lieferung einem Sachmangel gleich und gelangte so zur Anwendung des Gewährleistungsrechts. Den Ausschluss der Gewährleistung erklärte das Gericht für wirksam, da § 444 nicht entgegenstehe und sich auch aus § 309 BGB nichts anderes ergebe. Damit setzte das Gericht aber als selbstverständlich voraus, dass der Gewährleistungsausschluss auch das Aliud mit umfasse. Obgleich Aliud- und Schlechtlieferung in § 434 III Alt.1 BGB gleichgestellt sind, erscheint es diskussionswürdig, ob sich der Ausschluss der Gewährleistung für das verkaufte „Gemälde" auch auf den letztlich gelieferten Druck erstreckt. Während beim Verkauf in der Galerie das Verbraucherschutzrecht dem umfassenden Gewährleistungsausschluss gegenüber Verbrauchern mit § 475 I BGB einen Riegel vorgeschoben hat, bleiben die Fälle der Kunstauktion wegen § 474 I 2 BGB hier durchaus relevant.

1070 AG Ulm, Urt.v. 9.6.2004, 4 C 1004/04 (unveröffentlicht), siehe dazu C, II, 5, b. Deutliche Kritik an diesem Urteil findet sich bei Jayme, Original und Fälschung, S. 36.

Für die daher bedeutsame Frage, ob ein Gewährleistungsausschluss bezüglich eines bestimmten Werkes auch das gelieferte Aliud mit umfasst, stehen verschiedene Lösungswege zur Verfügung.

Zunächst ist dabei der Ansatz des AG Ulm zu nennen, dass davon ausgeht, dass ein Gewährleistungsausschluss auch das Aliud mitumfasst. Allerdings ist anzumerken, dass in dem betreffenden Sachverhalt der Verkäufer seine mangelnde Sachkunde bezüglich des Verkaufsobjekts eindeutig klargestellt hatte.

Demgegenüber erscheint es aber auch denkbar, einen solchen Ausschluss für unwirksam zu erklären, wenn aus der Sicht eines objektiven Dritten in Verbindung mit dem Grundsatz von Treu und Glauben, §§ 133, 242 BGB, der betreffende Tatbestand nicht erfasst war. Mit dieser Argumentation hatte etwa das AG Aachen den Gewährleistungsausschluss bezüglich eines Aliuds in einem Fall verneint, in dem der Käufer einen anderen Bass erhielt, als genau jenen, welchen er im Internet ersteigert hatte.[1071] Durch die Auslegung nach Maßgabe der §§ 133, 242 BGB wurde festgestellt, dass sich der Haftungsausschluss nur auf die eigentliche Beschaffenheit der Kaufsache bezog, die Gegenstand des Kaufvertrages war. Ein weitergehender Ausschluss, der auch die Aliud-Lieferung erfassen würde, sei zwar unter Umständen möglich und auch im Lichte des § 444 BGB zulässig, aber nur, wenn dies von den Parteien ausdrücklich vereinbart wurde.

Beiden Urteilen ist anzumerken, dass wohl die speziellen Gegebenheiten der jeweiligen Sachverhalte die Lösung der Grundfrage beeinflusst haben. Der Beklagte im Falle des AG Ulm hatte ganz deutlich klargestellt, dass er letztlich ahnungslos sei; dadurch musste dem Käufer der hochspekulative Charakter des Geschäfts klar sein und dieser Gedanke hat das Gericht wohl auch zu seiner Entscheidung veranlasst. Im Falle des AG Aachen hatte der Verkäufer einen bestimmten Bass im Internet mit Foto angeboten und dann einen anderen geliefert. Im Gegensatz zu dem vorgenannten Fall war der Kaufgegenstand hier eindeutig bezeichnet und der Verkäufer hatte seine eigene Sachkunde auch nicht in Zweifel gezogen.

Im Ergebnis ist hier der Ansicht des AG Aachen auch für die möglichen Fälle im Rahmen von Kunstkäufen zuzustimmen. Nach dem objektiven Empfängerhorizont des Kunstkäufers bezieht sich ein Gewährleistungsausschluss nur auf die Eigenschaften der vereinbarten Kaufsache. Dies ergibt sich nicht zuletzt daraus, dass dieser sich meist an Ausführungen zur Beschaffenheit bzw. zu den Katalogangaben anschließt.[1072] Dem Gebot von Treu und Glauben aus § 242 BGB steht schließlich auch die Tatsache entgegen, dass ein die Aliud-Lieferung

---

1071 AG Aachen, NJW-RR 2005, 1143; zust. auch AG Menden, NJW-RR 2006, 638; Prütting/Wegen/Weinreich/Schmidt, BGB, § 434, Rn. 93.

1072 Siehe dazu etwa § 9 der Versteigerungsbedingungen der Villa Grisebach sowie Nr.3/4 der Versteigerungsbedingungen des Kunsthauses Lempertz; daneben kann auch hier auf die typisierte Formulierung unter D, I, 1, verwiesen werden.

erfassender Gewährleistungsausschluss dem Verkäufer die Möglichkeit eröffnen würde, wertlose Gegenstände sanktionslos zur Erfüllung zu liefern.[1073] Diese Konsequenz ist aber von den Parteien, denen es bei der Vereinbarung des Gewährleistungsausschlusses regelmäßig um den Ausschluss der Sachmängelhaftung im engeren Sinne, also die eigentlichen Sachmängel und nicht die, diesen gleichgestellte, Aliud-Lieferung, geht, nicht gewollt. Mithin erscheint es vorzugswürdig, die Aliud-Lieferung nur dann als erfasst anzusehen, wenn eine ausdrückliche dahingehende Vereinbarung getroffen wurde.

Das Abstellen auf die §§ 133, 242 BGB ermöglicht darüber hinaus eine differenzierte Betrachtung des Einzelfalls, in die auch die Sachkunde der Parteien und die weiteren begleitenden Umstände einfließen können.[1074]

Schließlich lässt sich ergänzend auch § 305 c II BGB heranziehen, wonach Zweifel bei der Auslegung Allgemeiner Geschäftsbedingungen zu Lasten des Verwenders gehen. Handelt es sich um einen Verbrauchervertrag, so ist weiterhin Art. 5 S.2 Kauf-RL zu beachten, nach dem bei Zweifeln über die Bedeutung einer Klausel, stets die für den Verbraucher günstigste Auslegung gilt.[1075] Beide Regelungen sprechen dafür, die Aliud-Lieferung nicht als vom Gewährleistungsausschluss erfasst anzusehen, da der Verbraucher so in den Genuss der Anwendung des Gewährleistungsrechts kommt.

Für den Kunstauktionshandel bedeutet dies abschließend, dass sich ein zunächst wirksamer Gewährleistungsausschluss nicht auf den Fall der Aliud-Lieferung, also etwa „Druck statt Gemälde“, erstreckt.

e. Unwirksamkeit gemäß § 444 BGB

Bisher wurde § 444 BGB nur am Rande erwähnt, soll aber hier doch durchaus noch Erwähnung finden. Nach § 444 Alt. 1 BGB kann sich der Verkäufer nicht auf einen Gewährleistungsausschluss berufen, wenn er den Mangel arglistig verschwiegen hat.

Das arglistige Verschweigen i.R.d. § 444 Alt. 1 BGB erfordert, dass der Verkäufer bei dem Abschluss der Vereinbarung über den Haftungsausschluss den Mangel kannte oder zumindest mit der Möglichkeit seines Bestehens rechnete und zudem wusste oder wenigstens damit rechnete, dass der Käufer den Mangel nicht kannte und bei Kenntnis den Vertrag in dieser Form nicht geschlossen hätte.[1076] Das Verschweigen des Mangels kann dabei in einem Unter-

---

1073 So auch AG Aachen, NJW-RR 2005, 1143.

1074 In diese Richtung argumentiert auch Jayme, Original und Fälschung, S. 36, der im Falle des AG Ulm fordert, dass der Gewährleistungsausschluss so auszulegen sei, dass die Bedingung nicht von der Lieferung eines Originals dispensiere.

1075 Hk-BGB/*Schulte-Nölke*, BGB, § 305 c, Rn. 4.

1076 Hk-BGB/*Saenger*, BGB, § 444, Rn. 5.

lassen der Aufklärung trotz bestehender Aufklärungspflicht oder in einem aktiven Tun zur Verdeckung des Mangels bestehen.[1077]

Daneben kann der Verkäufer sich gemäß § 444 Alt. 2 BGB auch dann nicht auf einen Haftungsausschluss berufen, wenn er eine Garantie für die Beschaffenheit der Sache übernommen hat. Die Beschaffenheitsgarantie in § 444 Alt. 2 BGB steht inhaltlich der Eigenschaftszusicherung im alten Recht gleich und wurde oben bereits ausführlich dargestellt.[1078] Darüber hinaus bleibt lediglich anzumerken, dass die Anwendung von § 444 BGB nicht auf unselbständige Garantien beschränkt ist.[1079]

f. Zwischenergebnis

Zunächst ist also festzuhalten, dass an der wirksamen Einbeziehung von AGBs im Kunstauktionshandel in aller Regel keine Zweifel bestehen. Was die Wirksamkeit der AGBs betrifft, so ist, entsprechend der bisher ergangenen Rechtsprechung, davon auszugehen, dass der Verkäufer sich dann nicht auf einen Haftungsausschluss berufen kann, wenn er seine Sorgfaltspflichten in zumindest fahrlässiger Weise verletzt hat. Der Maßstab dieser Fahrlässigkeit wurde oben bereits ausführlich dargestellt. Bezüglich der sog. Haftungsbrücke konnte festgestellt werden, dass die aktuelle verwendete Konstruktion der Auktionshäuser, den Käufer im Falle einer erfolgreichen Inanspruchnahme des Einlieferers schadlos zu stellen, die Wirksamkeit der jeweiligen Klausel unberührt lässt. Aus der Kardinalpflichtenrechtsprechung i.V.m. § 307 II Nr.2 BGB ließen sich für den Auktionshandel keine weiteren Ergebnisse gewinnen, da eine Anwendbarkeit auf gebrauchte Sachen nicht gegeben ist, Kunstwerke in Auktionen aber generell als solche zu betrachten sind. Des Weiteren konnte festgestellt werden, dass sich ein genereller Haftungsausschluss grundsätzlich nicht auf die Aliud-Lieferung erstreckt. Dazu bedarf es vielmehr einer ausdrücklichen Vereinbarung der beteiligten Parteien. Abschließend wurden die für den Kunsthandel vorbehaltlos gültigen Unwirksamkeitsgründe des § 444 BGB dargestellt.

2. Haftungsausschlüsse im Einzelkunsthandel

Im Einzelkunsthandel sind AGBs weniger gebräuchlich und wegen der stark individualisierten Verkaufssituation auch bei weitem nicht von so großer Bedeu-

---

1077 Siehe dazu auch schon die Ausführungen im Rahmen der Darstellung der Anfechtung unter C, III, 5, a.

1078 Siehe C, III, 4, h, bb; ausführlich dazu Muthers/Ulbrich, ZGS 2004, 291.

1079 Staudinger/*Matusche-Beckmann*, BGB, § 444, Rn. 51; Faust, ZGS 2002, 271; kritisch zu § 444 Alt. 2 BGB siehe Pfeiffer, ZGS 2003, 161.

tung wie im Auktionshandel.[1080] Sollten diese dennoch einmal vorliegen, so gelten die Ausführungen zum Auktionshandel entsprechend, allerdings mit der Maßgabe, dass die Regelungen über den Verbrauchsgüterkauf anwendbar bleiben, da die Ausnahmeregelung des § 474 I S.2 BGB im Einzelkunsthandel nicht greift.

Meist werden in Galerien und Kunsthandlungen aber Individualvereinbarungen getroffen, die gemäß § 305 b BGB stets Vorrang vor AGBs haben. Allgemeine Aussagen lassen sich dazu wegen der stark individualisierten Verkaufssituation kaum machen. Daher können an dieser Stelle nur die Grundprinzipien für solche Vereinbarungen dargestellt werden. Kunstwerke werden von Galerien in aller Regel an den „Endverbraucher", also an einen privaten Käufer, verkauft. Damit kommen die Sonderregeln über den Verbrauchsgüterkauf hier uneingeschränkt zur Anwendung. Gemäß der §§ 475 I, III BGB kann der Unternehmer sich, mit Ausnahme des Schadensersatzes, nicht auf eine Vereinbarung berufen, die zum Nachteil des Käufers von den kaufrechtlichen Gewährleistungsregeln abweicht. Diese zwingende Regelung findet gemäß § 475 I S.2 BGB auch dann Anwendung, wenn sie durch anderweitige Gestaltungen umgangen werden soll.

Die unten näher zu beleuchtenden Maßgaben des AGB-Rechts, wie etwa § 310 III BGB spielen hier jedoch kaum eine Rolle, da diese nur für AGBs gelten, welche wiederum im Einzelkunsthandel nicht zur Anwendung kommen. Sollte dies doch einmal der Fall sein, so sind die verbraucherrechtlichen Sonderregelungen in § 310 III BGB selbstverständlich zu berücksichtigen.

Schließlich bleibt anzumerken, dass die obigen Ausführungen zu § 444 BGB auch bei Individualvereinbarungen Geltung haben.[1081]

3. Besonderheiten bei Vorliegen eines Verbrauchsgüterkaufs

Gerade im Bereich der AGBs bringt der durch das Schuldrechtsmodernisierungsgesetz verstärkte Verbraucherschutz einige Neuerungen mit sich. Zum einen enthält § 310 III BGB drei Spezialregelungen für AGBs bei Vorliegen eines Vertrages zwischen einem Verbraucher und einem Unternehmer. Nach § 310 III Nr.1 BGB gelten AGBs in solchen Vertragsverhältnissen grundsätzlich als vom Unternehmer gestellt, was insbesondere die Kontrolle von Geschäftsbedingungen ermöglichen soll, die von neutralen Dritten erstellt wurden und daher an sich keine AGBs darstellen würden.[1082] In § 310 III Nr.2 BGB werden auch nur

---

1080 Schack, Kunst und Recht, S. 164; Kühn, Gewährleistung im Kunsthandel, S. 158; Müller-Katzenburg, NJW 2006, 556; dies liegt letztlich an der nach wie vor starken Aversion des Einzelkunsthandels an schriftlichen Verträgen, dazu auch Picker, Kunstgegenstände, S. 72

1081 Siehe dazu D, 1, ee; sowie Pfeiffer, ZGS 2003, 161.

1082 Hk-BGB/*Schulte-Nölke*, BGB, § 310, Rn. 6; Bülow, Artz, Verbraucherprivatrecht, S. 141; siehe dazu auch BT-Drs. 13/2713, S. 2.

zum einmaligen Gebrauch entworfene Klauseln einer Kontrolle nach den dort genannten Vorschriften unterworfen, soweit der Verbraucher auf deren Inhalt keinen Einfluss nehmen konnte; die Regelung stellt daher auch eine Erweiterung von § 305 I BGB dar, wonach eigentlich nur solche Bedingungen erfasst sind, die für „eine Vielzahl" von Verträgen entworfen wurden.[1083]

Schließlich statuiert § 310 III Nr.3 BGB, dass bei der Unangemessenheitsprüfung nach § 307 BGB auch die den Vertragsschluss begleitenden Umstände zu berücksichtigen sind, soweit es sich um einen Vertrag zwischen Unternehmer und Verbraucher handelt. Während bei der Prüfung des § 307 BGB grundsätzlich von einem generellen, überindividuellen Prüfungsmaßstab auszugehen ist, erweitert § 310 III Nr.3 BGB die Kontrolle durch das Heranziehen der konkret-individuellen Begleitumstände des Einzelfalls. Allerdings kann sich dieser erweiterte Prüfungsspielraum in beide Richtungen auswirken.[1084] Zugunsten des Verbrauchers können vor allem Überrumplungssituationen oder das Ausnutzen besonderer geschäftlicher Unerfahrenheit eine Rolle spielen; ist der Verbraucher aber geschäftlich besonders erfahren oder sachkundig, so kann § 310 III Nr.3 BGB durchaus auch Nachteile für den Verbraucher mit sich bringen.[1085] Die für den Verbraucher günstigen Begleitumstände i.S.d. § 310 III Nr.3 BGB sind im Kunsthandel nur sehr selten einschlägig; Überrumplungssituationen erinnern vielmehr an die berüchtigten Haustürgeschäfte, ebenso wird man wohl kaum einem Kunstkäufer besondere geschäftliche Unerfahrenheit unterstellen können. Wesentlich praxisrelevanter für den Kunsthandel ist das Heranziehen der Begleitumstände, wenn es sich um einen besonders sachkundigen und erfahrenen Käufer handelt. Damit ist klar, dass der spezialisierte Sammler im Zweifel weniger Chancen haben wird, sich auf die Unwirksamkeit von AGBs des Verwenders, also etwa des Auktionshauses, zu berufen. Allerdings lassen sich die „den Vertragsschluss begleitenden Umstände" denknotwendig nur im Einzelfall sinnvoll beurteilen.

Des Weiteren enthalten auch die §§ 474 ff. BGB verbraucherschützende Sonderregeln betreffend der Haftungsausschlüsse. Insbesondere § 475 BGB ergänzt die Inhaltskontrolle von AGBs und ordnet für Verbrauchsgüterkäufe die Unabdingbarkeit der kaufrechtlichen Gewährleistungsregeln an. Obwohl in § 475 I BGB die Rede von „Vereinbarungen" ist, werden sowohl Individualvereinbarungen als auch AGBs i.S.d. §§ 305 ff. BGB erfasst.[1086] § 305 II BGB betrifft Vereinbarungen über die Erleichterung der Verjährung und normiert insoweit einen verbraucherrechtlichen Mindestschutz, der bei gebrauchten Sachen,

---

1083 Bülow, Artz, Verbraucherprivatrecht, S. 143.
1084 Palandt/*Heinrichs*, BGB, § 310, Rn. 21; Hk-BGB/*Schulte-Nölke*, BGB, § 310, Rn. 11.
1085 Bülow, Artz, Verbraucherprivatrecht, S. 144
1086 Hk-BGB/*Saenger*, BGB, § 475, Rn. 1.

und damit bei dem absoluten Großteil aller Kunstkäufe, eine Gewährleistungsfrist von mindestens einem Jahr garantiert.
Gegenüber den vorgenannten Regelungen begrenzt § 475 III BGB den verbraucherrechtlichen Schutz dahingehend, dass diese eben dann nicht gelten, wenn es sich um einschränkende Bestimmungen bezüglich etwaiger Schadensersatzansprüche handelt. Insofern bleiben diese in den Grenzen der §§ 307 ff. BGB abdingbar; im Umkehrschluss wird deutlich, dass nur Schadensersatzansprüche, aber eben keinerlei andere Ansprüche ausgeschlossen werden können.

Allerdings ist auch hier darauf hinzuweisen, dass § 475 BGB wegen der Ausnahmeregelung des § 474 I S.2 BGB im Kunstauktionshandel kaum zur Anwendung kommt. Damit bleibt aber auch der Ausschluss aller Ansprüche weiterhin möglich, sofern die genannten zusätzlichen Voraussetzungen erfüllt sind.

Im Einzelkunsthandel hingegen kommen die §§ 474 ff. BGB unproblematisch zur Anwendung, so dass in diesem Bereich die Ausnahmeregelung des § 475 III BGB von wesentlich größerer Bedeutung ist. Dies gilt entsprechend für solche Auktionsverkäufe, die nicht von der Ausnahmeregelung in § 474 I S.2 BGB erfasst sind.

Schließlich bleibt ein weiterer Ansatzpunkt zur besonderen Berücksichtigung des Verbraucherschutzes im Rahmen der AGB-Kontrolle nach §§ 307 ff. BGB. Nach § 307 II Nr.1 ist eine unangemessene Benachteiligung insbesondere dann anzunehmen, wenn eine Bestimmung mit wesentlichen Grundgedanken der gesetzlichen Regelung, von der abgewichen wird, nicht zu vereinbaren ist. Die Regelung knüpft damit an den von der Rspr. entwickelten Grundsatz an, dass den Vorschriften des dispositiven Rechts bei der Inhaltskontrolle von AGB eine Leitbildfunktion zukommt.[1087] Dies könnte für das Kaufrecht bedeuten, dass aufgrund des Gebotes der Einheitlichkeit der Rechtsordnung bestimmte Verbraucherrechte aus §§ 474 ff. BGB auch im Rahmen der Betrachtung von Bestimmungen zum allgemeinen Kaufrecht zu beachten sein könnten, und zwar auch dann, wenn es sich um Verträge zwischen Unternehmern oder Verbrauchern handelt.[1088] Somit wären verbraucherschutzrechtliche Aspekte auch bei der Inhaltskontrolle nach § 307 II Nr.1 BGB zu beachten, wenn es eigentlich um rein kaufrechtliche Regelungen geht. Allerdings ist dieser Ausweitung der AGB-Kontrolle eine Absage zu erteilen; die Sondervorschriften über den Verbrauchsgüterkauf haben keine entsprechende Leitbildfunktion und sind mithin auch nicht bei der Prüfung jeder kaufrechtlichen Bestimmung zu berücksichtigen.[1089]

1087 BGH, BGHZ 89, 211; Palandt/*Heinrichs*, BGB, § 307, Rn. 26.
1088 Wrede, Kunstkauf, S. 250.
1089 Palandt/*Heinrichs*, BGB, § 307, Rn. 26; Westermann, JZ 2001, 535

II. Gesetzlicher Ausschluss der Gewährleistung

Wie oben gesehen ist eine Begrenzung der Haftung sowohl seitens der Auktionshäuser als auch der Einzelkunsthandlungen, innerhalb der aufgezeigten Grenzen, durchaus möglich. Daneben kann die Sachmangelgewährleistung aber auch aufgrund Gesetzes ausgeschlossen sein, etwa in den Fällen der §§ 442, 445 BGB. Während § 445 BGB wegen der Beschränkung auf öffentliche Pfandversteigerungen im Kunsthandel kaum Relevanz besitzt, stellt sich doch die Frage, wie dies bei § 442 BGB zu beurteilen ist.

Nach § 442 I BGB kann der Käufer Gewährleistungsrechte grundsätzlich dann nicht geltend machen, wenn er den Mangel bei Vertragsschluss positiv kennt oder ihm dieser infolge grober Fahrlässigkeit unbekannt geblieben ist. Im Falle der Unkenntnis infolge grober Fahrlässigkeit kann der Käufer seine Gewährleistungsrechte jedoch dennoch geltend machen, wenn der Verkäufer seinerseits den Mangel arglistig verschwiegen hatte oder eine Beschaffenheitsgarantie abgegeben hatte, § 442 I S.2, 2. Hs. BGB.

Positive Kenntnis i.S.d. § 442 I S.1 BGB liegt vor, wenn der Käufer den Mangel in seinem ganzen Umfang und seiner ganzen Tragweite erkannt hat. Bei Rechtsmängeln jedoch genügt dies noch nicht; hier muss sich der Käufer vielmehr auch der Tatsache bewusst sein, dass Dritte aufgrund dieser Tatsachen Rechte gegen ihn geltend machen können.[1090] Dabei ist aber allein die Kenntnis des Käufers im Zeitpunkt des Vertragsschlusses maßgeblich; im Falle der rügelosen Annahme in Kenntnis der Mangelhaftigkeit verliert der Käufer seine Rechte grundsätzlich nicht.[1091]

Infolge grober Fahrlässigkeit kennt der Käufer einen Mangel nicht, wenn er die im konkreten Fall gebotene Sorgfalt, wie sie generell von einem Verkehrsteilnehmer erwartet werden kann, in besonders schwerem Maße vernachlässigt hat.[1092] Dies gilt im Gegensatz zu § 443 I S.1 BGB vollumfänglich auch für den Rechtsmangel. Fraglich ist jedoch, welche allgemeinen Anforderungen sich an dieses Sorgfaltsgebot stellen lassen. Es ist allgemein anerkannt, dass den privaten Käufer, genau wie den Verkäufer, vor oder bei Vertragsschluss grundsätzlich keine Untersuchungspflicht bezüglich des Kaufgegenstandes trifft.[1093] Allerdings zeigte sich schon bei der Betrachtung des Sorgfaltsmaßstabes der Kunstverkäufer, dass dies nicht uneingeschränkt gilt.[1094]

1090 Reinicke/Tiedtke, Kaufrecht, Rn. 599.

1091 Hk-BGB/*Saenger*, BGB, § 442, Rn. 4; Wendlandt, ZGS 2004, 88.

1092 Hk-BGB/*Saenger*, BGB, § 442, Rn. 5.

1093 Palandt/*Putzo*, BGB, § 442, Rn. 13; Staudinger/*Matusche-Beckmann*, BGB, § 442, Rn. 24; Erman/*Grunewald*, BGB, § 443, Rn. 11; jew. m.w.N.

1094 Siehe dazu C, III, 4, h, aa.

Eine Untersuchungspflicht des Käufers wird beispielsweise dann bejaht, wenn dieser *besondere Sachkunde* besitzt, die dem Verkäufer aber fehlt.[1095] Der sich aus der Sachkunde ergebende Informationsvorsprung seitens des Käufers findet insofern eine Entsprechung in der Erweiterung seiner Pflichten. Gerade im Kunsthandel ist dieser Grund für das Entstehen einer Untersuchungsobliegenheit von großer Bedeutung. Wie schon mehrfach erwähnt, besitzen die spezialisierten Sammler häufig eine höhere Sachkunde als der jeweilige Händler, die Galerie oder das Auktionshaus. Für den erfahrenen Sammler bedeutet dies, dass er den Kaufgegenstand untersuchen muss, um nicht seine Gewährleistungsrechte zu verlieren. Genauso ist die häufige Konstellation zu lösen, dass ein sachkundiger Kunsthändler von einem vergleichsweise unerfahrenen Privatverkäufer ein Kunstwerk erwirbt, bspw. um dieses weiterzuveräußern. Wann immer also eine hinreichende Kluft zwischen der Sachkunde des Käufers und der des Verkäufers besteht, ist also an die Untersuchungsobliegenheit des Käufers zu denken.

Eine Untersuchungspflicht trifft den Käufer auch dann, wenn er durch besondere Umstände, *konkrete Verdachtsmomente* oder durch *Hinweise* des Verkäufers oder Dritter darauf aufmerksam wird, dass die Ware mangelhaft sein könnte.[1096] Hier sind die verschiedensten Anhaltspunkte denkbar; beispielhaft können etwa ungenaue Angaben über den Kaufgegenstand, eine überhaupt nicht dem Markt entsprechende Preisangabe,[1097] Aussagen von Experten, Vorbesitzern oder Institutionen sowie das Auftreten und der Leumund des Verkäufers eine Untersuchungspflicht begründen. Daneben sind natürlich äußere Anzeichen der Kaufsache selbst, wie etwa offensichtlich neue Beschläge auf einer vermeintlichen Barockkommode oder Risse in einem Gemälde, zu berücksichtigen. Hier gelten letztlich dieselben Maßstäbe wie bei den, oben erörterten, Sorgfaltspflichten des Kunstverkäufers.[1098]

Teilweise begründet wohl bereits die Herkunft aus einer Krisenregion wie etwa dem Irak oder einem für Kunstdiebstähle bekannten Gebiet im Zusammenspiel mit einer nicht nachweisbaren Provenienz eine weitere Untersuchungspflicht, dann allerdings bezüglich eines Rechtsmangels, wie er sich etwa aus einer Ausfuhrbeschränkung o.Ä. ergeben könnte. Zu denken wäre etwa an die massenhaft illegal aus dem Irak verbrachte archäologische Ware, sowie an den Handel mit gestohlenen Ikonen aus Osteuropa.[1099]

Des Weiteren wird auch vertreten, dass sich käuferseitige Untersuchungspflichten aus *Verkehrssitten* ergeben können; dies gilt insbesondere dort, wo

---

1095 So schon RG, RGZ 131, 354; zust. Palandt/*Putzo*, BGB, § 442, Rn. 14; Reinicke/Tiedtke, Kaufrecht, Rn. 604.

1096 Staudinger/*Honsell*, BGB, § 460, Rn. 8; Oechsler, Schuldrecht BT, Rn. 286; Müller-Katzenburg, NJW 2006, 557.

1097 Müller-Katzenburg, NJW 2006, 557.

1098 Siehe dazu C, III, 4, h, aa.

1099 Dazu Brodie, KUR 2006, 26.

wertvollere Sachen zum Verkauf kommen. Gerade für den Handel mit Kunstgegenständen ist eine solche Verkehrssitte anerkannt, da es in dieser Branche üblich ist, das jeweilige Werk vor dem Kauf eingehend zu besichtigen.[1100] Allerdings trifft dies nur dann uneingeschränkt zu, wenn es sich tatsächlich um hochwertige und teure Kunstwerke handelt, da es auch nur bei solchen üblich ist, diese vor dem Kauf genau in Augenschein zu nehmen. Der Verkehrssitte dürfte es hier im Übrigen entsprechen, dass die Untersuchungspflichten genau wie auf der Verkäuferseite mit dem Wert des Kaufobjekts zunehmen.[1101]

Fraglich ist nun, welche Untersuchungspflichten den Käufer in concreto treffen, wenn er den Ausschluss der Gewährleistungsrechte verhindern will. Dabei ist zu berücksichtigen, dass an den Umfang der Untersuchungs- und Nachforschungspflichten keine allzu großen Anforderungen gestellt werden dürfen.[1102] Hier gilt das Prinzip, dass sich die Pflichten mit der Zahl bzw. der Aussagekraft der Indizien und dem Preis der Ware erhöhen. Das Einholen von Sachverständigengutachten sowie naturwissenschaftliche Untersuchungen sind dem Käufer aber sicher nicht zuzumuten. Vielmehr kann nur das erwartet werden, was in den zur Besichtigung freigegebenen Räumen an Untersuchungstätigkeit möglich ist, ohne die Substanz oder den unbeschadeten Erhalt der Kaufsache zu gefährden.

III. Zusammenfassung

Im Bereich der Gewährleistungsausschlüsse zeigen sich nun deutlich die Konsequenzen der erarbeiteten Grundlagen. Während dem Verbraucher seine Gewährleistungsrechte wegen § 475 I BGB grundsätzlich nicht genommen werden können, greift im Auktionshandel die insofern folgenschwere Ausnahme des § 474 I S.2 BGB. Daher sind Haftungsausschlüsse in diesem Bereich durchaus möglich, solange sie sich innerhalb der aufgezeigten Grenzen bewegen. Bei einer fahrlässigen Verletzung der ausführlich dargestellten Sorgfaltspflichten etwa, ist dem Verkäufer eine Berufung auf den Haftungsausschluss versagt. Dies gilt ebenso, wenn keine hinreichende Haftungsbrücke hergestellt wurde, oder der Verkäufer ein Aliud geliefert hat.

Im Einzelkunsthandel gestaltet sich die Rechtslage ein wenig anders, da hier die Ausnahmeregelung des § 474 I S.2 BGB nicht zum Tragen kommt.

1100 Staudinger/*Honsell*, BGB, § 460, Rn. 9; Palandt/*Putzo*, BGB, § 442, Rn. 15; Geißdorf, KUR 2006, 95, der insbesondere auf die erforderlichen Nachforschungen zum Erhalt der Gutgläubigkeit iRd § 932 BGB eingeht.

1101 Müller-Katzenburg, NJW 2006, 557; siehe zu diesem Verhältnis auch C, III, 4, h, aa, (1) und (2).

1102 BGH, NJW-RR 1988, 1920; Reinicke/Tiedtke, Kaufrecht, Rn. 603.

Daneben werden hier seltener AGBs verwendet, so dass eine generalisierende Betrachtung ohnehin kaum möglich ist.

Des Weiteren wurden die verbraucherschutzrechtlichen Besonderheiten aufgezeigt, die sich bei der Anwendung von AGBs, insbesondere aus dem AGB-Recht selbst, ergeben.

Abschließend wurde die bisher kaum erörterte Problematik der sich aus § 442 BGB ergebenden Untersuchungspflicht des Käufers dargestellt und entsprechende Maßstäbe und Grundlagen entwickelt.

E. Kapitel 5 - Internationale Zuständigkeit und anwendbares Recht

Der Kunsthandel war von Anfang an durch eine starke Internationalität geprägt, die sich bis heute erhalten und stetig weiterentwickelt hat. Die großen internationalen Auktionshäuser locken Käufer aus aller Welt an ihre etablierten Standorte in Deutschland, England, Frankreich oder den USA und verstärken auch kontinuierlich ihr Angebot im Internet. Sehr häufig sind dabei weder Käufer noch Verkäufer in dem Land ansässig, in dem der Verkauf stattfindet.[1103] Vor allem aber die zunehmende Bedeutung der Kunstmessen steigert die Zahl der internationalen Geschäfte, da an den Kunstmessen meist auch Aussteller und damit Galerien aus verschiedenen Nationen beteiligt sind.[1104] Galerien und Auktionshäuser bedienen damit ein zunehmend internationales Publikum, das schon aufgrund der heutigen Informations- und Kommunikationsmöglichkeiten in der Lage ist, auf den verschiedensten nationalen Märkten aktiv zu werden. Dabei spielt auch eine Rolle, dass es für Verkäufer je nach Art des Werkes durchaus unterschiedliche Orte geben kann, an denen der höchste Preis zu erzielen ist. Kommt es zu einem Streitfall über einen Kaufvertrag, stellt sich bei Sachverhalten mit Auslandsberührung zunächst einmal die Frage nach der internationalen Zuständigkeit deutscher Gerichte.

I. Die internationale Zuständigkeit

Grundsätzlich bestimmt die internationale Zuständigkeit, ob ein streitiger Sachverhalt einen Inlandsbezug aufweist, der es rechtfertigt, den Rechtsstreit vor inländischen Gerichten zu entscheiden.[1105] Vorliegend gilt es dabei vor allem die Frage zu klären, wie sich die internationale Zuständigkeit darstellt, wenn ein privater Kunstkäufer oder Sammler mit einem professionellen Verkäufer kontrahiert, es sich also um einen Verbrauchervertrag handelt.[1106]

Zur Feststellung der internationalen Zuständigkeit eines deutschen Gerichts kommen verschiedene Rechtsquellen in Betracht, je nachdem, ob der jeweilige Staat vom Anwendungsbereich der Regelung erfasst ist. Von entscheidender

---

1103 Siehe dazu auch die Einführung zur Begründung des Vorschlages für eine Richtlinie des Europäischen Parlaments und des Rates zur Harmonisierung des Folgerechts der Mitgliedsstaaten, KOM (96) 97 endg., abgedr. bei Mestmäcker/Schulze, UrhR, Anhang C 6 a, S. 2.

1104 Allgemein zu den Kunstmessen und deren Entwicklung siehe B, I, 2, c.

1105 v. Hoffmann/Thorn, Internationales Privatrecht (2005), 74.

1106 Zur schwierigen Frage, ob es sich bei solchen Geschäften um Verbraucherverträge i.S.d. §§ 13, 14, 474 ff. BGB handelt siehe oben B, IV, 1, a.

Bedeutung sind dabei die EuGVO[1107], sowie das Luganer Übereinkommen[1108] und die ZPO; das EuGVÜ als Vorläufer der EuGVO spielt nur noch im Verhältnis zu Dänemark eine Rolle und kann wegen der insofern geringen Relevanz für Kunsthandelsstreitigkeiten hier außer Acht gelassen werden. Die im Europäischen Gemeinschaftsrecht sowie in bi- oder multilateralen Abkommen enthaltenen Regelungen über die internationale Zuständigkeit gehen der ZPO vor,[1109] so dass diese im Folgenden auch zuerst dargestellt werden.

1. Internationale Zuständigkeit nach der EuGVO

a. Der Anwendungsbereich der EuGVO

Ist der Anwendungsbereich der EuGVO eröffnet, so darf grundsätzlich nicht mehr auf die nationalen Regelungen zurückgegriffen werden. Insofern ist zunächst entscheidend, wie weit dieser reicht. In *zeitlicher* Hinsicht sind die Vorschriften der EuGVO auf solche Klagen anzuwenden, die nach dem Inkrafttreten am 01.03.2002 erhoben wurden, Art. 66 I, 76 EuGVO. In *räumlicher* Hinsicht gilt die EuGVO gemäß Art. 249 II EGV für alle Mitgliedsstaaten der EU, jedoch mit Ausnahme von Dänemark.[1110] Für innereuropäische Streitigkeiten im Zusammenhang mit Kunstkäufen ist die EuGVO damit äußerst relevant, da die großen europäischen Kunsthandelsnationen Frankreich, Deutschland und Großbritannien sämtlich erfasst sind.[1111] Der *sachliche* Anwendungsbereich richtet sich nach Art. 1 EuGVO; danach ist die Verordnung allgemein in Zivil- und Handelssachen anzuwenden. Kaufverträge über Kunstgegenstände sind folglich unproblematisch vom Anwendungsbereich der Verordnung erfasst. Im Übrigen ist die EuGVO in *persönlicher* Hinsicht unabhängig von der Staatsangehörigkeit des Beklagten anwendbar und gilt für alle Staatsangehörigen, die ihren Wohnsitz – bei juristischen Personen ihren Sitz i.S.d. Art. 60 EuGVO – in einem Mitgliedsstaat i.S.d. Art. 1 III EuGVO haben.

Als ungeschriebene Anwendungsvoraussetzungen werden schließlich ein *grenzüberschreitender Bezug* sowie ein *Berührungspunkt zu einem anderen Mitgliedsstaat* gefordert. Das Erfordernis des grenzüberschreitenden Bezugs ergibt sich aus der Tatsache, dass EG-Recht grds. immer einen zwischenstaatlichen

---

1107 Siehe Fn. 76; teilweise auch als „Brüssel I – VO“ oder „EuGVVO“ bezeichnet.

1108 Siehe dazu Fn. 77; im Folgenden als „LugÜ“ bezeichnet.

1109 v. Hoffmann/Thorn, IPR, S. 76.

1110 Siehe dazu Erwägungsgrund 21 der EuGVO sowie Art. 69 EGV.

1111 Die prozentualen Anteile dieser Nationen am Weltkunsthandel stellen sich wie folgt dar: Frankreich, 18,8%; Großbritannien, 14,7%; Deutschland: 12,7 %; nebenbei seien an dieser Stelle noch die USA erwähnt, die einen Anteil von 16,4 % erreichen, art 7/2007, S. 149.

Bezug haben muss; reine Inlandssachverhalte sind damit nicht erfasst.[1112] Die Forderung nach einem Berührungspunkt zu einem anderen Mitgliedsstaat tauchte in der Diskussion zum EuGVÜ immer wieder auf, hat sich durch Erwägungsgrund 8 der EuGVO aber erledigt, wonach ausdrücklich ein Anknüpfungspunkt zu einem Mitgliedsstaat genügt.[1113] Allerdings können auch reine Inlandssachverhalte erfasst sein; ein hinreichender Auslandsbezug besteht nur dann nicht, wenn alle zuständigkeitsrelevanten Tatsachen zum Recht eines Mitgliedsstaates führen.

b. Die Zuständigkeitsregelung der EuGVO

Die eigentliche Zuständigkeit kann sich aus einem ausschließlichen Gerichtsstand (Art. 22), rügeloser Einlassung (Art. 24), einer zulässigen Gerichtsstandsvereinbarung (Art. 23) sowie aus dem allgemeinen (Art. 2) oder besonderen Gerichtsstand (Art. 5-7) ergeben. Darüber hinaus existieren jedoch auch Sonderregelungen für Versicherungssachen (Art. 8) und Streitigkeiten bezüglich eines Arbeitsvertrages (Art.18), sowie für die hier besonders relevanten Verbrauchersachen (Art. 15). Nach Art. 2 EuGVO sind demnach die Gerichte des Mitgliedsstaates international zuständig, in dem der Beklagte seinen Wohnsitz hat.

Für die Klärung der in dieser Arbeit vorrangig diskutierten privaten Kunstkäufe sind jedoch vor allem die Art. 15 ff. und 23 EuGVO von besonderem Interesse.

aa. Die Zuständigkeit in Verbrauchersachen, Art. 15 ff. EuGVO

Der sachliche Anwendungsbereich der Art. 15 ff. EuGVO erfasst nach seinem Wortlaut zunächst vertragliche Ansprüche. Einbezogen sind damit Ansprüche aus Vertrag, Streitigkeiten über das Vorliegen eines Vertrages, Streitigkeiten über gesetzliche Ansprüche, die das Vorliegen eines Vertrages voraussetzen; daneben ebenfalls umfasst sind die Verletzung vorvertraglicher Pflichten sowie gesetzliche Ansprüche, die auf Rückabwicklung auf Grund eines Vertrages getauschter Leistungen gerichtet sind.[1114]

Art. 15 I EuGVO enthält eine Definition des Begriffs der Verbrauchersachen und legt insgesamt den Anwendungsbereich der Sonderregelungen in Art. 16, 17 EuGVO fest. Aus der Verweisung auf Art. 4 EuGVO ergibt sich, dass die Vorschriften der Art. 15 ff. EuGVO zunächst nur dann Anwendung finden kön-

---

1112 Thomas/Putzo/*Hüßtege*, ZPO, Vorbem EuGVO, Rn. 11; Piltz, NJW 2002, 790.

1113 Zum EuGVÜ schon EuGH, NJW 2000, 3121; zustimmend zur EuGVO auch Thomas/Putzo/*Hüßtege*, ZPO, Vorbem. EuGVO, Rn. 12; Piltz, NJW 2002, 790.

1114 Geimer/Schütze/*Auer*, Int. Rechtsverkehr, Art. 15 EuGVO, Rn. 17.

nen, wenn der Beklagte seinen Wohnsitz im geographischen Anwendungsbereich der Verordnung hat.

Verbrauchersachen liegen gemäß Art. 15 I EuGVO vor, wenn ein Vertrag oder Ansprüche aus einem Vertrag, den ein Verbraucher zu einem Zweck geschlossen hat, der nicht der beruflichen oder gewerblichen Tätigkeit dieser Person zugerechnet werden kann, den Gegenstand des Verfahrens bilden und eine der drei Varianten von Art. 15 I a, b, c, EuGVO hinzutritt. Dabei ist der Verbraucherbegriff nach Ansicht des EuGH tendenziell eng auszulegen;[1115] bezieht sich der Vertrag auch nur zum Teil auf die berufliche oder gewerbliche Tätigkeit der Person, so ist ihr der Schutz durch die Verbraucherregelungen zu versagen.[1116] Bei der Ermittlung des Zwecks gelten die Ausführungen zu den §§ 13, 14, 474 BGB weitestgehend entsprechend, auch wenn Art. 15 EuGVO wie bereits erwähnt autonom auszulegen ist. So kommt es ausschließlich auf die objektiv erkennbaren Umstände des Geschäfts an, keinesfalls hingegen auf den inneren Willen des Leistungsempfängers.[1117]

Des Weiteren ergibt sich aus der ratio der Art. 15 ff. EuGVO sowie aus dem Wortlaut des Art. 15 I c EuGVO, dass es sich nur dann um eine Verbrauchersache handeln kann, wenn der andere Vertragspartner nicht seinerseits als Verbraucher handelt.[1118]

(1) Die von Art. 15 I EuGVO erfassten Fälle

Unter den Buchstaben a) bis c) des Art. 15 I EuGVO wird schließlich weiter konkretisiert, welche Verbrauchersachen die Anwendung der Sonderregeln begründen. Eine besondere Zuständigkeit besteht demnach, wenn es sich um einen *Teilzahlungskauf*, ein in Raten zurückzuzahlendes *Darlehen* oder ein anderes *Kreditgeschäft* handelt.

Während diese Varianten für den Kunstkauf kaum eine Rolle spielen ist Art. 15 I c EuGVO durchaus relevant, zumal er neben dem Kauf beweglicher Sachen auch „alle anderen Fälle" erfasst, soweit die weiteren Voraussetzungen gegeben sind. Demnach sind Kaufverträge über Kunstgegenstände unproblematisch erfasst; darüber hinaus praktisch aber auch alle anderen Verträge, die nicht unternehmerischen oder gewerblichen Zwecken dienen.[1119] Die schwierige Aus-

---

1115 Dies schon deshalb, weil das in Art. 16 I EuGVO normierte *forum actoris* in krassem Kontrast zur Grundregel *actor sequitur forum rei* in Art. 2 I EuGVO steht; siehe dazu auch EuGH, IPRax 2005, 242; EuGH, IPRax 2000, 411; EuGH, EWiR 1999, 743; v. Hein, IPRax 2006, 16; Geimer, Internationales Zivilverfahrensrecht, Art. 15 EuGVVO, Rn. 5.

1116 Jayme/Kohler, IPRax 2005, 488.

1117 Geimer/Schütze/*Auer*, Int. Rechtsverkehr, Art. 15 EuGVVO, Rn. 23.

1118 v. Hoffmann/Thorn, IPR, S. 149; Kropholler, EuZPR, Art. 15 EuGVVO, Rn. 22.

1119 Geimer/Schütze/*Auer*, Int. Rechtsverkehr, Art. 15 EuGVO, Rn. 42.

legung des Dienstleistungsbegriffs im Rahmen des Art. 13 EuGVÜ hat sich damit erledigt.[1120] Für den Kunsthandel hat das die Folge, dass nun auch Kommissionsverträge im Rahmen der Versteigerung von Kunstwerken einbezogen sind.[1121] Liefert also ein in Deutschland lebender Privatmann bei einem in England ansässigen Auktionshaus Werke ein, steht ihm für Klagen bezüglich des Einlieferungsvertrages der in Art. 16 I EuGVO normierte Verbrauchergerichtsstand zu, soweit die übrigen Voraussetzungen des Art. 15 I EuGVO vorliegen.

Entsprechend der weiteren Voraussetzungen des Art. 15 I c EuGVO handelt es sich aber nur dann um eine Verbrauchersache, wenn der andere Vertragspartner in dem Mitgliedsstaat, in dem der Verbraucher seinen Wohnsitz hat, eine berufliche oder gewerbliche Tätigkeit *ausübt* oder eine solche auf irgend einem Wege auf diesen Mitgliedsstaat oder auf mehrere Staaten, einschließlich desselben, *ausrichtet* und der Vertrag in den Bereich dieser Tätigkeit fällt.

Eine *Ausübung* der beruflichen oder gewerblichen Tätigkeit des Vertragspartners im Wohnsitzstaat i.S.d. Art. 15 I c Alt. 1 EuGVO liegt vor, wenn der Vertragspartner seine Haupt- oder eine Zweigniederlassung im Wohnsitzstaat des Verbrauchers hat.[1122] Ausreichend kann jedoch auch schon sein, dass der Vertragspartner sich aktiv am Wirtschaftsverkehr des jeweiligen Mitgliedsstaates beteiligt.[1123] Erfasst sind durch diese Alternative vor allem die Fälle, in denen eine Partei ihren Sitz in einem beliebigen Mitgliedsstaat hat und im Wohnsitzstaat des Verbrauchers zumindest eine Zweigniederlassung betreibt oder eine vergleichbare Marktteilnahme entfaltet.[1124] Praktisch erfasst sind damit etwa Klagen eines enttäuschten Kunstkäufers, die sich gegen ein Auktionshaus oder eine Galerie richten, sofern diese ihren Sitz in einem Mitgliedsstaat haben und im Wohnsitzstaat des Verbrauchers etwa eine Zweigniederlassung betreiben. Jegliche Klagen in Verbrauchersachen gegenüber einem solchen Vertragspartner richten sich demnach nach Art. 15 I c Alt. 1 EuGVO, ein hinreichender Auslandsbezug natürlich vorausgesetzt. Kauft also etwa ein deutscher Sammler auf einer Auktion des in England ansässigen Auktionshauses Sotheby's in London ein mangelhaftes Werk, so steht ihm im Streitfalle ein deutscher Gerichtsstand

---

1120 An diese Stelle sei nochmals der Fall des schweizerischen Bundesgerichts genannt, in dem es auch darum ging, wie der Kommissionsvertrag mit dem Auktionshaus zu qualifizieren sei; im Verhältnis zur Schweiz bleibt dieses Problem wegen der Fortgeltung des LugÜ jedoch bestehen.

1121 Zu den Rechtsverhältnissen der an einer Auktion beteiligten Personen siehe oben B, I, 2, d, bb.

1122 Thomas/Putzo/*Hüßtege*, ZPO, Art. 15 EuGVO, Rn. 7.

1123 Rauscher/*Staudinger*, Europäisches Zivilprozeßrecht, Art. 15 EuGVO, Rn. 12

1124 Für die Fälle, in denen der Vertragspartner seinen Sitz in einem Drittstaat hat, in einem Mitgliedsstaat aber zumindest eine Zweigniederlassung o.ä. betreibt ist Art. 15 II EuGVO einschlägig, der unten zu erörtern sein wird, siehe E, I, 1, b, aa, (2).

zur Verfügung, wenn Sotheby's eine Zweigniederlassung in Deutschland betreibt.

Eine *Ausrichtung* der beruflichen oder gewerblichen Tätigkeit des Unternehmers auf den Wohnsitzstaat des Verbrauchers i.S.d. Art. 15 I c Alt. 2 EuGVO schließt zunächst aus, dass der Unternehmer eine Tätigkeit im Wohnsitzstaat ausübt, da sonst bereits die eben dargestellte Alternative erfüllt wäre. Vielmehr ist erforderlich, dass der Unternehmer seine Tätigkeit vom Ausland aus bewirbt und die Tätigkeit auf den Wohnsitzstaat ausgerichtet ist. Dabei muss der Abschluss des Vertrages nicht zwingend im Wohnsitzstaat erfolgen, es genügt, dass der Verbraucher in seinem Wohnsitzstaat durch den Unternehmer zum Vertragsabschluss animiert wurde.[1125] Eine Kausalität zwischen Geschäftsabschluss und umsatzfördernder Maßnahme muss dabei nicht bestehen.[1126]

(a) Die Verwendung des Internet im Kunsthandel

Hauptzweck dieser Alternative war ausweislich der Gesetzgebungsmaterialien die Erfassung des elektronischen Handels, die sich wegen der Ubiquität des Internets als schwierig erwiesen hatte.[1127] Eine Ausrichtung auf den Wohnsitzstaat des Verbrauchers ist damit auch über das Internet möglich. Grundsätzlich muss es sich dabei aber um eine aktive Website handeln, über die der Verbraucher die erforderlichen Rechtshandlungen zum Abschluss des Vertrages über das Internet vornehmen kann. Passive Websites, die lediglich Werbung enthalten und auf eine Niederlassung oder einen Vertragshändler verweisen genügen nicht; eine Ausnahme besteht aber dann, wenn zwar kein Vertragsabschluss über das Internet selbst, stattdessen aber durch eine andere Form des Vertragsschlusses im Fernabsatz also etwa per Fax, möglich ist.[1128] Jedenfalls muss aber im Rahmen dieser Tätigkeiten der Vertrag geschlossen worden sein.[1129] Die Bedeutung des Internet für den Kunsthandel ist nach wie vor als recht gering einzustufen,[1130] so dass entsprechende Fälle in der Praxis selten stattfinden dürften. Ist jedoch etwa im elektronischen Auktionshandel eine Angebotsabgabe über die Website möglich, eröffnet dies dem Verbraucher einen Gerichtsstand in seinem Wohnsitz-

---

1125 Thomas/Putzo/*Hüßtege*, ZPO, Art. 15 EuGVO, Rn. 8; Rauscher/*Staudinger*, EUZPR, Art. 15 EuGVO, Rn. 13.

1126 Schlosser, EU-Zivilprozeßrecht (2003), Art. 15 EuGVVO, Rn. 8.

1127 So die Begründung des Kommissionsentwurfs, KOM 1999 (348) endg., S. 18, dazu auch Basedow, FS Jayme, S. 21.

1128 Erklärung der Kommission und des Rates zu den Artikeln 15 und 73 EuGVO (2000), siehe IPRax 2001, 261; zust. Geimer, Int. Rechtsverkehr, Art. 15 EuGVVO, Rn. 37; v. Hein, IPRax 2006, 20.

1129 So ausdrücklich die Gemeinsame Erklärung des Rates und der Kommission zu den Artikeln 15 und 73, IPRax 2001, 261.

1130 Siehe dazu schon oben B, I, 2, e.

staat. Auf die Verwendung der jeweiligen Sprache kommt es dabei nach der herrschenden Ansicht nicht an.[1131]

(b) Weitere Werbemaßnahmen

Die Erfassung des Internethandels war zwar Hauptaugenmerk bei der Schaffung des Art. 15 I c Alt. 2 EuGVO, doch erfasst der Begriff der *Ausrichtung* auch weitere Aspekte. Ein Ausrichten auf den jeweiligen Mitgliedsstaat liegt auch durch Werbung oder andere Maßnahmen, die zum Kauf animieren sollen, vor.[1132] Dabei werden auch alle Formen von Werbung einbezogen, ganz gleich, ob sie sich an die Öffentlichkeit richten wie etwa in der Presse oder im Fernsehen, oder ob sie individualisiert nur bestimmten Einzelpersonen zukommen;[1133] konsequenterweise ist es dann auch unerheblich, ob die jeweilige Werbemaßnahme den Verbraucher zufällig oder gezielt erreicht hat.[1134] Allerdings muss im Wohnsitzstaat des Verbrauchers selbst geworben worden sein.[1135] Werbemaßnahmen des Kunsthandels, die den genannten Kategorien entsprechen, sind insbesondere das Schalten von Anzeigen in ausländischen Kunst- oder Kunsthandelsmagazinen sowie der Versand von Katalogen und kleinen Booklets. Der Versand von Katalogen an den Verbraucher, der gerade bei Auktionshäusern sehr beliebt ist, erfüllt damit ebenso wie die Zeitungsanzeige den Tatbestand des Art. 15 I c Alt.2 EuGVO.[1136] Würde in o.g. Beispiel der deutsche Sammler in London auf einer Auktion kaufen, die zuvor in Deutschland beworben wurde, so würde die zweite Alternative des Art. 15 c Alt. 2 EuGVO greifen. Die Zusendung individualisierter Angebote, also die auf Einzelpersonen zugeschnittene Briefwerbung, ist hingegen nicht unter Art. 15 c I Alt. 2 EuGVO zu subsumieren.[1137]

Neben diesen eher klassischen Werbemaßnahmen gibt es noch kunsthandelsspezifische Maßnahmen, deren Einordnung eine Rolle spielt. So schicken

---

1131 v. Hein, IPRax 2006, 20; eine gewisse Indizwirkung kann jedoch im Einzelfall gegeben sein, jedoch kaum bei international stark verbreiteten Sprachen wie Englisch oder Spanisch, Rauscher/*Staudinger*, EUZPR, Art. 15 EuGVO, Rn. 15.

1132 Dieser Bereich wird wegen der Erweiterung des Art. 15 EuGVO gegenüber Art. 13 EuGVÜ bezüglich des e-commerce in der Literatur teilweise gar nicht mehr erörtert; daher ist bezüglich dieser Aspekte auf die zum EuGVÜ ergangene Rechtsprechung und Literatur zurückzugreifen; so faktisch auch Rauscher/*Staudinger*, EUZPR, Art. 15, Rn. 13.

1133 Rauscher/*Staudinger*, EUZPR, Art. 15, Rn. 13.

1134 Geimer/Schütze, EUZVR (1997), Art. 13 EuGVÜ, Rn. 34; Schlosser, EuGVÜ (1996), Art. 13, Rn. 8.

1135 Geimer/Schütze, EUZVR, Art. 13 EuGVÜ, Rn. 34; Schlosser, , EuGVÜ (1996), Art. 13, Rn. 8.

1136 Rauscher/*Staudinger*, EUZPR, Art. 15 EuGVO, Rn. 13.

1137 Geimer/Schütze/*Auer*, Int. Rechtsverkehr, Art. 15 EuGVO, Rn. 48.

etwa internationale Auktionshäuser immer wieder Spitzenlose prestigeträchtiger Versteigerungen auf Präsentationstouren in andere Länder; dies dient zum einen natürlich der vorhergehenden Besichtigungsmöglichkeit, im selben Maße aber auch der Animation zum Kauf bzw. zur Abgabe eines Gebotes. Derartige Maßnahmen sind wegen der angesprochenen absatzfördernden Intension auch als *Ausrichtung* auf den jeweiligen Mitgliedsstaat zu sehen.

(c) Sonderproblem: Kunstmessen und Verbrauchergerichtsstand

Fraglich ist schließlich, wie der Kauf auf Kunstmessen mit internationaler Beteiligung einzuordnen ist. Denkbar ist dabei sowohl, dass ein deutscher Sammler auf einer inländischen Messe bei einem ausländischen, europäischen Aussteller kauft, als auch, dass er auf einer ausländischen Messe in einem Mitgliedsstaat bei einem solchen ein Kunstwerk kauft.

In der erstgenannten Konstellation ist zunächst nach einem hinreichenden Auslandsbezug zu fragen. Dieser ergibt sich jedoch bereits aus der Tatsache, dass der Vertragspartner des Verbrauchers seinen Sitz in einem anderen Staat hat und damit nicht alle zuständigkeitsrelevanten Tatsachen auf einen Staat hindeuten.[1138] Im Rahmen einer relativ kurzen Präsentation auf einer Messe entfaltet die ausländische, europäische Galerie eine Tätigkeit, die begrifflich noch keine Ausübung einer gewerblichen Tätigkeit i.S.d. Art. 15 c I Alt. 1 EuGVO begründet, da es an einer gewissen Dauerhaftigkeit der Marktteilnahme fehlt. Es besteht damit noch keine Tätigkeit, die sich mit der einer Zweigniederlassung vergleichen ließe. Eine Einordnung als Animation zum Vertragsabschluss, vergleichbar mit klassischen Werbemaßnahmen, erscheint demgegenüber durchaus realistisch. Kunstmessen bieten einen gebündelten Überblick über das Angebot verschiedener Galerien und Kunsthandlungen, die wesentlich größere Besucherzahlen locken, als dies eine Einzelgalerie je könnte. Durch die schiere Masse der Besucher äußert sich die Teilnahme an einer Messe dann aber auch als Werbemaßnahme. Dazu kommt, dass eine Ausrichtung auf den Wohnsitzstaat des Verbrauchers auch dann gegeben ist, wenn eine absatzfördernde Handlung durch Handelsvertreter oder Handelsreisende vorgenommen wird.[1139] Mit dieser Fallgruppe lässt sich die Teilnahme auf einer Messe durchaus vergleichen, da das Personal der Kunsthandlungen auf den jeweiligen Messen in ähnlicher Weise tätig wird. Mithin kann auch unter diesem Aspekt von einer *Ausrichtung* i.S.d. Art. 15 c I Alt. 2 EuGVO ausgegangen werden.

Was den Kauf auf einer Messe in einem anderen Mitgliedsstaat betrifft, so gestaltet sich die Situation denknotwendig ein wenig anders. Eine Ausrichtung im Sinne eines Einsatzes von Handelsvertretern kommt hier nicht in Betracht.

1138 Zur Definition des Auslandsbezuges siehe schon E, I, 1, a.

1139 Geimer/Schütze, EUZVR (1997), Art. 13 EuGVÜ, Rn. 34.

Möglich ist aber eine *Ausrichtung* durch andere Werbemaßnahmen der auf der Messe vertretenen Galerie im Wohnsitzstaat des Verbrauchers; hin und wieder machen auch ausländische Galerien darauf aufmerksam, dass sie mit bestimmten Künstlern an einer bedeutenden ausländischen Messe teilnehmen werden. Darin kann im Einzelfall durchaus eine hinreichende absatzfördernde Tätigkeit gesehen werden. Wesentlich relevanter und häufiger ist jedoch der Fall, dass die Messe bzw. deren Veranstalter international für diese wirbt, sei es durch Zeitungsanzeigen oder durch individualisierte Einladungen. Fraglich ist dann, ob sich die Werbemaßnahme der Messe dann auch als solche der einzelnen teilnehmenden Galerien darstellt.

Dies wird jedenfalls abzulehnen sein, wenn die Werbung ohne eine Bezeichnung der einzelnen Aussteller erfolgt. In der Regel wird aber durchaus unter Nennung der Aussteller geworben, die häufig gerade erst die Attraktivität der Messe ausmachen. In diesen Fällen scheint es m.E. angebracht, eine Ausrichtung i.S.d. Art. 15 I c Alt. 2 EuGVO seitens der einzelnen Galerie zu bejahen. Für den Betrag, den die Aussteller dem Veranstalter zahlen, erwarten sie nicht nur die Bereitstellung der Ausstellungsfläche, sondern gerade auch, dass die Ausstellung beworben wird und dies möglichst flächendeckend und auf den relevanten Märkten. Dann erscheint es aber auch gerechtfertigt, diese Maßnahmen als absatzfördernde Handlungen der einzelnen Galerien zu begreifen.

Dabei ist allerdings zu bedenken, dass eine Galerie durch die Teilnahme an einer Messe in einem Mitgliedsstaat all ihren (privaten) Käufern aus diesem Mitgliedsstaat auch für Käufe außerhalb der Messe einen Verbrauchergerichtsstand eröffnen würde. Um diesem zu weit reichenden Ergebnis zu entgehen, ist zusätzlich zu verlangen, dass die Werbung genau für die Art von Geschäften geschehen sein muss, zu der das schließlich getätigte gehört.[1140] Für die genannte Konstellation bedeutet dies, dass sich eine *Ausrichtung* der Galerie auf den Wohnsitzstaat des Verbrauchers auf Käufe im Rahmen der jeweiligen Messe beschränkt.

(2) Die von Art. 15 II EuGVO erfassten Fälle

Für die Anwendbarkeit des Art. 15 I EuGVO muss der Vertragspartner des Verbrauchers einen Sitz in einem Mitgliedsstaat haben. Hat der Vertragspartner jedoch keinen solchen, sondern sitzt tatsächlich in einem Drittstaat, so kann ein Verbrauchergerichtsstand nur nach Maßgabe des Art. 15 II EuGVO eröffnet werden. Voraussetzung ist, dass der in einem Drittstaat ansässige Unternehmer in einem Mitgliedsstaat eine Zweigniederlassung, Agentur oder eine sonstige Niederlassung betreibt und es sich um Streitigkeiten aus ihrem Betrieb handelt. Zwischen den Begriffen Zweigniederlassung, Agentur und sonstige Niederlas-

---

1140 OLG Schleswig, RIW 1997, 955.

sung ist nicht zu differenzieren; vielmehr soll die Aneinanderreihung der Begriffe verdeutlichen, dass der Begriff der Niederlassung tendenziell weit zu verstehen ist.[1141] Mit dem Begriff der Niederlassung ist nach Ansicht des EuGH „ein Mittelpunkt geschäftlicher Tätigkeit gemeint, der auf Dauer als Außenstelle eines Stammhauses hervortritt, eine Geschäftsführung hat und sachlich so ausgestattet ist, dass er in der Weise Geschäfte mit Dritten betreiben kann, dass diese, obgleich sie wissen, dass möglicherweise ein Rechtsverhältnis mit dem im Ausland ansässigen Stammhaus begründet wird, sich nicht unmittelbar an dieses zu wenden brauchen, sondern Geschäfte an dem Mittelpunkt der geschäftlichen Tätigkeit abschließen können, der dessen Außenstelle ist".[1142] Dabei kommt es auf den Rechtsschein und nicht auf die für Außenstehende ohnehin kaum einzusehenden Binnenbeziehungen an.[1143] Für den erforderlichen Betriebsbezug kommt es darauf an, ob in der Niederlassung der anspruchsbegründende Zustand geschaffen, die anspruchsbegründende Gefahr begründet oder das sonst pflichtwidrige Verhalten veranlasst wurde.[1144]

Was den Kunstmarkt betrifft, so sind derartige Niederlassungen wohl eher die Ausnahme. Dennoch gibt es Galerien und Kunsthandlungen, die in Drittstaaten ansässig sind und in einem Mitgliedsstaat eine entsprechende Niederlassung betreiben. Gerade bei den bedeutenden Händlern zeitgenössischer Kunst und Werken der klassischen Moderne gibt es häufig eine Londoner Zweigstelle des New Yorker Stammhauses.[1145] Allerdings ist anzumerken, dass sich der Anwendungsbereich des Art. 15 II EuGVO wohl auf diese wenigen Konstellationen beschränkt.

(3) Die Gerichtsstände nach Art. 16 EuGVO

Liegen die Voraussetzungen einer der Alternativen des Art. 15 EUGVO vor, richtet sich der Gerichtsstand für Klagen des Verbrauchers und seines Vertragspartners nach Art. 16 EuGVO.

Die Klage des Verbrauchers gegen seinen Vertragspartner kann nach Maßgabe des Art. 16 I EuGVO entweder vor den Gerichten des Mitgliedsstaates erhoben werden, in dessen Hoheitsgebiet der Vertragspartner seinen Wohnsitz hat – oder gemäß Art. 15 II EuGVO so behandelt wird –, oder vor dem Gericht des Ortes, an dem der Verbraucher seinen Wohnsitz hat. Dabei regelt Art. 16 I EuGVO auch die örtliche Zuständigkeit, so dass sich die Frage nach der örtli-

1141 Geimer/Schütze/*Auer*, Int. Rechtsverkehr, Art. 5 EuGVO, Rn. 184.

1142 EuGH, Slg. 1978, 2183 (Somafer ./. Saar Ferngas).

1143 EuGH, NJW 1988, 625 (Schotte ./. Parfums Rothschild); Schlosser, EuGVVO, Art. 5, Rn. 23.

1144 Geimer/Schütze/Auer, Int. Rechtsverkehr, Art. 5 EuGVO, Rn. 196; Kropholler, EZPR (2002), Art. 5 EuGVO, Rn. 99.

1145 Ähnlich das Beispiel bei v. Hoffmann/Thorn, IPR, Rn. 236d.

chen Ersatzzuständigkeit bei fehlendem Verbrauchergerichtsstand im autonomen Prozessrecht erübrigt.

Demgegenüber kann die Klage des Vertragspartners gegen den Verbraucher gemäß Art. 16 II EuGVO nur vor den Gerichten des Mitgliedsstaates erhoben werden, in dessen Hoheitsgebiet der Verbraucher seinen Wohnsitz hat. Eine Regelung der örtlichen Zuständigkeit geht damit nicht einher; diese richtet sich nach innerstaatlichem Verfahrensrecht.

bb. Die Begründung der internationalen Zuständigkeit durch Gerichtsstandsvereinbarung, Art. 23 EuGVO

Art. 23 EuGVO regelt die Voraussetzungen und den Rahmen zulässiger Gerichtsstandsvereinbarungen. Entscheidende Voraussetzungen sind dabei, dass zumindest eine der Parteien einen Wohnsitz in einem Mitgliedsstaat hat und dass ein Gericht oder die Gerichte eines Mitgliedsstaates Gegenstand der Vereinbarung sind, Art. 23 I S.1 EuGVO. Das so vereinbarte Gericht ist dann ausschließlich zuständig. Daneben stellt Art. 23 I S.3 EuGVO Formerfordernisse auf, die zwingend sind. Die weiteren in Art. 23 III bis V EuGVO enthaltenen Regelungen sind für die vorliegende Diskussion nicht erheblich.

Entscheidend ist aber, dass die durch Art. 23 EuGVO eingeräumte Freiheit bei der Vereinbarung eines Gerichtsstandes erheblich eingeschränkt wird, soweit es um Verbrauchersachen geht, Art. 17 EuGVO. Danach ist eine Abweichung von den Vorschriften der Art. 15, 16 EuGVO nur in drei Fällen zulässig.

Wird die jeweilige Gerichtsstandsvereinbarung erst nach Entstehung der Streitigkeit getroffen, so ist sie – im Rahmen der Erfordernisse des Art. 23 EuGVO zu Form und Vereinbarung – unbeschränkt zulässig, Art. 17 Nr.1 EuGVO.

Ebenfalls zulässig sind gemäß Art. 17 Nr.2 EuGVO Gerichtsstandsvereinbarungen zugunsten des Verbrauchers, also solche, die dem Verbraucher als Kläger weitere Gerichtsstände als die in Art. 16 I EuGVO genannten einräumen.

Während die beiden vorgenannten Alternativen dem Schutz des Verbrauchers dienen, zielt Art. 17 Nr. 3 auf den Schutz des Vertragspartners ab. Zulässig sind danach Gerichtsstandsvereinbarungen zwischen Verbraucher und Vertragspartner, wenn beide ihren Wohnsitz oder gewöhnlichen Aufenthalt im selben Mitgliedsstaat haben. Dies gilt nur dann nicht, wenn eine solche Vereinbarung nach dem Recht des Mitgliedsstaates nicht zulässig ist. In Deutschland greift dabei zumeist § 38 III Nr. 2 ZPO, der im für den Vertragspartner des Verbrauchers wichtigsten Fall der Verlegung des Aufenthaltes oder Wohnsitzes des Verbrauchers eine Gerichtsstandsvereinbarung erlaubt. Daneben kommen auch die in den §§ 7 HausTWG, 26 FernUSG enthaltenen Regelungen in Betracht.

Abgesehen vom Auktionsgeschäft sind Gerichtsstandsvereinbarungen im Kunsthandel wohl eher die Ausnahme; allerdings ist zu berücksichtigen, dass gerade internationale Kunstkäufe häufig hohe Summen zum Gegenstand haben und der Handel auf diesem Niveau auch weiter professionalisiert ist als auf kleinen lokalen Märkten. Insofern können Gerichtsstandsvereinbarungen im internationalen Kunsthandel durchaus vorkommen und sind in einem bestimmten Segment sogar Standard. Handelt es sich dabei um eine Verbrauchersache i.S.d. Art. 15 ff. EuGVO ist das Instrument der Gerichtsstandsvereinbarung für den Verkäufer aber nahezu wertlos, da Art. 17 Nr. 1 und 2 EuGVO die Zulässigkeit stark einschränkt. Dem Verkäufer bleibt dann lediglich der in Art. 17 Nr. 3 EuGVO gewährte Mindestschutz.

c. Zwischenergebnis

Die EuGVO setzt den Verbraucherschutz auf internationaler Ebene konsequent fort. Die Erweiterung bezüglich des Inlandsbezuges gegenüber Art. 13 EuGVÜ und die Berücksichtigung nahezu aller Vertragstypen in Art. 15 I c EuGVO hat auch für den Kunsthandel mitunter gewichtige Folgen. Allerdings wird abzuwarten sein, wie die Rechtsprechung mit den vorgenannten Konstellationen verfahren wird; bisher sind noch keine Entscheidungen zur EuGVO ergangen, die sich mit den hier behandelten Kunststreitigkeiten auseinandersetzen.

2. Internationale Zuständigkeit nach dem LugÜ

Das Parallelübereinkommen von Lugano aus dem Jahre 1988 regelt in Anlehnung an das EuGVÜ die gerichtliche Zuständigkeit und die Anerkennung und Vollstreckung gerichtlicher Entscheidungen in Zivil- und Handelssachen; ursprünglich bestand es zwischen den Mitgliedsstaaten der EG und denen der EFTA, namentlich Finnland, Island, Norwegen Österreich, Schweden und der Schweiz. Diese Staaten sind mittlerweile aber teilweise dem Geltungsbereich der EuGVO unterworfen oder spielen aus Sicht des Kunsthandels keine bedeutsame Rolle. Einzig das Verhältnis zur Schweiz, gegenüber der das LugÜ noch Geltung besitzt, ist in dem hier erörterten Zusammenhang von Bedeutung.[1146]

Das LugÜ ist in weiten Teilen mit dem Vorläufer der EuGVO, dem EuGVÜ deckungsgleich.[1147] Es bestehen lediglich geringfügige Unterschiede, die auf die hier bedeutsamen Fragen jedoch keine Auswirkungen haben. Da eine Angleichung des LugÜ an die EuGVO jedoch noch aussteht, fehlen dem LugÜ

1146 Der Anteil der Schweiz am Weltkunsthandel ist im Übrigen derart gering einzustufen, dass er in den gängigen Statistiken noch nicht einmal gesondert gelistet wird, siehe art7/2007, S. 149.

1147 Schlosser, EUZPR (2003), Einl, Rn. 14; Kropholler, EUZPR, Einl, Rn. 59 ff..

die Ergänzungen und Änderungen, die das EuGVÜ durch die EuGVO erfahren hat. Daneben ist zu berücksichtigen, dass dem EuGH bezüglich des LugÜ keine verbindliche Auslegungszuständigkeit zukommt, da dieses mit Staaten abgeschlossen wurde, die nicht der EU angehören.[1148] Um dennoch eine einheitliche Auslegung zu gewährleisten, ist in einem Zusatzprotokoll vorgesehen, dass ein regelmäßiger Austausch zwischen den Vertragsstaaten stattfindet.[1149]

Abweichungen zu den oben beschriebenen Regelungen der EuGVO ergeben sich für den hier bedeutsamen Themenkreis vor allem in zwei Punkten. Zum einen fehlt dem LugÜ die Erweiterung der Verbrauchersachen im Bereich des e-commerce, da Art. 13 I Nr.3 b LugÜ den Begriff der Ausrichtung, wie er in Art. 15 I c Alt.2 EuGVO enthalten ist, nicht kennt. Daneben fehlt Art. 14 I LugÜ eine Regelung bezüglich der örtlichen Zuständigkeit, wie sie in der Formulierung „oder vor dem Gericht des Ortes, an dem der Verbraucher seinen Wohnsitz hat" des Art. 16 I EuGVO enthalten ist.

Ansonsten sind die hier relevanten Fragen entsprechend den obigen Ausführungen zur EuGVO zu beantworten.

3. Internationale Zuständigkeit nach der allgemeinen Regelung der ZPO

Die internationale Zuständigkeit deutscher Gerichte ergibt sich allgemein aus den Regeln der ZPO über die örtliche Zuständigkeit, so dass grundsätzlich ein örtlich zuständiges deutsches Gericht auch international zuständig ist.[1150] Die örtliche Zuständigkeit indiziert also die internationale Zuständigkeit und ist mithin doppelfunktional.

Die internationale Zuständigkeit kann an die Parteien oder den Streitgegenstand anknüpfen. Während der allgemeine Gerichtsstand auf den Wohnsitz bzw. Sitz des Beklagten gestützt wird, hängen die besonderen Zuständigkeiten von der Art der Streitigkeit ab. In der folgenden Darstellung werden, wie schon oben, nur die kunstmarktrelevanten Konstellationen erörtert. Allerdings fehlt es dem deutschen Zivilprozessrecht an einheitlichen Vorschriften die den Art. 13-15 LugÜ bzw. Art. 15-17 EuGVO entsprechen. In Ermangelung einer solchen Sonderregelung für Verbraucherstreitigkeiten ist deshalb im nationalen Recht wesentlich stärker auf allgemeinere Gerichtsstände zu rekurrieren. Untersucht werden im Übrigen nur die vorhandenen nationalen Gerichtsstandsrege-

---

1148 v. Hoffmann/Thorn, IPR, S. 128; Kropholler, EUZPR, Einl, Rn. 72.

1149 Protokoll Nr. 2 über die einheitliche Auslegung des Übereinkommens, BGBl. 1994 II 2697; s.a. Jayme/Haussmann, IPR, NR. 152, S. 346.

1150 BGH, BGHZ 63, 219; BGH, NJW 1991, 3092; Thomas/Putzo/*Putzo*, ZPO, Vor § 1, Rn.6.

1152 Baumbach/Lauterbach/Albers/*Hartmann*, ZPO, § 21, Rn. 2; Teuber, Die internationale Zuständigkeit bei Verbraucherstreitigkeiten (2002), S. 134.

lungen für vertragliche Ansprüche im Hinblick auf ihre Wirkung bei Streitigkeiten, an denen typischerweise Verbraucher als Kunstkäufer beteiligt sind.

a. Der allgemeine Gerichtsstand der ZPO

Für den allgemeinen Gerichtsstand gilt der Grundsatz des *actor sequitur forum rei*; weil der Kläger angreift, wird ihm auch zugemutet, vor einem fremden Gericht zu klagen. Der Beklagte soll demgegenüber den Vorteil des ortsnahen und vertrauten Gerichtssystems und der eigenen Verhandlungssprache haben.

Gemäß § 12 ZPO ist der Beklagte grundsätzlich an seinem allgemeinen Gerichtsstand zu verklagen. Die Zuständigkeit bestimmt sich gemäß § 13 ZPO nach dem Wohnsitz des Beklagten, der wiederum nach Maßgabe der §§ 7 ff. BGB zu ermitteln ist. Bei juristischen Personen richtet sich der allgemeine Gerichtsstand gemäß § 17 ZPO nach ihrem jeweiligen Sitz, wobei dafür das im konkreten Fall anwendbare materielle Recht, also die lex causae, entscheidend ist. Die Gerichte am Wohnsitz oder Sitz des Beklagten sind dann örtlich und international zuständig.

b. Die besonderen Gerichtsstände der ZPO

Der Kläger kann aber auch einen der besonderen Gerichtsstände der ZPO wählen, sofern die Voraussetzungen eines solchen vorliegen, § 35 ZPO. Während das deutsche Recht eine Vielzahl solcher Verbrauchergerichtsstände zur Verfügung stellt, sind für die hier zu behandelnden Konstellationen nur einige von praktischer Bedeutung; dazu zählen etwa der Gerichtsstand der Niederlassung nach § 21 ZPO, der Gerichtsstand des Vermögens gemäß § 23 ZPO sowie der Gerichtsstand des Erfüllungsortes im Sinne des § 29 ZPO.

aa. Gerichtsstand der Niederlassung, § 21 ZPO

§ 21 ZPO eröffnet dem Kläger einen besonderen Gerichtsstand am Ort der Niederlassung. Sinn dieser Regelung ist es, dem Kläger eine Klageerhebung an einem weit entfernten Gerichtsstand des Anbieters zu ersparen, obwohl die Klage lediglich einen Bezug zu der nahe gelegenen Niederlassung aufweist; insofern dient diese Norm vor allem der Prozeßwirtschaftlichkeit, zumal am Gericht der Niederlassung eine größere Beweisnähe besteht.[1152]

Eine Niederlassung ist jede von dem Inhaber an einem anderen Ort als dem seines Sitzes für eine gewisse Dauer eingerichtete, auf seinen Namen und auf seine Rechung betriebene und selbständige, d.h. aus eigener Entscheidung zum Geschäftsabschluss und Handeln berechtigte Geschäftsstelle.[1153] Der Begriff der

---

1153 BGH, NJW 1998, 1322; BGH, NJW 1987, 3082; OLG Düsseldorf, NJW-RR 1989, 433.

Niederlassung in § 21 ZPO ist damit enger zu verstehen als der in Art. 15 II EuGVO, was sich zum einen aus der Formulierung der beiden Normen ergibt, zum anderen aber auch daraus, dass es sich nur bei Art. 15 II EuGVO um eine verbraucherschützende Norm handelt.

Dennoch dürften auch nach dieser Definition internationale Ableger großer Auktionshäuser erfasst sein, sofern diese nicht nur eine bloße Repräsentanz darstellen. Dies gilt entsprechend für international agierende Kunsthandlungen.

bb. Gerichtsstand des Vermögens, § 23 ZPO

Ein besonderer Gerichtsstand wird nach Maßgabe des § 23 ZPO auch in dem Bezirk begründet, in dem sich Vermögen des Klagegegners oder der mit der Klage in Anspruch genommene Gegenstand befinden. Wegen der Weite des § 23 S.1 Alt.1 ZPO wird als ungeschriebenes Tatbestandsmerkmal zusätzlich verlangt, dass ein hinreichender Inlandsbezug vorliegt, der über die bloße Vermögensbelegenheit hinausgeht.[1154] Der Zweck der Norm ist es, den Gläubigern die Rechtsverfolgung zu erleichtern, deren Schuldner im Ausland wohnen oder sich wohnsitzlos im Inland aufhalten. Zum Vermögen gehört grundsätzlich jeder geldwerte Gegenstand, gleich ob Sache oder Recht.[1155] Erfasst sind nach dem Wortlaut auch die mit der Klage in Anspruch genommenen Gegenstände. Um vermögensrechtliche Ansprüche handelt es sich dann, wenn der prozessuale Anspruch auf Geld oder geldwerte Gegenstände gerichtet ist.[1156] Für den klagenden Kunstkäufer ist dieser Gerichtsstand interessant, wenn der professionelle Verkäufer im Ausland sitzt, in Deutschland aber Vermögensgegenstände oder bereits das vertragsgegenständliche Kunstwerk liegen hat.

Schließlich ist anzumerken, dass § 23 ZPO im Anwendungsbereich des europäischen Rechts nach Maßgabe des Art. 3 II EuGVO unanwendbar ist.

cc. Gerichtsstand des Erfüllungsortes, § 29 ZPO

Bei Verbraucherverträgen im Allgemeinen und insbesondere auch bei den Kunstkaufverträgen ist der Gerichtsstand des Erfüllungsortes von besonderer Bedeutung. § 29 ZPO eröffnet an dem Ort einen besonderen Gerichtsstand, an dem die streitige Verpflichtung zu erfüllen ist. Einbezogen sind dabei sämtliche Streitigkeiten aus dem Vertragsverhältnis sowie über dessen Bestehen; damit erfasst § 29 ZPO Schadensersatzklagen, Mängelgewährleistung sowie Ansprü-

---

1154 BGH, NJW 1997, 325; BGH, NJW 1996, 2096; Thomas/Putzo/*Hüßtege*, ZPO, § 23, Rn. 2.

1155 Schellhammer, ZPO (2004), Rn. 1449; Thomas/Putzo/*Hüßtege*, ZPO, § 23, Rn. 6.

1156 Thomas/Putzo/*Hüßtege*, ZPO, Einl IV, Rn. 1.

che auf Rückabwicklung des Vertrages nach einem Rücktritt.[1157] Durch diesen weiten Anwendungsbereich deckt § 29 ZPO alle für den Kunstkäufer interessanten Klagearten ab.[1158]

Zuständig ist nach § 29 I ZPO das Gericht des gesetzlichen Erfüllungsortes. Wo sich der für § 29 I ZPO maßgebende Erfüllungsort befindet, ist in Fällen mit Auslandsbezug der lex causae zu entnehmen, da nur bei einer Übereinstimmung des Gerichtsstandes mit dem Erfüllungsort auch wirklich dort geklagt wird, wo auch erfüllt werden muss.[1159] Im Anwendungsbereich des CISG ist der Erfüllungsort danach zu bestimmen.[1160] Daher ist zunächst das auf das konkrete Schuldverhältnis anwendbare materielle Recht gemäß Art. 27 ff. EGBGB zu bestimmen.[1161] Liegt eine Rechtswahl i.S.d. Art. 27 EGBGB vor, bestimmt sich der Erfüllungsort nach diesem Recht. Liegt hingegen keine Rechtswahl vor, so findet das Recht des Staates Anwendung, mit dem der Vertrag die engste Verbindung aufweist, Art. 28 I EGBGB. Konkretisierend enthält Art. 28 II EGBGB eine Vermutung, dass die engste Verbindung zu dem Staat besteht, in dem die Partei, die die charakteristische Leistung zu erbringen hat, im Zeitpunkt des Vertragsschlusses ihren gewöhnlichen Aufenthalt bzw. ihre Hauptverwaltung hat. Die charakteristische Leistung ist bei Austauschverträgen regelmäßig die Leistung, für die Zahlung geschuldet wird. Beim Kauf in einer Galerie oder Kunsthandlung ist demnach die Sachleistung des Verkäufers maßgebend. Bei Verträgen, die im Rahmen einer öffentlichen Versteigerung geschlossen werden, wird jedoch über Art. 28 V EGBGB eine Ausnahme von der Maßgeblichkeit der charakteristischen Leistung gemacht.[1162] Hier soll das Recht des Versteigerungsortes maßgeblich sein, da an diesem regelmäßig zahlreiche Vorschriften zur Zulässigkeit und Durchführung der Versteigerung zu beachten sind, die dem so geschlossenen Vertrag ein besonderes Näheverhältnis zum Versteigerungsort vermitteln.[1163]

Nach Art. 29 I EGBGB darf eine Rechtswahl in Verbraucherverträgen unter den weiteren Voraussetzungen des Art. 29 I Nr. 1 bis 3 EGBGB nicht dazu führen, dass dem Verbraucher der Schutz des Rechtes des Staates, in dem er sei-

---

1157 Schellhammer, Zivilprozess, Rn. 1436; Teuber, Internationale Zuständigkeit bei Verbraucherstreitigkeiten, S: 135.

1158 Siehe zu den denkbaren Ansprüchen oben C, III.

1159 Teuber, Internationale Zuständigkeit bei Verbraucherstreitigkeiten, S. 135; Nagel/Gottwald, Internationales Zivilprozessrecht (2002), S. 177.

1160 OLG Düsseldorf, RIW 1993, 845; Nagel/Gottwald, IZPR, S. 177.

1161 Ein ausführliche Darstellung der Probleme des bei internationalen Sachverhalten anzuwendenden Rechts folgt später unter E, II.

1162 Leible, IPRax 2005, 426

1163 Leible, IPRax 2005, 426; demgegenüber sahen OLG Düsseldorf, NJW 1991, 1492; Thomsen, IPRax 1991, 302 die charakteristische Leistung in diesen Fällen in der Sachleistung des Auktionators.

nen gewöhnlichen Aufenthalt hat, entzogen wird. Bei Verträgen mit Verbrauchern, die ihren gewöhnlichen Aufenthalt in Deutschland haben, kommt es dann regelmäßig zur Anwendung deutschen Rechts, so dass die Bestimmung des Erfüllungsortes nach §§ 269, 270 erfolgt.

Die Anknüpfung über die charakteristische Leistung i.S.d. Art. 28 EGBGB dürfte daher in den hier vorrangig behandelten Fällen des mit einem professionellen Verkäufer kontrahierenden privaten Kunstkäufers kaum eine Rolle spielen.

Festzuhalten ist jedoch, dass es keinen einheitlichen, allgemeinen Erfüllungsort des Vertrages gibt; dieser ist vielmehr für jede in Streit stehende Verbindlichkeit und jeden Vertragspartner gesondert zu bestimmen und zwar, entsprechend den obigen Ausführungen, nach Maßgabe der §§ 269, 270 BGB.[1164] Der Ort der Erfüllung der vertraglichen Hauptpflicht ist entscheidend, soweit es um die Zahlung einer Entschädigung wegen Nicht- oder Schlechterfüllung geht.[1165] Beim Ladenkauf oder dem Kauf auf einer Auktion ist mithin in aller Regel der Wohnort des Verkäufers maßgeblich.[1166]

Für den privaten Kunstkäufer bedeutet dies, dass er sein Klagebegehren nach Maßgabe des § 29 ZPO nicht etwa an seinem, sondern vielmehr am Sitz des Verkäufers geltend machen kann. Damit bleibt es in diesen Fällen beim Grundsatz des actor sequitur forum rei; im Einzelfall kann der Gerichtsstand des Erfüllungsortes aber auch Vorteile mit sich bringen, etwa dann, wenn im Gerichtsstaat mit höheren Schadensersatzsummen zu rechnen ist.

Eine Vereinbarung des Erfüllungsortes ist nach Maßgabe des § 29 II ZPO nur dann für die Zuständigkeit erheblich, wenn die Parteien Kaufleute, juristische Personen des öffentlichen Rechts oder öffentlich-rechtliche Sondervermögen sind. Weil nach dem klaren Wortlaut beide Vertragsparteien einer der genannten Gruppen angehören müssen, ist die Norm für den privaten Kunstkäufer nahezu bedeutungslos.

c. *Ausschließliche Gerichtsstände der ZPO*

Besteht ein ausschließlicher Gerichtsstand, so geht dieser anderen Zuständigkeiten vor und schließt die Begründung der Zuständigkeit im Wege einer Gerichtsstandsvereinbarung oder rügelosen Einlassung aus. Ein solcher Gerichtsstand besteht aber nur dann, wenn das Gesetz ihn ausdrücklich anordnet,[1167] was etwa

1164 BGH, NJW 1995, 1546; Hk-ZPO/*Kayser*, § 29, Rn. 6; Thomas/Putzo/*Hüßtege*, ZPO, § 29, Rn. 5.

1165 BGH, NJW 1997, 871; Baumbach/Lauterbach/Albers/*Hartmann*, ZPO, § 29, Rn. 15; Fricke, VersR 1997, 404.

1166 Hk-ZPO/*Kayser*, ZPO, § 29, Rn. 7.

1167 Baumbach/Lauterbach/Albers/*Hartmann*, ZPO, Übers § 12, Rn. 14; Schellhammer, Zivilprozess, Rn. 1430 ff.

in den §§ 29a, 29c I ZPO, 26 FernUSchG der Fall ist. Allerdings ist keiner der gesetzlich normierten, ausschließlichen Gerichtsstände für die vorliegend diskutierten Streitigkeiten von Bedeutung, so dass weitere Ausführungen hierzu nicht angezeigt sind.

d. Gerichtsstandsvereinbarungen nach der ZPO, §§ 38 ff ZPO

In internationalen Schuldverträgen wird häufig ein Gerichtsstand durch die Parteien vereinbart. Die internationale Zuständigkeit kann also ebenso wie die örtliche, statt durch Gesetz auch durch die Parteien geregelt werden. Dabei sind sowohl die Prorogation, also die Begründung eines an sich nicht gegebenen Gerichtsstandes, als auch die Derogation bzw. der Ausschluss eines an sich begründeten Gerichtsstandes möglich.[1168] Die Regeln über die Vereinbarung der Zuständigkeit in den §§ 38 ff. ZPO sind ebenso wie die oben genannten auch auf die internationale Zuständigkeit anzuwenden, soweit nicht die EuGVO oder das LugÜ einschlägig sind.[1169]

Die Gerichtsstandsvereinbarung wird nach der ganz h.M. als ein materiellrechtlicher Vertrag über prozeßrechtliche Beziehungen qualifiziert.[1170] Demnach richtet sich das Zustandekommen der Gerichtsstandsvereinbarung nach dem auf diese anwendbaren materiellen Recht, also der lex causae.[1171] Dieses wiederum ist in entsprechende Anwendung der Art. 27 ff. EGBGB zu ermitteln. Hierbei ist darauf abzustellen, auf welches Rechtsverhältnis sich die Vereinbarung bezieht, so dass sich das Zustandekommen nach dem für den Hauptvertrag geltenden Recht richtet.[1172] Bezüglich der insofern erforderlichen Bestimmung des anwendbaren Rechts kann hier auf die obigen Ausführungen verwiesen werden.[1173].

Alle übrigen Fragen, die die Gerichtsstandvereinbarung betreffen, also Zulässigkeit, Form und prozessuale Wirkungen sind nach der lex fori zu beurteilen.[1174]

Nach den §§ 38, 40 ZPO dürfen die Parteien die Zuständigkeit jedoch nur vereinbaren, wenn sie gewisse Voraussetzungen erfüllen.

1168 v. Hoffmann/Thorn, IPR, S. 88; Thomas/Putzo/*Hüßtege*, ZPO, Vor § 38, Rn. 1.

1169 BGH, NJW 1986, 1438; Baumbach/Lauterbach/Albers/*Hartmann*, ZPO, Übers § 38, Rn. 7.

1170 BGH, NJW 1997, 2885; BGH, NJW 1987, 1145; v. Hoffmann/Thorn, IPR, S. 88; Schellhammer, Zivilprozess, Rn. 1458.

1171 BGH, NJW-RR 2005, 929; BGH, NJW 1972, 1622; v. Hoffmann/Thorn, IPR, S. 89.

1172 BGH, NJW 1989, 1431; Thomas/Putzo/*Hüßtege*, ZPO, § 38, Rn. 6.

1173 Siehe E, I, 3, b, cc.

1174 BGH, NJW 1986, 1438; OLG Karlsruhe, NJW-RR 1993, 568; Nagel/Gottwald, IZPR, S. 191.

Zunächst einmal muss sich die Vereinbarung gemäß § 40 I ZPO stets auf ein konkretes Rechtsverhältnis beziehen, so dass pauschale Vereinbarungen unzulässig sind. Zusätzlich muss die Streitigkeit vermögensrechtlicher Art sein, oder, wenn nicht vermögensrechtlich, nicht streitwertunabhängig dem Amtsgericht zugewiesen sein, § 40 II ZPO.

Neben diese Voraussetzungen müssen dann noch die alternativen Erfordernisse des § 38 ZPO treten. Danach ist eine Vereinbarung der Zuständigkeit nur bestimmten Vertragspartnern erlaubt; jede Partei muss demnach zum Zeitpunkt der Vereinbarung einer der in § 38 Abs. 1 ZPO genannten Parteien, d.h. Kaufleuten, juristischen Personen des öffentlichen Rechts oder öffentlich-rechtlichen Sondervermögen, angehören.[1175] § 38 II ZPO erlaubt ferner zusätzlich eine Zuständigkeitsvereinbarung, falls mindestens einer der Partner im Sinne des § 38 I ZPO im Inland keinen allgemeinen Gerichtsstand hat.[1176]

Damit kommt die Vereinbarung internationaler Zuständigkeiten letztlich nur im kaufmännischen Verkehr in Betracht. Im Kunsthandel sind Vereinbarungen von Händlern untereinander oder etwa mit Museen denkbar. Mit einem privaten Kunstkäufer kann wegen § 38 I ZPO keine solche Vereinbarung getroffen werden.

II. Die Ermittlung des bei Kunststreitigkeiten anwendbaren Rechts

Ist die internationale Zuständigkeit für den jeweiligen Sachverhalt geklärt stellt sich die Frage nach dem auf den Sachverhalt anzuwendenden Recht. Das dabei zu befragende internationale Privatrecht (IPR) ergibt sich überwiegend aus nationalem Gesetzes- und Richterrecht. Weitere Rechtsquellen bilden darüber hinaus multi- und bilaterale völkerrechtliche Verträge. Regelungen in solchen völkerrechtlichen Verträgen gehen den Vorschriften des nationalen Kollisionsrechts gemäß Art. 3 II EGBGB vor, soweit sie unmittelbar anwendbares internationales Recht geworden sind. Völkerrechtliche Verträge sind daher vor dem autonomen IPR zu prüfen. Im Folgenden ist daher zu prüfen, welches Recht auf Kunststreitigkeiten der hier erörterten Art anzuwenden ist, wobei internationale Abkommen vorab betrachtet werden. Im Einzelnen werden das UN-Kaufrecht, das EVÜ sowie die neue Rom-I Verordnung und das EGBGB dargestellt.

1175 Baumbach/Lauterbach/Albers/*Hartmann*, ZPO, § 38, Rn. 15.
1176 Zum allgemeinen Gerichtsstand der ZPO siehe oben E, I, 3, a.

1. Die Bedeutung des UN-Kaufrechts[1177] (CISG) im internationalen Kunsthandel

Ausgangspunkt dieser Arbeit ist der Kauf von Kunstwerken. Betrachtet man weiter die zunehmende Internationalität des Kunsthandels, führt kein Weg daran vorbei, auch das CISG zu erörtern, das die wohl bedeutendste Rechtsquelle für das internationale Kaufrecht darstellt. Als Rechtsquelle des internationalen Einheitsrechts bestimmt das CISG nicht das anzuwendende Recht, sondern verdrängt vielmehr das IPR sowie das nationale materielle Recht.[1178] Wie bereits angedeutet ist das CISG vorrangig zu behandeln, und zwar auch gegenüber dem EVÜ, da das CISG wegen Art. 3 II EGBGB gegenüber den in Art. 27 ff. EGBGB inkorporierten Vorschriften des Römer Übereinkommens von 1980 vorgeht. Allerdings ist zu beachten, dass theoretisch jede Bestimmung des CISG von einem materiell-rechtlichen Übereinkommen verdrängt werden könnte. In der Praxis ist dies jedoch kaum der Fall, da nur solche Übereinkommen in Frage kommen, die den internationalen Kauf von Kunstwerken regeln. Die in diesem Zusammenhang in Betracht kommende Unidroit-Konvention beschäftigt sich hingegen nur mit Eigentumsfragen bestimmter Kulturgüter und überschneidet sich dementsprechend nicht mit den Vorschriften des UN-Kaufrechts.

In räumlicher Hinsicht ist das UN-Kaufrecht nach Art. 1 I CISG anwendbar, soweit die Parteien ihre Niederlassung oder ihren gewöhnlichen Aufenthalt in zwei unterschiedlichen Vertragsstaaten haben oder aber das Kollisionsrecht das Recht eines Vertragsstaates für anwendbar erklärt.[1179]

In sachlicher Hinsicht ist unter mehreren Gesichtspunkten fraglich, ob das CISG im internationalen Kunsthandel tatsächlich zur Anwendung gelangt.

a. Kunstgegenstand als Ware i.S.d. Art. 1 CISG

Nach Art. 1 I CISG findet das Übereinkommen Anwendung auf Kaufverträge über Waren, womit sich die Frage stellt, ob Kunstgüter aufgrund ihrer besonderen Eigenschaften entsprechend einzuordnen sind. Insbesondere wäre eine Nichtanwendbarkeit dann denkbar, wenn das jeweilige Kunstgut besonderen Beschränkungen unterliegt, oder gar als „res extra commercium“ einzustufen wäre.[1180] Allerdings stellt der Warenbegriff des CISG allein darauf ab, ob eine bestimmte Sache Gegenstand eines Kaufvertrages geworden ist. Entscheidend ist damit lediglich, dass es sich um einen beweglichen körperlichen Gegenstand

---

1177 Wiener UN-Übereinkommen über Verträge über den internationalen Warenkauf vom 11.04.1980, BGBl. 1989 II, S. 588; s.a. Jayme/Hausmann, IPR, Nr. 77.

1178 v. Hoffmann/Thorn, IPR, S. 23.

1179 OLG Düsseldorf, RIW 1995, 53.

1180 Spinellis, Internationaler Kunsthandel, S. 51.

handelt, der von den Parteien zum Vertragsgegenstand erhoben wurde.[1181] Die Frage, ob das jeweilige Gut überhaupt verkehrsfähig ist, betrifft sachenrechtliche Erwägungen oder eventuell die Gültigkeit des Vertrages, welche aber gemäß Art. 4 CISG nicht im Regelungsbereich des Übereinkommens liegen. Insofern sind Kunstwerke als Waren i.S.d. Art. 1 CISG zu qualifizieren und unterfallen mithin dem Anwendungsbereich des Übereinkommens.[1182]

b. Kunstkauf als Verbrauchergeschäft i.S.d. Art. 2 a CISG

Wie in den vorangegangen Diskussionen zu den verbraucherschützenden Normen des BGB, stellt sich an dieser Stelle erneut die Frage, ob und wann der Kunstkauf ein Verbrauchergeschäft darstellt.[1183] Teilweise wird hier vertreten, dass der Kunstkauf nie ein Verbrauchergeschäft sein könne, da die Produkte zum einen nicht massenhaft in industrieller Fertigung entstünden und vor allem nicht für den Konsum bestimmt seien.[1184] Dieser Gedanke ist aber schon deswegen abzulehnen, weil es nicht dem Wesen des Verbraucherschutzes, auch des CISG, entspricht, bestimmte Waren als Konsumgüter auszuklammern; vielmehr wird auch hier der mit dem Geschäft verfolgte Zweck in den Mittelpunkt gestellt.[1185] Dementsprechend ist bei der Betrachtung des internationalen Kunstkaufs für Art. 2 a CISG entscheidend, wer das Werk zu welchem Zweck kauft. Bei Käufen durch Private wird man in aller Regel von einem Kauf zum persönlichen Gebrauch i.S.d. Art. 2 a CISG ausgehen können. Dies gilt auch, wenn ein privater Sammler den Kunstgegenstand vornehmlich als Geldanlage kauft.[1186] Demgegenüber ist immer dann kein Verbrauchergeschäft gegeben, wenn es sich auf Käuferseite um professionelle Sammler, z.B. Museen oder Stiftungen, oder um Kunsthändler oder Galeristen handelt. Bei diesen Beteiligten kann man davon ausgehen, dass das jeweilige Geschäft im Rahmen ihrer beruflichen Tätig-

---

1181 MüKo/*Westermann*, BGB, Art. 1 CISG, Rn. 6.

1182 Schack, Kunst und Recht, S. 174; Spinellis, Internationaler Kunsthandel, S. 52; Dechow, Die Anwendbarkeit des UN-Kaufrechts im internationalen Kunsthandel (2000), S. 13 ff.; Staudinger/*Magnus*, BGB, Art. 1 CISG, Rn. 49; MüKo/*Westermann*, BGB, Art. 1 CISG, Rn. 6 bzgl. Antiquitäten; zur Frage nach der *Beweglichkeit* der Ware im Kunsthandel siehe Spinellis, Internationaler Kunsthandel, S. 52, der diese Frage beispielhaft an Fällen zur Berliner Mauer und dem Verkauf von Fresken darstellt.

1183 Siehe oben B, IV, 1.

1184 Gramatikaki-Alexiou, RHDI 1994, 150.

1185 MüKo/*Westermann*, BGB, Art. 2 CISG, Rn. 2; Soergel/*Lüderitz*, BGB, Art. 2 CISG, Rn. 3; wegen der Nähe zur Ausgestaltung des § 13 BGB kann insofern auch auf die obige Argumentation verwiesen werden, siehe B, IV, 1, a.

1186 Schack, Kunst und Recht, S. 174; Dechow, UN-Kaufrecht im Internationalen Kunsthandel, S. 15.

keit abgeschlossen wird.[1187] Nur bei diesen Geschäften wäre mithin die Anwendbarkeit des CISG zu bejahen. Bei den hier vor allem maßgeblichen Privatkäufen kommt das Übereinkommen wegen Art. 2 a CISG hingegen regelmäßig nicht zur Anwendung.

c. Kunstkauf als Versteigerungskauf i.S.d. Art. 2 b CISG

Art. 2 b CISG nimmt den Kauf bei Versteigerungen ausdrücklich vom Anwendungsbereich des UN-Kaufrechts aus. Zunächst lässt sich festhalten, dass Art.2 a CISG unumstritten nicht nur Zwangsversteigerungen, sondern auch private Versteigerungen erfasst,[1188] weil auch bei diesen das Interesse des Versteigerers daran überwiegt, dass sich alle Geschäfte nach dem ihm vertrauten Recht des Versteigerungsortes richten. Diese Bereichsausnahme ist daneben schon deshalb angezeigt, weil zu Beginn der Auktion keiner der Beteiligten wissen kann, ob der Anwendungsbereich des CISG eröffnet ist. Im Ergebnis ist der für den Kunstmarkt so bedeutende Auktionshandel gemäß Art. 2 b CISG vom Anwendungsbereich des CISG vollständig ausgenommen.

d. Abbedingung des CISG in standardisierten Vertragswerken

Schließlich ist anzumerken, dass die Anwendung des CISG in zahlreichen Vertragswerken ausgeschlossen wird. So schließen die deutschen Auktionshäuser die Anwendung des CISG in ihren Versteigerungsbedingungen regelmäßig aus[1189] und entsprechen insofern auch der Vorgabe des Bundesverbandes deutscher Kunstversteigerer.[1190] Nach den obigen Festsstellungen haben solche Klauseln aber ohnehin eher nur einen deklaratorischen Charakter. Die weiteren Voraussetzungen der Abdingbarkeit des CISG in AGB bedürfen vorliegend keiner weiteren Diskussion, da private Kunstkäufe bereits durch die Art. 2 a und b CISG vom Anwendungsbereich des Übereinkommens ausgenommen werden.

e. Zwischenergebnis

Abschließend lässt sich festhalten, dass das UN-Kaufrecht für die Praxis des internationalen Kunsthandels eine lediglich untergeordnete, nahezu unbedeutende,

---

1187 Spinellis, Internationaler Kunsthandel, S. 55; zu den denkbaren Ausnahmefällen bei Kunsthändlern siehe oben B, IV, 1, bb.

1188 Staudinger/*Magnus*, BGB, Art. 2 CISG, Rn. 33; Soergel/*Lüderitz*, BGB, Art. 2 CISG, Rn. 6.

1189 Siehe die Versteigerungsbedingungen von Grisebach (§ 11, Nr.3), Lempertz (Nr.12), Nagel (Nr.20) oder Bassenge (Nr.12).

1190 Siehe Nr. 10 der Versteigerungsbedingungen des Bundesverbands deutscher Kunstversteigerer e.V., BAnz. Nr. 223 vom 27.11.1993, S. 10346 ff.

Rolle spielt.[1191] Im professionellen Handel wird die Anwendbarkeit des CISG in aller Regel vertraglich abbedungen, während der private Kunstkauf schon wegen Art. 2 a und b CISG nicht erfasst wird.

Weitere Ausführungen zu den einzelnen Regelungen erscheinen daher nicht angezeigt. Insbesondere für den Kunstkauf eines Privaten bei einem professionellen Verkäufer, auf dem der Fokus dieser Arbeit liegt, kommt eine Anwendung des CISG nicht in Betracht.

2. Das deutsche Kollisionsrecht und der internationale Kunsthandel

Nach Art. 3 I EGBGB dient das Internationale Privatrecht dazu, bei Sachverhalten mit Auslandsrechtsbezug die anwendbare Rechtsordnung zu bestimmen. Mögliche Rechtsquellen für diese Bestimmung sind insbesondere das EGBGB, sowie auf Gemeinschaftsebene das EVÜ.[1192] Das EVÜ regelt das anwendbare Recht für vertragliche Schuldverhältnisse, zu welchen zweifelsohne auch der Kaufvertrag beim Kunstkauf zu zählen ist.

Nach Maßgabe des Art. 3 II EGBGB gehen völkerrechtliche Vereinbarungen den Regeln des EGBGB vor, soweit sie unmittelbar anwendbares innerstaatliches Recht geworden sind. Die Art. 1 bis 21 EVÜ wurden mit leicht verändertem Wortlaut als Art. 27 bis 37 in das EGBGB übernommen. Gleichzeitig hat Deutschland im Zustimmungsgesetz zum EVÜ erklärt, dass die Art. 1 bis 21 EVÜ innerstaatlich keine Anwendung finden sollen.[1193] Insoweit handelt es sich bei den im EGBGB inkorporierten Vorschriften des EVÜ um autonomes deutsches IPR. Allerdings werden die Art. 27 bis 37 EGBGB durch die deutschen Richter mit dem Inhalt angewandt, den die entsprechenden Regelungen des EVÜ haben. Dies ergibt sich aus der Auslegungskompetenz des EuGH[1194] und der Pflicht, diese Auslegung nach Maßgabe des Art. 36 EGBGB auch bei der Anwendung der inkorporierten Regelungen des EVÜ zu berücksichtigen.

1191 So auch Schack, Kunst und Recht, S. 174; Spinellis, Internationaler Kunsthandel, S. 58; Schwadorf-Ruckdeschel, Rechtsfragen des grenzüberschreitenden rechtsgeschäftlichen Erwerbs von Kulturgütern (1994), S. 69; Jayme/Geckler, IPRax 1998, 59.

1192 Römisches Übereinkommen über das auf vertragliche Schuldverhältnisse anzuwendende Recht vom 19.6.1980; Jayme/Haussmann, IPR, Nr. 70.

1193 Siehe dazu Art. 1 II des Zustimmungsgesetzes: „*Die Zustimmung erfolgt mit der Maßgabe, dass die in den Artikeln 1 bis 21 des Übereinkommens enthaltenen Vorschriften innerstaatlich keine unmittelbare Anwendung finden.*“, BGBl. 1986 II, S. 809 ff.

1194 Siehe dazu die Auslegungsprotokolle Brüsseler Auslegungsprotokolle vom 19.12.1988, Jayme/Haussmann, IPR, Nr. 70a bzw. 70b.

a. Die einschlägigen Regelungen des EGBGB

Kommt es zu einer Streitigkeit über einen internationalen Kunstkauf, lässt sich über das EGBGB das auf den Sachverhalt anzuwendende Recht ermitteln. Fraglich ist dabei, inwieweit die maßgeblichen Regelungen auf Kunstkäufe Anwendung finden und welche Auswirkungen dies für die Ermittlung des anzuwendenden Rechts mit sich bringt. Entscheidend für die hier relevanten Streitigkeiten sind dabei die Kollisionsnormen über vertragliche Schuldverhältnisse, die im Folgenden näher dargestellt werden sollen. Der Geltungsbereich des Vertragsstatuts erfasst alle für den Kunstkäufer in den hier behandelten Konstellationen wichtigen Fälle. Es gilt nach Maßgabe des Art. 31 I EGBGB für das Zustandekommen und die Wirksamkeit des Vertrages, genauso aber auch für dessen Erfüllung und die Rechtsfolgen der Nicht- oder Schlechterfüllung, Art. 32 EGBGB.

aa. Die Rechtswahl gemäß Art. 27 EGBGB

Der Grundsatz der Privatautonomie erlaubt es den Parteien im materiellen Schuldvertragsrecht, anstelle dispositiver Gesetzesnormen eigene, abweichende Regelungen zu treffen. Im internationalen Schuldvertragsrecht ermöglicht dieser Grundsatz die Bestimmung des für die Vertragsbeziehung maßgeblichen Rechts durch die Parteien. Die Parteien sind dadurch in der Lage, zwingende privatrechtliche Bestimmungen derjenigen Rechtsordnung auszuschalten, die nach objektiver Ermittlung des anwendbaren Rechts an sich berufen wäre. Stattdessen wird der Vertrag dann dem Recht der frei gewählten Rechtsordnung unterworfen. Andere Kollisionsnormen sind nur dann zu prüfen, wenn keine oder eine ungültige Rechtswahl i.S.d. Art. 27 I EGBGB getroffen wurden. Insofern ist auch für Verträge des internationalen Kunsthandels vorrangig auf die Rechtswahl der Parteien abzustellen.

Nach Art. 27 I EGBGB können die Parteien grundsätzlich jedes beliebige Recht wählen; insofern ist es möglich, den Vertrag einem neutralen Recht oder einem solchen zu unterstellen, zu dem er sonst keine Beziehungen aufweist.[1195] Damit kann auch ein reines Inlandsgeschäft einem ausländischen Recht unterstellt werden.[1196] Die hinreichende Auslandsberührung entsteht dabei bereits durch die Wahl ausländischen Rechts.[1197] Eine Grenze wird dieser weiten

---

1195 Palandt/*Heldrich*, BGB, Art. 27 EGBGB, Rn. 3; Prütting/Wegen/Weinreich/Brödermann/*Wegen*, BGB, Art. 27 EGBGB, Rn. 3.

1196 Palandt/*Heldrich*, BGB, Art. 27 EGBGB, Rn. 3; Meyer/Sparenberg, RIW 1989, 347.

1197 MüKo/*Martiny*, BGB, Art. 27 EGBGB, Rn. 20; Meyer/Sparenberg, RIW 1989, 347.

Rechtswahlfreiheit insofern gesetzt, als nach der ganz h.M. nur staatliches Recht Gegenstand der Rechtswahl sein kann.[1198]

Eine weitere Einschränkung erfährt die Rechtswahlfreiheit durch Art. 27 III EGBGB, wonach bei Binnensachverhalten die Wirkungen der Rechtswahl eingeschränkt werden, indem die zwingenden Bestimmungen des mit dem Sachverhalt verbundenen Rechts unberührt bleiben.

Die für den privat handelnden Kunstkäufer bedeutendste Begrenzung der Privatautonomie i.S.d. Art. 27 I EGBGB stellt die Verweisung in Art. 27 IV EGBGB dar. Danach sind auf das Zustandekommen und die Wirksamkeit der Einigung der Parteien über das anzuwendende Recht die Artikel 11, 12, 31, vor allem aber auch Art. 29 EGBGB anzuwenden, auf den gleich zurückzukommen sein wird.

Die Vereinbarung des anzuwendenden Rechts muss nach Maßgabe des Art. 27 I S. 2 EGBGB ausdrücklich sein, oder sich mit hinreichender Sicherheit aus den Bestimmungen des Vertrages oder den Umständen des Falls ergeben.

Die ausdrückliche Rechtswahl kann in einer Individualabrede oder in einem Formular bzw. AGB enthalten sein. Im Kunsthandel durchaus gebräuchlich und gleichzeitig durchaus problematisch ist dabei die Frage, wie eine Rechtswahl in einseitig gestellten AGB zu beurteilen ist. In diesen Fällen ist zu untersuchen, ob überhaupt eine wirksame Rechtswahlvereinbarung vorliegt. Dabei ist zu berücksichtigen, dass die Rechtswahl einen selbstständigen Vertrag darstellt,[1199] dessen Zustandekommen und Wirksamkeit dem von den Parteien gewählten Recht unterliegen, Art. 27 IV i.V.m. Art 31 I EGBGB; dies gilt gerade auch für AGB.[1200]

Wird dabei deutsches Recht berufen, muss die Frage nach einer wirksamen Rechtswahl unter Berücksichtigung der §§ 305 ff. BGB erfolgen. Die Versteigerungsbedingungen deutscher Auktionshäuser, die allesamt das autonome deutsche Recht für anwendbar erklären, sind daher auch insofern an den §§ 305 ff. BGB zu messen. Umgekehrt müssten deutsche Gerichte verfahren, wenn sie darüber zu befinden hätten, ob im Rahmen eines Auktionskaufes in England eine wirksame Rechtswahl stattgefunden hat. Nach Maßgabe des Art. 27 IV i.V.m. den Art. 11, 12, 29 III und 31 EGBGB wäre dann zu prüfen, ob die Rechtswahl englischen Rechts nach deren nationalen Gesetzen wirksam vereinbart wurde. Bezüglich der Form ist daneben unter anderem Art. 29 III EGBGB zu berücksichtigen, der insoweit an die Regelungen am gewöhnlichen Aufenthaltsort des Verbrauchers anknüpft.

1198 Palandt/*Heldrich*, BGB, Art. 27 EGBGB, Rn. 3; Bamberger/Roth/*Spickerhoff*, Art. 27, Rn. 6.

1199 MüKo/*Martiny*, BGB, Art. 27 EGBGB, Rn. 5.

1200 BGH, NJW-RR 2005, 1071; BGH, BGHZ 123, 383; Palandt/*Heldrich*, BGB, Art. 27 EGBGB, Rn. 8.

Schließlich kann die Rechtswahl gemäß Art. 27 I S.1 EGBGB auch konkludent erfolgen, soweit sich dies mit hinreichender Sicherheit aus dem Vertrag oder den Umständen ergibt. Ein wichtiges Indiz ist dabei die Verwendung von Formularen, die auf einer Rechtsordnung aufbauen, ohne diese ausdrücklich zu nennen;[1201] aber auch aus einer ausschließlichen, wirksamen Gerichtsstandsvereinbarung lässt sich eine Rechtswahl ableiten.[1202] Ist also etwa aus den AGB eines in London ansässigen Auktionshauses erkennbar, dass diese auf englischem Recht beruhen, so kann dann auch von einer konkludenten Rechtswahl zugunsten englischen Rechts ausgegangen werden. Die Vereinbarung von London als Gerichtsstand für Streitigkeiten aus dem Vertrag wäre ein weiteres Indiz für eine entsprechende Rechtswahl.

bb. Das mangels Rechtswahl anwendbare Recht, Art. 28 EGBGB

Im Gegensatz zu den Auktionshäusern machen Kunsthändler und Galeristen von der Befugnis, das anwendbare Recht zu bestimmen, deutlich seltener Gebrauch. Für diesen Fall wird das Vertragsstatut in der Regel nach Art. 28 EGBGB durch objektive Anknüpfung ermittelt. Nach Art. 28 I EGBGB unterliegt der Vertrag dem Recht des Staates, mit dem er die engsten Verbindungen aufweist. Art 28 II EGBGB enthält eine, vorrangig zu prüfende,[1203] Vermutung, dass die engste Verbindung zu dem Staat besteht, indem der Erbringer der charakteristischen Leistung seinen gewöhnlichen Aufenthalt oder Sitz hat. Charakteristisch für einen Vertrag ist dabei diejenige Leistung, die ihn von anderen Verträgen unterscheidet.[1204] Bei Kaufverträgen ist die Lieferung der Kaufsache und nicht etwa die Geldzahlung als charakteristische Leistung i.S.d. Art. 28 II EGBGB anzusehen.[1205] Dementsprechend ist bei Kunstverkäufen das Recht des Staates anzuwenden, in dem der Verkäufer seinen gewöhnlichen Aufenthalt oder, wenn es sich um eine juristische Person handelt, seine Hauptverwaltung hat. Wird der Vertrag in Ausübung der beruflichen Tätigkeit des Verkäufers geschlossen, so ist im Zweifel das Recht am Ort der Hauptniederlassung oder, falls die Leistung von einer anderen Niederlassung zu erbringen ist, am Ort dieser anderen Niederlassung maßgeblich, Art. 28 II S.2 EGBGB. Kauft also ein Deutscher bei einem

---

1201 BGH, NJW 2004, 3708; BGH, NJW 1997, 399; Prütting/Wegen/Weinreich/*Brodermann/Wegen*, BGB, Art. 27 EGBGB, Rn. 15

1202 BGH, NJW 1996, 2569; Prütting/Wegen/Weinreich/*Brodermann/Wegen*, BGB, Art. 27 EGBGB, Rn. 12.

1203 Als leges speciales müssten an sich die Abs. 3 und 4 des Art. 28 EGBGB vorrangig geprüft werden, siehe v. Hoffmann/Thorn, IPR, S. 440; allerdings spielen diese im hier zu behandelnden Kontext keine Rolle.

1204 v. Hoffmann/Thorn, IPR, S. 440; MüKo/*Martiny*, BGB, Art. 28 EGBGB, Rn. 33.

1205 Palandt/*Heldrich*, BGB, Art. 28 EGBGB, Rn. 3; Prütting/Wegen/Weinreich/*Brodermann/Wegen*, BGB, Art. 28 EGBGB, Rn. 12.

englischen Händler ein Kunstwerk, so ist mangels Rechtswahl das Recht am Ort des Verkäufers maßgebend, in diesem Falle also englisches Recht. Wird das Werk direkt vom Künstler erworben, so ist dessen gewöhnlicher Aufenthalt bzw. Sitz für das anwendbare Recht ausschlaggebend. Kauft ein Deutscher Privatsammler hingegen bei einem englischen Kunsthandel, der das Werk über seine deutsche Dependance liefern will, so ist wegen Art. 28 II S. 2 EGBGB deutsches Recht anzuwenden.

cc. Die Sonderanknüpfung für Verbraucherverträge i.S.d. Art. 29 EGBGB

Wenn es sich bei dem Vertrag um ein Verbrauchergeschäft i.S.d. Art. 29 I EGBGB handelt, kommt es zu Abweichungen von den eben dargestellten Regelungen. Zum einen darf nach Art. 29 I EGBGB eine Rechtswahl der Parteien nicht dazu führen, dass dem Verbraucher zwingende Schutzvorschriften seines Aufenthaltsstaates genommen werden; zum anderen erklärt Art. 29 II EGBGB bei fehlender Rechtswahl das Recht am gewöhnlichen Aufenthaltsort des Verbrauchers zum Vertragsstatut. Voraussetzung ist aber jeweils, dass die Voraussetzungen des Art. 29 I erfüllt sind und dementsprechend ein Verbrauchergeschäft vorliegt.

Ein solches ist gegeben, wenn der Zweck des Vertrages nicht der beruflichen oder gewerblichen Tätigkeit des Berechtigten zugerechnet werden kann, oder wenn es sich um einen Vertrag zur Finanzierung eines solchen Geschäfts handelt und zusätzlich eine der Alternativen aus Art. 29 I Nr. 1 bis 3 EGBGB vorliegt. Zunächst muss also die Entgegennahme der Leistung dem privaten Lebensbereich zuzuordnen sein; hierbei kann auf die obigen Ausführungen zur Verbrauchereigenschaft verwiesen werden;[1206] eindeutig erfasst ist auch hier die Anlage privaten Vermögens, solange sie keine kaufmännische Organisation nötig macht.[1207] Entscheidend ist damit auch an dieser Stelle wieder, ob es sich um einen schon professionellen Sammler oder noch um einen normalen Privatsammler handelt.

Weiterhin ist zu berücksichtigen, dass Art. 29 EGBGB wegen des dann mangelnden Schutzbedürfnisses keine Anwendung auf Verträge zwischen Privatpersonen findet.[1208] Erfasst sind danach alle gängigen Varianten des Kunstkaufs durch Private.

Insgesamt aber ist der Begriff des Verbrauchervertrages in Art. 29 EGBGB gegenüber dem des Art. 2 a CISG noch etwas weiter gefasst, was eine für den Kunsthandel durchaus relevante Folge zeitigt. So werden eben nicht nur Kauf-

---

1206 Dafür spricht bereits die Einheitlichkeit des Verbraucherbegriffs, siehe daher mit geringen Abweichungen B, IV, 1, a; zur Anwendbarkeit des § 13 BGB in diesem Zusammenhang auch v. Hoffmann/Thorn, IPR, S. 451.

1207 OLG Düsseldorf, RIW 1994, 420; MüKo/*Martiny*, BGB, Art. 29 EGBGB, Rn. 9.

1208 Soergel/v. *Hoffmann*, BGB, Art. 29 EGBGB, Rn. 13.

verträge erfasst, sondern auch Verträge, die der Finanzierung eines solchen Geschäfts dienen, Art. 29 I EGBGB. Damit können auch die Finanzierungen, die große Auktionshäuser in zunehmendem Maße ihren Kunden gewähren,[1209] unter Art. 29 I, II EGBGB fallen, sofern sie die weiteren Voraussetzungen der Norm erfüllen.[1210] Schließlich unterliegen auch Dienstleistungsverträge dem Anwendungsbereich der Sonderanknüpfung für Verbraucherverträge. Der Begriff der Dienstleistung ist dabei weit zu verstehen und erfasst grundsätzlich Dienstleistungsverträge aller Art, also auch Geschäftsbesorgungsverträge.[1211] Dies ist von einiger Relevanz für das Kunstauktionsgeschäft, da somit nicht nur der Auktionskauf, sondern auch das Auftragsverhältnis mit dem Einlieferer erfasst ist, welches in aller Regel als Geschäftsbesorgungsvertrag, jedenfalls aber als Dienstleistungsvertrag anzusehen ist.[1212] In dem bereits erwähnten Fall einer Briefmarkenauktion[1213] gewährte das Auktionshaus dem Auftraggeber Vorschüsse und Darlehen für die eingelieferte Ware; das Gericht sah darin, entsprechend der eben getroffenen Wertungen, eine Verkopplung von Dienstleistungs- und Kreditvertrag und nahm daher das Vorliegen eines Verbrauchervertrages an.[1214]

Was die Dienstleistungsverträge betrifft, ist jedoch auch Art. 29 IV EGBGB zu beachten, der zwei Ausnahmen vom Anwendungsbereich des Art. 29 I EGBGB statuiert. So hat die Norm keine Geltung für Beförderungsverträge, was aber im vorstehenden Kontext irrelevant ist. Daneben aber wird die Anwendbarkeit des Art. 29 I EGBGB auch für Verträge über die Erbringung von Dienstleistungen ausgeschlossen, sofern diese ausschließlich in einem anderen als dem Verbraucherstaat erbracht werden müssen. Eine „Mitnahme" des Heimatrechts in diesen anderen Staat, ist dem Verbraucher verwehrt, da er sich selbst auf einen fremden Markt begeben hat; wäre dies möglich, könnte es zu einer unangemessenen Privilegierung dieses Verbrauchers gegenüber anderen Verbrauchern kommen.[1215] Dieser Ausnahmetatbestand greift im Übrigen auch dann, wenn ein entsprechendes Angebot oder eine Werbung im Sinne des Art. 29 I Nr. 1 EGBGB vorangegangen ist.[1216] Kaufverträge oder Finanzierungsverträge werden von der Ausnahmeregelung jedoch nicht erfasst. Vom kollisions-

---

1209 Siehe dazu B, I, 2, d.

1210 So auch Spinellis, Internationaler Kunsthandel, S. 70.

1211 Palandt/*Heldrich*, BGB, Art. 29 EGBGB, Rn. 3; Prütting/Wegen/Weinreich/*Remien*, BGB, Art. 29 EGBGB, Rn. 10.

1212 So im Ergebnis auch Spinellis, Internationaler Kunsthandel, S. 69; Zur Einordnung als Geschäftsbesorgungsvertrag siehe oben B, I, 2, d, dd.

1213 Siehe dazu schon Fn. 552.

1214 BGE, SZIER 1996, 88.

1215 MüKo/*Martiny*, BGB, Art. 29 EGBGB, Rn. 27.

1216 Spinellis, Internationaler Kunsthandel, S. 73; MüKo/*Martiny*, BGB, Art. 29 EGBGB, Rn. 27.

rechtlichen Schutz des Art. 29 EGBGB ausgenommen sind demnach etwa die Verträge eines deutschen Einlieferers mit einem englischen Auktionshaus, sofern die erforderlichen Dienstleistungen ausschließlich in England erfüllt werden müssen. Ist demgegenüber eine endgültige Schätzung des zur Versteigerung kommenden Werkes am Aufenthaltsort des Verbrauchers bzw. Einlieferers vorgesehen, kann dies nicht mehr gelten, da bereits ein nicht unerheblicher Teil der zu erfüllenden Dienstleistung im Wohnsitzstaat des Verbrauchers stattgefunden hat. Nur wenn die gesamte Dienstleistung des Auktionators in England erfüllt wird, ist dem Verbraucher der Schutz des Art. 29 EGBGB zu versagen.

Für alle Konstellationen aber ist entscheidend, dass der Vertrag unter den in Nr. 1 bis 3 des Art. 29 I EGBGB bezeichneten Umständen zustande gekommen ist.

(1) Absatztätigkeit im Lande des Verbrauchers, Art. 29 I Nr. 1 EGBGB

Die Alternative des Art. 29 I Nr. 1 EGBGB setzt voraus, dass dem Vertragsschluss ein ausdrückliches Angebot oder eine Werbung im Aufenthaltsstaat des Verbrauchers vorangegangen ist und der Verbraucher dort auch die entsprechenden Rechtshandlungen vorgenommen hat. Insofern ist eine gewisse Parallelität zu Art. 15 I c Alt. 1 EuGVO festzustellen, der jedoch durch die Verwendung des Begriffs des *Ausrichtens* auf den Wohnsitzstaat weniger konkret und letztlich weiter ausgestaltet ist.[1217] Ein ausdrückliches Angebot ist ein solches, das dem Verbraucher persönlich, insbesondere durch einen Vertreter oder Hausierer, unterbreitet wird.[1218] Dabei muss es sich nicht um eine Angebot i.S.d. §§ 145 ff. BGB handeln, vielmehr genügt eine invitatio ad offerendum.[1219] Erfasst ist demnach etwa die Katalogzusendung oder die Aufforderung, die Waren in den Räumen des Verkäufers aufzusuchen, wobei sich das Angebot nicht exakt auf das später erworbene Produkt bezogen haben muss.[1220] Schließlich ist auch gleichgültig, ob das Angebot vom Unternehmer selbst oder einem durch ihn eingeschalteten Vermittler abgegeben wird.[1221]

Der Begriff der Werbung umfasst alle absatzfördernden Maßnahmen im Aufenthaltsstaat des Verbrauchers, unabhängig davon, ob sie allgemein über Presse, Radio, Fernsehen, Kino oder in anderer Weise verbreitet, oder unmittelbar, also etwa mit speziell in diesen Staat gesandten Katalogen, an den Empfän-

---

1217 Zum Begriff des Ausrichtens siehe oben E, I, 1, b, aa, (1).

1218 MüKo/*Martiny*, BGB, Art. 29 EGBGB, Rn. 34 unter Bezugnahme auf den nahezu identischen Wortlaut des Art. 13 I Nr. 3 EuGVÜ.

1219 OLG München, NJW-RR 1993, 703.

1220 MüKo/*Martiny*, BGB, Art. 29 EGBGB, Rn. 34, Soergel/*v.Hoffmann*, BGB, Art. 29 EGBGB, Rn. 17.

1221 MüKo/*Martiny*, BGB, Art. 29 EGBGB, Rn. 34, Soergel/*v.Hoffmann*, BGB, Art. 29 EGBGB, Rn. 17.

ger gerichtet werden.[1222] Daneben erfüllen auch Gespräche der Handelsvertreter des jeweiligen Anbieters mit dem Verbraucher den Tatbestand des Art. 29 I Nr. 1 Alt. 2 EGBGB. Bezüglich der Werbung über das Internet, ist darauf abzustellen, ob sich die jeweilige Website des Anbieters zumindest auch auf den Aufenthaltsstaat des Verbrauchers bezieht. Dem Anbieter ist es dabei möglich, durch eindeutige Hinweise auf der Website klarzustellen, dass er eine Geltung für bestimmte Staaten ausschließen möchte.[1223]

Durch die Tatbestandsalternativen des ausdrücklichen Angebots und der Werbung sind damit weitestgehend dieselben Maßnahmen des Kunsthandels erfasst wie im Rahmen des Art. 15 I c EuGVO.[1224] Die gängige Zusendung von Katalogen oder Booklets ist damit ebenso unproblematisch erfasst, wie die Anzeigen in nationalen und internationalen Kunstmagazinen. Die Bestellung eines Werks auf einer Messe im Aufenthaltsstaat des Verbrauchers, die auf ein Angebot eines Mitarbeiters der jeweiligen Galerie zurückzuführen ist, ist den genannten Maßnahmen insofern gleichzustellen. Damit ist der Großteil der gängigen Werbemaßnahmen im Kunsthandel erfasst. Werbung über das Internet spielt, wie bereits erwähnt, eine eher untergeordnete Rolle bei der Anbahnung von Kunstkäufen, ist nach dem oben Gesagten aber häufig von Art. 29 I Nr. 1 EGBGB erfasst. Daneben ist darauf hinzuweisen, dass über die oben genannten Werbemittel auch zur Einlieferung von Werken in Auktionen animiert wird, die daher in diesem Kontext mit zu berücksichtigen sind. Hingegen sind die, ohnehin noch recht seltenen, Finanzierungsverträge seitens der Auktionshäuser aus verständlichen Gründen ein eher diskret und im Einzelfall zu behandelndes Instrument, das dementsprechend auch nicht öffentlich beworben wird.

Schließlich ist aber zu beachten, dass die bloße Subsumtion der jeweiligen Maßnahme unter eine dieser beiden Alternativen per se noch nicht genügt. Gemäß Art. 29 I Nr. 1 EGBGB muss der Verbraucher zusätzlich im Staat seines gewöhnlichen Aufenthalts auch die zum Abschluss des Vertrages erforderlichen Rechtshandlungen vorgenommen haben. Dafür genügt irgendeine für den Vertragsschluss konstitutive Erklärung des Verbrauchers, wie etwa die Unterschrift und das Absenden einer Bestellung oder ein Telefonanruf;[1225] in den Internet-Fällen ist dementsprechend die Abgabe einer Erklärung über einen Computer in diesem Staat als ausreichend zu erachten.[1226] Für den Kunstkäufer bedeutet dies,

---

1222 EuGH, IPRax 2003, 50 zu Art. 13 EuGVÜ; MüKo/*Martiny*, BGB, Art. 29 EGBGB, Rn. 35.

1223 MüKo/*Martiny*, BGB, Art. 29 EGBGB, Rn. 36; Palandt/*Heldrich*, BGB, Art. 29 EGBGB, Rn. 6; Pfeiffer, NJW 1997, 1207.

1224 Insofern kann in weiten Teilen auf die Ausführungen zu Art. 15 c I EuGVO verwiesen werden, E, I, 1, b, aa.

1225 MüKo/*Martiny*, BGB, Art. 29 EGBGB, Rn. 37; Erman/*Hohloch*, BGB, Art. 29 EGBGB, Rn. 11.

1226 MüKo/*Martiny*, BGB, Art. 29 EGBGB, Rn. 37.

dass nahezu jede Annahmeerklärung oder jede Abgabe eines Angebots aus seinem Wohnsitzstaat heraus die von Art. 29 I Nr. 1 EGBGB aufgestellten Erfordernisse erfüllt. Dasselbe gilt für einen Versteigerungsauftrag, der vom Verbraucher auf diese Weise angeregt wird.

(2) Entgegennahme von Bestellungen des Verbrauchers, Art. 29 I Nr. 2 EGBGB

Ein alternativer, ausreichender Bezug zum Aufenthaltsstaat des Verbrauchers wird nach Maßgabe des Art. 29 I Nr. 2 EGBGB dann begründet, wenn der Vertragspartner des Verbrauchers oder sein Vertreter die Bestellung im Aufenthaltsstaat des Verbrauchers aufgenommen hat. Hier ist mit der Bestellung die maßgebliche Vertragsschlusserklärung durch den Verbraucher gemeint, wobei der Vertragsschluss als solcher noch nicht erforderlich ist.[1227] Dabei muss der Vertragspartner des Verbrauchers in dessen Wohnsitzstaat physisch präsent sein, so dass hier insbesondere auf die Entgegennahme von Bestellungen auf einer Messe zu denken ist.[1228] Durch die Erfassung der Bestellungen auf Messen ist diese Alternative des Art. 29 I EGBGB von besonderer Relevanz für den Kunsthandel. Die Zahl von Kunstmessen mit internationaler Beteiligung nimmt – auch in Deutschland – stetig zu. Nimmt in diesen Fällen ein ausländischer Aussteller oder sein Vertreter eine Bestellung des Verbrauchers entgegen, so muss er wegen der Absatztätigkeit in dessen Wohnsitzstaat die Konsequenzen des Art. 29 EGBGB dulden. In diesem Zusammenhang ist auch denkbar, dass ein Vertreter eines großen Auktionshauses einen privaten Sammler in seinem Wohnsitzstaat aufsucht, um ihn zur Einlieferung eines bestimmten Werkes zu animieren. Auch in diesem Fall wären die vorgenannten Voraussetzungen erfüllt, wenn der Verbraucher einen entsprechenden Auftrag abgibt; dies gilt entsprechend für einen Finanzierungsvertrag, der auf diese Weise zustande kommt.

(3) Bestellung im Rahmen einer Verkaufsreise, Art. 29 I Nr. 3 EGBGB

Warenkaufverträge sind nach der letzten Alternative des Art. 29 I EGBGB auch dann Verbraucherverträge, wenn der Verbraucher auf Betreiben des Verkäufers aus seinem Aufenthaltsstaat in einen anderen reist, und dort eine Bestellung aufgibt. Diese Variante erfasst maßgeblich die sog. Kaffeefahrten, hat jedoch keinerlei Relevanz für den Kunsthandel. Im Einzelfall ist vorstellbar, dass kunstgewerbliche Produkte im Rahmen solcher Veranstaltungen zum Verkauf kom-

---

1227 Prütting/Wegen/Weinreich/*Remien*, BGB, Art. 29 EGBGB, Rn. 17; Palandt/*Heldrich*, BGB, Art. 29 EGBGB, Rn. 6

1228 Palandt/*Heldrich*, BGB, Art. 29 EGBGB, Rn. 6, MüKo/*Martiny*, BGB, Art. 29 EGBGB, Rn. 38, Prütting/Wegen/Weinreich/*Remien*, BGB, Art. 29 EGBGB, Rn. 17.

men, doch entspräche eine dahingehende Betrachtung nicht der Zielsetzung dieser Arbeit.

(4) Die Formregelung in Art. 29 III EGBGB

Schließlich ist noch auf die Regelung des Art. 29 III EGBGB hinzuweisen, die als besondere Kollisionsnorm bezüglich der Form den Art. 11 EGBGB verdrängt, wenn es sich um einen Verbrauchervertrag handelt. Dabei ist zu beachten, dass diese Sonderregelung für die Form sowohl bei objektiver Anknüpfung wie auch bei Rechtswahl Gültigkeit besitzt.[1229] Für die Form gilt dann das Aufenthaltsrecht des Verbrauchers, und zwar unabhängig davon, ob dies für ihn günstiger ist.

dd. Verbraucherschutz bei Drittstaatenrechtswahl, Art. 29 a EGBGB

Nach Art. 29 a I EGBGB soll der europäische Verbraucherschutz auch bei einer Rechtswahl zugunsten eines Nicht-EG/EWR-Mitgliedsstaates gelten, sofern ein enger Zusammenhang mit dem Gebiet eines dieser Staaten besteht. Durch die so statuierte Anwendung der Bestimmungen zur Umsetzung der europäischen Verbraucherschutzrichtlinien wird ein sachrechtlicher Mindeststandard geschaffen, und damit der kollisionsrechtliche Verbraucherschutz über Art. 29 EGBGB hinaus gesichert. Dabei sind alle Verbraucherverträge erfasst, Ausnahmen oder Konkretisierungen wie in Art. 29 EGBGB enthält die Norm nicht.

Zur Konkretisierung des „engen Zusammenhangs“ enthält Art. 29 a II EGBGB Regelbeispiele, die schon aufgrund der Formulierung „insbesondere anzunehmen“ keinen abschließenden Katalog darstellen.

Nach Art. 29 a II Nr. 1 EGBGB ist ein enger Zusammenhang *insbesondere* dann anzunehmen, wenn der Vertrag auf Grund eines öffentlichen Angebots, einer öffentlichen Werbung oder ähnlichen Maßnahmen, die in einem EG/EWR-Staat entfaltet werden, zustande kommt. Bezüglich des geforderten öffentlichen Tätigwerdens genügen Werbemaßnahmen in den gängigen Medien ebenso wie individualisierte Zusendungen, Vertreterbesuche, Telefonanrufe oder Internetauftritte; diese müssen wegen der Formulierung „auf Grund“ auch eine gewisse Kausalität für den Vertragsschluss aufweisen, die aber nicht allzu strikt beurteilt werden darf.[1230]

Allerdings muss kumulativ zu den genannten Erfordernissen Art. 29 a II Nr. 2 EGBGB erfüllt sein und mithin der Verbraucher bei Abgabe seiner auf den Vertragsschluss gerichteten Erklärung seinen gewöhnlichen Aufenthalt in einem EG/EWR-Staat haben.

1229 Prütting/Wegen/Weinreich/*Remien*, BGB, Art. 29 EGBGB, Rn. 24.
1230 Prütting/Wegen/Weinreich/*Remien*, BGB, Art. 29a EGBGB, Rn. 4.

Wegen der weiten Formulierung des „engen Zusammenhangs" und der bloßen Darstellung von Regelbeispielen in Art. 29 a II EGBGB ist es nicht ganz leicht festzustellen, welche anderen Fälle hier denkbar sind. Als Kriterium lässt sich etwa heranziehen, ob der Vertrag ohne Rechtswahl kraft objektiver Anknüpfung nach Art. 4, 5 III EVÜ bzw. Art. 28, 29 EGBGB dem Recht eines Mitgliedsstaates zu unterstellen wäre.[1231] Daneben kommt bspw. auch der Ort der Vertragsanbahnung oder des – Abschlusses als hinreichender Umstand in Frage.[1232] Schließlich sollte wohl eine Gesamtbetrachtung erfolgen, in der verschiedene denkbare Kriterien im Einzelfall zu berücksichtigen sind.[1233] Dabei ist allerdings zu beachten, dass der enge Zusammenhang jeweils für eine der genannten Richtlinien zu ermitteln ist; insofern ist bei der Bestimmung des engen Zusammenhangs immer auch das Schutzkonzept der jeweils betroffenen Richtlinie heranzuziehen.

Ist nach dieser Gesamtbetrachtung des Einzelfalls ein enger Zusammenhang zu bejahen, führt dies zur Anwendung der Umsetzungsbestimmungen des Rechts des Staates des engsten Zusammenhangs.

ee. Zwischenergebnis zur Relevanz der Verbraucherverträge i.S.d. Art. 29 EGBGB im Kunsthandel

Die Darstellung der verschiedenen Alternativen des Art. 29 I EGBGB hat gezeigt, dass kunsthandelsrechtliche Verträge durchaus als Verbrauchergeschäfte einzuordnen sein können. Die von den Art. 29 I Nr. 1 und 2 EGBGB betroffenen Sachverhalte spielen sich auch nicht etwa nur in Marktnischen ab, sondern sind teilweise dem Alltagsgeschäft des international agierenden Kunsthandels zuzurechnen. Insofern ist die Relevanz der Sonderanknüpfung für den Kunsthandel als erheblich einzuschätzen. Diesem Ergebnis ist letztlich auch in seiner ganzen Konsequenz zuzustimmen. Der grenzüberschreitend aggressiv oder zumindest expansiv agierende Kunsthändler oder Auktionator muss damit rechnen, dass seine Strategie zu einer Konfrontation mit Verbraucherschutzvorschriften aus anderen Rechtsordnungen führen kann.

In der Praxis des Kunsthandels dürften die Schwerpunkte auf Art. 29 I EGBGB liegen, der dem Verbraucher im Falle einer Rechtswahl den Schutz der Vorschriften seines Aufenthaltsstaates garantiert, sofern die in Art. 29 I Nr. 1 bis 3 EGBGB genannten zusätzlichen Voraussetzungen erfüllt sind. Demgegenüber

---

1231 Grundmann/Bianca, EU-Kaufrechtsrichtlinie, Art. 7, Rn. 71 ff.; MüKo/*Martiny*, BGB, Art. 29a EGBGB, Rn. 38.

1232 MüKo/*Martiny*, BGB, Art. 29a EGBGB, Rn. 38; Paefgen, ZEuP 2003, 277.

1233 Dahingehend etwa EuGH, C-70/03, Slg. 04, I-7999 (zu Art. 6 II der RL 93/13); Bamberger/Roth/*Spickhoff*, BGB, Art. 29a EGBGB, Rn. 10; MüKo/*Martiny*, BGB, Art. 29a EGBGB, Rn. 40; Palandt/*Heldrich*, BGB, Art. 29a EGBGB, Rn. 3; Prütting/Wegen/Weinreich/*Remien*, BGB, Art. 29a EGBGB, Rn. 5.

ist der Anwendungsbereich des Art. 29 II EGBGB, wonach der Vertrag objektiv an das Verbraucherstatut anzuknüpfen ist, als geringer einzuschätzen. Gerade international operierende Händler vereinbaren in Individualabreden oder AGBs in aller Regel die Anwendung eines bestimmten Rechts auf den Vertrag. Etwas anderes ist wohl nur bei Verträgen mit unseriösen Händlern denkbar oder, wenn die Rechtswahl der Parteien nach dem dafür maßgeblichen Recht unwirksam ist.

Versucht ein derartiger Händler darüber hinaus die Schutzvorschriften des europäischen Verbraucherschutzes durch die Rechtswahl eines Drittstaates auszuhebeln, wird der Verbraucher durch Art. 29 a EGBGB geschützt.

b. Die neue Rom-I Verordnung[1234]

Die Mitgliedsstaaten der Europäischen Union haben sich in der Vergangenheit bereits durch eine Vielzahl von Maßnahmen um die Vereinheitlichung des internationalen Privatrechts bemüht; in diesem Kontext sind etwa das EuGVÜ und später die EuGVO, sowie das EVÜ entstanden. Im Lichte dieser Bestrebungen ist auch die Mitte Juni 2008 verabschiedete Rom I-Verordnung zu sehen. Die Rom I-Verordnung wird gemäß Art. 29 Rom-I VO erst achtzehn Monate nach ihrer Annahme anwendbar sein, so dass das EVÜ bzw. die entsprechenden Regelungen des EGBGB zunächst weiterhin Geltung beanspruchen. Die Verordnung soll nach Art. 2 Rom-I VO auch dann anwendbar sein, wenn das Recht eines Drittstaates betroffen ist. Als Verordnung stellt sie nach Maßgabe des Art. 249 II EGV und des Art. 29 Rom-I VO unmittelbar geltendes Recht dar und bedarf daher zum einen keiner weiteren Umsetzung und wird zum anderen die auf dem EVÜ beruhenden Regelungen, also auch die Art. 27 ff. EGBGB, verdrängen. Wegen der damit einhergehenden Bedeutung für internationale Sachverhalte des Kunsthandels gilt es, auch die entscheidenden Regelungen der Rom-I VO näher zu betrachten.

aa. Anwendungsbereich der Rom-I VO

Der sachliche Anwendungsbereich der Rom-I VO ergibt sich aus Art. 1 des Vorschlages. Danach sind grundsätzlich alle vertraglichen zivil- und handelsrechtlichen Schuldverhältnisse erfasst, die eine Verbindung zu mehreren Staaten aufweisen. Art. 1 II Rom-I VO enthält eine Vielzahl von Ausnahmen zu dem weit gefassten Anwendungsbereich der Verordnung. Für die vorliegend zu behandelnden Sachverhalte und Streitigkeiten spielen diese Ausnahmeregelungen je-

---

1234 Verordnung des Europäischen Parlaments und des Rates über das auf vertragliche Schuldverhältnisse anzuwendende Recht vom 17.06.2008 (Rom I), Abl.L 177 vom 04.07.2008, S. 6-16. (nachfolgend Rom-I VO)

1236 Mitteilung vom 24.07.2008, 2007/0282 (COD)

doch keine entscheidende Rolle, so dass auf eine weitere Darstellung derselben verzichtet werden kann.

Bezüglich des räumlichen Anwendungsbereichs wird die Verordnung entsprechend Erwägungsgrund 46 der Rom-I VO nicht für Dänemark gelten. Erwägungsgrund 45 enthält auch bezüglich des Vereinigten Königreichs einen entsprechenden Passus, so dass die Verordnung für diese europäische Kunsthandelsnation nicht bindend und dieser gegenüber auch nicht anwendbar war. Aufgrund der herausragenden Stellung des Kunstumschlagplatzes London ist es zu begrüßen, dass das Vereinigte Königreich nunmehr von seiner Opt-In-Möglichkeit Gebrauch gemacht hat und eine entsprechende Erklärung abgegeben hat.[1236] Somit wird die Rom-I VO in allen bedeutenden europäischen Kunsthandelsnationen zur Anwendung kommen.

bb. Die Rechtswahl nach Art. 3 Rom-I VO

Nach Art. 3 Rom-I VO unterliegt der Vertrag grundsätzlich der Rechtswahl der Parteien; etwas anderes kann sich aber aus den Art. 5 bis 8 der Verordnung ergeben. Damit bleibt die Möglichkeit der Rechtswahl insbesondere dem internationalen Wirtschaftsverkehr weiterhin erhalten.[1238] Insgesamt weist die Regelung der Rechtswahl recht große Parallelen zum Wortlaut des Art. 3 EVÜ bzw. Art. 27 EGBGB auf, auf deren Darstellung insofern verwiesen werden kann.[1239] Allerdings bringt Art. 3 Rom-I VO auch gewisse interessante Neuerungen mit sich. Nach Art. 3 II des vorhergehenden Verordnungsvorschlages[1240] konnten die Parteien ausdrücklich auch Grundsätze und Regeln des materiellen Vertragsrechts für anwendbar erklären, sofern diese auf internationaler oder Gemeinschaftsebene anerkannt sind. Diese ausdrückliche Regelung ist in der aktuellen Fassung nicht mehr enthalten; allerdings stellt Erwägungsgrund 13 klar, dass die Bezugnahme auf ein nichtstaatliches Regelwerk oder internationales Übereinkommen möglich ist. Zu denken ist bei derartigen Werken etwa an die sog. Lando-Principles,[1241] oder die UNIDROIT-Principles[1242]. Erwägungsgrund 14 erklärt

1238 Diese sind auch ausdrücklich in der Begründung des Entwurfs genannt, Rom-I VO-V, KOM (2005) 650 endg, S.6.

1239 Siehe dazu E, II, 2, a, aa.

1240 Vorschlag für eine Verordnung des Europäischen Parlaments und des Rates über das auf vertragliche Schuldverhältnisse anzuwendende Recht v. 15.12.2005, KOM (2005) 650; auch abgedruckt in IPRax 2006, 193, nachfolgend Rom-I VO-V genannt.

1241 Principles of European Contract Law, siehe http://frontpage.cbs.dk/law/commission_on_european_contract_law.

1242 Unidroit Prinzipien des internationalen Handelsrechts, siehe www.unilex.info, ausführliche Informationen auch unter www.unidroit.org.

darüber hinaus, dass in einem möglichen zukünftigen Gemeinschaftsinstrument vorgesehen werden kann, dass dieses durch die Parteien für anwendbar erklärt werden kann.[1243] Insofern ist der Begriff des „anderen Rechts" in Art. 3 Rom-II VO weit zu verstehen.
Die oben genannten und einige weitere Neuerungen bleiben, wie die weitere Diskussion zeigen wird, für den privaten Kunstkäufer weitgehend bedeutungslos.

cc. Die objektive Anknüpfung nach Art. 4 Rom-I VO

Wurde eine Rechtswahl nicht getroffen, richtet sich das anwendbare Recht nach Art. 4 Rom-I VO. Diese Regelung hat sich gegenüber Art. 4 EVÜ bzw. Art. 28 EGBGB deutlich verändert und ist in ihrer Systematik neu gestaltet worden. Dabei wird eine ganze Reihe verschiedener Vertragstypen aufgezählt und mit eigenen Anknüpfungsregeln versehen. Für die hier zu behandelnden Vertragstypen einschlägig sind zunächst Art. 4 I a (für Kaufverträge) und b (für Dienstleistungsverträge). Nach diesen Normen werden sowohl Kaufverträge als auch Dienstleistungsverträge dem Recht des Staates unterworfen, in dem der Verkäufer bzw. der Dienstleister seinen gewöhnlichen Aufenthalt hat. Systematisch stellt dies eine deutliche Änderung dar; inhaltlich aber entspricht die Regelung in aller Regel Art. 4 EVÜ bzw. Art. 28 EGBGB, da an den gewöhnlichen Aufenthalt derjenigen Partei angeknüpft wird, welche die charakteristische Leistung zu erbringen hat.[1244] Systematisch taucht die Anknüpfung an die charakteristische Leistung auch noch als Auffangregel in Art. 4 II Rom-I VO wieder auf. Insofern bleibt es im Ergebnis dabei, dass bei Kunstkäufen in der Regel das Recht am gewöhnlichen Aufenthalt des Verkäufers maßgebend ist. Ergibt sich aus der Gesamtheit der Umstände, dass der Vertrag eine offensichtlich engere Verbindung zu einem anderen als nach dem in Art 4 I, II Rom-I VO statuierten Staat aufweist, ist dann das Recht dieses anderen Staates anzuwenden. Kann das anzuwendende Recht nicht nach diesen Regelungen bestimmt werden, wird subsidiär auf das Recht desjenigen Staates abgestellt, zu dem der Vertrag die engste Verbindung aufweist, Art. 4 IV Rom-I VO.

dd. Die Sonderregelung für den Kauf durch Versteigerung in Art. 4 I g Rom-I VO

Neben den Kauf- und Dienstleistungsverträgen ist in Art. 4 I Rom-I VO allerdings noch ein weiterer Vertragstyp ausdrücklich genannt, der im Kontext des

1243 Kritisch dazu Leible/Lehmann, RIW 2008, 533; sowie zum Verordnungsvorschlag, Mankowski, IPRax 2006, 102.
1244 Siehe dazu auch Mankowski, IPRax 2006, 103.

Kunstkaufs von besonderem Interesse ist. Nach Art. 4 I g Rom-I VO unterliegen Verträge über den Kauf beweglicher Sachen durch Versteigerung dem Recht des Staates, in dem die Versteigerung abgehalten wird, sofern der Ort der Versteigerung bestimmt werden kann.[1245] Ist nichts anderes vereinbart, ist bei den im Kunsthandel so bedeutenden Versteigerungskäufen zunächst also das Recht am Versteigerungsort einschlägig. Dies entspricht in aller Regel auch den Versteigerungsbedingungen der Auktionshäuser, in denen naturgemäß meist das Recht am jeweiligen Sitz gewählt wird. Für den Kunstkäufer ändert sich insofern nicht allzu viel, da die entsprechenden Rechtswahlklauseln schon zu demselben Ergebnis führten. In der Praxis dürfte die Anknüpfung nach Art. 4 I g Rom-I VO nur selten relevant werden. Meist wird eine wirksame Rechtswahl vorliegen oder der Anwendungsbereich der Sonderregelung für Verbraucherverträge eröffnet sein. Sollte beides ausnahmsweise nicht gegeben sein, würde eine Anknüpfung dann nach Maßgabe der dargestellten Norm erfolgen.

ee. Die Sonderregelung für Verbraucherverträge nach Art. 6 Rom-I VO

Die dargestellten Kollisionsnormen bilden für den Kauf des privaten Kunstsammlers letztlich aber nur den nötigen Hintergrund. Die entscheidenden Neuerungen für den privaten Kunstkäufer bringt die Neugestaltung der Verbraucherverträge in Art. 6 Rom-I VO, der auch insgesamt die wohl meistdiskutierte Regelung der Verordnung sein dürfte, was schon die Diskussion zum Verordnungsvorschlag zeigte.[1246] Bei der Neuregelung hat man sich bemüht, den sachlichen und situativen Anwendungsbereich des Art. 15 EUGVO weitgehend zu übernehmen, um so den Gleichlauf von internationaler Zuständigkeit und anwendbarem Recht für Verbraucherverträge sicherzustellen.[1247] Die Bedeutung dieses Ziels wird in Erwägungsgrund 24 ausdrücklich hervorgehoben. Inhaltlich zielt die Regelung ausweislich des Erwägungsgrundes 23 darauf ab, die „schwächere Partei“ durch Kollisionsnormen zu schützen, die für sie günstiger sind als die allgemeinen Regeln.

(1) Der sachliche Anwendungsbereich

Eine der wichtigsten Änderungen betrifft den *sachlichen Anwendungsbereich.* Durch die Formulierung des Art. 6 I Rom-I VO werden alle Vertragstypen dem

---

1245 Da der Versteiegerungsort bei Internet-Auktionen nicht bestimmt werden kann, ist in diesen Fällen Art. 4 II Rom-I VO anzuwenden, Leible/Lehmann, RIW 2008, 535.

1246 Beispielhaft etwa Jayme/Kohler, IPRax 2006, 537; Mankowski, ZVglRWiss 105 (2006), 120; Mankowski, IPRax 2006, 105; Solomon in Ferrari/Leible, Ein neues internationales Vertragsrecht für Europa (2007), S. 89; Bitterich, RIW 2006, 262; Basedow, FS Jayme, 3 ff. jew. m.w.N.

1247 Ehle, GPR 2003, 51.

internationalen Verbrauchervertragsrecht unterworfen, denen die klassische Verbraucher-Unternehmer-Konstellation zugrunde liegt. Für den Kunsthandel hat dies jedoch, soweit ersichtlich, keine entscheidende Bedeutung, da bereits Art. 29 I EGBGB alle relevanten Verträge erfasste. Die schon in Art. 29 IV EGBGB enthaltene Ausnahmeregelung für Dienstleistungsverträge, bei denen die Erbringung der Dienstleistung ausschließlich in einem anderen als dem Verbraucherstaat erbracht werden muss, lebt in Art. 6 IV a Rom-I VO-V weiter fort.[1248]

(2) Der situative Anwendungsbereich

Nach Art. 6 I Rom-I VO ergibt sich der Bezug zum Verbraucherstaat daraus, dass der Unternehmer in dem Staat, in dem der Verbraucher seinen gewöhnlichen Aufenthalt hat, eine gewerbliche oder berufliche Tätigkeit ausübt oder, dass er eine solche auf irgendeinem Wege auf zumindest auch diesen Staat ausrichtet und der Vertrag in den Bereich dieser Tätigkeit fällt. Der situative Anwendungsbereich des internationalen Verbrauchervertragsrechts entspricht damit im Prinzip dem des Art. 15 I c EuGVO.[1249]

Gegenüber Art. 29 I Nr. 1 EGBGB ist damit das Erfordernis entfallen, dass der Verbraucher seine Vertragserklärung in seinem Mitgliedsstaat abgeben muss. Der Ort der Abgabe dieser Erklärung ist zum einen relativ zufällig und zum anderen kein allzu prägendes Element eines Vertrages, so dass dieser Regelung zuzustimmen ist.[1250] Vor allem aber wurde die kasuistische Aufzählung möglicher Bezüge zum Verbraucherstaat in Art. 29 I Nr. 1 bis 3 EGBGB durch ein einheitliches Kriterium ersetzt. Dabei bedient man sich nun des allgemeinen Kriteriums der Ausrichtung auf den Verbraucherstaat, wie sie eben auch Art. 15 I c EuGVO enthält. Insofern wird ein - der in Erwägungsgrund 24 genannten Zielsetzung entsprechender - weitgehender Gleichlauf der situativen Kriterien und damit auch von internationaler Zuständigkeit und anwendbarem Recht erreicht.[1251] Bezüglich der Anwendung dieser Kriterien auf Kunststreitigkeiten und die damit einhergehenden Folgen sei daher nach oben verwiesen.[1252]

1248 Zur Relevanz dieser Regelung siehe insofern oben E, II, 2, cc.
1249 Siehe dazu ausführlich schon oben unter E, I, 1, b, aa, (1).
1250 Mankowski, ZVglRWiss 105 (2006), 129.
1251 Mankowski, IPRax 2006, 106.
1252 Siehe E, I, 1, b, aa, (1).
1254 Bei Art. 29 EGBGB musste man dies noch mit dem Schutzzweck der Regelung begründen, da eine ausdrückliche Erklärung fehlte, siehe I, II, 2, a, cc.

(3) Der persönliche Anwendungsbereich

Den *persönlichen Anwendungsbereich* betreffend enthält Art. 6 I der Verordnung eine dahingehende Klarstellung, dass nur Verträge erfasst sind, bei denen der Unternehmer Leistungsanbieter und der Verbraucher Leistungsnachfrager ist. Verträge zwischen Privatpersonen sind damit vom Anwendungsbereich ausgeschlossen.[1254] Art. 5 II Rom-I VO-V enthielt noch eine vieldiskutierte Regelung, wonach Voraussetzung der Anwendung war, dass der Verbraucher seinen gewöhnlichen Aufenthalt in einem Mitgliedsstaat hat. In der endgültigen Formulierung des Art. 6 Rom-I VO ist dieses Erfordernis aber wieder entfallen. So sind auch die Art. 5 EVÜ bzw. Art. 29 EGBGB unbeschränkt allseitig formuliert und damit unabhängig davon anwendbar, ob der Verbraucher seinen gewöhnlichen Aufenthalt in einem Mitgliedsstaat hat. Weil Art. 2 und Art. 6 des Verordnungsvorschlages keine entsprechenden Regelungen enthielten, wurde teilweise vermutet, dass es sich bei der unvollkommen allseitigen Ausgestaltung um ein Versehen handle, das aus der unbedachten Übernahme aus Art. 15 I EuGVO resultiere; jedenfalls aber stieß dieser Aspekt des Verordnungsvorschlages auf breite Kritik.[1255] Bemängelt wurde zum einen der systematische Bruch gegenüber Art. 5 II EVÜ sowie gegenüber dem Rest des Verordnungsvorschlages. Für den Fall, dass die Formulierung tatsächlich der Übernahme aus Art. 15 I c EuGVO geschuldet war, wurde weiterhin angebracht, dass diese Regelung zwar im internationalen Zivilprozessrecht durchaus sinnvoll sei, im internationalen Verbrauchervertragsrecht jedoch nicht. Im System der internationalen Zuständigkeit, das von einem Gegenseitigkeitsprinzip in einem geschlossenen Kreis von Vertragsstaaten ausgeht, kann der europäische Gesetzgeber eine Zuständigkeit auch nur für Mitgliedsstaaten begründen. Eine Begründung darüber hinausreichender Gerichtsstände wäre schon wegen der Verletzung fremder Hoheitsrechte völkerrechtswidrig.[1256] Demgegenüber erschien die Regelung im internationalen Verbrauchervertragsrecht in ihrem Gerechtigkeitsgehalt unbefriedigend. Die Schutzbedürftigkeit des Verbrauchers beruht eben nicht auf der Tatsache, dass er in einem Mitgliedsstaat lebt, sondern darauf, dass er ein Informationsdefizit gegenüber dem Unternehmer hat und daneben auf einer bestimmten Form der Geschäftsanbahnung seitens der Unternehmer.[1257]

Insofern ist die nun verabschiedete Formulierung des Art. 6 Rom-I VO zu begrüßen, da sie Sinn und Zweck des Verbraucherschutzes näher kommt als die vorhergehende unvollkommen allseitige Ausgestaltung.

1255 Solomon in Ferrari/Leible, Internationales Vertragsrecht (2007), S. 94 ff.; Bitterich, RIW 2006, 267; Leible, IPRax 2006, 370; Mankowski, IPRax 2006, 106; Mankowski, ZVglRWiss 105 (2006), 160.

1256 Leible, IPRax 2006, 370.

1257 Leible, IPRax 2006, 370.

(4) Die Neuregelung der Verbraucherverträge in Art. 6 Rom-I VO

Die zentrale Regelung der neuen Kollisionsnorm für Verbraucherverträge ist jedoch die in Art. 6 II Rom-I VO statuierte Rechtswahlmöglichkeit. Danach ist eine Rechtswahl ungeachtet der objektiven Anknüpfung in Art. 6 I Rom-I VO möglich. Allerdings darf dies nach Art. 6 II S.1 Rom-I VO nicht dazu führen, dass dem Verbraucher der Schutz entzogen würde, der ihm nach dem Recht der objektiven Anknüpfung gewährt würde.

Nach Art. 5 II des Verordnungsvorschlages war noch rein objektiv anzuknüpfen; Möglichkeiten zur Rechtswahl bestanden nicht.[1258] Vielmehr galt danach stets das Recht des Mitgliedsstaates, in dem der Verbraucher seinen gewöhnlichen Aufenthalt hat, Art. 5 I Rom-I VO-V.

Diese Regelung, die im Laufe des Verfahrens mehrfach geändert wurde, stieß auf erhebliche Kritik.[1259] Der Änderungsbedarf gegenüber Art. 5 II EVÜ bzw. Art. 29 EGBGB ergab sich nach den Befürwortern der rein objektiven Anknüpfung aus dem sog. Günstigkeitsvergleich, der in den genannten Normen statuiert ist. Danach darf dem Verbraucher durch die Rechtswahl nicht der Schutz der in seinem Aufenthaltsstaat geltenden zwingenden Verbraucherschutzbestimmungen entzogen werden. Dadurch konnte der Unternehmer sein Ziel, alle gleich gelagerten Verträge demselben Recht zu unterstellen nie erreichen, da immer die zwingenden Vorschriften des Verbraucheraufenthaltrechts zu berücksichtigen blieben, so dass die Rechtswahl „die Schere des Art. 5 II EVÜ zu seinen Lasten öffnete".[1260] Insofern war eine Rechtswahl nach altem Recht nicht allzu günstig für den Unternehmer, der dadurch nur eine weitere Rechtsordnung beachten musste. Die Kritik an dieser Regelung lag dementsprechend auch weniger in einem ungenügenden Schutz des Verbrauchers oder der zeitlich bedingten Rückständigkeit des EVÜ begründet,[1261] als vielmehr in der praktischen Konsequenz der Norm. Weil es häufig zur parallelen Anwendung

---

1258 Hier ist anzumerken, dass bei rein systematischer Betrachtung die vollkommen freie Rechtswahl möglich wäre und zwar unter Hintanstellung jeglicher verbraucherschützender Aspekte; dies liegt darin begründet, dass Art. 5 Rom-I VO-V zur Frage der Rechtswahl keine ausdrückliche Aussage trifft; demgegenüber verweist Art. 3 I Rom-I VO-V bezüglich entsprechender Regelungen u.a. auch auf Art. 5. Insofern könnte man das Schweigen zum Ausschluss der Rechtswahl in dem genannten Sinne deuten. Allerdings ergibt sich die gegenteilige Lösung bereits daraus, dass in Art. 5 anders als in Art. 6 keine Bezug auf die Rechtswahlmöglichkeit genommen wird; siehe dazu auch Solomon in Ferrari/Leible, Internationales Vertragsrecht (2007), S. 90 sowie Mankowski, IPRax 2006, 106, der dementsprechend auch dafür plädiert, den Vorschlag um eine entsprechende Klarstellung zu erweitern.

1259 Staudinger, AnwBl 2008, 11 f.; Clausnitzer/Woopen, BB 2008, 1801.

1260 Mankowski, ZVglRWiss 105 (2006), 153; ders., FS Heldrich (2005), S. 894; dahingehend auch Clausnitzer/Woopen, BB 2008, 1801.

1261 Siehe dazu aber Ehle, GPR 2003, 51.

zweier Rechtsordnungen kam, wurden die Streitigkeiten weiter verkompliziert und es entstanden für alle beteiligten höhere Kosten; dies erschien insbesondere deswegen unpraktikabel, weil verbraucherrechtliche Streitigkeiten häufig nur geringe Werte betreffen.[1262] Kernpunkt der Kritik war folglich die gleichzeitige Anwendung zweier Rechtsordnungen. Zur Lösung des Problems boten sich offensichtlich solche Modelle an, die zur Anwendung lediglich einen Rechts führen würden: Die Anwendung des Rechts des Unternehmers oder die des Rechts des Verbrauchers.[1263]

Während in den vorangegangen Phasen der Entstehung des Vorschlages, etwa im Grünbuch[1264] oder im Discussion Paper[1265], noch die Wahl des Rechts des Unternehmers bevorzugt wurde, statuierte der spätere Verordnungsvorschlag unter weitgehender Zustimmung der Wissenschaft[1266] die Wahl des Rechts des Verbrauchers.

Das in der endgültigen Fassung der Verordnung nun wieder eine Rechtswahl möglich ist, begegnet dementsprechend teilweise erheblichen Bedenken.

Für die rein objektive Anknüpfung sprach zunächst die Berechenbarkeit und Einfachheit der Regelung, die zu größerer Rechtssicherheit führt.[1267] Nach der Rechtslage vor der Verordnung musste sich der Unternehmer ab dem Moment des Vertragsschlusses damit beschäftigen, welche zwingenden Schutzvorschriften im Verbraucherstaat zu berücksichtigen sind; er konnte also nicht absehen, ob die vorgesehene Rechtswahl vollständig greifen würde, oder im Extremfall nahezu sinnlos wäre. Dies ist nach der nun gültigen Regelung weiterhin der Fall.

Aus der beschränkten Rechtswahlmöglichkeit des Unternehmers ergeben sich aber nicht nur Nachteile für den Unternehmer, sondern eben auch für den Verbraucher. Für den Fall, dass sein Aufenthaltsrecht keine zwingenden Vorgaben enthält, gilt das gewählte fremde Recht. Dadurch wird es im Streitfalle dem

---

1262 Begründung des Rom-I VO-V, KOM (2005) 650 endg, S.6.

1263 Begründung des Rom-I VO-V, KOM (2005) 650 endg, S.6.

1264 Grünbuch über die Umwandlung des Übereinkommens von Rom aus dem Jahr 1980 über das auf vertragliche Schuldverhältnisse anzuwendende Recht in ein Gemeinschaftsinstrument sowie über seine Aktualisierung, von der Kommission vorgelegt am 14.01.2003, KOM (2002) 654 endg, 38.

1265 Art. 5 III Discussion Paper for the Expert Meeting on the Conversion of the Rome Convention in a Community Instrument and its Modernisation, ("Rome I"), Brussels 17 February 2005, 6.

1266 Solomon in Ferrari/Leible, Internationales Vertragsrecht (2007), S. 93; Leible, IPRax 2006, 370; Mankowski, IPRax 2006, 106; Mankowski, ZVglRWiss 105 (2006), 150 ff.; dagegen aber Heiderhoff, Gemeinschaftsprivatrecht (2007), S. 253; Callies, ZeuP 2006, 751; Basedow, FS Jayme, S. 22.

1267 Dieses Argument wird in Erwägungsgrund 8 auch ausdrücklich genannt, Rom-I VO-V, KOM (2005) 650 endg, S.12; dazu auch Mankowski, IPRax 2006, 106; ders., ZVglRWiss 105 (2006), 151.

Verbraucher zugemutet, sich mit einer ausländischen Rechtsordnung auseinanderzusetzen, die für ihn aber regelmäßig nur schwer zugänglich ist; darüber hinaus muss er seine Ansprüche gegebenenfalls im Ausland durchsetzen. Damit treffen ihn im Ergebnis dieselben Probleme wie den Unternehmer, wobei dieser jedoch aufgrund seiner Tätigkeit wesentlich besser in der Lage ist, die anfallenden Informationskosten auf eine Vielzahl von Transaktionen umzulegen. Insofern legte schon der Gedanke des effektiven Verbraucherschutzes die Abkehr von der Rechtswahlmöglichkeit nahe.[1268]

In diesem Kontext ist auch ein weiteres Argument der Befürworter der rein objektiven Lösung zu sehen. Durch eine Rechtswahl handle sich der Unternehmer eine weitere Rechtsordnung ein, nur um im Gegenzug die wenig verbleibenden Regelungsbereiche dem gewählten, dispositiven Recht zu unterstellen. Auf den ersten Blick erscheine dieses Ergebnis durchaus gerecht, da der Unternehmer jederzeit auf die Einbeziehung der Rechtswahl verzichten könnte. Allerdings sei es doch fragwürdig, die im Eigeninteresse bewirkte Rechtswahl in eine zusätzliche Belastung des Unternehmers umzuwandeln. Jedenfalls sei ein derartiger, doppelter Schutz des Verbrauchers auch aus rechtspolitischer Sicht nicht angezeigt.[1269]

Dennoch hat auch die nun gültige Fassung der Verordnung ihre klaren Vorteile gegenüber den Vorentwürfen. So darf etwa bei der Verwirklichung des Verbraucherschutzes nicht aus den Augen verloren werden, dass Art. 65 EGV die Kompetenzgrundlage für den neuen Art. 6 Rom-I VO darstellt; danach ist das vorrangige Ziel der Maßnahmen im Bereich der justiziellen Zusammenarbeit das reibungslose Funktionieren des Binnenmarktes und nicht etwa der in Art. 153 EGV verankerte Verbraucherschutz. Dies wird – wohl aus gutem Grund - in Erwägungsgrund 1 der Verordnung ausdrücklich klargestellt. Teilweise wurde diesbezüglich argumentiert, dass die Lösung zugunsten einer rein objektiven Anknüpfung den Binnenmarkt geradezu behindere, indem jeder Unternehmer faktisch verpflichtet werde, Vertragsschlüsse mit ausländischen Verbrauchern zu unterlassen oder seine gesamte Organisation und rechtliche Planung länderspezifisch auszurichten. So müssten Unternehmer immense Kosten auf sich nehmen, um sich den verschiedenen rechtlichen Gegebenheiten in den zahlreichen Mit-

1268 Solomon in Ferrari/Leible, Internationales Vertragsrecht (2007), S. 92.

1269 Solomon in Ferrari/Leible, Internationales Vertragsrecht (2007), S. 91; siehe auch Leible, IPRax 2006, 370, der insofern von einer „unverhältnismäßigen Mehrbelastung“ spricht.

1272 Callies, ZEuP 2006, 749

gliedsstaaten anzupassen. Dies sei aber aus ökonomischer Sicht nahezu unvertretbar.[1272]

Insgesamt erschien die rein objektive Anknüpfung ohne eine Rechtswahlmöglichkeit sinnvoller und es ist zu bedauern, dass diese im letzten Abschnitt des Gesetzgebungsverfahrens doch noch aufgegeben wurde. Die Regelung hätte ein maximales Maß an Rechtssicherheit und Rechtsklarheit geschaffen. Daneben wäre sie auch aus Sicht des Verbraucherschutzes zu befürworten gewesen. Hier kommt das Kostenargument zu tragen: Tatsächlich können die Unternehmen die Kosten, die bei der Anwendung fremden Rechts entstehen, besser auf ihre Geschäftstätigkeit umlegen, als dies ein Privatkäufer kann. Dies stellt auch keine übermäßige Belastung dar, da diese Kosten nicht ständig neu, sondern in weiten Teilen nur einmalig anfallen. Insofern ist es nur schwer nachvollziehbar, warum Erwägungsgrund 24 trotz der gewählten Regelung das Ziel nennt, die Kosten für die Beilegung der Rechtstreitigkeiten senken zu wollen. Abschließend ist mithin festzuhalten, dass der Regelung zugunsten einer Rechtswahlmöglichkeit eher nicht zuzustimmen ist. In praktischer Hinsicht bleibt der Vorteil, dass den Parteien eine solche Regelung schon bekannt ist und insofern keine Umstellung erfolgen muss.

c. Ergebnis zur neuen Rom I-Verordnung

Die obigen Ausführungen haben gezeigt, dass die Rom I-Verordnung manch Neues aber auch manch Bekanntes mit sich bringt. Für den privaten Kunstkäufer ändert sich wegen der Beibehaltung der eingeschränkten Rechtswahlmöglichkeit in Art. 6 II Rom-I VO nicht allzu viel. Rechtswahlklauseln werden aus den Versteigerungsbedingungen der Auktionshäuser und den AGBs der Galerien auch in Zukunft kaum wegzudenken sein. Die Beachtung der verbraucherschützenden Normen des Verbraucherstaates bietet einen rechtlichen, aber häufig keinen tatsächlichen Schutz; für den durchschnittlich informierten Verbraucher werden Rechtswahlklauseln auch in Zukunft wohl eine abschreckende Wirkung in Bezug auf die Rechtsverfolgung entfalten.[1274] Demgegenüber bleibt zu hoffen, dass die seriösen Kunsthändler keiner solchen Motivation folgen. Schließlich ist zu berücksichtigen, dass der Kunsthandel betreffend den Wert der Güter doch erhebliche Unterschiede zu den durchschnittlichen Verbrauchergeschäften aufweist. Insofern werden wohl auch die „Kunstverbraucher" genau prüfen, welche Möglichkeiten sie im Falle einer Streitigkeit haben und sich aufgrund der hohen Werte weniger durch solche Klauseln abschrecken lassen.

1274 Siehe dazu etwa Mankowski, IPRax 2006, 106.

3. Ergebnis zur Ermittlung des bei Kunststreitigkeiten anwendbaren Rechts

Die Darstellung der noch gültigen Regelungen des EGBGB und der Ausblick auf die Regelungen der Rom I-Verordnung haben gezeigt, dass der private Käufer von Kunst auch auf der Ebene des internationalen Vertragsrechts häufig durch die speziellen Regeln für Verbraucherverträge geschützt wird. Dadurch, dass die rein objektive Anknüpfung der Verbraucherverträge doch noch durch eine begrenzte Rechtswahlmöglichkeit ersetzt wurde, müssen sich die Kunsthändler nicht auf grundlegend neue Verhältnisse einstellen. Für den Käufer stellt der Übergang von EVÜ bzw. EGBGB zur Rom I-Verordnung ebenso keine allzu große Änderung dar. Das neue Kriterium des Ausrichtens in Art. 6 I b Rom-I VO entspricht der Regelung des Art. 15 I c EuGVO, so dass die dort gewonnenen Erkenntnisse weitestgehend übertragen werden können. Allerdings wird abzuwarten bleiben, wie die Rechtsprechung das Kriterium auf Kunstkaufsachverhalte anwendet.

In der Großzahl der Fälle, in denen die ausländischen Händler ihr Angebot durch Anzeigen, den Versand von Katalogen, die Präsenz auf Messen oder ähnliche Maßnahmen an den Kunstkäufer herantragen, wird in Zukunft das Recht des Staates zur Anwendung kommen, in dem der Verbraucher seinen gewöhnlichen Aufenthalt hat. Dies ist immer dann nicht der Fall, wenn die Initiative für den Kauf allein von dem privaten Käufer selbst ausgeht oder eine Rechtswahl vorliegt.

III. Ergebnis zur Betrachtung internationaler Sachverhalte im Kunsthandel

Betrachtet man die Ergebnisse zur Internationalen Zuständigkeit sowie zum anwendbaren Recht bei Kunststreitigkeiten, so lässt sich durchaus konstatieren, dass der private Kunstkäufer bereits jetzt hinreichend geschützt ist. Durch die weitere Harmonisierung seitens der Europäischen Union wird der Verbraucherschutz tendenziell weiter ausgebaut, so dass das bisherige Schutzniveau wohl eher noch gesteigert wird. Die Regelungen erscheinen dabei insgesamt sinnvoll und auch gegenüber dem Kunsthandel gerecht und angemessen. Spezialregelungen für Kunstgegenstände, etwa die Schaffung eines eigenen Gerichtsstandes oder eine Sonderanknüpfung des Vertragsstatuts bei Kunstkäufen, sind insofern nicht angezeigt.[1275] Der Rechtsprechung sind nahezu keine Fälle zu entnehmen, in denen internationale Kunststreitigkeiten in der hier erörterten Art behandelt wurden. Insofern könnte man zu der Annahme gelangen, dass gerade die Ermittlung der internationalen Zuständigkeit und des anwendbaren Rechts in Fällen mit „Kunstverbrauchern" praktisch kaum eine Rolle spielen. Allerdings ist aus mehreren Gründen davon auszugehen, dass sich dies in der Zukunft ändern wird.

Zum einen bewirken die sich stetig verbessernden Kommunikationsmöglichkeiten auch im Kunsthandel eine weitere Internationalisierung. Der zunehmende Einsatz des Internet als Mittel der Werbung und Kundenpflege spielt dabei sicherlich eine Rolle. In diesem Kontext wird auch abzuwarten bleiben, ob das Internet sich nicht auch im Kunsthandel noch als funktionierendes Verkaufsmedium durchsetzen oder zumindest an Bedeutung gewinnen wird. Zum anderen hat sich insbesondere seit Mitte der 1990er Jahre gezeigt, dass der Markt für wertvollere Gegenstände nie ein nur nationaler ist.[1276] Dementsprechend sind auch die Bemühungen der Kunsthandlungen, Galerien und Auktionshäuser verstärkt worden, internationale Sammler zu akquirieren, die möglichst dauerhaft als Kunden erhalten bleiben sollen. Diese sind nicht zuletzt an dem zunehmenden Auftreten der Galerien auf internationalen Messen außerhalb des jeweiligen Heimatmarktes zu erkennen.

Insofern muss man die weitere Entwicklung des Kunstmarkts, wie auch die des internationalen Verbraucherschutzrechts im Auge behalten. Ohne Zweifel werden sich Kunst und Recht auch auf diesem Felde in der Zukunft öfter begegnen.

1275 Dies gilt in dieser Pauschalität jedoch nur für das Schuldrecht; betrachtet man Aspekte des Kulturgüterschutzes kann sich durchaus etwas anderes ergeben, siehe etwa Jayme, FS Mußgnug, S. 517 ff.

1276 Schack, Kunst und Recht, S. 173; dies war letztlich auch schon in vergangenen Jahrhunderten der Fall, siehe schon B, I, 1, a. Gleichwohl tragen die verbesserten Kommunikations- und Transportmöglichkeiten zu einer immer schnelleren Internationalisierung bei.

F. Kapitel 6 - Ergebnisse und Schlussbemerkung

Im Folgenden sollen die einleitend aufgeworfenen Fragen beantwortet oder zumindest erwidert werden. Abschließend erfolgt eine wertende Betrachtung des dargestellten status quo sowie ein Ausblick auf die noch bestehenden Probleme.

I. Ergebnisse der Arbeit

Die Fragestellungen der vorliegenden Arbeit waren zahlreich und vielschichtig. Dementsprechend lässt sich eine abschließende Antwort nicht geben. Vielmehr zeigt die Bearbeitung den rechtlichen Horizont des Kunstkaufs durch Private auf, der viele Facetten hat und entsprechend viele Probleme und Fragestellungen aufwirft. Die nachfolgend dargestellten Erkenntnisse sollen als Gesamtschau eine Klärung derselben ermöglichen oder dieser den Weg bereiten.

1. Die Besonderheiten des Kunsthandels – Verkäufer, Käufer und das Objekt der Begierde

Bereits im Grundlagenteil wurde deutlich, wie weit sich Kunst- und Rechtswissenschaft annähern müssen, um in der Praxis sinnvolle Ergebnisse zu erzielen. Was ein Original letztlich ausmacht, ist in keiner der beiden Disziplinen eindeutig geklärt.[1277] Die Entwicklung von rechtlich nutzbaren Originalbegriffen für die am Markt hauptsächlich präsenten Werkformen stand daher zunächst im Vordergrund. Das Spiel mit der Originalität oder Authentizität gehört seit langem zum Kunstbetrieb und wird sich aus Sicht der Kunstwissenschaft kaum je klären lassen. Mit den Merkmalen der *Eigenhändigkeit des Schaffensprozesses* und der *Eigenständigkeit des Werkes* können rechtliche Fragestellungen aber sinnvoll gehandhabt werden. Die Schaffung klarer und transparenter Kriterien dient hier letztlich vor allem dem Käufer, der so die verwirrenden Usancen des Handels leichter beurteilen kann.

Im Rahmen der Erörterung des Verbrauchsgüterkaufs und seiner Relevanz für den Kunsthandel konnte festgestellt werden, dass es so etwas wie einen *Kunstverbraucher* tatsächlich gibt und dieser auch *Verbrauchsgüter* erwirbt.[1278] Die sprachliche Grausamkeit dieser Begriffe vermag nichts an der Tatsache zu ändern, dass auch der private Kauf eines noch so erhabenen und betörenden

1277 Siehe dazu schon B, I, 4, b, cc.

1278 Dies ergibt sich zusammenfassend aus den Ausführungen zum Verbrauchsgüterkauf, siehe B, IV.

Kunstwerkes den Regeln des Verbraucherschutzes zu unterstellen ist.[1279] Damit ging auch die Erkenntnis einher, dass die äußerst vielschichtige Figur des Kunstsammlers letztlich doch als Verbraucher zu sehen ist. Der private Kunstkauf bei einem professionellen Händler ist folglich im Ergebnis ein Verbrauchsgüterkauf im Sinne des § 474 I S.1 BGB.

Eine Ausnahme bildet der Kauf auf Kunstauktionen, da § 474 I S.2 BGB für diese in aller Regel einschlägig ist; erneut war hier zunächst ein gewisses Missfallen beiseite zu schaffen, dass sich einstellt, wenn Kunstwerke von herausragender Bedeutung und Schönheit schlicht als *gebrauchte Sachen* zu kategorisieren sind. Am Ergebnis aber ändert dies nichts: Kunstversteigerungen sind in aller Regel *öffentliche Versteigerungen* und Kunstwerke *gebrauchte Sachen* im Sinne des § 474 I S.2 BGB, so dass für derartige Verkäufe die besonderen Bestimmungen der §§ 474 ff. BGB keine Anwendung finden.

2. Die rechtliche Mangelhaftigkeit von Kunstwerken

Weiterhin konnte festgestellt werden, dass der mit der Schuldrechtsreform neu gestaltete Mangelbegriff des § 434 I BGB auch auf Kunstwerke anwendbar ist. Die enorme Vielfalt schöpferischer Werke spiegelt sich hier in der Tatsache wider, dass letztlich alle in § 434 BGB enthaltenen Varianten des Sachmangels auf Kunstwerke anwendbar sind. Der Kunst so fremde Begriffe wie die *übliche Beschaffenheit* oder die *gewöhnliche Verwendung* der Sache konnten hier ebenso berücksichtigt werden, wie die Aliud-Lieferung oder der Rechtsmangel im Sinne des § 435 BGB.

Im Ergebnis lässt sich festhalten, dass die vom BGB vorgegebenen Kriterien zur Ausfüllung des Mangelbegriffes sämtlich auch auf Kunstwerke in sinnvoller Weise angewendet werden können.[1280]

Von entscheidender Bedeutung war in diesem Kontext die Anwendung des weiten Beschaffenheitsbegriffes;[1281] dadurch lässt sich eine Vielzahl kunstmarktspezifischer Vereinbarungen erfassen. Teil einer Beschaffenheitsvereinbarung können danach etwa die materielle Beschaffenheit eines Werkes, die Urheberschaft bzw. Echtheit desselben sowie die Provenienz oder Ausstellungsgeschichte sein. Die Möglichkeit, alle gängigen wertbildenden Faktoren von Kunstge-

---

1279 Erinnert sei an die beispielhafte Polemik, dass bei dem Merkmal der gebrauchten Sache in § 474 I S.2 BGB Dürers bewegendes Bildnis seiner Mutter letztlich einem gebrauchten Opel Astra gleichzustellen ist, siehe B, IV, 2, aa, (4).

1280 Zugegebenermaßen sind einzelne Fallgruppen wohl nur in eher exotischen Fällen anwendbar; allerdings lässt sich auch keine derselben für Kunstwerke gänzlich ausschließen; siehe dazu etwa C, II, 4.

1281 Zur Diskussion um die Anwendung desselben siehe C, II, 1, a, aa.

genständen einer Beschaffenheitsvereinbarung zugänglich zu machen, verstärkt den Schutz des aktiven Käufers damit noch weiter.[1282]

3. Die Haftung des Kunsthändlers für die Mangelhaftigkeit des verkauften Werkes

Für den Fall, dass die Mangelhaftigkeit eines Kunstwerks gegeben ist, stellte sich anschließend die Frage nach der richtigen Anspruchsgrundlage für den enttäuschten Kunstkäufer. Alle gängigen Anspruchsgrundlagen des *Gewährleistungsrechts* stehen im Ergebnis auch dem Kunstkäufer zur Verfügung. Nacherfüllung, Rücktritt, Minderung und Schadensersatz sind in den hier erörterten Fällen ebenso möglich wie bei anderen Kaufverträgen. Dabei war insbesondere zu problematisieren, in welchen Fällen den Verkäufer eine verschuldensabhängige Schadensersatzhaftung trifft. Um den insoweit meist entscheidenden Begriff der Fahrlässigkeit im Sinne des § 276 II BGB auf den Kunsthandel anwenden zu können, war es erforderlich, einen *kunstmarktspezifischen Sorgfaltsmaßstab* zu entwickeln.[1283] Im Ergebnis ließ sich ein solcher sowohl für den Kunsteinzelhandel als auch für die Auktionshäuser statuieren. Dadurch weiß der Käufer, was er verlangen kann und der Verkäufer, welche Pflichten ihn treffen. In diesem Kontext war schließlich auch zu erörtern, wie es zu einer Garantieübernahme, insbesondere durch stillschweigende Zusicherungen, nach § 276 I BGB durch den Verkäufer kommt. Wegen der Besonderheiten des Kunsthandels ist mit der Annahme einer solchen Garantie grundsätzlich zurückhaltend zu verfahren. In der Gesamtschau der vorliegend vertretenen Standpunkte zum Vertretenmüssen wird deutlich, dass Garantie und Sorgfaltsmaßstab in einem engen Verhältnis zueinander stehen. Es erscheint im Ergebnis angebracht, mit der Annahme von Garantien vorsichtig umzugehen, auf der anderen Seite die Sorgfaltspflichten der Händler aber tendenziell weit zu ziehen.

Eingangs wurde weiterhin die Frage aufgeworfen, ob dem Kunstkäufer nicht gewisse *Beweiserleichterungen* zuzugestehen sind. Diese Idee entspringt der Tatsache, dass bspw. die Urheberschaft eines gewissen Künstlers sich häufig weder definitiv feststellen noch sicher ausschließen lässt. Aufgrund des erläuterten weiten Mangelbegriffs erscheint dies jedoch nicht mehr notwendig. Ist nämlich bereits der begründete Verdacht an der Urheberschaft eines bestimmten Künstlers ein Mangel, so ist eine weitere Beweiserleichterung nicht möglich.

1282 Die Einordnung der maßgeblichen wertbildenden Faktoren unter den weiten Beschaffenheitsbegriff findet sich unter C, II, 1, b, aa bis ff.

1283 Zu den einzelnen Pflichten der Verkäuferseite des Kunsthandels siehe C, III, 4, h, aa, (1) und (2).

Das Problem lässt sich nach der hier vertretenen Lösung also auf der Ebene des materiellen Rechts lösen.

4. Haftungsausschlüsse im Kunsthandel

Kunsthändler mögen häufig besondere Persönlichkeiten sein, doch versuchen sie verständlicherweise ebenso wie alle anderen Verkäufer, ihre Haftung möglichst weit zu begrenzen oder auszuschließen. Inwieweit dies aus rechtlicher Sicht möglich ist, wurde im vierten Kapitel aufgezeigt. Für den Auktionshandel, in dem Haftungsausschlüsse eine besonders wichtige Rolle spielen, konnte ein Katalog von Unwirksamkeitsgründen erarbeitet werden;[1284] berücksichtigt wurde dabei neben den von der Rechtsprechung bereits entwickelten Fallgruppen auch das Problem der Erstreckung eines solchen Ausschlusses auf die Aliud-Lieferung.

Schließlich wurde die Problematik auch für den Einzelkunsthandel beleuchtet und durch die Besonderheiten bei Verbraucherverträgen ergänzt. Abschließend konnte daneben festgestellt werden, dass auch den Käufer im Einzelfall Untersuchungspflichten treffen können, deren Verletzung im Extremfall zu einem gesetzlichen Ausschluss der Gewährleistungsrechte führen kann.

5. Aspekte des internationalen Kunstkaufs

Die Betrachtung des Kunstkaufs durch Private schließt mit einer eingehenden Betrachtung internationaler Sachverhalte. Im Rahmen der Klärung der internationalen Zuständigkeit wurden insbesondere die entscheidenden Regelungen der EuGVO und der ZPO auf den Kunstmarkt angewandt. Es zeigte sich, dass auch hier eine Einordnung des Kunstkaufs möglich ist, obwohl sich dieser deutlich von den Geschäften unterscheidet, auf die die einschlägigen Regelungen, insbesondere des Verbraucherschutzes, abzielen.

Ähnliches ergab auch die Betrachtung des auf Kunststreitigkeiten anzuwendenden Rechts; die Kunstmarktspezifika können auch hier durchaus angemessen berücksichtigt werden. Daran ändert auch die neue Rom I-Verordnung im Ergebnis nichts; auch diese scheint geeignet, den aktiven, privaten Kunstkäufer zu grenzüberschreitender Aktivität zu ermuntern. Jedenfalls ist der Schutz der Privatsammler vor allzu aggressiven Maßnahmen der Kunsthändler als ausreichend, wenn nicht umfassend zu bezeichnen.

1284 Siehe D, I, 1, a bis e.

II. Schlussbemerkungen

Die vorliegende Arbeit zeigt, inwieweit das Instrumentarium des Kauf- und Gewährleistungsrechts unter Berücksichtigung verbraucherschützender Normen auf den Kunstkauf angewendet werden kann. Das übergeordnete Ergebnis dieser Untersuchung bewirkt Verwunderung und Erleichterung zugleich: Obwohl Kunstgüter mit keinem anderen Gut vergleichbar sind und für den Gesetzgeber keine oder nur eine untergeordnete Rolle bei der Schaffung von Normen spielen, lassen sie sich doch unter die bestehenden Kategorien des Rechts sinnvoll subsumieren. Einem Kunstliebhaber wird dies im Einzelfall Schmerzen bereiten, doch handelt es sich bei diesen Fällen letztlich nur um begrifflich unschöne Hybride, die ein notwendiges Übel der Allgemeingültigkeit von Rechtsnormen darstellen. Die aus den vorliegend erörterten Rechtsnormen resultierenden Ergebnisse sind aber auch für die Fälle des privaten Kunstkaufs in der absoluten Mehrzahl gerecht und sinnvoll. Das Kunstwerk wie auch die passionierten Sammler und die engagierten Händler erfahren eine in rechtlicher Hinsicht notwendige und pragmatische Behandlung. Die ästhetische und gestalterische Höhe des Werks wird dadurch ebenso wenig verletzt wie die besondere Aura, die Werke der bildenden Kunst als einziges Handelsgut zu besitzen vermögen.

Literaturverzeichnis

Ackermann, Thomas: Die Nacherfüllungspflicht des Stückverkäufers, JZ 2002, S. 378-385

Adomeit, Klaus: Die gestörte Vertragsparität – ein Trugbild, NJW 1994, S. 2467-2469

ders.: Herbert Marcuse, der Verbraucherschutz und das BGB, NJW 2004, S. 579-582

Adorno, Theodor: Ästhetische Theorie, 7. Auflage, Frankfurt, 1985

Adriani, Götz: KunstSammeln, In: Adrinani, Götz (Hrsg.): KunstSammeln, Ostfildern-Ruit, 1999

ders.: Polke-Eine Retrospektive, Die Sammlungen Frieder Burda, Josef Froehlich, Reiner Speck. Museum Frieder Burda, Baden-Baden. Ostfildern-Ruit, 2007

Aebersold Szalay, Claudia: Monet und Warhol statt Microsoft und Nestle. Der Kunstmarkt fasziniert die Anleger trotz erheblicher Risiken, N.Z.Z., Ausgabe 24 vom 29.01.2007, S. 24

Asam, Herbert: Rechtsfragen des internationalen Handels mit Kulturgütern – Ein Überblick, In: Hoyningen-Huene, Gerrick von; Asam, Herbert (Hrsg.): Festschrift für Erik Jayme – Band 2, München, 2004

Bamberger, Heinz Georg; Roth, Herbert: Kommentar zum Bürgerlichen Gesetzbuch, Band 1: §§ 1-610, 1. Auflage, München, 2003

Barnert, Thomas: Mängelhaftung beim Unternehmenskauf zwischen Sachgewährleistung und Verschulden bei Vertragsschluss im neuen Schuldrecht, WM 2002, S. 416-425

Basedow, Jürgen: Einführung in das internationale Recht: Wege zur Privatrechtseinheit in Europa, JA 2006, S. 228-233

ders.: Internationales Verbrauchervertragsrecht – Erfahrungen, Prinzipien und Europäische Reform, In: Mansel, Heinz-Peter; Pfeiffer, Thomas; Kronke, Herbert; Kohler, Chrisitian; Hausmann, Reiner (Hrsg.), Festschrift für Erik Jayme, Band 1, S. 3-23

Baumbach, Adolf; Hopt, Klaus: Handelsgesetzbuch; mit GmbH & Co., Handelsklauseln, Bank- und Börsenrecht, Transportrecht (ohne Seerecht), 32. Auflage, München, 2006

Baumbach, Adolf; Hartmann, Peter: Zivilprozessordnung. Mit Gerichtsverfassungsgesetz und anderen Nebengesetzen, 65. Auflage, München, 2007

Becker, Jürgen (Hrsg.): Recht im Wandel seines sozialen und technologischen Umfelds - Festschrift für Manfred Rehbinder, München, 2002

Becker-Eberhard, Ekkehard: Der nicht beweisbar echte Elvis – OLG Düsseldorf, NJW 1992, 1326, JuS 1992, S. 462-468

Beinke, Lothar: Sammeln und Sammler, Tönning, 2005
Benjamin, Walter: Das Kunstwerk im Zeitalter seiner technischen Reproduzierbarkeit, 28. Auflage, Frankfurt, 2005
Berger, Christian: Der Beschaffenheitsbegriff des § 434 I BGB, JZ 2004, S. 276-283
Bertz, Jörg-Michael: Limit muss sein. Die Reserve gilt als das Gebot des Einlieferers. F.A.Z., Ausgabe 82 vom 07.04.2007, S. 49
Bitter, Georg; Meidt, Eva: Nacherfüllungsrecht und Nacherfüllungspflicht des Verkäufers im neuen Schuldrecht, ZIP 2001, S. 2114–2124
Bitterich, Klaus: Kollisionsrechtliche Absicherung gemeinschaftsrechtlicher Standards im Bereich des Verbraucherschutzes: Der Vorschlag für eine Rom I – Verordnung, RIW 2006, S. 262-270
Bleicher, Wilhelm: Handbuch der modernen Druckgraphik. 2. Auflage, München, 1986
Bachler, Karl, Dünnebier, Hanns: Bruckmann's Handbuch der modernen Druckgraphik. München 1973
Blunk, Andreas; Schwede, Jörg: Onlineauktionen: Gewährleistung für "Plagiatsersteigerer" ?, MMR 2006, S. 63-67
Bömeke, Falk: Wie dumm darf der Verbraucher sein ?, Hamburg, 2005
Bojescul, Wilhelm: Zum Kunstbegriff des Joseph Beuys, Essen, 1985
Bongard, Willi: Kunst und Kommerz; zwischen Passion und Spekulation, Oldenburg, 1967
Boochs, Wolfgang; Gantefführer, Felix: Kunstbesitz - Kunsthandel - Kunstförderung im Zivil- und Steuerrecht. Neuwied, 1992
Bracht, Bettina; Fliegner, Joachim; Jank, Ernst: Originale echt falsch. Nachahmung, Kopie, Zitat, Fälschung in der Gegenwartskunst, Bremen, 1999
Braun, Johann: Rezension zu: Käuferschutz bei Kunstauktionen, Birgit Thomsen, Bielefeld 1989, AcP 190 (1990), S. 183–189
ders.: Die Freizeichnung des kommissarischen Kunstauktionators von der Haftung für Sachmängel, WM 1992, S. 893–900
Braunfels, Florian: Die Haftung für Fehler und zugesicherte Eigenschaften bei Kunstauktionen: ein Beitrag zur Rechtsstellung des Ersteigerers beim Erwerb unechter Kunstgegenstände, München, 1994
Brodie, Neil: The illegal trade in antiquities, KUR 1006, S. 26-28
Brors, Christiane: Zu den Konkurrenzen im neuen Kaufgewährleistungsrecht, WM 2002, S. 1780-1784
Brüggemeier, Gert: Zur Reform des deutschen Kaufrechts - Herausforderungen durch die EG-Verbrauchsgüterkaufrichtlinie, JZ 2000, S. 529-538
ders.: Das neue Kaufrecht des Bürgerlichen Gesetzbuches. Eine kritische Bestandsaufnahme, WM 2002, S. 1376–1387
Büdenbender, Ulrich: Die Bedeutung der Verbrauchsgüterkaufrichtlinie für das deutsche Kaufrecht nach der Schuldrechtsreform, ZEuP 2004, S. 36–58

Bullinger, Winfried: Urheberrechtlicher Originalbegriff und digitale Technologien, KUR 2006, S. 106–112
Bülow, Peter; Artz, Markus: Verbraucherprivatrecht, Heidelberg, 2003
Bunte, Hermann-Josef: Wenn das Limit ein Gebot ist. F.A.Z., Ausgabe 65 vom 20.3.2007, S. 45
Bydlinski, Franz: System und Prinzipien des Privatrechts, Wien, 1996

Calliess, Gralf-Peter: Kollisionsrecht, Richtlinienrecht oder Einheitsrecht ? Zur Modernisierung des Art. 5 EVÜ (Art. 29, 29a EGBGB) im System des europäischen Verbrauchervertragsrechts, ZEuP 2006, S. 743–765
Canaris, Claus-Wilhelm: Karlsruher Forum 2002: Schuldrechtsmodernisierung, Karlsruhe 2002
ders.: Wandlungen des Schuldvertragsrechts - Tendenzen zu seiner Materialisierung, AcP 200 (2000), S. 273–364
ders.: Schadensersatz wegen Pflichtverletzung, anfängliche Unmöglichkeit und Aufwendungsersatz im Entwurf des Schuldrechtsmodernisierungsgesetzes, DB 2001, S. 1815–1821
ders.: Die Nacherfüllung durch Lieferung einer mangelfreien Sache beim Stückkauf, JZ 2003, S. 831–838
Clausnitzer, Jochen; Woopen, Herbert: Internationale Vertragsgestaltung – Die neue EG-Verordnung für grenzüberschreitende Verträge (Rom I-VO), BB 2008, S. 1798-1808
Coester-Waltjen, Dagmar: Der europäische Hintergrund des deutschen Verbraucherschutzes, JA 2004, S. 609–612

Damm, Reinhard: Privatautonomie und Verbraucherschutz. Legalstruktur und Realstruktur von Autonomiekonzepten, VersR 1999, S. 129–141
Dauner-Lieb, Barbara; Arnold, Arnd: Noch einmal: Die Falschlieferung beim Stückkauf, JuS 2002, S. 1175–1176
Dauner-Lieb, Barbara; Langen, Werner: Anwaltkommentar BGB, 1. Auflage, Band 2, Bonn, 2005
Dechow, Angela: Die Anwendbarkeit des UN-Kaufrechts im internationalen Kunsthandel, Münster, 2000
Derleder, Peter: Der Kauf aus privater Hand nach neuem Schuldrecht, NJW 2005, S. 2481–2486
Dietz, Wolfgang; Pannier, Dietrich (Hrsg.): Festschrift für Hildebert Kirchner zum 65. Geburtstag, München, 1985
Dittmar, Peter: Die teuersten Bilder. Ein Amerikaner an der Spitze, Weltkunst, Nr. 15/2006, S. 64
ders.: Drei, zwei, eins - meins ! Auktionen im Internet, Weltkunst, Nr. 10/2006, S. 78
ders.: Verkaufen wir eben ein Bild, Weltkunst, Nr. 13/2006, S. 104–105

Doehner, Rupert: Die Schuldrechtsreform vor dem Hintergrund der Verbrauchsgüterkauf-Richtlinie, Baden-Baden, 2004

Dolzer, Rudolf; Jayme, Erik; Mußgnug, Reinhard (Hrsg.): Rechtsfragen des internationalen Kulturgüterschutzes. Symposium vom 22./23. Juni 1990 im Internationalen Wissenschaftsforum Heidelberg, Heidelberg 1994

Döring, Ulrich: Die geplante Kunstgewinnsteuer - Ein Affront gegen die ökonomische Vernunft und die kulturelle Tradition, DB 2003, S. 576–577

Dötsch, Wolfgang: Neues Leistungsstörungsrecht - Noch einmal: Burra, ZGS 2002, S. 160–164

Dreher, Meinrad: Der Verbraucher - Das Phantom in den opera des europäischen und deutschen Rechts ?, JZ 1997, S. 167–178

Dreier, Horst (Hrsg.): Grundgesetz-Kommentar, Band I: Präambel, Art. 1-19, 2. Auflage, Tübingen, 2004; Grundgesetz-Kommentar, Band II: Art. 20-82, 2. Auflage, Tübingen 2006

Dreier, Thomas; Schulze, Gernot (Hrsg.): Urheberrechtsgesetz. Urheberrechtswahrnehmungsgesetz; Kunsturhebergesetz. 1. Auflage, München, 2004

DuBoff, Leonard D.; King, Christy O.: Art Law in a Nutshell, 4. Auflage, St. Paul, 2006

Ebel, Horst: Anspruch auf Lieferung einer mangelfreien Ersatzsache bei einem Stückkauf, JA 2004, S. 566–571

Ebers, Martin: Wer ist Verbraucher ? - Neuere Entwicklungen in der Rechtsprechung des BGH und EuGH, VuR 2005, S. 361–365

Ebling, Klaus; Schulze, Marcel: Kunstrecht, München, 2007

Ehle, Bernd: Das Grünbuch "Rom I" - die Modernisierung des EVÜ steht bevor, GPR 2003, S. 49–52

Ehmann, Horst; Sutschet, Holger: Modernisiertes Schuldrecht, München, 2002

Eichenhofer, Eberhard: Die sozialpolitische Inpflichtnahme von Privatrecht, JuS 1996, S. 858–865

Eidenmüller, Horst: Rechtskauf und Unternehmenskauf, ZGS 2002, S. 290-296

Erbel, Günter: Inhalt und Auswirkungen der verfassungsrechtlichen Kunstfreiheitsgarantie, Berlin, 1966

Ders.: Kunst und Recht, ZUM 1985, S. 283–298

Erman, Walter; Westermann, Harm Peter: Bürgerliches Gesetzbuch. Handkommentar mit AGBG, EGBGB, ErbbauVO, HausratsVO, HausTWG, ProdHaftG, SachenRBerG, SchuldRAnpG, VerbrKrG, 7. Auflage, Münster, 1981

Ernst, Stefan: Die Online-Versteigerung, CR 2000, S. 304-312

Faber, Wolfgang: Elemente verschiedener Verbraucherbegriffe in EG-Richtlinien, zwischenstaatlichen Übereinkommen und nationalem Zivil- und Kollisionsrecht, ZEuP 1998, S. 854–892

Fabricius, Fritz: Schlechtlieferung und Falschlieferung beim Kauf, JuS 1964, S. 1–11

Fackler, Hartmut; Konermann, Peter H.: Fackler-Konermann. Praxis des Versteigerungsrechts. ein Leitfaden für Verwaltungsbehörden, Kammern, Verbände und gewerbliche Versteigerer, 2. Auflage, München, 2004

Faust, Florian: Grenzen des Anspruchs auf Ersatzlieferung bei der Gattungsschuld, ZGS 2004, S. 252–258

Ferrari, Franco; Leible, Stefan (Hrsg.): Ein neues internationales Vertragsrecht für Europa. Der Vorschlag für eine Rom I-Verordnung, Jena, 2007

Fest, Timo: Die Bezugspunkte des Vertretenmüssens im System der §§ 280 ff. BGB, JA 2005, S. 734–737

Fichte, Johann Gottlieb: Der geschlossene Handelsstaat. Ein philosophischer Entwurf als Anhang zur Rechtslehre und Probe einer künftig zu liefernden Politik, 1800; Gesamtausgabe der Bayrischen Akademie der Wissenschaften, Band 7, München, 1988

Fischer, Nikolaj: Europäischer Verbraucherschutz im deutschen Privatrecht. Einige kritische Anmerkungen, VuR 2003, S. 20–25

Flam, Jack D.: Henri Matisse - Über Kunst. Unter Mitarbeit von Henri Matisse, Zürich, 1982

Flume, Werner: Der Kauf von Kunstgegenständen und die Urheberschaft des Kunstwerks, JZ 1991, S. 633–638

Freier, Felix (Hrsg.): Du Mont's Lexikon der Fotografie. Technik - Geschichte – Kunst, Köln, 1992

Fricke, Martin: Internationale Zuständigkeit und Anerkennungszuständigkeit in Versicherungssachen nach deutschem und europäischem Recht, VersR 1997, S. 399-408

Froehlich, Jan: Das Recht der elektronischen Galerie. Die digitale Nutzung von Werken der bildenden Kunst - die Änderungen des Urheberrechtsgesetzes und die Nutzung des elektronischen Geschäftsverkehres für Galeristen, ZUM 2003, S. 453–462

Frotscher, Pierre: Verbraucherschutz beim Kauf beweglicher Sachen, Frankfurt am Main, 2004

Ganteführer, Felix; Wacker, Jörg: Schwerpunktthemen für den Kunstsammler. Kunst: Recht & Steuern. Herausgegeben von Köln AXA Art Versicherung AG, Köln, 2006

Gärtner, Rudolf: Rechtsprobleme bei der Versicherung von Kunstgegenständen, NJW 1991, S. 2293–3001

Geimer, Reinhold; Schütze, Rolf (Hrsg.): Europäisches Zivilverfahrensrecht. Kommentar zum EuGVÜ und zum Lugano-Übereinkommen, München, 1997

Geißdorf, Michael: Sorgfaltspflichten des öffentlich bestellten Auktionators, KUR 2006, S. 93–96
Gerlach, Tilo: Die Haftung für fehlerhafte Kunstexpertisen, Baden-Baden, 1998
Gierke, Otto von: Die soziale Aufgabe des Privatrechts, Berlin, 1889
Goepfert, Alexander: Haftungsprobleme im Kunst- und Auktionshandel, Berlin, 1991
Gombrich, Ernst: Die Geschichte der Kunst, 16. Auflage, Berlin, 1996
Gonzalez, Thomas: Kunstinvestment-Guide. 101 Marktanalysen von Künstlern des 19. und 20. Jahrhunderts, München, 2002
Grammatikaki-Alexiou, Anastasia: The Status of Cultural Property in Greek Private International Law, RHDI 47 (1994), S. 139-160
Grigoleit, Hans C.; Herresthal, Carsten: Grundlagen der Sachmängelhaftung im Kaufrecht, JZ 2003, S. 118–127
Gropp, Rose-Maria: 730 Millionen Dollar. Die New Yorker Auktionen mit Impressionismus und Moderne setzen neue Maßstäbe, F.A.Z., Ausgabe 263 vom 11.11.2006, S. 49
dies.: Die Jagd auf den Unbekannten. Wer hat Picassos Dora gekauft ?, F.A.Z., Ausgabe 111 vom 13.05.2006, S. 49
dies.: Die wahre Saison ist doch das Frühjahr. Perfektion a la Basel: Alle Messen wollen so sein wie die Schweizer Paradeschau, F.A.Z., Ausgabe 135 vom 13.06.2006, S. K 1 (Beilage)
Grundmann, Stefan; Bianca, Cesare (Hrsg.): EU-Kaufrechtsrichtlinie. Kommentar, Köln, 2002
Grupp, Klaus (Hrsg.): Recht - Kultur - Finanzen. Festschrift für Reinhard Mußgnug zum 70. Geburtstag am 26.10.2005, Heidelberg, 2005
Gsell, Beate: Die Beweislast für den Sachmangel beim Verbrauchsgüterkauf, JuS 2005, S. 967–973

Haas, Lothar; Medicus, Dieter: Das neue Schuldrecht, München, 2002
Habermas, Jürgen: Theorie des kommunikativen Handelns, Frankfurt a.M., 1981
Hailbronner, Kay: Frachtgut gesunkener Schiffe und Kulturgüterschutz vor deutschen Gerichten, JZ 2002, S. 957–963
Hamann, Wolfram: Urheberrechtliche Probleme der künstlerischen Fotografie, ZUM 1976, S. 667–669
Hamann, Wolfram: Grundfragen der Originalfotografie, UFITA 90 (1981), S. 45–58
Hänlein, Andreas: Die Richtlinie zu bestimmten Aspekten des Verbrauchsgüterkaufs und der Garantien für Verbrauchsgüter, DB 1999, S. 1641–1647
Hartung, Felix (Hrsg.): Varia Antiquaria; Festschrift für Karl Hartung zum 80. Geburtstag. Zur Versteigerung von Kunst und Büchern - Kulturgeschichtliche, wirtschaftliche und rechtliche Aspekte, München, 1994

Hattenhauer, Christian: Stillschweigende Eigenschaftszusicherung und Mangelschaden - BGH, NJW 1993, 2103 (Burra I), und BGH, NJW 1995, 1673 (Burra II), JuS 1998, S. 684–690

Hatton, Rita; Walker, John A.: Supercollector. a critique of Charles Saatchi, London, 2000

Häublein, Martin: Der Beschaffenheitsbegriff und seine Bedeutung für das Verhältnis der Haftung aus culpa in contrahendo zum Kaufrecht, NJW 2003, S. 388–393

Haymann, Franz: Anmerkung zu RG Urteil "Eichen am Wasser" (Ruisdael-Fall), JW 1932, S. 1862–1866

Hebborn, Eric: Kunstfälschers Handbuch, Köln, 1999

Heerstraßen, Frank: Arglistige Täuschung beim Kunstkauf - OLG Hamm, NJW-RR 1993, 628, JuS 1995, S. 197–202

Heidegger, Martin: Der Ursprung des Kunstwerkes, Stuttgart, 1995

Heiderhoff, Bettina: Vertrauen versus Vertragsfreiheit im europäischen Verbrauchervertragsrecht, ZEuP 2003, S. 769–788

dies.: Gemeinschaftsprivatrecht. 2. Auflage, München, 2007

Hein, Jan von: Kapitalanlegerschutz im Verbrauchergerichtsstand zwischen Fernabsatz und konventionellem Vertrieb: Zur Konkretisierung der "Ausrichtung" in Art. 15 I c EuGVO, IPRax 2006, S. 16–20

Heinbuch, Holger: Kunsthandel und Kundenschutz, NJW 1984, S. 15–22

Herchenröder, Christian: Kunstmärkte im Wandel. Vom Jahrzehnt des Umbruchs in die Gegenwart, Düsseldorf, 2000

ders.: Raus aus dem nationalen Korsett. 60 Jahre Kunsthandel, Handelsblatt, Ausgabe 92 vom 14.05.2006, S. 2 (Beilage)

ders.: Sammellust und neuer Wohlstand. 60 Jahre Kunsthandel, Handelsblatt, Ausgabe 87 vom 07.05.2006, S. 1 (Beilage)

Hippel, Eike von: Verbraucherschutz, 3. Auflage, Tübingen, 1986

ders.: Reflexionen zum Verbraucherschutz, VuR 1998, S. 170–171

Hoffmann, Jochen: Der Verbraucherbegriff des BGB nach Umsetzung der Finanz-Fernabsatzrichtlinie, WM 2006, S. 560–567

Hoffmann, Bernd von; Thorn, Karsten; Firsching, Karl: Internationales Privatrecht. einschließlich der Grundzüge des internationalen Zivilverfahrensrechts, München, 2005

Hollein, Max: Unternehmen Kunst. Entwicklungen und Verwicklungen. Regensburg, 2006

Hommelhoff, Peter; Jayme, Erik; Mangold, Werner (Hrsg.): Europäischer Binnenmarkt, IPR und Rechtsangleichung. Motive - Texte – Materialien, Heidelberg, 1995

Hönn, Günther: Kompensation gestörter Vertragsparität. Ein Beitrag zum inneren System des Vertragsrechts, München, 1982

Honsell, Heinrich: Das Anfechtungsrecht des Verkäufers bei einem Irrtum über die Urheberschaft des Gemäldes, JZ 1989, S. 44-45

ders.: Anmerkung zu BGH, Urt. v. 13.2.2004 - NJW 2004, 1873. Gewährleistungsausschluss, Abtretung, Ergänzende Vertragsauslegung, EWiR 2004, S. 1163–1164

Hotz, Jürgen: Der Brockhaus Kunst: Künstler, Epochen, Sachbegriffe, 2. Auflage, Leipzig, 2001

Hoyningen-Huene, Gerrick von: Die vertragliche Stellung des Versteigerers, NJW 1973, S. 1473–1479

ders.: Zur Haftung des Versteigerers und Sachverständigen. Zugleich Besprechung des BGH-Urteils vom 15.1.1975 (Jawlensky), NJW 1975, S. 962–964

ders.: Zur Rechtsstellung und Haftung des Kunstsachverständigen, In: Mansel, Heinz-Peter; Pfeiffer, Thomas; Kronke, Herbert; Kohler, Christian; Hausmann, Reiner (Hrsg.), Festschrift für Erik Jayme, Band 2, S. 1461-1474

Jacobs, Rainer (Hrsg.): Festschrift für Peter Raue. Zum 65. Geburtstag am 4.2.2006, Köln, 2006

Jarass, Hans. D.: Konflikte zwischen EG-Recht und nationalem Recht vor den Gerichten der Mitgliedstaaten, DVBl 1995, S. 954–962

ders.: Grundgesetz für die Bundesrepublik Deutschland. Kommentar, 8. Auflage, München, 2006

Jauernig, Othmar; Berger, Christian: Bürgerliches Gesetzbuch. Kommentar, 12. Auflage, München, 2007

Jayme, Erik: Ein internationaler Gerichtsstand für Rechtsstreitigkeiten um Kunstwerke. Lücken im europäischen Zuständigkeitssystem. In: Grupp, Klaus (Hrsg.): Recht - Kultur - Finanzen. Festschrift für Reinhard Mußgnug zum 70. Geburtstag am 26.10.2005. Heidelberg, 2005, S. 517–525

ders.: Original und Fälschung – Beiträge des Rechts zu den Bildwissenschaften, In: Reichelt, Gerte (Hrsg.): Original und Fälschung im Spannungsfeld von Persönlichkeitsschutz, Urheber- Marken- und Wettbewerbsrecht, Wien, 2007, S. 23-39.

ders.: Klauselrichtlinie und Internationales Privatrecht - Eine Skizze. In: Westphalen, Friedrich von; Trinkner, Reinhold (Hrsg.): Lebendiges Recht. von den Sumerern bis zur Gegenwart; Festschrift für Reinhold Trinkner zum 65. Geburtstag. Heidelberg, 1995, S. 575–584

ders.: Wiener Vorträge. Internationales Privat- und Verfahrensrecht - Rechtsvergleichung - Kunst- und Kulturrecht, Wien, 2001

ders.: Narrative Normen im Kunstrecht. In: Becker, Jürgen (Hrsg.): Recht im Wandel seines sozialen und technologischen Umfelds – Festschrift für Manfred Rehbinder, München 2002, S. 539-544.

Jayme, Erik; Geckler, Alexander: Kunsthandel und Internationales Privatrecht, IPRax 1998, S. 58

Jayme, Erik; Hausmann, Rainer (Hrsg.): Internationales Privat- und Verfahrensrecht, 13. Auflage, München, 2006

Jayme, Erik; Kohler, Christian: Europäisches Kollisionsrecht 2005: Hegemonialgesten auf dem Weg zu einer Gesamtvereinheitlichung, IPRax 2005, S. 481–493.

dies.: Europäisches Kollisionsrecht 2006: Eurozentrismus ohne Kodifikationsidee ?, IPRax 2006, S. 537–550

Jorden, Simone; Lehmann, Michael: Verbrauchsgüterkauf und Schuldrechtsmodernisierung, JZ 2001, S. 952-965

Jost, Katharina: Klassiker in neuem Licht - Besonderheiten der kaufrechtlichen Mängelgewährleistung, JA 2005, S. 750–756

Kamanabrou, Sudabeh: Der Nachlieferungsanspruch beim Stückkauf, ZGS 2004, S. 57–62

Katz, Hans Peter: Sachmängel beim Kauf von Kunstgegenständen und Antiquitäten, Zürich, 1973

Kellermann, Markus: Der deutsche Verbraucherbegriff. Eine Würdigung der streitigen Einzelfälle, JA 2005, S. 546–549

Kellermann, Markus; Mendler, Joachim: Grundsätze und Einzelfälle der Beweislast, JA 2004, S. 909–913

Kemle, Nicolai: Kunstmessen: Zulassungsbeschränkungen und Kartellrecht, Berlin, 2006

Kersten, Hugo: Über Kunst, Künstler und Idioten. In: Impertinenter Expressionismus – Texte von Hugo Kersten, hrsg. Von Michael Stark, Stuttgart, 1980, S. 49-55

Kieselstein, Jana; Rückebeil, Sylvia: Aktuelle Rechtsprechung zu einzelnen Problemen des Verbrauchsgüterkaufs, JA 2006, S. 423–426

dies.: Der Verbraucher im BGB, ZGS 2007, S. 54–57

Kindl, Johann: Unternehmenskauf und Schuldrechtsmodernisierung, WM 2003, S. 409–415

Kirchhof, Paul: Die Garantie der Kunstfreiheit im Steuerstaat des Grundgesetzes, NJW 1985, S. 225–232

Kirchner, Hildebert; Butz, Cornelie: Kirchner-Butz: Abkürzungsverzeichnis der Rechtssprache, 5. Auflage, Berlin, 2003

Kistenmacher, Tim: Art-Napping in der aktuellen Rechtsprechung, KUR 2006, S. 85–88

Klitzing, Isabel v.: Die Spur der Kunst. Provenienzrecherchen im Auktionshandel, KUR 2006, S. 96–99

Kluth, Peter; Böckmann, Julius; Grün, Anselm: Beratungshaftung - Bewertungskriterien für rechtsverbindliche Aussagen beim Sachkauf, MDR 2003, S. 241–247

Knöfel, Ulrike: Gefürchtete Spezies. Sie werden immer mächtiger und drängen auf zunehmenden Einfluss in den Museen. In einer Düsseldorfer Schau werden die Kunstsammler trotzdem bejubelt, Der Spiegel, Ausgabe 17 vom 23.04.07, S. 184–185

Knuth, Felicitas: Fälschungen im Kunsthandel – Vorkommen, Handhabe und Käuferschutz, In: Reichelt, Gerte (Hrsg.): Original und Fälschung im Spannungsfeld von Persönlichkeitsschutz, Urheber- Marken- und Wettbewerbsrecht, Wien, 2007, S. 23-39.

Kocher, Eva: Was ist ein Verbrauchergeschäft ? - Ungleichgewichte als Rechtsproblem am Beispiel der Bürgschaft, VuR 2000, S. 83–91

Kohler, Jürgen: Kaufrechtliche Rückgewährpflicht bei Aliud- und Peius-Lieferung gemäß § 439 IV BGB im Konflikt mit § 241a BGB, AcP 204 (2004), S. 606–637

ders.: Pflichtverletzung und Vertretenmüssen - die beweisrechtlichen Konsequenzen des neuen § 280 I BGB, ZZP 118 (2006), S. 25–46

Köhler, Helmut; Fritzsche, Jörg: Anfechtung des Verkäufers wegen Eigenschaftsirrtums - BGH, NJW 1988, 2597 (Leibl-Duveneck-Urteil), JuS 1990, S. 16–20

Koschatzky, Walter: Die Kunst der Graphik. Technik, Geschichte, Meisterwerke, 2. Auflage, Salzburg, 1972

ders.: Die Kunst der Photographie. Technik, Geschichte, Meisterwerke, Salzburg, 1984

Krampe, Christoph: Eichen am Wasser - Der Ruisdael-Fall, RGZ 135, 339, JuS 2005, S. 773–779

Krebs, Peter: Verbraucher, Unternehmer oder Zivilperson. Zur Einordnung von BGB-Gesellschaften und anderen "Verbänden" ohne eigenes Gewerbe oder selbständige berufliche Tätigkeit, DB 2002, S. 517–520

Krejca, Ales: Die Techniken der graphischen Kunst: Handbuch der Arbeitsvorgänge und der Geschichte der Original-Druckgraphik, Prag, 1981

Kronsteiner, Olga: Saison der Superlative, Weltkunst, Nr. 11/2006, S. 74

dies.: Tendenz: optimistisch. Handelsumfrage, Weltkunst, Nr. 09/2006, S. 70

dies.: Überraschender Rückzug. Mut zur Lücke beweist das von Auktionshäusern und Kunsthändlern genutzte Art-Loss-Register, Der Standard, Ausgabe vom 26.04.2007, S. 35

Kropholler, Jan (Hrsg.): Europäisches Zivilprozeßrecht. Kommentar zu EuGVO und Lugano-Übereinkommen, 7. Auflage, Heidelberg, 2002

Kühn, Bernhard: Die Sachmängelgewährleistung des Kunst- und Antiquitätenhandels, München, 1987

Kwiatowski, Gerhard: Meyers kleines Lexikon der Kunst, Zürich, 1986

Landmann, Robert von; Rohmer, Gustav: Gewerbeordnung GewO, Band 1, München, 2005
Larenz, Karl; Canaris, Claus-Wilhelm: Methodenlehre der Rechtswissenschaft, 3. Auflage, Berlin, 1995
Larenz, Karl; Wolf, Manfred: Allgemeiner Teil des Bürgerlichen Rechts, 9. Auflage, München, 2004
Leible, Stefan: Internationales Vertragsrecht, die Arbeiten an einer Rom I-Verordnung und der Europäische Vertragsgerichtsstand, IPRax 2006, S. 365–371
Leible, Stefan; Lehmann, Matthias: Die Verordnung über das auf vertragliche Schuldverhältnisse anzuwendende Recht („Rom I"), RIW 2008, S. 528-543
Limbach, Jutta: Das Rechtsverständnis in der Vertragslehre, JuS 1985, S. 10-15
Lindemann, Adam: Collecting Contemporary, Köln, 2006
Litzenburger, Wolfgang: Das Ende des vollständigen Gewährleistungsausschlusses beim Kaufvertrag über gebrauchte Immobilien, NJW 2002, S. 1244–1247
Locher, Horst: Das Recht der Bildenden Kunst, München, 1970
Löhr, Marlies: Haftung in der Kunstauktion, GRUR 1976, S. 411–415
Löhr, Dieter: Verhaltenskodex für Kunstversteigerer, KUR 2006, S. 154–157
Looschelders, Dirk: Anmerkung zu BGH, Urt. v. 2.6.2004; Reichweite der Beweislastumkehr beim Verbrauchsgüterkauf, VersR 2005, S. 231–234
ders.: Anmerkung zu BGH, Urt. v. 22.12.2004 - VIII ZR 91/04, JR 2005, 286-287
Lorch, Cathrin: Samt Vorschüssen. Piasa garantiert jetzt Preise, F.A.Z., Ausgabe 78 vom 01.04.2006, S. 49
dies.: Und noch eine. Düsseldorf bekommt eine Messe für zeitgenössische Kunst, F.A.Z., Ausgabe 89 vom 15.04.2006, S. 50
Lorenz, Stephan: "Großer" Schadensersatz und entgangener Gewinn im Kaufrecht, JuS 1998, S. 943–945
ders.: Rücktritt, Minderung und Schadensersatz wegen Sachmängeln im neuen Kaufrecht: Was hat der Verkäufer zu vertreten ?, NJW 2002, S. 2497–2505
ders.: Aliud, peius und indebitum im neuen Kaufrecht, JuS 2003, S. 36–40
ders.: Sachmangel und Beweislastumkehr im Verbrauchsgüterkauf - Zur Reichweite der Vermutungsregelung in § 476 BGB, NJW 2004, S. 3020–3022
ders.: Anmerkung zu BGH - Urt. v. 29.3.2006, EWiR 2006, S. 453–456
ders.: Anmerkung zu BGH - Urteil v. 9.11.2005. § 474 BGB 1/06, EWiR 2006, S. 67–68
ders. (Hrsg.): Festschrift für Andreas Heldrich zum 70. Geburtstag, München, 2005
Löwisch, Manfred: Arbeitsrecht, 6. Auflage, Düsseldorf, 2002

Lutz, Paul; Neumann, Sybille: Auslegung der Art. 13 ff EVÜ auf Realkredite, RIW 1999, S. 827-830

Mankowski, Peter: Der Nachweis der Unternehmereigenschaft. Zugleich Anmerkung zu LG Hof - Urteil v. 29.8.2003 (22 S 28/03), VuR 2004, S. 79–85

ders.: Kulturelle Identität und Internationales Privatrecht, IPRax 2004, S. 282–290

ders.: Online-Auktionen, Versteigerungsbegriff und fernabsatzrechtliches Widerrufsrecht, JZ 2005, S. 444–453

ders.: Art. 5 des Vorschlags für eine Rom I-Verordnung - Revolution im internationalen Verbrauchervertragsrecht, ZVglRWiss 105 (2006), S. 120–163

ders.: Der Vorschlag für die Rom I – Verordnung, IPRax 2006, S. 101–113

ders.: Internationale Zuständigkeit und anwendbares Recht – Parallelen und Divergenzen. In: Lorenz, Stephan (Hrsg.), Festschrift für Andreas Heldrich zum 70. Geburtstag, München, 2005, S. 867-898

Mansel, Heinz-Peter; Pfeiffer, Thomas; Kronke, Herbert; Kohler, Chrisitian; Hausmann, Reiner (Hrsg.): Festschrift für Erik Jayme, Band 1, München, 2004

Medicus, Dieter: Schutzbedürfnisse (insbesondere der Verbraucherschutz) und das Privatrecht, JuS 1996, S. 761–767

ders.: Allgemeiner Teil des BGB, Heidelberg, 2002

ders.: Bürgerliches Recht. Eine nach Anspruchsgrundlagen geordnete Darstellung zur Examensvorbereitung, Köln, 2004

Mejias, Jordan: Ich bin heute ein besserer Warhol als damals. Interview mit Richard Pettibone, F.A.Z., Ausgabe 45 vom 22.2.2007, S. 31

Meller-Hannich, Caroline: Verbraucherschutz im Schuldvertragsrecht. Private Freiheit und staatliche Ordnung, Tübingen, 2005

Mercker, Florian: Photographie: Original und Fälschung, In: Reichelt, Gerte (Hrsg.): Original und Fälschung im Spannungsfeld von Persönlichkeitsschutz, Urheber- Marken- und Wettbewerbsrecht, Wien, 2007, S. 61-70.

Mertens, Hans-Georg: Otto von Gierke. Zum Todestag des großen Germanisten, JuS 1971, S. 508–511

Mestmäcker, Ernst-Joachim; Schulze, Erich: Kommentar zum deutschen Urheberrecht: unter Berücksichtigung des internationalen Rechts und des Gemeinschaftsrechts in den Mitgliedsstaaten der EU, Frankfurt, 1962

Meyer-Sparenberg, Wolfgang: Rechtswahlvereinbarungen in Allgemeinen Geschäftsbedingungen, RIW 1989, S. 437-351

Micklitz, Hans-W: Ein einheitliches Kaufrecht für Verbraucher in der EG ?, ZIP 1997, S. 229–237

Mohr, Jochen: Der Begriff des Verbrauchers und seine Auswirkungen auf das neugeschaffene Kaufrecht und das Arbeitsrecht, AcP 204 (2004), S. 661–696

Moseschus, Marcus: Anmerkung zu BGH, Urt. v. 22.12.2004 - VIII ZR 91/04, EWiR 2005, S. 463–464

Müller, Markus: Die Umgehung des Rechts des Verbrauchsgüterkaufs im Gebrauchtwagenhandel, NJW 2003, S. 1975–1980

Müller-Katzenburg, Astrid; Hofmann, Anette: Abschreibungsmöglichkeiten bei Kunstgegenständen, BB 2000, S. 2563–2568

Müller-Katzenburg, Astrid: Erste Erfahrungen des Kunsthandels mit der Schuldrechtsreform, NJW 2006, Nr. 9, S. 553–557

Rebmann, Kurt; Säcker, Franz Jürgen; Rixecker, Roland (Hrsg.): Münchener Kommentar zum Bürgerlichen Gesetzbuch

Band 1 – Allgemeiner Teil, Halbband 1, §§ 1-240, ProstG, 5. Auflage, München, 2006

Band 2 – Schuldrecht Allgemeiner Teil, 5. Auflage, München, 2007

Band 3 – Schuldrecht, Besonderer Teil 1, 4. Auflage, München, 2004

Band 10 – Einführungsgesetz zum Bürgerlichen Gesetzbuche, Internationales Privatrecht, 4. Auflage, München, 2006

Musielak, Hans-Joachim: Die Falschlieferung beim Stückkauf nach neuem Schuldrecht, NJW 2003, S. 89–92

Mußgnug, Reinhard: Museums- und Archivgut als "res extra commercium". In: Dolzer, Rudolf; Jayme, Erik; Mußgnug, Reinhard (Hg.): Rechtsfragen des internationalen Kulturgüterschutzes. Symposium vom 22./23. Juni 1990 im Internationalen Wissenschaftsforum Heidelberg. Heidelberg, 1994, S. 199-208

Muthers, Christof; Ulbrich, Martin: Beschaffenheitszusage und Gewährleistungsausschluss. Anm. zu OLG Koblenz, Urt. v. 1.4.2004 - 5 U 1385/03, ZGS 2004, S. 289–293

Nagel, Heinrich; Gottwald, Peter: Internationales Zivilprozessrecht, 5. Auflage Köln, 2002

Niemöller, Stefan: Das Verbraucherleitbild in der deutschen und europäischen Rechtsprechung. Verhandlungs- und Vertragsparität als Regelungsgehalt des § 3 UWG, München, 1999

Oetker, Hartmut: Handelsrecht, 4. Auflage, Berlin, 2005

Oetker, Hartmut; Maultzsch, Felix: Vertragliche Schuldverhältnisse, 2. Auflage, Berlin, 2004

Olbrich, Harald (Hrsg.): Lexikon der Kunst. Architektur, bildende Kunst angewandte Kunst, Industrieformgestaltung, Kunsttheorie. Band 5, Leipzig, 1993

Oswald, Franz: Zur ertragssteuerrechtlichen Beurteilung der Tätigkeit eines Kunstsammlers, DStZ 1976, Ausgabe A, S. 158–164

Paefgen, Walter: Kollisionsrechtlicher Verbraucherschutz im internationalen Vertragsrecht und europäisches Gemeinschaftsrecht, ZEuP 2003, S. 266–294
Pahlow, Louis: Der Rechtsmangel beim Sachkauf, JuS 2006, S. 289–293
Palandt, Otto (Begr.); Bassenge, Peter: Bürgerliches Gesetzbuch. mit Einführungsgesetz (Auszug), BGB-Informationspflichten-Verordnung, Unterlassungsklagengesetz, Produkthaftungsgesetz, Erbbaurechtsverordnung, Wohnungseigentumsgesetz, Hausratsverordnung, Vormünder- und Betreuervergütungsgesetz, Lebenspartnerschaftsgesetz, Gewaltschutzgesetz (Auszug)., 65. Auflage, München, 2006,
Pfeiffer, Thomas: Die Entwicklung des Internationalen Vertrags-, Schuld- und Sachenrechts in den Jahren 1995/1996, NJW 1997, S. 1207–1216
ders.: Der Verbraucherbegriff als zentrales Merkmal im europäischen Privatrecht. In: Schulte-Nölke, Hans; Schulze, Rainer (Hrsg.): Europäische Rechtsangleichung und nationale Privatrechte. Baden-Baden, 1999, S. 21–45
ders.: Vom kaufmännischen zum Unternehmensverkehr. Die Änderungen des AGB-Gesetzes durch das Handelsrechtsreformgesetz, NJW 1999, S. 169–174
ders.: Systemdenken im neuen Leistungsstörungs- und Gewährleistungsrecht, ZGS 2002, S. 23–32
ders.: Unkorrektheiten bei der Umsetzung der Verbrauchsgüterkaufrichtlinie in das deutsche Recht. Teil 1: Sachmangelbegriff - Hierarchie statt Kumulation der Mangelkriterien, ZGS 2002, S. 94–95
ders.: § 444 muss korrigiert werden. Editorial, ZGS 2003, S. 161
Picker, Günther: Praxis des Kunstrechts, München, 1990
ders.: Kunstgegenstände und Antiquitäten. Kunst, Recht, Steuern, Versicherung. München, 2002
Piltz, Burghard: Vom EuGVÜ zur Brüssel-I-Verordnung, NJW 2002, S. 789–794
Prütting, Hanns; Wegen, Gerhard; Weinreich, Gerd (Hrsg.): BGB. Kommentar. 2. Auflage, Neuwied, 2007
Pummler, Sebastian: Zum Ersatzlieferungsanspruch beim Stückkauf, NJW 2002, S. 1992-1994

Raape, Leo: Sachmängelhaftung und Irrtum beim Kauf, AcP 150 (1949), S. 481
Raiser, Ludwig: Vertragsfreiheit heute, JZ 1985, S. 1–8
Rascher, Andrea F.G.; Zimmermann, Daniel: Sorgfaltspflichten im Umgang mit Kulturgut, KUR 2006, S. 4–8

Rauscher, Thomas: Europäisches Zivilprozeßrecht. Band I. 2. Auflage, München, 2006

Reich, Norbert (Hrsg.): Marxistische und sozialistische Rechtstheorie, Frankfurt, 1972

ders.: Zivilrechtstheorie, Sozialwissenschaften und Verbraucherschutz, ZRP 1974, S. 187–194

ders.: Europäisches Verbraucherrecht. 4. Auflage, Baden-Baden, 2003

ders.: Das Phantom "Verbraucherrecht" - Erosion oder Evolution des Privatrechts? Einige Bemerkungen zu Dreher, Der Verbraucher - das Phantom in den Opera des europäischen und deutschen Rechts ? JZ 1997, 166, JZ 1997, S. 609–610

Reinicke, Dietrich; Tiedtke, Klaus: Kaufrecht. 7. Auflage, München, 2004

Reutter, Mark: Exklusivverträge zwischen Künstler und Händler, Darstellung der Rechtslage in den Vereinigten Staaten von Amerika und der Schweiz, Zürich, 1992

Ring, Gerhard: Umsetzung der Verbrauchsgüterkaufrichtlinie in den Regelungen über den Verbrauchsgüterkauf, BuW 2002, S. 776–782

Ringel, Stephanie: Zurückgewinngemeinschaften. Die Rolle von Auktionshäusern und Anwälten bei Restitutionsverfahren, Der Tagesspiegel, Ausgabe 19285 vom 19.08.2006, S. 25

Röhricht, Volker; Westphalen, Friedrich von: Handelsgesetzbuch. Kommentar zu Handelsstand, Handelsgesellschaften, Handelsgeschäften und besonderen Handelsverträgen, 2. Auflage, Köln, 2001

Rösler, Hannes: Europäische Integration durch Verbraucherschutz: Entwicklungsursachen und Beschränkungen, VuR 2003, S. 12–19

Rösler, Hannes: 30 Jahre Verbraucherpolitik in Europa, ZfRV 2005, S. 134–147

Rössler, Rudolf; Troll, Max: Bewertungsgesetz und Vermögenssteuergesetz, 17. Auflage, München, 1995

Rosendorfer, Herbert: Casanovas Orden, In: Reichelt, Gerte (Hrsg.): Original und Fälschung im Spannungsfeld von Persönlichkeitsschutz, Urheber-, Marken- und Wettbewerbsrecht, Wien, 2007, S. 19-22.

Roth, Wulf-Henning: Grundlagen des gemeinsamen europäischen Versicherungsmarktes, RabelsZ 54 (1990), S. 63–138

ders.: Europäischer Verbraucherschutz und BGB, JZ 2001, S. 475–490

Roth, Herbert: Standzeit von Kraftfahrzeugen als Sachmangel, NJW 2004, S. 330–331

ders.: Stückkauf und Nacherfüllung durch Lieferung einer mangelfreien Sache, NJW 2006, S. 2953–2967

Rückert, Joachim: Das Bürgerliche Gesetzbuch - ein Gesetzbuch ohne Chance ?, JZ 2003, S. 749–760

Samson, Benvenuto: Das Folgerecht des § 26 Urhebergesetzes, GRUR 1970, S. 449–451
Schack, Haimo: Die Zusicherung beim Kauf, AcP 185 (1985), S. 333–361
ders.: Kunst und Recht. bildende Kunst, Architektur, Design und Fotografie im deutschen und internationalen Recht. Köln, 2004
Schellhammer, Kurt: Die Haftung des Verkäufers für Sach- und Rechtsmängel. Neue Struktur und neuer Mangelbegriff, MDR 2002, S. 241–246
ders.: Zivilprozess. Gesetz - Praxis – Fälle. 11. Auflage, Heidelberg, 2004
Scherer, Inge: Schutz "leichtgläubiger" und "geschäftlich unerfahrener" Verbraucher in § 4 Nr. 2 UWG n.F. - Wiederkehr des alten Verbraucherleitbildes "durch die Hintertür" ?, WRP 2004, S. 1355–1358
Scheuren-Brandes, Christoph: Fehlendes Eigentum des Verkäufers - Rechtsmangel oder Unmöglichkeit, ZGS 2005, S. 295–299
Schindler, Sven: Der Verbrauchsgüterkauf, JA 2004, S. 835–839
Schlosser, Peter F. (Hrsg.): EuGVÜ. Europäisches Gerichtsstands- und Vollstreckungsübereinkommen mit Luganer Übereinkommen und den Haager Übereinkommen über Zustellung und Beweisaufnahme, 1. Auflage, München, 1996
ders.: EU-Zivilprozessrecht. EuGVVO, EuEheVO, EuBVO, EuZVO, 2. Auflage, München, 2003
Schmidt, Detlef: Die Beschaffenheit der Kaufsache, BB 2002, S. 2763–2767
Schmidt, Karsten: Verbraucherbegriff und Verbrauchervertrag - Grundlagen des § 13, JuS 2006, S. 1–8
Schneider, Ernst: Rechtliche Risiken beim Erwerb von Antiquitäten und Kunstgegenständen, DB 1981, S. 199–204
Schneider, Annette: Auktionsrecht. Das Rechtsverhältnis zwischen Einlieferer, Versteigerer und Ersteigerer. Baden-Baden, 1999
Schnorr, Randolf: Die steuerrechtliche Abgrenzung zwischen Gewerbebetrieb und Vermögensverwaltung, NJW 2004 S. 3214–3220
Scholze-Stubenrecht, Werner (Leitg.): Duden: Das große Wörterbuch der deutschen Sprache; in zehn Bänden; hrsg. vom Wissenschaftlichen Rat der Dudenredaktion, Band 7: Pekt-Schi; 3. Auflage, Mannheim, 1999
Schrader, Henning: Die Haftung des Versteigerers für seine Katalogangaben. In: Dietz, Wolfgang; Pannier, Dietrich (Hrsg.): Festschrift für Hildebert Kirchner zum 65. Geburtstag. München, 1985, S. 343–360
Schricker, Gerhard: Urheberrecht: Kommentar, 3. Auflage, München, 2006
Schroeter, Ulrich: Probleme des Anwendungsbereichs des Verbrauchsgüterkaufs (§§ 474 ff. BGB), JuS 2006, S. 682–686
Schubel, Christian: Schuldrechtsmodernisierung 2001/2002 - Das neue Kaufrecht, JuS 2002, S. 313–319
Schütte, Wilhelm: Rechtliche Aspekte der Kunstversteigerung, In: Hartung, Felix (Hrsg.): Varia Antiquaria; Festschrift für Karl Hartung zum 80. Ge-

burtstag. Zur Versteigerung von Kunst und Büchern - Kulturgeschichtliche, wirtschaftliche und rechtliche Aspekte, München, 1994, S. 22-37

Schuhmacher, Wolfgang: Verbraucher und Recht in historischer Sicht, Wien, 1981

Schulze, Götz: Falschlieferung beim Spezieskauf - Unzulänglichkeiten des Gesetzes ?, NJW 2003, S. 1022–1023

Schulze, Rainer; Ebers, Martin: Streitfragen im neuen Schuldrecht, JuS 2004, S. 462–468

Schulze, Rainer (Hrsg.): Bürgerliches Gesetzbuch, Handkommentar, 4. Auflage, Baden-Baden, 2005

Schur, Wolfgang: Der Anspruch des Käufers auf Schadensersatz wegen eines Sachmangels, ZGS 2002, S. 243–248

Schwadorf-Ruckdeschel, Brigitte: Rechtsfragen des grenzüberschreitenden rechtsgeschäftlichen Erwerbs von Kulturgütern. Frankfurt am Main, 1994

Seipel, Wilfried: Original – Kopie – Fälschung, Über das Authentische im Zeitalter der virtuellen Wirklichkeit, In: Reichelt, Gerte (Hrsg.): Original und Fälschung im Spannungsfeld von Persönlichkeitsschutz, Urheber-, Marken- und Wettbewerbsrecht, Wien, 2007, S. 5-18.

Sieger, Ferdinand: Urheber-Schwindel im Kunstbereich ?, ZUM 1984, S. 119–132

Simons, Simone: Fachliche Autorität im Kunsthandel und ihre haftungsrechtliche Bedeutung, Konstanz, 1999

Skripsky, Martin: Die Online-Kunstauktion, Zürich, 2006.

Sölch, Otto; Ringleb, Karl (Hrsg.): UStG (Umsatzsteuergesetz) – Mehrwertsteuer, München, 1967

Soergel, Hans Theodor; Wolf, Manfred; Siebert, Wolfgang: Bürgerliches Gesetzbuch. Mit Einführungsgesetz und Nebengesetzen
Band 1 - §§ 1-103, 13. Auflage, Stuttgart, 2000
Band 2 – CISG, 13. Auflage, Stuttgart, 2000

Spiegler, Marc: Der dritte Mann. Die Angst vor überhöhten Preisen und schlechter Kunst treibt immer mehr Sammler in die Hände von Art Consultants, monopol, 04/2007, S. 102–104

Spinellis, Evangelos: Das Vertrags- und Sachenrecht des internationalen Kunsthandels. Zugleich ein Beitrag zur Bedeutung der Eingriffsnormen im heutigen Rechtsverkehr. Osnabrück, 2000

Christian Starck; Hermann von Mangoldt; Friedrich Klein: Grundgesetz, Band 1, Präambel, Artikel 1 bis 19, 5. Auflage, München 2005

Staudinger, Ansgar: Rechtsvereinheitlichung innerhalb Europas: Rom I und Rom II, AnwBl 2008, S. 8-16

Staudinger, Julius von; Magnus, Ulrich; Martinek, Michael; Abeltshauser, Thomas: J. von Staudingers Kommentar zum Bürgerlichen Gesetzbuch. Mit Einführungsgesetz und Nebengesetzen.

Buch 1 – Einleitung zum Bürgerlichen Gesetzbuch, §§ 1-14, Berlin, 2004
Buch 2 – Wiener Kaufrecht (CISG), Berlin 2005
Buch 2 – Recht der Schuldverhältnisse, §§ 433-487, Berlin, 2004
Stebut, Dietrich von: Der soziale Schutz als Regelungsproblem des Vertragsrechts, Berlin, 1982
Stölting, Carsten: Der Ausschluss von Mängelrechten beim Nicht-Verbrauchsgüterkauf, ZGS 2005, S. 299–304
Stoppel, Jan: Untersuchungspflichten auf Verkäuferseite im Zusammenspiel mit Untersuchungsobliegenheiten auf Käuferseite, ZGS 2006, S. 49–55
Strowel, Alain: Das Urheberrecht: Von der zeitgenössischen Kunst auf die Probe gestellt, ZUM 1990, S. 387–392

Taupitz, Jochen; Wille, Sophia: Die Entwicklung des BGB unter europäischem Einfluß, JA 2005, S. 385–390
Tettinger, Peter; Wank, Rolf (Hrsg.): Gewerbeordnung. 6. Auflage, München, 2004
Teuber, Esther: Die internationale Zuständigkeit bei Verbraucherstreitigkeiten. Reformüberlegungen im deutschen Recht. Frankfurt am Main, 2002
Thier, Andreas: Aliud- und Minuslieferung im neuen Kaufrecht des Bürgerlichen Gesetzbuchs, AcP 203 (2003), S. 398–428
Thomas, Heinz; Putzo, Hans: Zivilprozessordnung. Mit Gerichtsverfassungsgesetz, den Einführungsgesetzen und europarechtlichen Vorschriften, 27. Auflage, München, 2005
Thomsen, Birgit: Käuferschutz bei Kunstauktionen. Vergleich der Rechte Deutschlands, Frankreichs, der Schweiz und Perspektiven spezialgesetzlicher Regelungen in den USA. Bielefeld, 1989
dies.: Die Bestimmung der internationalen Zuständigkeit im Fall eines durch telefonisches Gebot zu schließenden Kunstauktionskaufs, IPRax 1991, S. 302–305
Thurn, Hans Peter: Der Kunsthändler. Wandlungen eines Berufes. München, 1994
Tiedtke, Klaus; Burgmann, Roland: Gewährleistungs- und Haftungsausschluss beim Verkauf gebrauchter Sachen an und zwischen Verbrauchern, NJW 2005, S. 1153–1157
Tiedtke, Klaus; Schmitt, Marco: Die Falschlieferung durch den Verkäufer, JZ 2004, S. 1092–1100
dies.: Der Anwendungsbereich des kaufrechtlichen Schadensersatzes statt der Leistung nach §§ 437 Nr.3, 280 I, 281 I BGB, BB 2005, S. 615–623
dies.: Ersatzlieferung beim Stückkauf, JuS 2005, S. 583–587
Tietz, Bruno (Hrsg.): Handwörterbuch der Absatzwirtschaft, Stuttgart, 1974
Tonner, Klaus: Die Rolle des Verbraucherrechts bei der Entwicklung eines europäischen Zivilrechts, JZ 1996, S. 533–541

Tonner, Klaus; Tamm, Martina: Verbraucherrecht und wirtschaftliche Interessen der Verbraucher, WiVerw 2004, S. 89–113

Triebel, Volker; Hölzle, Gerrit: Schuldrechtsreform und Unternehmenskaufverträge, BB 2002, S. 521-537

Tröger, Tobias: Grundfälle zum Sachmangel nach neuem Schuldrecht, JuS 2005, S. 503–511

Ulmer, Peter; Brandner, Peter; Hensen, Horst-Diether: AGB-Recht. Kommentar zu den §§ 305-310 BGB, 10. Auflage, Köln, 2006

Viskorf, Hans-Ulrich: Kunstgegenstände und Sammlungen im Erbschafts- und Schenkungssteuerrecht, DStZ 2002, S. 881–885

Wagner, Wilfried: Privat gesammelt, privat veräußert. Das Umsatzsteuerparadies für den Privatsammler ist nahe, DStZ 2002, S. 846–850

Wandtke, Artur: Grenzenlose Freiheit der Kunst und Grenzen des Urheberrechts, ZUM 2005, S. 769–775

Wandtke, Artur-Axel; Bullinger, Winfried: UrhR, Praxiskommentar zum Urheberrecht, 2. Auflage, München, 2006

Wehrt, Klaus; Mohr, Klaus: Der Einbau der ökonomischen Analyse des Rechts in ein juristisches Fallgutachten, JA 1995, S. 536–542

Weibel, Peter: Der Sammler und die Logik des Marktes, In: Adriani, Götz (Hrsg.): KunstSammeln, Ostfildern-Ruit, 1999

Welck, Karin von: Verkauf von Museumsgut - Ein Zwischenruf aus Hamburg. In: Jacobs, Rainer (Hrsg.): Festschrift für Peter Raue. Zum 65. Geburtstag am 4.2.2006. Köln, 2006, S. 907–912

Wendlandt, Bettina: Die Folgen des Wegfalls von § 464 BGB a.F. und ihre Vermeidung, ZGS 2004, S. 88-91

Wertenbruch, Johannes: Gewährleistung beim Kauf von Kunstgegenständen nach neuem Schuldrecht, NJW 2004, S. 1977–1982

Westerholt, Margot von; Graupner, Rudolf: Zur Haftung für die Echtheit von Kunstgegenständen, NJW 1978, S. 794–796

Westermann, Harm Peter: Das neue Kaufrecht einschließlich des Verbrauchsgüterkaufs, JZ 2001, S. 530–542

ders.: Das neue Kaufrecht, NJW 2002, S. 241–253

Westphalen, Friedrich von: AGB-Recht ins BGB – eine erste Bestandsaufnahme, NJW 2002, S. 12-25

Wieacker, Franz: Sozialmodell der klassischen Privatrechtsgesetzbücher und die Entwicklung der modernen Gesellschaft. Karlsruhe, 1953

Wieacker, Franz: Privatrechtsgeschichte der Neuzeit. 2. Auflage, Göttingen, 1967

Winkler, Matthias: Anmerkung zu BGH, Urt. v. 9.11.2005 – VIII ZR 116/05. Begriff der öffentlichen Versteigerung beim Verbrauchsgüterkauf, NJ 2006, S. 267–277
Wolff-Diepenbrock, Johannes: Sammeln, Sammlung und Steuern, DStR 1987, Beilage zu Heft 12, S. 1–12
Wrase, Michael; Müller-Helle, Adrian: Aliud-Lieferung beim Verbrauchsgüterkauf - ein nur scheinbar gelöstes Problem, NJW 2002, S. 2537–2539
Wrede, Christian: Kopien - Imitationen - Fälschungen; Kunst und Kaufrecht. Zur Entwicklung der Kunstmängelhaftung und dem Phänomen der Krypto-Regeln. Berlin, 2005

Zippelius, Reinhold: Juristische Methodenlehre. 6. Auflage, München, 1994
Zöbeley, Günter: Warum läßt sich Kunst nicht definieren ?, NJW 1998, S. 1372–1373
Zöllner, Wolfgang: Regelungsspielräume im Schuldvertragsrecht. Bemerkungen zur Grundrechtsanwendung im Privatrecht und zu den sogenannten Ungleichgewichtslagen, AcP 196 (1996), S. 1–36
Zoff, Otto (Hrsg.): Die Briefe des P. P. Rubens, Wien, 1918
Zweigert, Konrad; Kötz, Hein: Einführung in die Rechtsvergleichung auf dem Gebiete des Privatrechts, 3. Auflage, Tübingen, 1996

STUDIEN ZUM VERGLEICHENDEN UND INTERNATIONALEN RECHT

Herausgeber: Bernd von Hoffmann, Erik Jayme und Heinz-Peter Mansel

Band 1 Ferdinand Henke: Die Datenschutzkonvention des Europarates. 1986.

Band 2 Peter Czermak: Der express trust im internationalen Privatrecht. 1986.

Band 3 Peter Kindler: Der Ausgleichsanspruch des Handelsvertreters im deutsch-italienischen Warenverkehr. Eine rechtsvergleichende und kollisionsrechtliche Untersuchung. 1987.

Band 4 Wilhelm Denzer: Stellung und Bedeutung des Engineers in den FIDIC-Bauvertragsbedingungen. 1988.

Band 5 Marijan-Maximilian Lederer: Die internationale Enteignung von Mitgliedschaftsrechten unter besonderer Berücksichtigung der französischen Enteignungen 1982. 1989.

Band 6 Rainer Esser: Klagen gegen ausländische Staaten. 1990.

Band 7 Chang Jae-Ok: Auf dem Weg zu einer Materialisierung des Immateriellen? Personen-, Persönlichkeitsschutz und Geldersatz des immateriellen Schadens in rechtsvergleichender Hinsicht am Beispiel des koreanischen und japanischen Zivilrechts unter besonderer Berücksichtigung des deutschen Rechts. 1990.

Band 8 Paul-Frank Weise: Lex mercatoria. Materielles Recht vor der internationalen Handelsschiedsgerichtbarkeit.1990.

Band 9 Werner Born: Der Auftrittsvertrag für Musikgruppen im Bereich der Rock- und Popmusik. 1990.

Band 10 Ralf Erich Jürgens: IPR und Verfassung in Italien und in der Bundesrepublik Deutschland. 1990.

Band 11 Rainer Gildeggen: Internationale Schieds- und Schiedsverfahrensvereinbarungen in Allgemeinen Geschäftsbedingungen vor deutschen Gerichten. 1991.

Band 12 Klaus Grabinski: Die kollisionsrechtliche Behandlung des Durchgriffs bei rechtlich verselbständigten Unternehmen in privater oder öffentlicher Hand. 1991.

Band 13 Dieter Stummel: Konkurs und Integration. Konventionsrechtliche Wege zur Bewältigung grenzüberschreitender Insolvenzverfahren. 1991.

Band 14 Joachim Güntzer: Die Rechtsstellung des Geschäftsführers im spanischen Aktienrecht. Die Neuregelung des spanischen Aktienrechts nach dem Beitritt Spaniens zur EG. 1991.

Band 15 Sabine Isenburg-Epple: Die Berücksichtigung ausländischer Rechtshängigkeit nach dem Europäischen Gerichtsstands- und Vollstreckungsübereinkommen vom 27.9.1968. Untersuchungen zum Anwendungsbereich von Art. 21 EuGVÜ unter schwerpunktmäßiger Behandlung der Frage nach der Bestimmung eines europäischen Streitgegenstandsbegriffs. 1992.

Band 16 Ulrich Nickl: Die Qualifikation der culpa in contrahendo im Internationalen Privatrecht. 1992.

Band 17 Theo Rauh: Leistungserschwerungen im Schuldvertrag. Eine rechtsvergleichende Untersuchung des englischen, US-amerikanischen, französischen und deutschen Rechts unter besonderer Berücksichtigung der gerichtlichen Praxis. 1992.

Band 18 Bernadette Chaussade-Klein: Vorvertragliche "obligation de renseignements" im französischen Recht. 1992.

Band 19 Josef Sievers: Verbraucherschutz gegen unlautere Vertragsbedingungen im französischen Recht. Vom Code civil zum "Code de la consommation" – die Entstehung eines Sonderprivatrechts für Verbraucher. 1993.

Band 20 Achim Schäfer: Grenzüberschreitende Kreditsicherung an Grundstücken, unter besonderer Berücksichtigung des deutschen und italienischen Rechts. 1993.

Band 21 Eugenio Hernández-Breton: Internationale Gerichtsstandsklauseln in Allgemeinen Geschäftsbedingungen. Unter besonderer Berücksichtigung des deutsch-südamerikanischen Rechtsverkehrs (dargestellt am Beispiel Argentinien, Brasilien und Venezuela). 1993.

Band 22 Ingo Reng: Unterhaltsansprüche aufgrund nichtehelicher Lebensgemeinschaft – Internationales Privatrecht und ausländisches materielles Recht. 1994.

Band 23 Stefanie Roloff: Die Geltendmachung ausländischer öffentlicher Ansprüche im Inland. 1994.

Band 24 Katharina Ludwig: Der Vertragsschluß nach UN-Kaufrecht im Spannungsverhältnis von Common Law und Civil Law. Dargestellt auf der Grundlage der Rechtsordnungen Englands und Deutschlands. 1994.

Band 25 Malte Diesselhorst: Mehrparteienschiedsverfahren. Internationale Schiedsverfahren unter Beteiligung von mehr als zwei Parteien. 1994.

Band 26 Manfred Kost: Konsensprobleme im internationalen Schuldvertragsrecht. 1995.

Band 27 Wolff-Heinrich Fleischer: Das italienische Wettbewerbsrecht und die Probleme des selektiven Parfümvertriebs unter Berücksichtigung der Rechtslage in Frankreich und Deutschland. 1995.

Band 28 Angelika Fuchs: Lateinamerikanische Devisenkontrollen in der internationalen Schuldenkrise und Art. VIII Abschn. 2 b) IWF-Abkommen. 1995.

Band 29 Jacques Matthias Aull: Der Geltungsanspruch des EuGVÜ: "Binnensachverhalte" und Internationales Zivilverfahrensrecht in der Europäischen Union. Zur Auslegung von Art. 17 Abs. 1 S. 1 EuGVÜ. 1996.

Band 30 Hartmut Ost: EVÜ und fact doctrine. Konflikte zwischen europäischer IPR-Vereinheitlichung und der Stellung ausländischen Rechts im angelsächsischen Zivilprozeß. 1996.

Band 31 Stefan Wagner: Die Testierfähigkeit im Internationalen Privatrecht. 1996.

Band 32 Wolfgang Jakob Hau: Positive Kompetenzkonflikte im Internationalen Zivilprozeßrecht. Überlegungen zur Bewältigung von *multi-fora disputes*. 1996.

Band 33 Markus Schütz: UN-Kaufrecht und *Culpa in contrahendo*. 1996.

Band 34 Volker Geyrhalter: Das Lösungsrecht des gutgläubigen Erwerbers. Ein "vergessener" Kompromiß und die Auswirkungen auf das heutige deutsche Recht unter besonderer Berücksichtigung des internationalen Sachenrechts. 1996.

Band 35 Andreas Kramer: Abwicklungsstörungen bei Kaufverträgen. Die Lieferung vertragswidriger Sachen im deutschen und italienischen Recht. 1996.

Band 36 Petra Krings: Erfüllungsmodalitäten im internationalen Schuldvertragsrecht. 1997.

Band 37 Tonja Gaibler: Der rechtsgeschäftliche Irrtum im französischen Recht. 1997.

Band 38 Dirk Otto: Rechtsspaltung im indischen Erbrecht. Bedeutung und Auswirkungen auf deutsch-indische Nachlaßfälle. 1997.

Band 39 Gregor W. Decku: Zwischen Vertrag und Delikt. Grenzfälle vertraglicher und deliktischer Haftung dargestellt am Beispiel der Berufs- und Expertenhaftung zum Schutze des Vermögens Dritter im deutschen und englischen Recht. 1997.

Band 40 Gregor W. Decku: Zwischen Vertrag und Delikt. Grenzfälle vertraglicher und deliktischer Haftung dargestellt am Beispiel der Berufs- und Expertenhaftung zum Schutze des Vermögens Dritter im deutschen und englischen Recht. 1997.

Band 41 Ulrike Höpping: Auswirkungen der Warenverkehrsfreiheit auf das IPR unter besonderer Berücksichtigung des Internationalen Produkthaftungsrechts und des Internationalen Vertragsrechts. 1997.

Band 42 Helene Boriths Müller: Die Umsetzung der europäischen Übereinkommen von Rom und Brüssel in das Recht der Mitgliedstaaten. Dargestellt am Beispiel Deutschlands und Dänemarks. 1997.

Band 43 Bernd von Hoffmann / Myong-Chang Hwang (eds.): The Public Concept of Land Ownership. Reports and Discussions of a German-Korean Symposium held in Seoul on October 7-9, 1996. 1997.

Band 44 Oliver Heeder: Fraus legis. Eine rechtsvergleichende Untersuchung über den Vorbehalt der Gesetzesumgehung in Deutschland, Österreich, der Schweiz, Frankreich und Belgien unter besonderer Berücksichtigung des Internationalen Privatrechts. 1998.

Band 45 Heinrich Schütt: Deliktstyp und Internationales Privatrecht. Dargestellt an grenzüberschreitenden Problemen der Arzthaftung. 1998.

Band 46 Axel Steiner: Die stillschweigende Rechtswahl im Prozeß im System der subjektiven Anknüpfungen im deutschen Internationalen Privatrecht. 1998.

Band 47 Martina Schulz: Der Eigentumsvorbehalt in europäischen Rechtsordnungen. Rechtsvergleichende Untersuchung des deutschen, englischen und französischen Rechts unter besonderer Berücksichtigung von Erweiterungen und Verlängerungen. 1998.

Band 48 Karin Dreher: Die Rechtswahl im internationalen Erbrecht. Unter besonderer Berücksichtigung des italienischen IPR-Reformgesetzes N. 218 vom 31. Mai 1995. 1999.

Band 49 Giuliano Gabrielli: Das Verhältnis zwischen der Anfechtung wegen Eigenschaftsirrtums und den Gewährleistungsansprüchen im deutschen, österreichischen und italienischen Recht. 1999.

Band 50 Bernd von Hoffmann / Myong-Chan Hwang (eds.): Developments in Land Law. Reports and Discussions of a German-Korean Symposium held in Berlin and Trier on July 21-24, 1997. 1999.

Band 51 Volker Heidbüchel: Das UNCITRAL-Übereinkommen über unabhängige Garantien und Standby Letters of Credit. Vergleiche mit den Richtlinien der Internationalen Handelskammer, dem deutschen, englischen und US-amerikanischen Recht. 1999.

Band 52 Jan Christoph Nordmeyer: Pflichtteilsansprüche und Wiedervereinigung. Eine systematische Analyse der Ausgleichsansprüche nach BGB-Pflichtteilsrecht unter besonderer Berücksichtigung der durch den Wiedervereinigungsprozeß eingetretenen Wertveränderungen. 1999.

Band 53 Bettina Linder: Vertragsabschluß beim grenzüberschreitenden Verbraucherleasing. 1999.

Band 54 Almontasser Fetih: Die zivilrechtliche Haftung bei Vertragsverhandlungen. Eine rechtsvergleichende Studie zum deutschen, französischen, ägyptischen und islamischen Recht. 2000.

Band 55 Sona Rajani: Die Geltung und Anwendung des Gemeinschaftsrechts im Vereinigten Königreich von Großbritannien und Nordirland. Der Grundsatz der Parlamentssouveränität im Wandel. 2000.

Band 56 Joachim Kayser: Gegenmaßnahmen im Außenwirtschaftsrecht und das System des europäischen Kollisionsrechts. Eine Analyse der EU-Abwehrverordnung gegen die Auswirkungen extraterritorialer Rechtserstreckung eines Drittlandes. 2001.

Band 57 Albrecht Conrad: Qualifikationsfragen des Trust im Europäischen Zivilprozeßrecht. 2001.

Band 58 Bernd Borgmann: Die Entsendung von Arbeitnehmern in der Europäischen Gemeinschaft. Wechselwirkungen zwischen Kollisionsrecht, Grundfreiheiten und Spezialgesetzen. 2001.

Band 59 Aleksandar Jaksic: Arbitration and Human Rights. 2002.

Band 60 Islamisches und arabisches Recht als Problem der Rechtsanwendung. Symposium zu Ehren von Professor Emeritus Dr. iur. Omaia Elwan. Veranstaltet vom Institut für ausländisches und internationales Privat- und Wirtschaftsrecht der Universität Heidelberg und der Gesellschaft für Arabisches und Islamisches Recht e.V. Herausgegeben von Herbert Kronke, Gert Reinhart und Nika Witteborg. 2001.

Band 61 Patrick Fiedler: Stabilisierungsklauseln und materielle Verweisung im internationalen Vertragsrecht. 2001.

Band 62 Werner Mangold: Die Abtretung im Europäischen Kollisionsrecht. Unter besonderer Berücksichtigung des spanischen Rechts. 2001.

Band 63 Eike Dirk Eschenfelder: Beweiserhebung im Ausland und ihre Verwertung im inländischen Zivilprozess. Zur Bedeutung des US-amerikanischen discovery-Verfahrens für das deutsche Erkenntnisverfahren. 2002.

Band 64 Bernd Ehle: Wege zu einer Kohärenz der Rechtsquellen im Europäischen Kollisionsrecht der Verbraucherverträge. 2002.

Band 65 Heiko Lehmkuhl: Das Nacherfüllungsrecht des Verkäufers im UN-Kaufrecht. 2002.

Band 66 Jochen Nikolaus Schlotter: Erbrechtliche Probleme in der Société Privée Européenne. IPR-Harmonisierung im einheitlichen Europäischen Rechtsraum. 2002.

Band 67 Konrad Ost: Doppelrelevante Tatsachen im Internationalen Zivilverfahrensrecht. Zur Prüfung der internationalen Zuständigkeit bei den Gerichtsständen des Erfüllungsortes und der unerlaubten Handlung. 2002.

Band 68 Tobias Bosch: Die Durchbrechungen des Gesamtstatuts im internationalen Ehegüterrecht. Unter besonderer Berücksichtigung deutsch-französischer Rechtsfälle. 2002.

Band 69 Ursula Philipp: Form im amerikanischen Erbrecht. Zwischen Formalismus und harmless error. 2002.

Band 70 Christian Stefan Wolf: Der Begriff der wesentlich engeren Verbindung im Internationalen Sachenrecht. 2002.

Band 71 André Fomferek: Der Schutz des Vermögens Minderjähriger. Ein Vergleich des deutschen und des englischen Rechts unter Berücksichtigung des schottischen und irischen Rechts. 2002.

Band 72 nicht erschienen

Band 73 Markus Dreißigacker: Sprachenfreiheit im Verbrauchervertragsrecht. Der Verbraucher im Spannungsfeld zwischen kultureller Identität und Privatautonomie. 2002.

Band 74 Vassiliki Myller-Igknay: Auskunftsansprüche im griechischen Zivilrecht. Auswirkungen im deutsch-griechischen Rechtsverkehr sowie im deutschen internationalen Privat- und Verfahrensrecht. 2003.

Band 75 Stefan Bruinier: Der Einfluss der Grundfreiheiten auf das Internationale Privatrecht. 2003.

Band 76 Nika Witteborg: Das gemeinsame Sorgerecht nichtverheirateter Eltern. Eine Untersuchung im soziologischen, rechtsgeschichtlichen, verfassungsrechtlichen, rechtsvergleichenden und internationalen Kontext. 2003.

Band 77 Peter Stankewitsch: Entscheidungsnormen im IPR als Wirksamkeitsvoraussetzungen der Rechtswahl. 2003.

Band 78 Jan Wilhelm Ritter: Euro-Einführung und IPR unter besonderer Berücksichtigung nachehelicher Unterhaltsverträge. Eine Untersuchung mit Blick auf das deutsche, französische und schweizerische Recht. 2003.

Band 79 Wolf Richard Herkner: Die Grenzen der Rechtswahl im internationalen Deliktsrecht. 2003.

Band 80 Ira Ditandy: Internationale Zuständigkeit. Neuregelung durch die LOPJ 1985. Vergleich mit dem europäischen Vorbild und Auswirkungen auf das spanische internationale Zivilverfahrensrecht. 2003.

Band 81 Andrea Verena Schefold: Werbung im Internet und das deutsche Internationale Privatrecht. 2004.

Band 82 Klaus Herkenrath: Die Umsetzung der Richtlinie 93/13/EWG über missbräuliche Klauseln in Verbraucherverträgen in Deutschland, dem Vereinigten Königreich, Frankreich und Italien. Auswirkungen nationaler Umsetzungstechniken auf dem Harmonisierungserfolg. 2003.

Band 83 Alexander Thünken: Das kollisionsrechtliche Herkunftslandprinzip. 2003.

Band 84 Barbara v. Daumiller: Die Rechtswahl im italienischen internationalen Erbrecht: und ihre Auswirkungen im deutsch-italienischen Rechtsverkehr. 2003.

Band 85 Robert Mödl: Macht, Verantwortlichkeit und Zurechnung im Konzern. Eine rechtsvergleichende Untersuchung auf der Grundlage des deutschen, spanischen und US-amerikanischen Rechts. 2003.

Band 86 Ursula Kerpen: Das Internationale Privatrecht der Persönlichkeitsrechtsverletzungen. Eine Untersuchung auf rechtsvergleichender Grundlage. 2003.

Band 87 Barbara Ploeckl: Umgangsrechtsstreitigkeiten im deutsch-französischen Rechtsverkehr. Bestehende internationale und nationale Regelungen und der geplante *europäische Besuchstitel*. 2003.

Band 88 Katrin Wannemacher: Die Außenkompetenzen der EG im Bereich des Internationalen Zivilverfahrensrechts. Der räumliche Anwendungsbereich des Art. 65 EGV am Beispiel der EuGVO und der EheVO. 2003.

Band 89 Maren B. Eilinghoff: Das Kollisionsrecht der ungerechtfertigten Bereicherung nach dem IPR-Reformgesetz von 1999. 2004.

Band 90 Patrick Niehr: Die zivilprozessuale Dokumentenvorlegung im deutsch-englischen Rechtshilfeverkehr nach der deutschen und der englischen Prozessrechtsreform. 2004.

Band 91 Anna Christina Gördes: Internationale Zuständigkeit, Anerkennung und Vollstreckung von Entscheidungen über die elterliche Verantwortung. Die VO(EG) Nr. 1347/2000, ihre geplanten Änderungen und das Verhältnis beider zum Minderjährigen- und Kinderschutzabkommen. 2004.

Band 92 Martin Rädler: Rechtsbehelfe des Käufers eines Unternehmens oder einer unternehmerischen Beteiligung gegen den Verkäufer im deutschen und französischen Recht. 2004.

Band 93 Marc-Yngve Dietrich: Rechtsstellung und Beteiligung der Gläubiger im französischen Insolvenzverfahren. 2004.

Band 94 Katia Niemann: Die rechtsgeschäftliche und organschaftliche Stellvertretung und deren kollisionsrechtliche Einordnung. Deutschland und England im Vergleich. 2004.

Band 95 Daniel Ludwig: Neuregelungen des deutschen Internationalen Insolvenzverfahrensrechts. Eine Untersuchung unter vergleichender Heranziehung der Europäischen Insolvenzverordnung. 2004.

Band 96 Cordelia Faulenbach: Der gemeinschaftsrechtliche Vorbehalt im europäischen Wettbewerbsrecht. Die Herkunftslandanknüpfung der E-Commerce-Richtlinie unter dem Einfluss der Grundfreiheiten. 2004.

Band 97 Ulf Dörner: Der Vertragsgerichtsstand nach dem Protokoll von Buenos Aires. 2004.

Band 98 Martin Schmidhuber: Verhaltenskodizes im nationalen und grenzüberschreitenden elektronischen Geschäftsverkehr. Zur Frage der Integration der Selbstregulierung durch Private in die staatliche Rechtsordnung. 2004.

Band 99 Florian Kienle: Die fehlerhafte Banküberweisung im internationalen Rechtsverkehr. Unter besonderer Berücksichtigung des Artikels 4A US Uniform Commercial Code. 2004.

Band 100 Thomas Alexander Brandt: Die Adoption durch eingetragene Lebenspartner im internationalen Privat- und Verfahrensrecht. 2004.

Band 101 Florian Pulkowski: Subunternehmer und Internationales Privatrecht. Der Subunternehmer als Quasi-Verbraucher im Europäischen Kollisionsrecht. 2004.

Band 102 Ulrich Becker: Grundrechtsschutz bei der Anerkennung und Vollstreckbarerklärung im europäischen Zivilverfahrensrecht. Bestimmung der Grenzen für die Einführung eines europäischen Vollstreckungstitels. 2004.

Band 103 Thomas Badelt: Aufrechnung und internationale Zuständigkeit unter besonderer Berücksichtigung des deutsch-spanischen Rechtsverkehrs. 2005.

Band 104 Florian D. Wagner: Vorvertragliche Aufklärungspflichten im internationalen Franchising. Zur Harmonisierung von Delikts- und Vertragsstatut im internationalen Privatrecht unter besonderer Berücksichtigung der Franchise-Gesetzgebung des US-Bundesstaates Kalifornien. 2005.

Band 105 Vera Heine: Die Umsetzung der *EG-Richtlinie über missbräuchliche Klauseln in Verbraucherverträgen* im englischen und deutschen Recht. 2005.

Band 106 Alexander Franz: Überregionale Effektentransaktionen und anwendbares Recht. Eine kollisionsrechtliche Untersuchung unter besonderer Berücksichtigung der Vorschrift des § 17 a DepotG. 2005.

Band 107 Hanna-Maria Uhlenbrock: Gesetzliche Regelungen für nichteheliche Lebensgemeinschaften in Deutschland und Frankreich. Ein Vergleich des Unterhaltsrechts bei der eingetragenen Lebenspartnerschaft und beim Pacte civil de Solidarité. 2005.

Band 108 Katrin Stieß: Anknüpfungen im internationalen Urheberrecht unter Berücksichtigung der neuen Informationstechnologien. 2005.

Band 109 Hendrik Otto: Der gesetzliche Abschlussprüfer im italienischen Recht. Eine rechtsvergleichende Untersuchung unter besonderer Berücksichtigung der zivilrechtlichen Haftung. 2005.

Band 110 Frauke Stuphorn: Bankhaftung für Kreditauskünfte im deutschen und französischen Recht. 2005.

Band 111 Nina Fürer: Die zivilrechtliche Haftung für Raucherschäden. 2005.

Band 112 Giovanni B. Barillà: *Contratto autonomo di garanzia* e *Garantievertrag*. Categorie civilistiche e prassi del commercio. 2005.

Band 113 Timo Torz: Gerichtsstände im Internationalen Insolvenzrecht zur Eröffnung von Partikularinsolvenzverfahren. 2005.

Band 114 Martina Schmid: Die Grenzen der Auslegungskompetenz des EuGH im Vorabentscheidungsverfahren nach Art. 234 EG. Dargestellt am Beispiel der überschießenden Richtlinienumsetzung. 2005.

Band 115 Stephan Lesage-Mathieu: Dispositives Kollisionsrecht im prozessualen Kontext. 2005.

Band 116 Jürgen Görtz: Die subjektiven Grenzen der Rechtskraft US-amerikanischer Urteile. 2005.

Band 117 Vera Hoppe: Die Einbeziehung ausländischer Beteiligter in US-amerikanische class actions. Unter Berücksichtigung des Class Action Fairness Act 2005. 2005.

Band 118 Silke Pütz: Parteiautonomie im internationalen Urhebervertragsrecht – Eine rechtsdogmatische und rechtspolitische Betrachtung der Grenzen freier Rechtswahl im internationalen Urhebervertragsrecht unter besonderer Berücksichtigung des neuen deutschen Urhebervertragsrechts. 2005.

Band 119 Alice Nieroba: Die europäische Rechtshängigkeit nach der EuGVVO (Verordnung (EG) Nr. 44/2001) an der Schnittstelle zum nationalen Zivilprozessrecht. 2006.

Band 120 Jan Kayser: Alternative Formen gerichtlicher und außergerichtlicher Streitbeilegung im deutschen und französischen Zivilprozess. Les modes alternatifs judiciaires et extrajudiciaires de résolution des conflits en procédure civile allemande et française. 2006.

Band 121 Mirko Ehrich: Der internationale Anwendungsbereich des deutschen und französischen Rechts gegen irreführende Werbung. Freie Wahl von Form und Mittel, Rom II und Herkunftslandprinzip. 2006.

Band 122 Daniel Thelen: Die Haftung des Sekundärschädigers für Gewalttaten anderer im US-amerikanischen Deliktsrecht ausgehend von dem Problem rechtsextremistisch motivierter Gewalttaten. 2006.

Band 123 Anne Winterling: Die Entscheidungszuständigkeit in Arbeitssachen im europäischen Zivilverfahrensrecht. 2006.

Band 124 Sarah Gerling: Die Gleichstellung ausländischer mit inländischen Vollstreckungstiteln durch die Verordnung zur Einführung eines Europäischen Vollstreckungstitels für unbestrittene Forderungen. Im Vergleich zum bisherigen Recht und zur Rechtslage in den USA. 2006.

Band 125 Christian Bank: Präventivmaßnahmen börsennotierter Gesellschaften zur Abwehr feindlicher Übernahmeversuche in Deutschland und Großbritannien. Eine rechtsvergleichende Untersuchung des deutschen und britischen Rechts unter Berücksichtigung der Europäischen Übernahmerichtlinie. 2006.

Band 126 Christian Weis: Kaufrechtliche Gewährleistung und Garantievergabe in Deutschland und Spanien. Unter besonderer Berücksichtigung des Unternehmenskaufs. 2006.

Band 127 Emilio Maus Ratz: Der Nacherfüllungsanspruch nach UN-Kaufrecht. Im Lichte der deutschen, spanisch-mexikanischen und US-amerikanischen Rechtswissenschaft. 2006.

Band 128 Constanze Jacobs: Die Sachmängelgewähr im deutschen und belgischen Kaufrecht nach Umsetzung der Verbrauchsgüterkauf-Richtlinie. 2006.

Band 129 Ulrike Teichert: Lückenfüllung im CISG mittels UNIDROIT-Prinzipien – Zugleich ein Beitrag zur Wählbarkeit nichtstaatlichen Rechts. 2007.

Band 130 Sascha Reichardt: Internationale Zuständigkeit im Gerichtsstand der unerlaubten Handlung bei Verletzung europäischer Patente. 2006.

Band 131 Bilgehan Cetiner: Die Sachmängelhaftung des Verkäufers im UN-Kaufrecht und im neuen deutschen Schuldrecht. Eine rechtsvergleichende Studie. 2006.

Band 132 Jan Streer: Die Umsetzung der Verbrauchsgüterkaufrichtlinie im englischen Recht durch die Sale and Supply of Goods to Consumer Regulations 2002. 2007.

Band 133 Kathrin Wannenmacher: Einstweilige Maßnahmen im Anwendungsbereich von Art. 31 EuGVVO in Frankreich und Deutschland: Eine Betrachtung ausgesuchter Verfahren des einstweiligen Rechtsschutzes im internationalen Zivilverfahrensrecht – gerichtliche Zuständigkeit, Anerkennung und Vollstreckung. 2007.

Band 134 Wim Kreytenberg: Die individuelle Schwerpunktbestimmung internationaler Schuldverträge nach der Ausweichklausel des Artikel 4 Absatz 5 Satz 2 EVÜ. Ein Beitrag zur Förderung von Rechtssicherheit und Einzelfallgerechtigkeit im europäischen Kollisionsrecht der Schuldverträge. 2007.

Band 135 Nikolaus Geiben: Der Vorvertrag im Internationalen Privatrecht. Unter besonderer Berücksichtigung des Immobilienerwerbs im portugiesischen und brasilianischen Recht. 2007.

Band 136 Predrag Maksimovic: Der Kapitalschutz im europäischen, serbischen und deutschen Recht der Gesellschaft mit beschränkter Haftung. 2007.

Band 137 Alexander Rathenau: Die Anwendung des EuGVÜ durch portugiesische Gerichte unter Berücksichtigung des autonomen internationalen Zivilverfahrensrechts. 2007.

Band 138 Matthias Creydt: Die Besicherung von Weltraumvermögenswerten. Ein neues einheitliches internationales Sicherungsrecht und dessen Vergleich zum US-amerikanischen Mobiliarsicherungsrecht. 2007.

Band 139 Oliver Borkhardt: Registerpublizität und Kollisionsrecht besitzloser Mobiliarsicherheiten nach dem neuen Art. 9 UCC. 2007.

Band 140 Jens Engelmann-Pilger: Deliktische Haftung für das Fehlverhalten Dritter im Common Law. 2007.

Band 141 Bastian Rotmann: Der Schutz des Dritten in der europäischen Mobiliarzwangsvollstreckung. Eine rechtsvergleichende Untersuchung vor dem Hintergrund der Verordnung (EG) Nr. 805/2004 zur Einführung eines Europäischen Vollstreckungstitels für unbestrittene Forderungen. 2007.

Band 142 Oliver Ratzel: Die Präklusion isolierter Unterhaltsverfahren durch den ausländischen Scheidungsverbund. Zugleich ein Beitrag zur internationalen Verbundszuständigkeit im Lichte der Quellenveränderung. 2007.

Band 143 Bettina Maria Stade: Die Konstitutionalisierung des Zivilprozessrechts in Spanien und Deutschland vor dem Hintergrund der Europäisierung des Zivilprozessrechts. 2007.

Band 144 Julia El-Bitar: Der deutsche und der französische Kulturgüterschutz nach der Umsetzung der Kulturgüterrückgaberichtlinie. Eine materiellrechtliche und kollisionsrechtliche Untersuchung. 2007.

Band 145 Aris Kaschefi: Sachmängelhaftung im französischen Kaufrecht vor und nach Umsetzung der Verbrauchsgüterkaufrichtlinie. Mit rechtsvergleichenden Hinweisen zum deutschen Recht unter besonderer Berücksichtigung von Weiterfressersachverhalten. 2007.

Band 146 Isabel Roth: Die internationale Zuständigkeit deutscher Gerichte bei Persönlichkeitsrechtsverletzungen im Internet. 2007.

Band 147 Theresa Wilhelmi: Das Weltrechtsprinzip im internationalen Privat- und Strafrecht. Zugleich eine Untersuchung zu Parallelitäten, Divergenzen und Interdependenzen von internationalem Privatrecht und internationalem Strafrecht. 2007.

Band 148 Alice Halsdorfer: Privat- und kollisionsrechtliche Folgen der Verletzung von Kulturgüterschutznormen auf der Grundlage des UNESCO-Kulturgutübereinkommens 1970. 2008.

Band 149 Thomas Müller-Froelich: Der Gerichtsstand der Niederlassung im deutsch-amerikanischen Rechtsverkehr. Eine Untersuchung zu Fragen der Entscheidungs- und Anerkennungszuständigkeit. 2008.

Band 150 Christopher Luhn: Privatautonomie und Inhaltskontrolle von Eheverträgen. Ein kritischer Vergleich des deutschen und des australischen Rechts mit Bezügen zum Internationalen Privatrecht. 2008.

Band 151 Kristin Kohler: Die grenzüberschreitende Verbraucherverbandsklage nach dem Unterlassungsklagengesetz im Binnenmarkt. 2008.

Band 152 Dorothee Maria Kaulen: Die Anerkennung von Gesellschaften unter Artikel XXV Abs. 5 S. 2 des deutsch-US-amerikanischen Freundschafts-, Handels- und Schifffahrtsvertrags von 1954. 2008.

Band 153 Birka Vanessa Stroschein: Parteizustellung im Ausland. Eine systemvergleichende Untersuchung des Gemeinschafts- und Staatsvertragsrechts unter Einbeziehung des deutschen, französischen, englischen und US-amerikanischen Zustellungsrechts. 2008.

Band 154 Nancy Gruschinkse: Das europäische Kollisionsrecht der Aufrechnung unter besonderer Beachtung des Insolvenzfalles. 2008.

Band 155 Hans-Christian Frick: Sprachrisiko im Zeitalter des Ethnomarketings. US-amerikanische Erfahrungen und europäische Rechtsentwicklung. 2008.

Band 156 Stephan Mangold: Verbraucherschutz und Kunstkauf im deutschen und europäischen Recht. 2009.

www.ingramcontent.com/pod-product-compliance
Ingram Content Group UK Ltd.
Pitfield, Milton Keynes, MK11 3LW, UK
UKHW021916290926
8980IPUK00015B/1287

9 783631 590713